# 人類史上初めて明かされた
# 彼岸に入る方法
# 3

梶原和義

JDC

# はじめに

宗教は人間の側から神仏を信じて、自分の利益を得たいと思うのです。そういう人々が集って宗教団体をつくっているのです。ところが、その自分が何であるのか、さっぱり分からないままの状態で、ただ自分がしあわせになればいいと考えている。

これは実にいいかげんな話でありまして、自分は死ぬに決まっているのです。人間は死ぬに決まっています。これは皆様もよくご承知のことです。いくら幸せになってみたところで、死んでしまえば終わりです。

死んでしまう人間がしあわせになりたいと思うこと自体が、甚だいけないのです。本当のしあわせが何であるのかということを、現代の日本人はまともに考えないのです。死んでから天国へ行く、極楽へ行くということにやたらに感心する人が多いのですが、天国へ行くのは誰が行くのか。自分が行くのか。死んでしまえば自分は消えてしまうはずです。消えてしまった自分が天国へ行くというのはどういう訳なのか。こういう簡単なことが分からないのです。

徳川家康が「厭離穢土欣求浄土」という旗を立てて戦いをしたのですが、欣求浄土とは浄土を求めることです。ところが、浄土を求める本人は誰なのかということです。現世に生きている人間は死ぬに決まっている人間です。死んでしまう人間が浄土へ行くというのは、宗教の言い分をただ鵜呑みにしているだけなのです。

誰が極楽へ行くのか。極楽へ行って何をするのか。そういうことを真面目に考えようとしないで、ただ極楽へ行くという謳い文句に引っ張られて、仏教を信じるということになってしまう。

死ぬに決まっている人間が幸福になるという他愛ないことを、日本人の大多数は信じているのです。

初詣に何十万、何百万という人が押しかけていって、莫大なお賽銭をあげています。何をしに行くのでしょうか。しあわせになりたいから行くのでしょう。しあわせになりたいというのは本人の自由ですが、もう少し真面目に人生を考えて、しあわせとは何であるか、人間とは何であるのかということを、真面目に考えようという気持ちを持って頂きたいのです。

実は皆様が生きているという事実を本当に勉強して頂ければ、現在既に仕合わせであることが分かるのです。仕合わせすぎるくらいに仕合わせであることが分かるのです。ところが、命を勉強しないで生活のことばかりを考えている。これが日本人のとんでもない見当違いの世界観です。

人間は宗教にいっぱい引っかかって、宗教家の食い物になっているのです。宗教は全くの嘘ではありません。人間が真理を求める気持ち、神仏を求めるという気持ちを逆手に取って、人間の弱点をうまく利用して、現世だけで通用するような観念を人間に持たせるのです。

宗教観念はこの世では通用します。それもその宗教の内部でしか通用しません。大部分の宗教では全然通用しないのです。

自分が信じている宗教を正しいと考えている。そう考えるのはご自由ですが、そのグループの内部だけで通用するということを十分承知する必要があるのです。真理とは私たちの命の本体を捉えることです。皆様が現在生きているという事実の本質を捉えることが、すべての人間の行き着く所です。

人間は死なねばならないに決まっている。死なねばならないに決まっていることについて、般若心経は一切空と言っているのです。目の黒いうちに、現世の自分の生活を乗り越えてしまうのです。目の黒いうちに、自分自身の妄念から解脱してしまうのです。

般若心経が宗教ではないという第一の理由は、いわゆる人間のご利益を一切説いていないからです。般若心経は徹頭徹尾、空、無を主張しているのです。

究竟涅槃というのは、現在生きている人間が消えてなくなってしまうことです。現在の人間の妄念が消えてしまうことです。

皆様は自分自身の人生について、根本から考え違いをしています。何のために生まれてきたのか。何のために生きているのか分からずに、ただ何となく生きている。

もし皆様が人間社会で大きくなったのではなくて、チンパンジーに育てられたとすれば、自我意識がないはずです。自分が幸いになりたいという気持ちが全然ないはずです。チンパンジーは自我意識を持っていませんから、自我意識を持っていない動物に育てられたとすると、自我意識は全然発生しないはずです。

人間はこの世の常識で育っています。そのために、この世の常識という毒素を吸い込んで、自我という全く間違った感覚を持ってしまったのです。

皆様は自分が生きていると考えているでしょう。しかし、自分が生きているという事実は何処にあるのでしょうか。皆様は自分で生まれたいと思ったのではないでしょう。そうすると、生まれてきたのは自分という人柄ではないはずです。

自分という意識は、生まれた時には持っていなかったはずです。皆様を育てた家庭、近所の人々、学校の先生、職場の先輩などは、自分を考えている人ばかりでした。だから、皆様は自分が生きているという妄想を勝手に持たされたのです。

そのように、命の実体を見極めないで、人間の常識、知識を信じている。世間の常識が生存意識の基本になっているのです。

誰でも死にたくないと考えています。なぜ死にたくないと思うのでしょうか。死にたくないという気持ちをとことんつきつめれば、本当の命が分かってくるのです。皆様の命はそのままで幸福そのものです。皆様が生きていることは、具体的に幸福そのものの実体を経験しているのです。

ところが、人生に対する考え方が正しくないために、あれも気に入らない。不平、不満、不信によって勝手に気持ちが混乱しているのです。だから、生きていながら死にたいと考える人さえいるのです。

普通の人間なら死にたくないに決まっています。その証拠に、ちょっと病気になりますと、すぐ病院へ行くのです。命の有難さは皆様の顕在意識に、明々白々に刻み付けられているはずです。

生きていることは有り難いことだという非常に素朴な直感があるはずですが、生きていることがなぜ嬉しいのか、なぜ有難いのかを真面目に考えないために、肝心要の命の本質が全然分かっていないのです。

般若心経は人間に幸福を与えようとしていません。幸福を与えようとしないものですから、宗教ではないのです。

聖書もそのとおりです。聖書は、「自分を捨てよ、自分を憎め」としきりに言っています。聖書を信じて十字架を受け取るというのは、現世の自分を否定することを指しているのです。その意味では、般若心経と聖書は人間に幸福を与えることを目的にしていないのです。

聖書には救いという言葉がありますが、それは現世に生まれてきた自分を解脱することを前提にしているのです。般若心経の原理と同じことを聖書は言っているのです。

世間のキリスト教は、死んだら天国へ行けるという非常に無責任な言い方をしています。仮に死んで天国へ行けるにしても、そこで何をするのでしょうか。死んで天国へ行ったという証拠は何処にもないのです。現在、聖書を信じているキリスト教の信者は、全世界に二十億人もいます。二十億人ものキリスト教信者が、聖書に書いていないことを信じているのです。キリスト教の教義が、作り話を宣伝しているからです。

皆様が現在生きているという事実を明確に認識すれば、人間は死を乗り越えることができるのです。

般若心経だけでは無理ですが、般若心経の空観と聖書の十字架の二つをしっかり掴まえると、現在生きている偽りの命から完全に出ることができるのです。

今、皆様が生きている命は死ぬに決まっている命です。だから、死なない命を発見しなければなりません。イエスは死なない命を発見したのです。イエスが生きていたことを勉強すれば、それが分かるのです。死なない命が何処に、どのようにあるかが分かるのです。

皆様が生きていることが、死なない命とどのようにどのように関係しているかです。これを発見すればいいのです。

般若心経の一番最初に、観自在菩薩という言葉があります。自在の自というのは何々から始まるという意味です。在はあるということです。自在とは初めからあったそのものです。人がこの世に生まれてくる前の命が、自という言葉で現わせるのです。

人間としてこの世に生まれる前の命があった。これは当然のことです。生まれる前に命の原因のようなものがなければ、今人間として生きているはずがないのです。

原因がなければ、結果が生じるはずがない。従って、生まれる前の命があって、今人間として生きているのです。生まれる前の本当の命を捉えることができれば、死なない命を掴まえることができるのです。

現世に生きている人間は必ず死にます。これを空じてしまうのです。そうすると、生まれる前の自分に帰る度胸がわいてきます。勇気がでてきます。勇気があれば死なない命の本質を捉えることは、必ずできるのです。

観自在菩薩は釈尊のことですが、釈尊がそれを発見したので、観自在菩薩という敬称を書いているのですが、釈尊が分かったことは皆様にも分かるに決まっています。

イエスは一度死んで、そして、復活しました。見事に死を乗り越えた。これは歴史的事実です。歴史的事実において死を乗り越えた人がいるのですから、この人の勉強をして頂きたいのです。そうしたら、彼岸に入る方法が分かってくるのです。

人類史上初めて明かされた彼岸に入る方法　3／目次

# 人類史上初めて明かされた彼岸に入る方法　3

梶原和義

## 1. 般若心経と聖書を一緒に学ぶ

私は当たり前のことを当たり前のように申し上げているのです。

ところが、皆様が私の話をお聞き頂きますと、とんでもない事を言う人だと思われるかもしれません。

人間の文明が始まってから、だいたい六千年経過していますが、未だに人間とは何かということが全然分かっていないのです。人間とは何かという根本問題が分かっていない人間が、文明を造ってきたのです。

私たちは理性的にも良心的にも、万人に共通する意識を持って生きているのです。本能的には万人共通のあり方で生きているのです。白人と黒人、黒人とアジア人とが自由に結婚できるということを考えましても、人間は万人共通の機能によって生きていることが分かるのです。私は世界一周を二回して、色々な国の人々と話してきましたので、このことがよく実感できるのです。

質的に言いますと、人間は一人しかいないことになるのです。人間文明が六千年続いてきましたから、人間が一人しかいないという観点から申しますと、人間存在の年令が、六千年になるということです。ずいぶん年をとったものだと思います。

仙人でも六千歳の仙人はいないでしょう。人が六千歳になった結果、人間文明が心理的に意識朦朧としてしまっているようです。

これは六千年も生きてきた結果の自然の現象と言えることかもしれません。人間が何のために生きてきたのか。また何のために生きていかねばならないのか、皆目分からなくなっているのです。

人生に矛盾や苦労や悲しみがなぜわだかまっているのか分からないし、核兵器の廃絶という分かりきった問題でさえも、全然実現しないのです。

一体これはどういう事なのか。これが人間文明が老化している証拠であると言えるでしょう。人間文明は確実に老化しているのです。この老化現象の原因は何か。なぜこういう事になったのかと言いますと、持って生まれた本能性を間違えた形で用いてきたからです。

人間の本能性というものは、先天性の生命の根幹になるのです。これを人間が肉体的に存在するという立場から用いてきたのです。

人間存在という言葉は二つの存在が極めて密接な状態で、複合しているのです。二つの人柄、二つの在り方が張りついているのです。

人間には肉体的に存在するという面と、魂として存在する面と、両面があるのです。これは言葉で言いますと簡単ですけれど、実は全く異質の存在の二面性になるのです。

霊魂的に存在する面を本質的な人間であるとしたら、常識的に生きている肉体人間は異質の人間であることになるのです。

人間は異質の人間であるという意識が強すぎて、本質的な意味での人間存在が全く忘れられたような状態になっているのです。このような状態で六千年経過したのです。

現在では、人間文明がにっちもさっちもいかなくなっているのです。よほど優秀な政治家でも現在の世界に本当の平和を実現することはできないでしょう。人間文明は非常に大きな危険に向かって進んでいるのです。

人間が自分の本質である霊魂を考えないで、肉体生活の面だけを考えてきたのです。自分の生活のためにだけ自分の本能性を用いすぎていたのです。

人間の本能性は人間存在の基本的なものですが、肉体的な人間を人間と認める状態だけでこの本能性を用いますと、命の本質を見失ってしまうことにならざるを得ないのです。

現代文明の欠陥はこういう形で現われているのです。

日本人は般若心経を愛していますけれども、空という理念がほとんど分からないのです。日本では般若心経を読んだり書いたりをしている人は、一千万人はいるでしょう。もっと多くいるかもしれません。

テレビ番組のドラマの場合で、葬式のシーンになりますと、般若心経を読誦しています。それほど般若心経は日本人に愛されているのですが、五蘊皆空をほとんど取り上げていないのです。

日本人は生活的には非常に熱心です。世界第三位の経済大国になりましたけれど、ただ生活的に生きるということだけを考えてきたのです。生活的に生きるという事は、皆様の人生の場合には八十年が九十年くらいのものです。よほど長生きした人でも百歳くらいでしょう。

聖書も人間の一生は七十歳か八十歳にすぎないと言っています。七十歳か八十歳にすぎない生活が、果たして自分自身の命の全部であるかどうかという問題です。

## 二通りの不滅

私たちの命の本質は本来不滅のものです。霊魂不滅という言葉がありますように、霊魂は不滅ですが、恵まれた形で永遠に存続することと、苦しまねばならない形で永遠に存続することと、二通りの不滅があるのです。

恵まれた状態で永遠に存続するか、苦しみと悲しみの中におしひしがれた状態で、永遠に存続するかどちらかの違いになります。これは大変な違いになります。

皆様が数十年の間生きている状態で、そのどちらかを決定しなければならないことになるのです。

ただ生活的に一生懸命になりすぎていますと、本来なさねばならない事がらがもぬけの殻になってしまって、何のためにこの地上に生きていたのかさっぱり分からない状態でこの世を去らねばならないことになるのです。

皆様は既に数十年の間現世を経験してきました。その結果、皆様は何を掴まえたのでしょうか。

現世における数十年の生活が、生活というポイントだけに一生懸命になっていたでしょう。その生活から何が捉えられたのでしょうか。命の本質に関する勉強がどれだけできたでしょうか。

これは宗教の問題ではありません。皆様の命の実質の問題です。

実は宗教家も般若心経の空を知らないのです。また、キリスト教の牧師さんが、新約聖書に現われた新しい命が分かっていないのです。だからキリスト教会へ何年行っても、永遠の命の実物を皆様に与えることができないのです。

仏教も同様です。もし五蘊皆空、色即是空、究竟涅槃が日本の仏教界で具体的に、また実体的に取り上げられているとしたら、現在の日本の伽藍仏教は成立しなかったでしょう。

般若心経や聖書は本来宗教ではないのです。これは人間存在の生命の本質について的確に、また深刻に命の本質を指し示しているのです。

こういう考え方は今日の宗教社会では通用しないでしょう。般若心経や聖書を文字通りに正直に取扱いますと、宗教経営は成り立たなくなるのです。

宗教は所詮一つの経営です。経営者という観点から考えますと、営業政策のような神経を働かさなければならなくなるのです。人間を集めなければ経営が成り立たないからです。

般若心経は人間を集めるためにあるのではありません。新約聖書も人間を集めるためにあるのではありません。人間が現在生きている状態が空であることを般若心経は教えているのです。

人間は新しく生まれなければならないことをはっきり提唱するために新約聖書があるのです。イエスは復活したのです。人間は死ななくても良いことをイエスが証明したのです。ところが、今の人間は死ななければならないと思い込んでいるのです。自分自身の本質を全く間違えているのです。

キリスト教では死んでから天国へ行くと言います。こんなことは新約聖書に書いていません。もしキリスト教を信じている人が、死んでから天国へ行けなかったら、どうなるのでしょうか。死んだ後の世界は他界していますから、現世ではありません。他界した場所には寺も教会もありません。そこで誰に向かってどういう文句を言うのでしょうか。

死んでから天国へ行く、極楽へ行くというのは、宗教経営上のテクニックです。

私たちは目の黒いうちに、永遠の生命の実物を掴まえなければならないのです。自分自身の魂に対して、そうしなければならないという、絶対的な責任があるのです。ですから、生活のために一生懸命になることをやめて、命のために一生懸命になって頂きたいのです。

宗教というのは日本の憲法が言うように信教の自由でありまして、信じても良い、信じなくても良いのです。しかし命の問題は信じてもよい信じなくてもよいという問題ではありません。

そこでどうしても宗教ではない般若心経と聖書を勉強しなければならないのです。宗教家は仏教という垣根、キリスト教という垣根があるように思い込んでいるのです。垣根があると考えるのが宗教観念です。人間の妄念です。

二〇一五年現在、世界に七十三億の人間がいるように思えますが、世界に命は一つしかないのです。もっと広く言えば、宇宙に命は一つしかないのです。人間は一人しかいないのです。知らなければならないこと、信じなければならないことは一つしかないのです。

般若心経によって私たちは空を悟らなければならないのですが、空を悟っただけではだめです。人間の霊魂は現世を去っても永続するものです。恵まれた形で継続するか、苦しむ形で継続するか、どちらかです。

死んだ人は現在黄泉《よみ》で眠っていますから、呼び出すことができるのです。皆様は五十年、六十年の間現世に生きてきましたが、人間の常識だけで人生を割り切ることができないのです。このことをよくお考え頂きたいのです。

皆様はこの世に生まれたと考えています。生まれたとはどういう事かが分かっていないのです。生まれたとは思っていますが、生まれたという事が分かっていないのです。

誕生とはどういう事かを考えてみたいと思います。生まれたことはありません。分かったような気持ちでいるのです。ところが生まれたということがどういう事なのかが分かっていないのです。

これはおかしいことです。生まれたということは確かにあるように思えるのですが、生まれたという事がらの意味が分かっていないのです。

人間は一体どこから生まれてきたのか。生まれたという事はどういう意味なのか。これが分かっていないのです。これが問題なのです。

人間がこの世に生まれてきて、何十年間の間生きている。これはどういう事なのか。これを知るためには、生まれたという意味を正しく理解しなければならないのです。もし生まれたという意味を正しく理解しなければ、この世に生きていることが虚しいのです。

生まれたということはどういうことなのかが、今の日本人には分かっていないのです。どんな宗教家も分からないのです。そこで宗教の教えというのは、単なる情報になってしまうのです。単なる知恵にすぎないのです。教義、教説を説いていることになるのです。

神仏を説くからには、神の実体、仏の正体を明らかにしなければならない責任があるのですが、日本の宗教はそれをしていないのです。

キリスト教は聖書を用いて神を説いているつもりです。ところがキリスト教の説明だけをしているのです。キリスト教の教義、神学の説明をしているのです。

人間の命を実体的に取り上げていないのです。ただ宗教的な感覚だけで、神や仏を信じようとしている。これが現代文明を腐らせている非常に大きい原因です。

今の文明は腐っています。アメリカ、ロシア、中国が核兵器廃絶に耳を貸そうとしていないことは、現代の世界を指導している国のリーダーが、人間の命を軽んじている証拠です。

命よりも文明の方が大切だと考えているようです。文明は人間が生活している状態をよりよいものにしようと考えているのです。

生まれてきたことの意味がよく分からない状態で生活していましても、全く無意味です。

## 何のために生きているのか

人間の文明が始まってから、だいたい六千年位になります。文明、文化意識ができて人間がこの世に生き始めてから、だいたい六千年ぐらいになりますけれど、六千年もこの世に生活していながら、未だに人間が何のために生きているのか分かっていないのです。

このことをおかしいと思わないのでしょうか。皆様ご自身はどうでしょうか。何のために生きているのでしょうか。

何のために人間が生きているのかがはっきり分からない状態で、人間は六千年の時間をむだに過ごしてきたのです。

現在の人間は、何のために生きているのかということを認識しないままの状態で生きているのです。これはむだに生きていることになるのです。

自分の命は何のためにあるのか。何のために国があるのか。何のために社会が存在するのか。この事が明確に認識されないままの状態で生きている。これを虚しいことだと思わないのでしょうか。

私たちはこういう根本的な問題を、しっかり考えていかなければならないのです。

生まれたことは分かっているつもりでいる。生まれたことが何となく分かっているような気持ちでいるけれど、何のために生まれてきたのか。生まれたということはどういうことなのかが分からないままの状態で生きている。これは何十年もの人生をむだに使ってきたことになるのです。

皆様は三十年、四十年、六十年、七十年と、それぞれ生活してきましたが、何のために生きてきたのでしょうか。

商売をしていたとか、会社勤めをしていたとか、何かを造っていたということはあるでしょう。これは現世における人間生活の義務であって、命の本質に関する責任を全うすることにはなりません。

生活をしていたという事は言えるでしょう。何のために生活をしていたのか。この事が分からないままの状態でこの世を去ることになりますと、皆様の魂はこの世に出てきたことの責任を果たさないままでいたことの責任を追求されることになるのです。

これは自分の人生を虚しくしてしまう、棒に振ってしまうことになるのです。

国は何のためにあるのでしょうか。家庭は何のためにあるのでしょうか。こういうことの本質を考えないままで、家庭を造り、社会を造ってみた所で、やがて消えてしまうのです。

人間文明自体が虚しいものです。般若心経はそれをずばりと指摘しているのです。人間は虚しい気持ちを持ったままで、虚しい生活をしているのです。これを般若心経は遠慮せずにはっきり言っているのです。これが釈尊の本当の悟りです。

ところが、釈尊の悟りが日本に正確に伝わっていないのです。仏というのは悟るとか、悟った者とか、正しく悟った者、正覚者という意味を持っているのです。ブッダというのはこういう意味です。

法というのは則です。宇宙構造の実体が則、法です。これを悟ったことが仏法です。

宇宙構造の実体的な原理は何であるのか。これが分からないままの状態で日本人はただ無意味に仏教を信じているのです。

仏教というのは宗教であって、悟りではありません。親鸞とか日蓮とか、弘法大師とかいう人が、釈尊の悟りを色々な角度から説明をして教を説いたのです。これが仏教です。

日蓮の悟りが日蓮宗になっている。親鸞の悟りが浄土真宗になっている。法然の悟りが浄土宗になっているのです。自力とか他力とかいう言い方で仏の教えが説かれているのですが、これは教えであって、はっきり言いますと情報です。

日蓮は日蓮の立場から情報を伝えたのです。親鸞は親鸞の立場から情報を伝えたのです。

宗教とか学問というものは、すべて人間が造った情報です。情報が良いか悪いかは別として、情報は事実ではありません。

例えば、親鸞聖人が仏を見た見方が教えになっている。見方というのは情報です。親鸞の見方、日蓮の見方、空海の見方が日本にあるのです。しかし釈尊の本当の悟りが日本にはないのです。

釈尊は法を悟ったのです。釈尊は宇宙の大法をどのように悟ったのか。これが日本には全然伝っていないのです。これは困ったことです。

皆様は生まれたことは分かっていますけれど、生まれたというのはどういう意味なのか、現在生まれていながら生まれたということが分かっていないのです。

人間は何のために生きているか。このことが分かっていないのです。宗教ばかりを信じているのです。宗教を信じることは必ずしも悪いことではありませんが、仏教は仏法に到達するための入口です。これが宗教です。

## 人間存在の出自

仏教は入口であって、終点ではありません。仏教は人間が何のために生まれたのか。何のために生きているのか。どこをどのように考えたら分かるのか。人間存在の出自が分かればいいのです。自というのは初めという意味です。出自とはどこから出てきたのかということです。

人生には生まれてくる前の過去世と現世と、この世を去った後の来世があるのです。過去世とは何なのか。これが仏教では全く分からないのです。人間がどこから出てきたのか分かっていないのです。

私たちは今この世に存在しています。この世に存在しているということは、結果です。このような結果が現在あるのですから、その原因がなければならないのです。原因がなければこういう結果が現われるはずがないのです。

森羅万象は太陽光線の恵みを受けて輝いているのです。万物は太陽の光を受けて喜んでいるのです。万物があるのは地球があるからです。地球はどこから出てきたのか。地球の出自が問題です。

地球がなければ人間はありません。地球はどこから出てきたのか。このことを素朴に、正直に考えるという事が、日本にはないのです。

日本という国ができたのは、まだ千二、三百年位前です。日本ができた時には、中東地方、インド、中国、ギリシアには、立派な文明が堂々とあったのです。中国文明は、五千年の歴史を持っているのです。中東のエジプトでも、五千年の歴史を持っているのです。

日本の国家組織ができたのは、今から千二、三百年前です。日本の国はどこから出てきたのか。地球はどこから出てきたのか。従って人間の命はどこから出てきたのか。日本人の出自が全く分かっていないのです。

皆様の生活の原理となっている基本的な条件が全然分かっていないのです。

何のために子供を教育するのでしょうか。何のために生活しているのでしょうか。何のために結婚するのでしょうか。何のために死んでいくのでしょうか。これは全て人間の出自に関係があるのです。

人間はどこから来たのか。どこへ行くのか。これが分からないままの状態で生きている。従って、皆様の人生には目的がないのです。

生活目的はあるでしょう。生存目的がないのです。人間自身の命の目的が分からないままの状態で生きている。だから死んでからどうなるかが、全く分かっていないのです。ここに日本人の非常にあやふやな妄念があるのです。

これには日本人の島国根性が大きく関係していると言えるでしょう。

一体人間の誕生とは何であるのか。人間自身の根本はどこから来たのか。どこから出てきて、どこへ行くのか。この事をはっきり考えなければならないのです。

日本で般若心経を愛好している人は沢山います。一千万人位いるでしょう。ところが般若心経の真意が全く取り上げられていないのです。

般若心経を愛している人は沢山いますけれど、その内容が全然分かっていないのです。ところが、日本の明治時代以前には、まじめに人生を考えようという風潮があったのです。現在ではそういう風潮はほとんど見られないのです。

般若心経の内容を綿密に見ていきますと、現代の人間の誤りを遠慮会釈なく厳しく指摘していることが分かるのです。これは日本人だけでなく世界全体の人々に、知らせなければならない内容です。

現在の政治のリーダーで命が分かる人は一人もいません。政治というのはそういうものなのです。現在の政治家あるいは教育者は、この世の生活しか考えていないのです。これは本当の政治とは言えないのです。

本当の政治というのは日本的に言いますと政《まつりごと》になります。人間の生活は人間の御霊《みたま》をまつることです。これが分かれば、自ら柔和謙遜になれるのです。そうして自分自身の命を磨くことになるのです。

例えば、スーパーマーケットへリンゴを買いにいくにしても、そのことが天の命に密接な関係があるのです。どういう気持ちでリンゴを買うのか。このことが人間存在の本質、永遠の命に重大な関係があるのです。

ちょっと人と話をする時でも、又、電話をかけるにしても、人間生活そのものが、まつりごとになっているのです。

人間の心臓が動いていること、目が見えることが御霊《みたま》の作用です。御霊というのは聖書の用語ですが、たまというのは人間の命が現実的に働いていることです。人間の命を現実に働かせていることがたまです。

皆様の命のことを玉の緒と言います。人間が生きていることが玉です。人間が肉体的に生きている状態を「しい」と言います。「しい」というのは試みに生きているという意味です。たましいというのは、現世において命を試みていることです。これが魂です。嬉しいとか、おいしいとか、悲しいとかいうことを皆様は経験しているのです。

神の御霊を祭るということは、毎日、毎日、命の訓練をしているのです。これが本当の生き方です。そのように人間の現世の生活は政です。

仕事をすることもまつることです。仕事をするとは事に仕えることですが、これはそのまま祭っていることになるのです。お互いに祭り合うことです。

人間全体のまつりごとがあるのです。このまつりごとの世話をするのが政治です。だから政治のことをまつりごとというのです。国民全体のまつりごとの世話をするのが総理大臣の仕事です。ところが総理大臣自身がまつりごとの意味を知らないのです。

世界全体の政治のリーダーが、まつりごとを知らないのです。結局文明が悪いのです。国家経営の責任を担っている人が、まつりごとを知らないのです。

人間が肉体的に生きていることが魂です。魂の世話をすることがまつりごとです。人間とは何であるかということさえ分かれば、核兵器廃絶と言わなくても、こんな危ないものは初めから製造しないのです。

現在の学問はどれもこれも目的を持っていないのです。科学も目的を持っていません。政治学も目的を持っていないのです。専門学というと立派に聞こえますけれど、専門学は人間が地球上で生活するために存在しているのです。

何のために人間が地球に存在しているかという根本的な問題を、究明しようと考えていないのです。これが現代文明です。

私たちはでしゃばりですけれど、霊魂のボランティアをさせて頂いているのです。

生きているとは何かと言いますと、生きているそのことが神と付き合っていることです。これをご承知になって、本当の命の掴え方を勉強して頂きたいのです。

皆様が生きているということは、大変なことをしているのです。天気が良いとか、雨が降るとか、月が照っていることが分かるのです。こういう風光を見たり、自分の生活のあり方を見たりしているのです。これは神の御霊が試みに人間の形になって生活を経験しているのです。これが魂です。

自分というのはどこにもないのです。ところが人間は自分が生きていると思い込んでいるのです。自分が生きているという感覚は、悪魔が造った感覚です。実は皆様が今経験している命は神の御霊を経験しているのです。だから魂というのです。

生きているということ、これを英語ではザ・リビング（the living）と言います。ザ・リビングがリビング・ソール（living soul）、生ける魂です。リンゴ一個を買いに行くということが、魂の働きです。人間がリンゴを買いに行くのではなくて、リンゴを買いに行くという気持ちが生活を営んでいるのです。

生きるということを営んでいることが、魂のあり方をさすのです。魂のあり方は、そのまま神のあり方を示しているのです。神のあり方を人という格好で生きているのです。だから魂というのです。

皆様が生きているという事実は、どこにもありません。自分が生きているという考え方は、ただ今の文明の根本的な間違いです。自分が生きているという考え方を捨ててしまうことができない人は、火の池という地獄へいかなければならないことになるのです。

自分が生きているという事実はないのです。ところが自分が生きていると思い込まされているのです。これが文明思想の間違いです。

皆様は自分で生まれてきたいと思ったのではありません。自分で生まれたいと思ったのではないのに、自分が生きていると考えているのです。

私も以前は自分が生きていると思っていたのです。今はそう考えていません。私という格好で神の御霊が生きていることがよく分かっています。これが分かると死ななくなるのです。

これは私だけではありません。皆様一人ひとりが生きているということが、神の御霊の働きです。これが人間という格好で現われているのです。

私たちは天地の命を経験しているのです。だから太陽光線が分かるのです。風の音が分かるのです。そのように目で見たり、耳で聞いたりしているのですが、これが神を経験していることなのです。

これに気がつけば死なない命が分かるのです。これは何でもないことです。イエスはこれに気がついたのです。そこで見事に死を破ったのです。

## 日曜日は死を破った記念日

毎月、四回日曜日があります。日曜日はイエスが復活した記念日です。これは宗教ではありません。歴史的事実です。

今年は西暦二〇一五年です。人間が死ななくなってから、二〇一五年も経過しているのです。人間が死ななくなってから二〇一五年も経っているのに、イエスを正しく理解しないために人間はどんどん死んでいくのです。

人間歴史の実体は人間が死なないようになっているのです。この神の処置を心得ないために、人間は勝手に死んでいくのです。

死んでいくのはいいのですが、死後に地獄という恐ろしいものが待っているのです。

人間の魂は神を知るだけの力を十分に持っているのです。私は神が分かって、現在生きているのは私が生きているのではない、神の御霊が生きているということがよく分かるのです。手に取るように分かるのです。

これは誰でもできることです。これが霊魂の唯一無二の目的です。イエスはこれを実行したのです。皆様もこれを実行したら、死なない命がすぐに分かるのです。

今皆様は自分が生きていると思っています。しかし、自分が生きているという事実はありません。自分が生きていると思っている人は必ず死にます。だから人間は死ぬために生きているようなものです。

人間は遅かれ早かれ、必ず死ぬのです。必ず死ぬに決まっている命を、自分の命だと思っていることが間違いです。自分の命があると考えている人は、必ず死んでしまいます。この命を脱ぎ捨ててしまって、死なない命をもう一度着たらいいのです。

目の黒いうちはやり直しができますから、命を替えることはできるのです。この事をよくお考えいただきまして、思い切って命をやり直して頂きたいと思います。

聖書の世界観は普通の日本人に分かりません。聖書の根本原理がよく分からないので、日本人はなかなか聖書を理解できないのです。

現在生きている人間は死ぬべき人間です。そこで生きている間に命を取り替えるのです。今生きている死ぬべき命は、業《ごう》による命です。考え違いの命です。五蘊の命を生きているのです。

五蘊による命を空じてしまうのです。そうすると、新しい命を掴えることができるのです。新しい命というのはイエスが経験していた命です。

日本人は聖書はキリスト教の教典だと考えているのです。聖書を宗教の書物と考えているのです。キリスト教は聖書の入口です。キリスト教は間違っているというのではなくて、聖書の入り口を教えているのです。聖書の初歩を説いているのです。

入口を説いていますが、入口に入ったら座敷に入ったような説明をするのです。これがキリスト教の間違いです。カトリックもプロテスタントも、キリスト教は世間一般の人間を相手にしています。世間一般の人間は自分の命があると思っている人ばかりです。

こういう人を相手にするためには、この世に生きている人間を認めなければ宗教になりません。そうしないとキリスト教という宗教ができません。そこで世間に生きている人間におべっかを言っているのです。現世に生きている人間に迎合しているのです。

キリスト教の先生は本当の命を説いていないのです。キリストを信じて本当に罪が許されるということを、はっきり受け取っている人は日本にも、世界にも、一人もいません。

聖書が本当に分かりますと、自分の命ではないもう一つの命が分かるのです。

イエスは、「誰でも新しく生まれなければ、神の国を見ることができない。誰でも、水と霊とから生まれなければ、神の国に入ることができない」と言っているのです（ヨハネによる福音書3・3、5）。イエスは神の国に入れと命令していますが、この命令をキリスト教は実行していないのです。

キリスト教の人々は、水からと霊とから新しく生まれるということが分からないのです。神の国へ入るということが分からないのです。牧師が新に生まれていないのです。日本どころか、世界中のキリスト教の牧師、神父さんが新に生まれて神の国に入るということを実行していないのです。

キリスト教の先生はキリスト教の教義の説明をしているのです。聖書はキリスト教ではありません。聖書は神の言葉です。本当の神の命が分からなければ、神の御霊の命が分からなければ、聖書の言葉を正しく説くことはできません。

皆様は現在、自分が生きていると考えています。これが大きな間違いです。学校教育の名において、皆様は文明によって教育されてしまったために、生まれながらの命を忘れてしまったのです。自分の命の本質が何であるかが分からない人間になってしまっているのです。文明というのは恐るべき害毒があるのです。

皆様の命は現世に生きるためにあるのではないのです。命は神の御霊そのものであることが分かって、魂という言葉の本当の意味を皆様が経験すれば、皆様はこの世を去ってから本当の命があることが分かるのです。

皆様の人生は生活するためのものではないのです。神の国に入って、神のヘルパーとなるためにあるのです。皆様の人格をよくご覧なさい。理性や良心が何を求めているのか。これをよく考えて下さい。皆様の五官は何を経験しているのか。皆様が魚を食べて味っているのは永遠の命の味です。

## 人間は死なない命を経験している

花の色、形はそのまま死なない命の現われなのです。死なない命を皆様は五官によって、毎日、毎日経験しているのです。死なない命を経験していながら、自分が生きていると思っているために、せっかくの命を棒に振ってしまう事になるのです。

この命を見る事が般若心経の目的です。ところが常識があるために命が分からないのです。般若心経は五蘊皆空といって、人間の常識が根本から間違っていると言っているのです。人間の物の見方がはっきり間違っているというのが、般若心経です。

般若心経を正確に理解しなければ、聖書を信じることはできません。現在皆様は五官によって生きているのです。五官の感覚は死なない命の感覚です。死なない命の感覚を現在皆様は経験しているのですけれど、頭の考えが間違っているのです。

人間の常識が間違っているのです。そのために死んでしまうのです。私が全世界の人間に言いたいのは、文明を信じてはいけないという事です。

文明はこの世に生きていくための靴みたいなものです。

文明は靴のように履いて歩いたらいいのです。電車でも飛行機でも、文明の利器を利用して生活したらいいのです。現在の文明に惚れ込んで、文明の考え方に従って生きていますと大変なことになるのです。

文明は神を捨ててしまえ、命を捨ててしまえ、魂のことを考えないで、ただ生活のことだけを考えたらいいと言うのです。だから現在の人間の精神状態は、全く間違っているのです。

皆様は死ぬに決まっている命を、なぜ自分の命だと思うのでしょうか。死ぬに決まっている命をなぜ自分の命だと思うのでしょうか。文明によってそういう間違いを押しつけられているのです。

今の人間は東洋人がいる。西洋人がいるという考え方をしているのです。西洋人がいるのだから、西洋の宗教がなければならない。東洋人がいるのだから、東洋の宗教がなければならないと考えるのです。

国や民俗は歴史がありますから、そういうものがあると思えるのですけれど、本当は人間は一人なのです。砂糖をなめたら黒人でも白人でも、皆甘いと感じるのです。塩をなめたら辛いと思うのです。

私は世界一周旅行を二回して、アジア、中近東、ヨーロッパ、アフリカ、南米、中南米、北米の色々な国を訪れて、多くの人々と話し、色々なものを食べてきました。そうして五官の働きは人類共通だということを実感したのです。

世界中の人間が経験している命は、一つしかないのです。命は一つしかないのです。この事をよくお考え頂きたいのです。西洋人の命とか、東洋人の命とかいう考え方は、根本から間違っているのです。

命は一つしかありません。従って本質的に言いますと、仏教とか、キリスト教とかいう考えは、成り立たないのです。仏教とかキリスト教というのは、人間の常識から生まれてきたのです。人間の常識は皆間違っているのです。人間の考えが人間を迷わせてしまったのです。人間は無明から生まれてきた無明です。何も分からない状態で生まれてきて、そのまま地球に住みついているのです。人間は無明から生まれて無限の無明の中に沈殿して、無明のうちに死んでいく。大無量寿経はこういう言い方をしていますけど、そのとうりです。

仏教があると思うのが間違っているのです。キリスト教があると思うのも間違っているのです。

キリスト教は聖書への入口です。仏教は仏法への入口です。仏法と仏教は全然違うものです。般若心経には、無無明亦無無明尽、乃至無老死亦無老死尽、無苦集滅道と書いています。つまり唯識論の根本原理である四諦八正道と十二因縁をはっきり否定しているのです。

無明から始まって老死に終るのは十二因縁です。苦集滅道という悟りを説いているのは四諦八正道です。これは大乗仏教の唯識論の根本思想です。これを般若心経は無と言っているのです。仏教の経典を、般若心経は頭から否定しているのです。般若心経は仏教を否定していますから、仏教の経典と考えるのはおかしいのです。仏教を否定している般若心経を、お寺のお坊さんは有難いお経として唱えているのです。写経をして千円をつけて寺へ送るとご利益があるという。一体何をしているのかと言いたいのです。一般民衆はこれほどばかにされているのです。

般若心経を仏教の寺で読むのがおかしいのです。大乗仏教の唯識論を堂々と否定している般若心経がお寺で読まれていますから、どれほど般若心経が誤解されているかということの証明になるのです。

日本の仏教家は、般若心経を全く知らないのです。般若心経を知らない薬師寺のお坊さんが、般若心経を写経して千円をつけて送ればご利益があると言っているのです。六百万人の人が写経して千円をつけて送っていますから、薬師寺は六十億円儲けたのです。宗教はこういう事をしているのです。これが宗教商売です。

仏教は仏法ではありません。宗教です。お釈迦さんの本当の悟りではないということをよくよくご承知頂きたいのです。

般若心経は人間ではない人間の悟りをそのまま説いているのです。般若心経は自分を真っ向から否定しているのです。これは般若心経のすばらしい見方です。

般若心経を正しく了解しなければ、イエス・キリストを信じる事は絶対にできません。だからキリスト教でイエス・キリストを信じている人は一人もいないのです。信者はキリスト教の物語を聞いているだけです。

般若心経には悟りがあります。五蘊皆空、究竟涅槃と言っています。究竟涅槃は自分が消えてしまう事です。自分が消えてしまうということが涅槃です。

自分が消えてしまうというところまでは言っていますけれど、消えてしまって自分の命はどうなるのか。今自分の心臓が動いているという事がどのように説明できるのか。説明できないのです。

これはキリスト教ではない、聖書を見るしかないのです。聖書はキリスト教の教典ではありません。般若心経も仏教のお経ではありません。

## 宗教を否定している般若心経と聖書

般若心経は仏教を否定しているのです。聖書はキリスト教を否定しているのです。この世の教えを信じるなとイエスは言っているのです。キリスト教の教えを信じるなと言っているのです。神の言葉を信じなさいと言っているのです。

キリスト教の人々はキリスト教の教えを信じているのです。聖書と宗教は何の関係もないのです。ところがキリスト教は聖書を売り物にして宗教が成り立っているのです。

皆様が救われたいと思うのは大間違いです。皆様は迷いの塊です。常識の塊です。学校教育の塊です。常識とか教育は、人間をこの世の考え方で縛っているのです。

皆様は自分の命について、自由に考えることができないでしょう。人が生きているのは、自分が生きているのではない。神の御霊が自分という格好で生きているのです。神の御霊が生きていることを、私は認識しているのです。

御霊が生きていることを経験するのです。この経験をする人をイエスというのです。

イエスを信じるというのは、イエスと同じ経験をするということです。これはキリスト教の話ではありません。

人間は自分の気持ちで自分を迷わしているのです。これが日本人の悪い癖です。自分の気持ち、自分の経験、自分の都合があると思っているのです。これが間違っているのです。

皆様は自分の気持ち、自分の経験、自分の考え方を踏まえて、本当の考え方の中へ入って頂きたいのです。そうするための勇気を持って頂きたい。

宗教を信じている人は、必ず死んでしまいます。死ぬに決まっている自分を脱ぎ捨てるのです。寝巻きを脱ぎ捨てるように、死ぬべき命を脱ぎ捨てて、イエスを着るのです。そうすると死ぬに決まっている人間から抜け出して、死なない人間になることができるのです。

今までの経験にこだわっていたら、皆様は必ず死にます。死ぬのが嫌だったら、死を破った人の所へ行ったらいいのです。

イエスが死を破ったというのは、歴史的事実です。イエスが死なない命を持って地球上に生まれたので、西暦紀元が始まったのです。人間が死ななくなってから、既に二〇一五年になるのです。

ところが、世間一般の人は未だに死んでいるのです。毎日、毎日、沢山の人が死んでいくのです。せっかく生きていながら、生きているという命を掴まえないので、死んでいくのです。

この世を去ったらどうなるのでしょうか。寺も教会もない所へ行くのです。仏教とかキリスト教は、この世に生きている間は役に立ちますが、この世を去ってしまえば、宗教が言う事は一切役に立ちません。だからこの世の宗教の考え方から出てしまうのです。そうして般若心経と聖書を勉強して頂きたいのです。

今まで般若心経と聖書を一つにして勉強している人がいませんでした。仏教の根本原理と、聖書の本当の命をこれを一つにして見るのです。

般若心経の五蘊皆空という足台がなかったら、キリスト教ではない聖書を見ることはできません。

常識が皆様の宗教になっているのです。皆様は常識を通して文明を頼りにしていますけれど、文明を頼りにして何になったのでしょうか。
文明は人間の魂を殺しているのです。文明を信頼していると、皆様は文明と心中することになるのです。やがて人間文明はめちゃくちゃになるでしょう。大崩壊するでしょう。もう崩れかかっているのです。

文明はこれから何百年も続くものではありません。だから、死を破ったイエスを勉強するしかないのです。イエスが復活したのは歴史的事実です。

イエスを掴まえるためには、自分がいたのではじゃまになるのです。これを空じてしまうことを般若心経でしなければいけないのです。

空じるとは自分が自殺するのではない。今までの自分の気持ちが間違っていたということを、素直に認めるだけのことです。これは誰にでもできることです。これが、般若心経の五蘊皆空、究竟涅槃です。これを実行しなければ、自分の思想を乗り越えることはできないのです。

まず般若心経の悟りがいります。それから聖書の福音を学ぶのです。般若心経には悟りはありますが、救いはありません。そこで悟りをしっかり掴まなければいけないのです。これを踏まえて聖書の救いを信じることです。

悟るというのは成仏することです。成仏すれば神を信じることができるのです。まず仏さんになることです。そうしたらイエスの命を掴まえることができるのです。

## 2. 新しい価値観と世界観を日本から発信する

私は宗教ではないということを、繰り返し述べています。それでは宗教とは何かと言われるでしょう。神と魂との係りを勉強することが宗教になっているのです。ところが神と魂との係りと言いましても、どのようなつながりを意味するかということです。宗教という言葉が持つ概念は何か。例えば芸術や哲学、その他の人間の精神科学に類する全般を含めて文化と言っています。従って宗教という考え方も、文化という概念の一部になるのです。

神と人間との係りを文化論的に考える。これが宗教になるのです。

神という概念は、キリスト教で考える神と日本の神とでは成立がまったく違っているのです。従って神との係りと言いましても、日本の神道は霊魂との係りをあまり持たないのです。

日本の神道は生活に関する指導、世話をやいてくれるのです。こういう神の概念であって、国家社会と人間との間に介在する神を想定しているのです。例えば靖国神社がそういうものなのです。

日本の八百万の神々は産土にしても氏神にしても、すべて国家社会の権威者という人々を神として祭ることを基礎にしているのです。キリスト教で考える救い主なる神とは全然違うのです。

私が宗教ではないというのは、日本の神と人間の霊魂との係りをかれこれいうものでは全くないと言っているのです。

日本の神は氏の神、産土の神を意味するのです。功労者とか先輩を神として拝んでいるのです。これは人間の霊魂には直接関係がないのです。国家社会の経営とか、国家社会の繁栄に係りを持っているのです。人間の生活の世話をやくための神霊です。

ところが霊魂との係りになると話が違うのです。生活に関することではなくて、死後の霊魂のあり方に係ることになるのです。これが聖書の神です。

日本の神と聖書の神とでは同じ神という言葉を使いましても全然違ったものになるのです。霊魂の係りの勉強という考え方はどこまでも西洋的な考えであって、日本的なものではないのです。

中国の神、道教の神も、日本の神と似ているのです。中国では産土の神、氏神という風習はないようですけれど、やはり産土的な神概念はあるようです。

東洋的な神観と西洋的な神観とでは、基本的な違いがあるのです。私たちが勉強しているのは人間の命に関すること、魂の永遠に関することを勉強しているのです。日本的な意味での宗教の勉強ではありません。

西洋の神と霊魂との関係と言いましても、霊魂の受け取り方が問題なのです。

霊魂と言いましても、一般のキリスト教の人々は死んだ後のあり方を霊魂と考えてはいるのですけれど、死んだ後の霊魂は何か。死んだ後に本当に霊魂があるかどうかです。これが分からないのです。
仏教では霊魂はないことになるのです。一切空という大乗仏教の建前から言えば、霊魂はないのです。しかし死んだ人の霊を祭るということはします。

死んだ人の霊を祭ると言いましても、何を祭っているのか。大乗仏典には魂という言葉がありません。全くないとは言えない面があるのです。しかし、魂とは何かについては、仏教では実体の究明が非常に難しいのです。

大乗仏教には創造者という神が存在いたしません。釈尊の悟りは生老病死という四苦を悟ることから始まっているのです。人間社会が既に存在している状態から出発しているのです。人間社会が存在している。地球が存在している。森羅万象が既に存在しているという所から出発しているのです。

ですから、天地創造という概念が大乗仏教には全くないのです。いわゆる地水火風という四大によって、森羅万象が因縁的に所生しているということはありますが、因縁の本体は何であるのか。なぜ地球がありうるのが、因縁の本体は何であるのか。なぜ地球がありうるのか。こういうことについて大乗仏教には明確な概念がありません。

地球が既に存在している。人間が既に存在しているという所から出発したのですから、人間がどうして造られたのか、またどうして造られなければならなかったかについては、仏教には説明がないのです。そういうものを説明する必要がないからです。

天地が既に存在している、人間が既に存在しているのですから、天地創造、人間創造という概念がないのです。

釈尊は人間が生きていることが空であると言っています。五蘊皆空とは人間の常識、知識が空であると言っていますが、人間の常識、知識だけでなくて、森羅万象が五蘊によってできていると言っているのです。

人間だけでなく、人間の知識そのものが一切空です。ところが、一切空と言っても現在地球が自転、公転しているという事実があるのです。太陽が照っているという事実があるのです。人間の心臓が動いているという事実があるのです。このような事実をどのように認めるかということです。一切空という概念はありますが、それとは別に人間の実体を究明しなければならない事にもなるのです。

例えば浄土真宗なら浄土真宗の概念だけでいいのですから簡単です。地球が存在することの理由を浄土真宗で取り上げる必要がないのです。

ところが人間存在という角度から考えますと、一派の宗教団体の理屈でかたづけるというわけにはいきません。

西洋的な意味での神と魂との関係になりますと、キリスト教的な概念によって問題にする場合と、キリスト教という立場から離れて人間存在という立場からはっきり人間を導いていくことが考えられるのです。

般若心経は釈尊の悟りの思想を最も端的に要約した、また集約したものです。それから新約聖書はイエス・キリストの事績を基礎にして書いているのです。

## 宗教家ではなかった釈尊とイエス

ところが、釈尊もイエスも、両方共宗教家ではなかったのです。釈尊は釈迦族の皇太子であった。イエスはナザレ村の大工の青年であった。両方共宗教家ではなかったのです。

釈尊やイエスの事績を宗教という概念で取り上げるとおかしいことになるのです。内容的に考えましても、般若心経は人間の知識、常識は一切空であると言っているのです。知識、常識だけでなく十二因縁、四諦八正道が空であると言っているのです。

大乗仏教の唯識論の中心思想が空であると言っているのです。眼耳鼻舌身意という人間の六根もないと言っているのです。無色声香味触法とありますから、人間の感覚もないのです。こうなると、人間自身が生きていることを認めていないことになるのです。これが究竟涅槃の内容になるのです。

そうすると、世情一般の宗教の対象にはならないのです。世情一般の宗教は人間にご利益を与えるもの、人間を幸福にするためにあるのです。有形的にか無形的にか、何らかの意味で人間にご利益を与えるものが宗教です。

ところが般若心経は人間が生きていることを積極的に否定する字句が並んでいますから、これは宗教とは認められないことになるのです。ところが般若心経を各宗派が好んで用いているのです。

テレビドラマで葬式のシーンが出てきますと、申し合わせたように般若心経を読んでいるのです。これはおかしいことです。

人間の五官、六根をはっきり否定して五蘊皆空を称えている般若心経が、葬式とどういう関係があるのかと言いたいのです。葬式には全く関係がないのです。

そこで般若心経を勉強する場合には、五蘊皆空、色即是空、無苦集滅道、無知亦無所得故という考え方でいきますと、涅槃を究竟することが般若心経の目的ですから、霊魂との係りを説いているとは言えなくはないのですけれど、般若心経には神がないのです。一切空です。

般若心経は空と霊魂の係りを説いていると言えなくもないのです。空という言葉を神という言葉に置き換えてみますと、空と魂の係りを説いていると言えることになるのです。

ところが、神は空であるのかどうかということです。これは非常に難しい問題になってくるのです。

釈尊は宗教家ではなかったということ、また、般若心経の本文の中には人間にご利益を与えるというような世情一般の宗教概念は全く存在していないのです。従って般若心経は宗教ではないと言わざるを得ないのです。

新約聖書は人間を否定していません。否定していませんけれど、イエスの言行を正面からじっと見ていきますと、イエスは人間ではあったが人間ではなかったのです。神の子でした。誠の人であって誠の神であったとヨハネが書いているのです。

神の生みたまえる一人子であったと言っているのです。従って、普通の人間だとは言えないことになるのです。

イエスは神の側から人間とはこういうものであるということを示すために、地上にやってきたのです。

人間に対する神の経綸を示すために、やってきたのです。人間とは何かということを神が定義しているのです。人間の典型としてイエスが現われたのです。

神は人間全体をイエスとして見ているということが、新約聖書の定義になるのです。ですから全世界の人間を人間として認めていないことになるのです。神が定義としている人間を人間だとしたら、世間一般の人間は正当な人間とは言えないことになるのです。

神は現在の人間を人間として認めていないということは、とても皆様には承服し難いことですけれど、神は現在の人間を正当な人間として認めていないことは確かです。その証拠に、今の人間は死んでいくのです。

もし神が人間を人間として認めているなら、人間が死ぬというばかなことはないはずです。人間に死がないはずです。これがイエスの考え方です。

イエスは「私は天から下った命のパンである」と言っています（ヨハネによる福音書6・51

〜56)。「私は死なない」とイエスははっきり言っているのです。一度十字架によって死ぬけれど、三日目に甦ると言ったのです。その言葉どおりに甦ったのです。

甦ったイエスは、現在生きています。どこかにいるのです。イエスは十字架につけられて死にましたが、甦ったのでありまして、イエスによって死が破られたのです。

これがもし本当であるとしたら、人間は死なないものになるのです。従って死ぬ人間は本当の人間ではない。死なない人間が本当の人間だということになるのです。神がイエスを人間として認めるとしたら、死なない人間を人間として認めることになるのです。

神と霊魂の係りと言いましても、その取り上げ方によりまして、死ぬ人間を指すのか、死なない人間を指すのかということにつきまして、はっきり考えなければならないことになるのです。

## イエスは死を破った

イエスが死を破ったということは、新約聖書に堂々と記されているのです。新約聖書はほとんどの国が認めているのです。聖典として認めているのです。ただ単にキリスト教の教典として認めているだけではなくて、非常に重要な人類の文献として認めているのです。

日曜日はイエスが復活した日です。イエスが死を破ったことを記念して日曜日が制定されているのです。

今年は二〇一五年ですが、暦年算定の基準をキリストの生誕にしているのです。死なない命を持った人が地球上に誕生した。だから地球の歴史がこの人を起点にして新しくスタートしたのです。それまでの歴史は死ぬ人間の歴史でしたが、死なない人間を基点にして新しい歴史が始まった。これが西暦紀元です。

キリストの復活は歴史的事実です。これは世界的な事実を意味しているのです。どうしたら死が破れるのか。イエスがどのように生きていたのか。イエスが生きていたような生き方を学ぶなら、人間は死を破ることができるのです。これを勉強しなければならないのです。

本当に人間が死を破ることができるのなら、現在の科学、哲学、宗教は根本から変ってしまうのです。

そこで私たちは慎重に、正確に、宗教ではない聖書を勉強しなければならないのです。

キリスト教は聖書を勉強していながら、人間が死ぬことを認めているのです。人間は死んだ後に天国へ行くと言っているのです。死んでから天国へ行くという言い方は、死ぬことを認めているのです。

ところがイエスは、「生きていて、私を信じる者は、いつまでも死なない」と言っているのです（同11・26）。死んだ者でも生きかえる。生きていて私を信じる者は、いつまでも死なないと言っているのです。

キリスト教と聖書の字句とは、非常に大きい違いができてくるのです。こういう点をできるだけ綿密に、正確に勉強していかなければならないのです。

人間が生きているとはどういう事なのか。神という宇宙人格の実体と、私たちの霊魂とがどのような係りを持っているのかを、端的に勉強して頂きたいのです。

般若心経は人間そのものを否定しているのです。しかも釈尊は宗教家ではありませんでした。ナザレのイエスも宗教家ではなかったのです。宗教家ではないどころか、イエスは宗教を大変嫌ったのです。宗教をぼろくそに言ったのです。ユダヤ教を徹底的に攻撃しているのです。

その結果、律法学者とユダヤ教のラビにつかまえられて殺されたのです。イエスを殺したのは宗教家です。宗教家に殺されたイエスを宗教家が祭っている。キリスト教は全く訳が分からないことをしているのです。

釈尊も同様です。般若心経の字句を綿密に、正確に考えますと、寺院仏教は成立しないのです。無苦集滅道と言っています。無無明亦無無明尽とあります。無老死亦無老死尽というように、四諦八正道と十二因縁を否定しているのですから、宗教にならないのです。

釈尊もイエスも、両方共宗教家ではなかったのです。般若心経は人間が生きていることを認めていないのですから、宗教にはならないのです。そこで宗教ではない般若心経と、宗教ではない聖書を勉強しなければならないのです。私たちが生きていることを綿密に究明するための命の書として取り上げているのです。

イエスや釈尊は宗教家ではありませんでした。しかし釈尊やイエスが言ったことを宗教的に扱うということはできるのです。

世情一般の宗教は人間がご利益を受けること、有形無形の利益を受けることが宗教の目的です。従って、世情の宗教という角度から言いますと、現在生きている人間を認めることになるのです。

般若心経は現在生きている人間を認めていないのです。般若心経は、五蘊皆空、色即是空と言っています。また、無眼耳鼻舌身意、無色声香味触法、無眼界乃至無意識界と言っています。目で見ている世界も、心で感じている世界も全部ないとはっきり言っているのです。ですから現在生きている人間を認めていないことになるのです。これが涅槃という言葉の内容です。

般若心経は現世の人間を否定しているのです。ですからこれは宗教にはならないのです。現在の宗教は人間を認めなければ宗教にならないのです。現在の人間に幸いを与えることでなければ宗教は存在する価値がないのです。

ところが現在の人間を認めるとしたら、般若心経の概念を否定しなければならないことになるのです。そこで困るのです。般若心経をどう扱えばいいのか。人間を認めるのか、認めないのかどちらになるかです。

私が宗教ではないと言いますのは、現在の生身の人間を認めて、幸せを与えることを目的としないという意味です。

新約聖書には救いという言葉があります。この救いという言葉は現在生きている人間が救われるという意味ではないのです。これがキリスト教と私たちの見解の違いです。

どう違うかと言いますと、パウロは、「人間は全て罪人であるから神の栄光を受けることができない」と言っています（ローマ人への手紙3・23）。神から救いを受けることができないと、はっきり言っているのです。

「人間はすべて罪を犯したので、神の栄光を受けることができない。義人はいない。一人もいない」と言っているのです（同3・10）。現在の人間を神は相手にしていないのです。

新約聖書は現在の人間に幸いを与えることができないと言っているのです。そこでどうなるのか。イエスは「悔い改めて福音を信ぜよ」と言っているのです。パウロは「心を更えて新にせよ」と言っています（マルコによる福音書1・15）。心を更えてとは、心をやり直してという意味です。英語で言いますとレニーイング（renewing）でありまして、心をやり直して神を信ぜよとなるのです。

心をやり直すということになりますと、現在生きている人間が常識を持って神を信じるということにはならないのです。現在の人間の心では神を信じることができないのです。そこで心をやり直して、精神構造を変えて神を信ぜよとなるのです。

そうすると聖書は現在の人間の心理状態を認めていないことになるのです。これが新約聖書が言いたい所です。

悔い改めてというのは、自分の行いが悪かったとか、考え方が間違っていたことを改めるだけではなくて、人生に対する、自分の命に対する考えを、変えてしまえと言っているのです。

命に対する考え方を変えてしまえとイエスが言っているのです。「時は満ちた、神の国は近づいた。悔い改めて福音を信ぜよ」(マルコによる福音書1・15)。これがイエスの伝道の第一声でありまして、非常にはっきりしているのです。

日本語の聖書は福音を信ぜよと言っていますが、英訳では、汝らとなっています。「汝ら悔い改めて福音を信ぜよ」となっているのです。この汝らとは一般の人間を意味しないのです。ユダヤ人を意味しているのです。間接的には日本人もアメリカ人も含んでいますけれど、正確に言えばユダヤ人を指しているのです。この点が一般のキリスト教と聖書の言葉を正確に取り上げている私たちとは、全く違っているのです。

字句を正確に見るか、常識的に見るかによって、非常に大きい違いになってくるのです。

般若心経も同様です。釈尊もイエスも宗教家ではなかったのです。彼らが言いたいことは、現在のキリスト教や仏教で言われていることは違っていたということになるのです。

人間の命が死なない命として、永遠の命としてはっきり確認されるためには、それだけの裏付けが必要なのです。

人間には常識的に生きている世間並の人間と、魂としての人がいるのです。人間としての皆様は絶対に救われません。ところが魂としてのあり方を発見なさると、非常に大きい神の御手が皆様を救うことになるのです。

自分を世間並の人間として見るか、霊魂として見るかによって、全然違ってくるのです。般若心経が五蘊皆空と言っているのは、世間並の考え方が五蘊皆空だと言っているのです。霊魂が空っぽだと言っているのではないのです。

釈尊が明けの明星を見たことによって、人間本来のあり方を直感的に悟って、自分が今肉体的に生きているのは空である、永遠の自分があるに違いないことを達観されたのです。そこで五蘊皆空とはっきり言われたのです。

観自在菩薩が深般若波羅蜜多を行じた時に、五蘊皆空を照見したのです。深般若波羅蜜多を行じるという事が、人間ではないもう一人の自分を発見したことになるのです。これを実行して頂いたらいいのです。

## 人間から脱出する

これは現世の人間が幸いになるという話ではないのです。現世の人間から抜け出すことです。青虫が蝶になるように、脱皮して頂きたいのです。

青虫が蛹《さなぎ》になります。蛹になるというのは死んでしまうことです。動かなくなるのです。青虫として桑の葉を食べていた幼虫が自ら死んでしまうのです。そうしてもう一度生まれ直すのです。これが心を替えてという意味です。命が違ったものになるのです。

釈尊もイエスも両方共、幼虫が成虫になる道程をはっきり述べています。

日本人は聖書に対して根本的な誤解を持っています。徳川幕府三百年において、キリシタンバテレンの思想の否定が徹底したのです。聖書を極端に誤解する、また、臆病なほど誤解する姿勢が世間並になってしまったのです。

そこで聖書とまともに取り組むということが全くなくなってしまったのです。キリスト教はありますけれど、キリスト教の人々は神様を信じて自分は救われていると頑固に思い込んでいるのです。キリスト教は西洋の宗教の概念に逃げ込んでいるのです。冷静に自分自身の心境によって聖書を勉強することができないのです。キリスト教の概念の中に逃げ込んで、自分は救われていると思いこまざるを得ないような心境になっているのです。

日本のようなキリスト教嫌いの社会でキリスト教を信じることになりますと、そういう態度にならざるを得ないでしょう。日本ではキリスト教は排斥されているのです。聖書はボイコットされているのです。こういう風潮が日本民族の中に流れているのです。そこで、ボイコットされている聖書を勉強することになりますと、早く宗教観念の中に逃げ込んでしまって自分はこれでいいんだと思い込んでしまうことになるのです。

冷静にゆうゆうと聖書に取り組んでいくという余裕を失ってしまうのです。だから追いかけられるような気持ちで聖書にしがみついて、キリスト教の概念を頭から鵜呑みにしてしまうのです。これは間違っているのです。これは日本的な悲しい習性だと思うのです。

神の約束を妥当公平に冷静に読み取ることができないのです。キリスト教の悪い点は、白人主義の感覚が非常に強いということです。

例えば贖罪論がありますが、これはキリストの十字架によって罪が贖われるというのです。何かの大きい力によって自分の罪を消してもらえるというのです。これがキリスト教の贖罪論です。

キリスト教にはキリスト教の神学としての贖罪論はありますけれど、神学は本当の聖書の思想ではないのです。本当の聖書は神の言葉の一字一句が明々白々な形で神の御霊によってその人の心に植え込まれることになるのです。

仏教的に言いますと、観になるのです。観自在の観です。聖書的に言いますと神の啓示になるのです。神の啓示が人間の霊魂になされますと、自分自身の霊魂の実体がはっきり分かってくるのです。

観世音という場合、世音を見ると自分自身が世間並の人間として生きていることが間違っていることが、自ら明白になるのです。これが啓示です。聖書的に言いますと啓示ですが、仏典で言いますと、観自在、または観世音になるのです。これが、心を更えて新にするということになるのです。

普通に聖書を勉強していたのでは、何年勉強していても本当の神の御心は絶対に分りません。無理に分かったような気持ちになろうと思ったらなれないことはありませんが、これが宗教観念です。

宗教観念というものは本質的に言いますと、自己催眠です。自己催眠ではない他からの力による、神の聖霊による人間の心の目が開かれることです。いわゆる開眼されることが必要です。

## 出離の縁あることなし

親鸞の言葉に、「出離の縁あることなし」というのがありますが、現世に生きている人間は出離することができないと言っているのです。

出離というのは、死ぬべき人間、地獄一定の人間から出て離れるということですが、そういう縁はないというのです。人間の霊魂は絶対に成仏できないと言い切っているのです。これが親鸞の一面です。

もう一面ではナムアミダブツと申すことによって、必ず阿弥陀如来のご来光を受けると言っています。

本当の他力とは何であるのか。阿弥陀如来の本体とは一体何であるのかということです。観世音が皆様によくお分かりになりますと、現世に肉体的に生きている人間は、仮の姿の人間であって、仮の姿の人間を自分だと思うことが間違っているのです。

仮の姿の人間には出離の縁あることなしになるのです。今生きている皆様は極楽往生する必要がないのです。今生きていらっしゃる皆様は煩悩の塊です。こんなものが救われる必要がないのです。

今生きている自分ではない、もう一人の人を見つけるのです。今常識的に生きている自分ではない、もう一人の自分を見つけたらいいのです。仏教的に言いますと、観世音である自分を見つけたらいいのです。聖書的には別の言い方になるのです。

煩悩具足の人間が救われなければならないように考えるのが、間違っているのです。世間並の皆様が、仏を信じるとか、神を信じるということは、絶対にできません。信じているつもりでも、それはいわゆる宗教観念であって、自己催眠です。

自己催眠の悪い状態から脱出して、本当の目覚め、心眼を開くことがあり得るかどうか。あり得なければならないのです。

親鸞は人間は絶対に救われないと言っています。しかし、皆様の霊魂は救われなければならないのです。

救われなければならない霊魂と、絶対に救われる見込みがない人間とが、皆様の中に同居しているのです。これを仕分けるのです。

人間は借り方と貸し方とがごちゃごちゃになっているのです。この状態を仕分けていくことが私たちの目的です。

私は皆様を極楽に案内することが、私の責任だと思っていません。私が一番言いたいことは、文明が間違っているということです。

現代文明が間違っているのです。文明が悪いのです。だから文明に馴れて生きていますと、人間の本体が分からなくなってしまうのです。

今の文明は悪質な文明です。文明の根源にはユダヤ思想があるのです。近代文明はユダヤ思想のアイデアによって指導されています。近代文明の指導原理が間違っているのです。日本は第二次大戦後に高度成長をなしとげましたが、非常に現代化してしまったのです。こういうことを考えまして、私は色々な所で警告しているのです。

徳川幕府三百年の政治によって、神の聖書、本当の聖書が否認されてしまったのです。そこへ、加えて高度成長という空気が日本に流れ込んでしまったために、日本人の魂がふやけてしまっているのです。全くふやけてしまっているのです。このことを警告するのが私たちの目的です。もし本当に希望されるのなら、魂が救われるという神の原理を申し上げたいと思うのです。現在の日本社会の文明的な考え方が間違っているのです。この点をできるだけ明確にしたいのです。

私は文明思想が悪いと言っていますけれど、テレビが悪いとか、電車、バスが悪いと言っているのではありません。そういうものは現在の人間の生活の知恵です。生きていくために便利な電気製品を開発した。それによって生活の利便を得ているのです。これは間違いではないのです。

こういうことが悪いと言っているのではありません。確かに生活は便利になりました。しかし、人間は死んでいくのです。生活は便利になったために、人間は現世で生活していたらいいという思い、生活一辺倒になってしまったのです。

例えば民主主義という思想があります。基本的人権があると思っています。言葉は間違っていませんけれど、受けとめ方が悪いのです。人間の肉性を鵜呑みにしたような概念が横行しているのです。

文明が発展してきたことはよろしいのですけれど、このことの本当の意味が何であるかということです。

科学、科学と人間は絶賛していますけれど、物質が存在すると考えるのが科学です。ところが、物質が存在しないと考えるのも科学です。物質が存在すると考えるべきなのか、物質が存在しないと考えるべきなのか、どちらなのかと言いたいのです。

原子爆弾が存在しているということが、物質が存在しないことの証明になっているのです。理論物理と、応用物理とでは、考え方が全く違っているのです。どちらを科学というのかということです。

もう一つは、科学者が新幹線という超高速列車を走らせています。五百トンもあるジャンボジェット機を飛ばしたり、組織工学によって月面着陸を成功させているのです。こういう事を科学者がどのように考えているかという事です。科学者自身が何をしているつもりかということです。

こういう事が、科学者自身に分かっていないのです。聖書から考えますと、現在科学が発展しているという事は、非常に大きい神的な意味があるのです。

人間文明の進展は、神の約束と重大な関係があるのです。神は絶対者です。万物は神によって造られたのです。神の立場から科学を見ていきますと、非常に奇妙なことになるのです。
神は科学をどう見ているのか。人間の霊魂と科学とどういう関係にあるかということです。
私は文明の利便性を否定するつもりは毛頭ありません。否定してみた所でしょうがないのです。
ところが、現在の人間の心情が間違っているのです。人間の心がだんだん腐っているのです。本来の姿を失ってしまっているのです。

現在の日本人は魂とは何かをまともに考えようとしていないのです。宗教家も、政治経済の指導者も、人間の魂について考えようとしないのです。何のために人間が生きているのかについて、考えようとしていないのです。霊的な価値についてはっきりしたことを考えようとしていないのです。この点が現代文明が間違っていると申し上げる原理です。

文明のあり方ではなくて、人間の精神的なあり方が間違っていると申し上げているのです。

## 水と霊とによって新しく生まれる

現在の人間は新しく生まれなければならないのです。死ぬべき人間の状態を否定して、新しく生まれるのです。これについてイエスは、「水と霊とによって新しく生まれなければならない」と言っているのです（ヨハネによる福音書3・5）。

新しく生まれて神の国に入らなければならないとイエスが言っているのです。イエスの言葉にどのような真実性があるのかということです。

イエスは歴史的事実において、はっきり死を破ったのです。釈尊も、孔子も孟子も、マホメットも死にました。すべての人間ができなかったことをイエスは実行したのです。イエスははっきり死を破ったのです。

これを世界的事実として認めているのです。これが日曜日の制定であり、西暦紀元の実行です。復活の内容は正確には認識していないのですが、とにかく日曜日と西暦紀元が、これを認めていることになっているのです。

今ほとんどの国で新約聖書が読まれています。もし新約聖書を発売禁止にしますと、その国が潰れてしまうのです。キリスト教を厳禁しますと国の運命に係ることになるのです。

今年は二〇一五年です。これはキリスト紀元です。現在キリスト紀元が世界的に公認されているのです。イエスの復活、水からと霊からと新しく生まれなければならないというイエスの言葉には、普通の人間では計り知ることができないような千金の重みがあるのです。

これは色即是空、空即是色と言った釈尊の言葉以上に、イエスが復活したということによって、人間が新しくなることを証明したのです。

復活という事実によって、人間の命が新しくなり得ること、人間が新しく生まれ直すことができることを証明したのです。これには千金の重みがあるのです。

キリシタンバテレンであろうがなかろうが、反対できないのです。聖書を敬遠したいと思う人がたくさんいますけれど、敬遠できないのです。釈尊の一切空というのも敬遠できないのです。

般若心経は人間は空だと言っています。これを聞いて寂しくなったという人がいますが、死んでしまうに決まっている人間を空だと言っているのです。死ぬに決まっている人間が空なのです。これは寂しく思う所か、大いに感動してもらいたいのです。

西暦紀元の現在では人間が死んでしまうという事実が消えてしまっているのです。色即是空ということ、五蘊皆空ということは、皆様にとって誠に有り難いことなのです。

死から脱出する必要はないのです。死ぬべき人間は現在空になっているからです。死んでしまうに決まっている自分を自分と思うことが間違っているのです。

死んでしまうに決まっている自分を、なぜ自分だと思わなければならないのでしょうか。この自分を空じてしまえばいいのです。これが般若心経の精神です。

人間が空だと言われて寂しがる必要はないのでありまして、死んでしまうに決まっている命を自分の命だと思わねばならない必要はないのです。

命には二つあります。死んでしまうに決まっている命と、絶対に死なない命と二つあります。絶対に死なない命が永遠の命です。死んでしまう命をなぜ自分の命だと思うのでしょうか。

今の日本人は、全部死んでしまうに決まっている命を自分の命だと思っているのです。これは日本人の甚しい欠陥です。命に関する根本的な間違いをしているのです。

般若心経に親しんでいる人は、日本には沢山います。一千万人もいるでしょう。それほど般若心経を愛していながら、五蘊皆空が全然分かっていないのです。何ということかと言いたいのです。こんなに般若心経に親しんでいながら、般若心経の五蘊皆空が分かっていないのです。死んでしまうに決まっている命を、なぜ自分の命と思わねばならないのでしょうか。釈尊は今から二千五百年も前に、死んでしまうに決まっている命を、空だとはっきり言い切っているのです。

釈尊がこの世を去ってから、五百年程後に、イエスが現われて、人間が死を破ることができることを証明したのです。

釈尊の空とイエスの復活を正確に勉強したら、死なない命が分かるに決まっているのです。般若心経の字句の解説をしている人は沢山います。しかし、本当に死んでしまうに決まっている自分から抜け出して、死なない命をはっきり握っている人は、めったにないのです。私たちは宗教観念から離脱して、本当の般若心経と、本当の聖書を勉強したら、死なない命がはっきり分かるのです。

死なない命を見つけるための、新しい世界観の確立が必要なのです。これを私がお話ししたいと思っているのです。

現在の人間の心理状態は、非常に腐っているのです。般若心経を読んでいながら、心経読みの心経知らずになっているのです。だからわざわざ宗教ではない般若心経と言わなければならないのです。

日本人が本当に立ち直るチャンスがここにあるのです。これを受けとめて頂きたいのです。

現代文明の文化的な認識から言いますと、イエスの復活は単なる宗教観念になるのです。そうすると単なる伝説ではないかと考えられるのです。

ところがキリスト紀元が歴史の中で中心になっているのです。もしイエス・キリストの復活が単なる伝説にすぎないのなら、キリスト紀元が制定されるはずがないのです。

聖書はイエスが復活したあとに現われて、焼き魚を食べてぶどう酒を飲んだとはっきり書いています。焼魚を食べたというのはどういうことか。現在の人間の肉体とイエスの復活体とはどうなるのか。どのような関係になるかということです。

イエスが復活したあとの彼の肉体はあったに違いないのです。あったから魚を食べたのです。四十日の間この地球上にいたとはっきり書いているのです。このような荒唐無稽な事と思われるような事を聖書は堂々と書いているのです。

聖書は全世界の断トツの大ベストセラーです。一年間に六十億冊もの聖書が発行されています。アメリカの大統領就任式では、聖書に手を置いて宣誓するのです。もし聖書が嘘なら、こういう事はありえないのです。

一年間に六十億冊という膨大な量の聖書が発行されているのに、イエスの復活という歴史的事実を、現在の大学は学の対象としていない。全く無視しているのです。これは学の甚しい怠慢になるのです。

私たちの肉体の他に、もう一つの甦った体があったのです。現在あるはずです。私たちが考える物質の他に、未来次元の新しい物質がなければならないのです。これについて自然科学はどう考えるのかということです。

こういう事を現在の文明や文化に向かって、はっきり指摘したいのです。

人間とは何か。肉体的に生きている人間を人間とするのか。魂として生きているものを人間として見るかどうかです。客体的に存在するものを人間というのか、主観的に存在するものを人間というのかです。

客観的存在の人間と主観的存在の人間とは全く別です。ドイツの観念論哲学も全く間違っているのです。

今こそ日本から新しい文化概念、新しい世界観、価値観を顕揚しなければならないのです。日本は経済大国であるだけでなくて、文化大国としてのリーダーシップをとるべきです。日本から世界を照らす新しい価値観と新しい世界観を発進すべきなのです。

皆様が命の勉強をしたいと思われているのは誠にご奇特なことです。しかし本当の命を勉強するのはご奇特くらいのことではだめなのです。人並はずれた精進をしておられる皆様方でも、現世に生きているということが皆様にとっての大変なハンディキャップになるのです。宗教ではない般若心経という命題をご覧になったらお分かりになると思いますが、般若波羅蜜多というのは彼岸へ渡る明智のことです。上智のことです。現世にいる人間の知恵ではないのです。

般若波羅蜜多ということが、皆様がこの世に生まれてきた目的です。この場合の皆様という言い方はユダヤ人以外の一般人を指しているのです。皆様はこの世に生まれてきたのですが、目的を持たずに生まれてきたのです。目的を持たずに生まれてきたのですから、何のために生きているのか分からないのです。

国は国、民族は民族の仕来りがありますから、それぞれ教えということを言ってはいますけれど、民族の教えとか仕来りということが人間のただの情報なのです。本質的に言いますと、人間の情報でしかないのです。

しかもこの情報は死んでいった人間が造り上げた情報です。死んでいった人間によって考えられた概念です。この概念が情報になっているのです。

仏教とか、儒教とか、神道とか色々な宗教概念が日本にありますけれど、皆概念にすぎないのです。

仏教の実体、実質は何であるのかと言いますと、実は分からないのです。般若波羅蜜多という言い方をしますと、実は仏教の実体を否認してしまっているようなことになるのです。

般若波羅蜜多というのは彼岸へ渡る知恵のことでありますし、この世の知恵ではないのです。波羅蜜多というのは現世のことと違うのです。現世を後にして彼岸へ渡ることが般若という知恵、上智です。

ところが現世にいる人間が勉強しているのです。これは愚かな事です。現世に生きているままの人間が勉強していることが間違っているのです。

## 彼岸へ渡るとは

もちろん現世にいる人間が初めに勉強するのは当前です。現世にいる人間が彼岸へ渡ろうと考えて般若心経を勉強することは結構ですが、いくら勉強しても勉強しても、彼岸に渡らずに勉強する、三十年も、五十年も勉強して彼岸へ渡らずにしているのが現状です。だから般若波羅蜜多という言葉が全く分かっていないのです。

人間は彼岸へ渡る知恵を神から与えられていながら、彼岸へ渡らずに現世で頑張っている。これはなかなか見事なものです。般若心経を勉強し始めてから、三十年も四十年もの間現世で頑張っているというのは、なかなか見事なものです。これはかなりの耐久力があると言わなければならないのです。そうして写経したりして後生安楽になりたいと考えている。こういう愚かなことを日本人はしているのです。

こういうことになる原因は何かと言いますと、人間と魂が別だということが分かっていないのです。日本に人間と魂とをはっきり分けて説明ができる人は、一人もいないでしょう。だいたい大乗仏教には魂という考え方がないのです。一万七千六百巻という膨大な大乗仏典の中に、魂という言葉が一字もないのです。これはおかしいことです。般若波羅蜜多と言いながら、彼岸へ誰が行くのかということが分からないのです。

向こう岸へ行くのは誰かが分からないのです。分からないままで仏典を勉強しているのです。般若心経には観自在菩薩と最初から書いているのです。魂というのは観自在の原形になるのです。

魂が正確に捉えられたら観自在になるのです。ところが日本人の頭には、魂という言葉が正確に理解されていないのです。武士の魂とか、大和魂とか農民魂という言葉はありますが、こういう言葉で騙されているのです。

結局、魂が分からないのです。分からないので観自在すること、観世音することの意味が分からないのです。

皆様は目で見ていると思っています。見ているのではなくて、光線が物に当って反射して、目の網膜に映っているのです。この状態を魂というのです。字を書いている能力、生態の原理、五官の働きの実体が魂です。

こういうことが分からないままでいくら般若心経を読んでもだめです。分かるはずがないのです。ところが日本の仏教では分かったようなことを言っているのです。日本の仏教のお坊さんで、本当の空が分かっている人は一人もいません。もし本当に空が分かっていたら、伽藍仏教は成立するはずがないのです。仏教商売ができるはずがないのです。仏教という営業が成り立つはずがないのです。

仏教という営業が成り立っていることが、魂が分かっていない。空が分かっていないことを証明しているのです。

空というのは宗教ではありません。信心ということが空です。日本の仏教で考えている信心というのでは、観自在が成立しないのです。信じるという心が五蘊です。日本の仏教が五蘊です。キリスト教も五蘊です。聖書も般若心経も、本気になって勉強していないのです。

そこで私たちがこういうことを言わなければならない余地が出てくるのです。余計なおせっかいと言われるかもしれませんが、こういうことを言わなければならないのです。

皆様が生きているということが魂です。英語で言いますとliving soulになるのです。これが人間存在の質体になるのです。人間の実質の状態です。質体という言葉は日常では使わないかもしれませんが人間の実質、実体です。これが魂です。

人間というのは、市役所の戸籍台帳に登録されているものです。固有名詞、自我意識で生きているものです。やがて死んでいくに決まっているのが人間です。肉体という形態を持っているのです。魂は理性と良心という心理機能を持ち五官を与えられた人間の実質です。この区別がつかなければ、般若波羅蜜多といくら言ってもだめなのです。

人間は必ず死ぬに決まっているのです。必ず死ぬのです。人間はただの形態です。生あるものは必ず死ぬ。形があるものは必ず壊れるのです。「人間五十年、下天のうちを比ぶれば、夢幻の如くなり」と幸若舞という曲舞「敦盛」の一節があります。

皆様は夢幻のうちに生きているのです。これを自分だと思っているために、皆様の精神状態はいつも夢幻の内にあるのです。

世界の軍備縮小の話がまとまらないのも、選挙で血眼になって走り回るのも、無理がない話です。現在の人間の心理状態では、核兵器廃絶は絶対にできないのです。

何らかの形で人間の意識を転換することができなければ、超大国間の相互不信は絶対に消えないのです。従って軍縮とか核兵器廃絶という方がおかしいのです。

そういうことを話し合うよりも、人間と魂とどちらが実体なのかを考えたらいいのです。人間という場に立っている間は、お互いに騙し合い、警戒し合いながら付き合っているのです。夫婦でも、兄弟でも、親子でもそうです。

現世に人間は不信と不安とで生きているのです。実は人間はいないのです。魂が分からないから人間を自分だと思い込んでいるのです。

魂は質体であって、その本質は命です。生きている事がらが魂です。その本質は命です。魂で生きている人の精神状態は平安です。安心です。

長年般若心経と聖書を真剣に勉強している人でも、頭で分かっても、ハートの状態が本当に魂になり切っているかと言うとなかなか難しいのです。

こういう事は一回か二回分かってもだめです。毎日毎日新しく確認して、これを自分自身の魂に言い続ける必要があるのです。

この世にいる間は猛烈な戦いを継続していなければいけないのです。人間はいない、魂が実体だと言い続けなければならないのです。

猛烈な戦いをしているなら平安はないと思われるかもしれませんが、平安があるから闘えるのです。平安がない人は闘えないのです。

魂が本体だということが分かっているだけで、非常に大きい平安があるのです。この平安を持ち続けるために、自分が持って生まれた業と毎日闘うのです。

この闘いは勝つに決まっている闘いです。だからどんなに闘いが激しくても、やる気になってできるのです。

皆様の質体が魂だと言いましたが、皆様が生きている状態をよくよく見て頂きたいのです。生きているとはどういう事なのか、例えばお茶の味が分かります。味が分かるというのはどういう事でしょうか。これが魂の働きです。皆様はお茶の味を誰かに教えられたことがあるのでしょうか。

お茶の入れ方は習われたでしょう。お湯をわかして、それを急須に入れて、そこへお茶の葉を入れるということは習われたでしょう。しかし味というものについては習っていないのです。皆様が生まれた時に、既に味覚を持っていたのです。

例えば生まれたばかりの赤ん坊は母親の乳に吸いついて吸うのです。おっぱいの味を知っているからおいしそうに飲むのです。哺乳瓶においしくない飲料を入れて与えてもすぐに吐き出してしまうのです。

赤ん坊は母親のお乳をおいしそうに呑むのです。これはおっぱいの味を知っているからおいしそうに呑むのです。赤ん坊はおっぱいの味を誰から教えられたのでしょうか。母親が教えた訳でもないのに、おっぱいの味を知っているのです。これを魂というのです。

皆様は目で花を見ますと、きれいだと思われます。きれいとはどういう事でしょうか。きれいという意味を皆様は誰かに習ったことはあるでしょうか。皆様はきれいなものをきれいと言われるのです。こういう状態を魂というのです。

## 不可視世界

皆様の五官の本質が魂です。皆様が生きているということは、魂が生きているのです。人間が生きているのではないのです。食べるとか、見るとか、聞くとかいうのはどういうことか。例えば味というのがありますが、おいしいものを食べたいと思うことは目に見えないことを信じているのです。不可視世界のことを信じているのです。

味というのは不可視世界のものです。また、香りというのも同様です。皆様は目に見えない世界を経験しているのです。これを霊というのです。これが本当の霊です。霊媒の霊とは違います。神霊科学でいう霊は巫子の口寄せの霊であって、味や香りと全然違うのです。

霊媒の霊、神霊科学の霊、新興宗教が言う霊は、人間の妄念が生み出した妄想です。今の日本では新興宗教がたくさんはやっています。守護の霊という事を言うのですけれど、これは皆安物の霊です。

例えば守護の霊があったとしても、命は分からないのです。守護の霊を二十知っていても、三十知っていても、皆様の命の実体は全然分からないのです。守護の霊を信じれば信じる程、本当の霊が分からなくなるのです。彼岸へ渡れなくなるのです。彼岸へ渡れないように仕向けているのが、新興宗教です。

不可視世界のことが本当の霊でありまして、これは新興宗教の霊とは違うのです。この霊が皆様の命の本質です。この命の本質に目が開かれることです。これを観自在菩薩というのです。または観世音菩薩というのです。

彼岸とはどういう所か。この世ではない向こう岸です。人間が生きている場所ではないのです。人間が生きていない所です。これが向こう岸です。

人間が生きている状態で向こう岸へ渡ってしまうのです。今日彼岸へ渡っても、今日という日と、明日という日とは時が違いますから、今日彼岸へ渡ったら、明日もう一度渡る必要があるのです。あさってまた、渡る必要があるのです。この世に生きている間、毎日彼岸へ渡り続けていなければいけないのです。

命は毎日新しいのです。毎日新しい命を経験しているのですから、毎日新しい彼岸を経験するのでなかったらいけないのです。これを実行している人は日本にはいませんし、世界にもいないのです。しかしこれはしなければならないことなのです。

世界中で誰もする人がいなくても、私たちはそれをしなければならないのです。なぜかと言いますと、皆様がこの世に生まれたのは彼岸を見つけて彼岸に入るためなのです。

彼岸を見ない状態、彼岸に入らない状態で、人間として生きていても、何にもならないのです。皆様は四十年、五十年の間この世に生きておいでになったのですが、皆様の命の本質には何のメリットもなかったのです。ただ生きていただけなのです。ただこの世の常識を学んだだけなのです。何のプラスもなかったのです。

そこで今まで生きていた自分は人間として生きていたのです。人間として生きていたのは魂の上に乗っていただけです。魂の上に乗って、ふんぞり返っているのが人間です。これが後天性の人間です。

後天性の人間というのは常識と知識で生きているのです。常識、知識は人間の思いです。思いというのは迷いのことです。

皆様は生きていると思っているでしょう。現世に生まれてきて生きていると思っているのは、ただ思っているだけです。従って現世で生きていると思っていても、人間の思いは根本的に迷いそのものです。

魂は思いではありません。魂が生きているというのは生きているという事がらです。これが霊です。これは誰に習わなくても生まれた時から生きているのです。

生まれてしばらくしますと、物心がつきます。物心とは何かというと偽の人格です。物心がつくと人間はばかになるのです。迷いだすのです。迷いだした結果夢幻の世界に生きるのです。こういうことをご理解頂きたいのです。

皆様が現在生きているという気持ちを端的に申しましたので、これをまずご承知頂きたいのです。この状態で生きていながら、いくら般若心経を読んでも分かるはずがないのです。迷っている状態にいるのですから本当のことが分かるはずがないのです。

この状態では神を信じることは絶対にできません。キリスト教の神なら信じられますが、こんなものはキリスト教が造った神です。

キリスト教の宗教教義が神を造っているのです。今の人間が信じられるように造っているのです。天にまします我らの父よとキリストの人々は祈っていますけれど、天とは何かが分からないのです。ましますとはどういう状態なのか、我らの父とは何か。この一つ一つ分かっていないのに、天にいます我らの父よと祈っているのです。これは聖書をばかにしているのです。

キリスト教も仏教も、現世の人間に分かるように嘘ばかりを言って信じさせているのです。これが宗教教義というものです。宗教教義を否定するのです。これはなかなかできないことですが、これができますと、般若波羅蜜多の意味が分かってくるのです。

人間は現世に生きていても何もならないのです。九十年生きようが、百年生きようが、何にもならない所か、罪をつくっているだけです。業を積んでいるのです。嘘を言ったりごまかしたり、焼き餅を焼いたりしているのです。人を憎んだりうらんだりしない日があるのでしょうか。

この世ではこういう事をしなければ生きていけないのです。こういう世の中です。世の中の大人が悪いのです。

デカルトは精神と物質は別だと言っていますが、こういう考えがまったく間違っているのです。霊が分かれば精神と物質が一つであることが簡単に分かるのです。

皆様がこの世に生まれてきたのは、人間と魂とを見分けることをするためです。命とは何かということを知ることができるために生まれてきたのです。

このことを日本的に言いますと観世音というのです。世音というのはこの世の有様です。この世の有様を見ることによって、この世がインチキなものであることがはっきり分かった人は、インチキではない状態になったらいいのです。

皆様はこの世に生まれた時には、霊魂そのものだったのです。ところが、物心がついて、人間になってしまったのです。これが間違っているのです。

大人のゆがんだ気持ちを、放下することはできるのです。これを脱ぎ捨てることはできるのです。そうすると、皆様は元の魂に帰ることができるのです。

皆様の五官の本質はそのまま魂の本性です。これを情緒というのです。本当の情緒に対して目を開くことができますと、初めて魂ということが分かってくるのです。そうすると、現世にびくびくと生きている必要がなくなるのです。

今の人間は戦々恐々として生きているのです。ガン、心臓病、脳梗塞にならないか。いつ地震が起きるのではないか、会社が倒産しないか、老後の年金や介護はどうなるのか、いつ死ぬかも知れないと、びくびくして生きているのです。安心して生きておれないのです。

魂がはっきり分かれば、坦々として知るべきことを知り、言うべきことを言える人間になるのです。そういう人間になれるのです。これが観自在です。

観自在すること、観世音することが人生の目的です。これをするために、私たちは生まれてきたのです。般若波羅蜜多をするために生まれてきたのです。

般若波羅蜜多が人生の目的です。私たちはこの世に生きるために生まれてきたのではありません。皆様はこの世に生きることに対して熱心でありすぎたのです。だからこの世に生きることが自分の目的のようにお考えになっているのですが、これは間違いです。

命さえ分かれば、この世で生きていけるに決まっているのです。本当のことが分かれば、生きていけるに決まっているのです。本当のことが分かったら、あえて生きていかなくてもいいのです。

私たちは現世に生きるために生まれたのではないのです。般若波羅蜜多するために生まれたのです。命そのものを知るために生まれてきたのです。

## 3. 人間の尊厳性とは何か

現在皆様は死んでしまうに決まっている自分を自分だと考えているのです。これは大変愚かなことです。もしこのように考えていないとしたら、全く超人です。超人であっても、超人でなくても、死ぬのは困るに決まっているのです。困るに決まっている自分を、どうして自分だと考えるのでしょうか。

皆様は自分で好んで死んでいくべき命を自分の命だと思っているのではないと思います。これは誰かに、そのように思い込まされているのです。

この世というもの、いわゆる文明というものによって、世間並の思想に巻きこまれているのです。世間の人がそう考えているのだから仕方がないと思っているのでしょう。

人間は死ぬに決まっているものだと考えているのです。

「人間五十年、下天のうちをくらぶれば、夢幻の如くなり、一度生を享け、滅せぬ者のあるべきか」

これは織田信長が好んで舞った能の舞、「敦盛」の一節ですが、人間はこの世に生まれて必ず死んでしまう者だと考えていたのです。

ところが人間には魂があるのです。魂は人間の本体的な存在なのです。人間と魂とは違うのです。人間は固有名詞があって市役所の戸籍台帳に記されている世間並の人間です。

魂というのは現在皆様が生きているという事がらを意味しているのです。例えば皆様の心臓が動いていることが神の実体になるのです。

「人間は神のかたちに、神にかたどって造られた」とあります（創世記1・26）。人間と神とは本質的に共通する原理を持っているのです。

皆様の命は自由に価値づけ直すことができるのです。自分の命に対して自分で正札をつけることができるのです。般若心経はこのことをはっきり言っているのです。

般若心経を愛好している人が日本に沢山います。一千万もいるでしょう。ところが般若心経の五蘊皆空が全く正確に捉えられていないのです。そのために皆様は世間並の世界観に従って考えなければならないような束縛された気持ちになっているのです。

死なねばならないという考えは束縛されている考えです。皆様は自分の意志に従って、自分の命に対する考えを変更することができるのです。自分の命を変換することができるのです。

自分の価値を自分が決定できるということが人間の尊厳です。自分の意志に従って自分の命を決定する資格が人間にはあるのです。これをはっきり述べたのが釈尊でありイエスでした。

釈尊は自分の存在が空であるとはっきり言ったのです。これは世界観の転換です。今まで生きていると考えていた彼自身が、実は生きていないということを発見したのです。

釈尊は自分が生きているという気持ちで出家したのですが、悟った結果、自分が生きていないことが分かったのです。自分自身が空であるということが分かったのです。死ぬということが空であると断言したのです。生まれてきたことが空なのだから、死ぬことも空であるということを断定したのです。これが般若心経の精神です。

ナザレのイエスは自分が人間ではないと言ったのです。イエスは母マリアから生まれたことになっているのですが、三十歳の頃にお母さんを掴まえて、「女よ、あなたと私は何の関係があるか」と言っているのです（ヨハネによる福音書2・4）。自分の母親を掴まえて、何の関係があるかと言っているのです。

イエスは明白に自分自身の存在を転換しているのです。皆様は自分自身の自由意志によって、自分の存在価値を変換することができるのです。世間並の人間の考えに縛られている必要はないのです。

皆様は自分の外へ出て自分を眺めたことがあるでしょうか。文明の外へ出て文明を評価することをしたことがあるでしょうか。

## 向こう岸へ渡る

般若心経はこういう事をした人間の経験をそのまま述べているのです。般若波羅蜜多ということは、向こう岸へ渡ってしまうことです。また、渡ってしまったことです。

人間が生きているのはこちらの岸、此岸です。向こう岸は彼岸です。向こう岸へ渡ってしまうと、生きている世界が全く違ってしまいます。これが般若波羅蜜多ということです。

般若心経をお読みになるのでしたら、これくらいのことは考えて下さい。般若心経はこの世から出ることができること、この世の外側からもう一度この世を見直すことができるという雄大な思想を述べているのです。

イエスは私は人間ではない、生きている神の子だと言ったのです。これはとんでもないことを言っているようですが、皆様の心臓が動いていることが神です。目が見えること、手足が自由に動くことが神です。実は皆様方自身も人間ではなくて、生きている神の子です。これは間違いないのです。

イエスは自分自身の存在を生きている神の子として位置づけたのです。これだけのことです。そこでイエスは死ななくなったのです。

皆様が生きていることが神ですから、皆様が生きているという客観的事実の中へ、皆様の気持ちを持ち込んでしまえば皆様は死なない自分が分かるのです。

永遠の命を見つけるための新しい世界観の創建はできるのです。誰でもできるのです。

現在の文明は完全に行き詰まっています。文明先進国と言われる国は、皆老化現象を起しているのです。青少年の数が減少して、老人が増加しているのです。

老人が長生きするのは、世間に何か価値がある生き方をしていたらいいでしょう。何もしていない老人がただ馬齢を重ねるだけなら、何もならないのです。

生きている年数が三十年、四十年であっても、永遠の生命を見つけるための世界観を確立したら、皆様は死なない命がはっきり分かるのです。分かるに決まっているのです。

もう一度言いますと、皆様の心臓が動いているということが神です。これが本当の神です。神は死なないに決まっています。日本の八百万の神々は、人間が造った神です。こんなものは神という価値はありません。

本当の神は人間が造ったものではなくて、人間を造ったものです。人間を造った神を皆様は毎日経験しているのです。

神を信じなくても、神を経験しているのです。現在心臓が動いているのですから、これは神を経験している事なのです。これが分かれば、死なない命を見つけることは何でもないのです。これを新約聖書は、「悔い改めて福音を信ぜよ」と言っているのです(マルコによる福音書1・15)。悔い改めるとはこういうことです。キリスト教ではこういう徹底したことは言いません。

日本のキリスト教は西欧のキリスト教の宗教教義を、受け売りしているだけなのです。本当の聖書を説いていません。だからキリスト教は西洋の宗教です。これは断言できるのです。

これに対して新しい聖書の見方を、日本から発進しなければならないのです。

日本は新約聖書を公に認めたのは、文明国の中で一番最後でした。日本は一番遅くまで聖書を公認しなかったのです。徳川幕府は三百年の間キリシタンを厳しく弾圧してきたのです。その結果、今でもほとんどの日本人は、聖書に対して根本的なアレルギーを持っているのです。キリストという言葉を聞いただけで拒否反応を起こすのです。

ところがこのことが、非常におもしろい現象を生じているのです。本当の聖書の見方、宗教ではない本当の聖書の見方を日本から出発させているのです。

日本人はキリスト教に対して厳しい弾圧をしていたのです。聖書を厳しく警戒していたから、新しい聖書の見方が日本から現われたのです。

日本はおもしろい国です。非常に興味がある国です。ユダヤ人と日本人は興味津々たる国民です。イエスは死を破ったのです。この人をよくよく勉強したら、皆様は死ななくなるのです。私はこれが分かりましたので、黙っているわけにはいかないのです。黙っていたら、日本人は全部死ぬに決まっているのです。これを、黙視することができないので、皆様にお話ししているのです。

こういうことを言い出したのは私たちが日本で初めてです。世界でも初めてでしょう。般若心経と聖書を二つ並べて話をすることが、宗教ではない証拠になるのです。

ある評論家が新聞のコラムに、現代の文明は病理社会であると書いていました。そのとおりです。日本は今病理社会です。病気になっている状態です。これは文明が本当のものではないことを示しているのです。人間の命が正当に認識されていないのです。これが病理現象を生じる原因になっているのです。

皆様は病理状態で生きているのです。そこで五蘊皆空が頂門の一針になるのです。人間の思いは皆間違っているのです。人間の常識、知識は間違っているのです。

現在の人間の学問には明確な目的がありません。人間の生活には役に立ちますけれど、その人間はやがて死ぬに決まっている人間です。

皆様が般若心経の真髄をとらえないままで生きているのは自由です。しかし生きていた所でしょうがないのです。皆様がこれから何十年の生活を続けていても、ただ死ぬだけのことです。生きていてもしょうがないのです。

死ぬに決まっている自分のことを、なぜ自分と思い込むのでしょうか。人間は現世に生活するために生まれてきたのではありません。生きるということはこの世に生きるためではありません。生きるということは命を経験することに大関係がありますけれど、この世で生活することが目的ではないのです。

釈尊はこの世で生活するために来たのではありません。イエスもそのとおりです。現在の私もそうしているのです。ですから、この世に生きていても仕方がないのです。この世に生きていても、ただ死ぬだけです。

人間は命についての考えが全然間違っているのです。これが現代病理の根本原因です。

般若波羅蜜多をよくお考え頂きたいのです。彼岸に渡る知恵が必要です。

キリスト教は西欧人が白人的な思想によって聖書を解釈しているのです。これがキリスト教の神学になっているのです。キリスト教はその神学を宣伝しているのです。

カトリックという旧教とプロテスタントという新教とでは、相当な違いがあります。また牧師によってそれぞれ違った感覚がありまして、一口には言えない所があるのです。

キリスト教では過去、現在、未来という見方をしないのです。仏教のような三世という考えは、キリスト教にはありません。ただ死後というのはあります。

聖書から言いますと、死後という特別なものがあるのではないのです。現世も特別にあるのではありません。

人生には生まれる前という時代と、現在生きている時代、死んだ後の時代はありますが、これは一つのものが続いているのです。現世と来世とが別のものではないのです。聖書はそういう言い方をしていますし、また実際に現世に生きていた人が死にますと、心霊的な状態になります。

## 三島由紀夫の霊

心霊的になった魂をもう一度呼び出すことができるのです。例えば三島由紀夫の霊を呼び出して、今何をしているのかと聞きますと、今原稿を書いているというのです。以前にこの内容を詳しく雑誌に書いていました。

三島由紀夫の霊は、現在も原稿を書いているというのです。なぜそういうことを言うのかと言いますと、現世での記憶がそのまま来世に延長されているのです。そうすると来世とはどういうものかということです。

現世の延長としての死後はありますけれど、仏教が言うように、現世があって、また、来世があって、そして仏国浄土があるというのは宗教思想になるのです。

宗教というのは人間の常識を基礎にして考えた教義です。これは信じても信じなくても自由です。これは現世に生きている人間の頭で考えた教義です。

宗教が本当であるということは言えないのです。宗教はどんなものでも人間が考え出した教義であるに決まっているのです。天然自然のものではありません。

そこで宗教でどう考えるかということよりも、実際私たちが生きていることの実体は何であるかということを単刀直入に考えた方がよろしいのではないかと思うのです。

私たちは今生きているのです。今生きてはいるけれども命が分かっていないのです。生きていながら命が分かっていない。これはどういうことなのか。間違った生き方をしているから、そういうことになるのです。

現在人間が生きているということを、じっくり考えれば、過去、現在、未来が自ら明日になると言えるのです。

今生きている人間の生きざまを、じっくり勉強する気持ちになりさえすれば、人間の命の実質は十分に会得することができるのです。従って死ななくなるのです。人間の命は死なないのが本当です。死なないから命というのであって、死ぬというのは間違った命の見方をしていることになるのです。従って現世がこのまま永遠に通じるという考え方が、一番望ましいのです。

現在生きている人間を大別しますと、二種類の人間が一人の中に共存しているのです。一つは自我意識に基づく現世人間です。市役所の戸籍台帳に記載されている固有名詞の自分です。これは現世の人間です。仏教的に言いますと俗名によって捉えられる人間です。

もう一つは皆様の心臓が動いているという事実です。目が見える、耳が聞こえるという人格です。これは固有名詞の人間とは何の関係もないのです。

これがなかなか分からないのです。もう一度言いますと、私は山田太郎だと思っているとします。これは現世における社会組織で通用する人格です。俗人の人間性です。

ところが、死んでしまいますと俗人の人間性は完全になくなってしまいます。本当の人間の実体は目が見えるという事です。心臓が動いているという事です。これが生きているという実体です。

生きているという事実と、社会的な人間である、日本人であるということは別人です。大阪や神戸の市民であるということと、皆様の心臓が動いているという事とは、何の関係もないのです。

宗教は自我意識を持っている人間が救われること、そして死んでから幸せになると考えるのです。

私が宗教ではないとは何を言っているのかと言いますと、命そのものを勉強しているということです。皆様の心臓が動いているとはどういう事なのか。これが本当の命そのものです。生命の実質です。生命の実体です。これが分からないのです。

生きていながら命が分からないというのはどういうことか。生命の実体をはっきり掴まえていないから、死んだらどうなるのかという不安が頭の中で渦を巻いているのです。ここに人生の不安感または不満感があるのです。

人生の不安、人間苦の正体は何であるか。これを突きとめて本当に命の実質を究明することが、私たちの唯一の責任です。これを命の勉強と言っているのです。

すべて人間の行き着く所は何であるかというと、生きるか死ぬかどちらかです。永遠に生きるか、永遠に死んでしまうかどちらかです。

これは人生で一番重大な問題です。この一番重大な問題を、現在の日本人は一番おろそかにしているのです。

例えば仏教では死んだら極楽へ行くとか、仏国浄土へお参りするとか言います。宗派神道でも、新興宗教、既成宗教でも、現世に生きている人間が幸いになること、救われること、後生安楽を願うことを考えているのです。

現世に生きている人間と、その人の魂の実質とは何の関係もないのです。これが分からないのです。

現世に生きている俗人の感覚で聖書を読みますと、全く理解できないことになるのです。イエスが病人にさわったら、病気が治ったのです。そんなことはありえないと現代人は考えるのです。

現世の常識に立脚したらそう思えるのです。本当の命を知らない状態でイエスのことを考えれば御伽話に思えるのです。

ところがイエスは死を破ったのです。日曜日はイエス・キリストの復活記念日です。これは歴史的事実です。イエス・キリストが復活したということは、歴史的事実でありまして、全世界の歴史がこれを認めているのです。これが日曜日です。

これは宗教ではありません。イエス・キリストが復活したということは、宗教ではないのです。人間には死なない方法があること、死を乗り越えることができるということを、イエスが証明したのです。

これは命を勉強したら分かるのです。イエスがどういう考え方で生きていたかということを勉強すれば、皆様もイエスと同じように、死を乗り越えることは必ずできるのです。私はそれが分かっているから申し上げているのです。経験していないことを、ただ理屈だけで申し上げているのではないのです。

イエスの角度から皆様が生きている状態を見ていきますと、皆様が生きていることが御伽話になるのです。

皆様は自我意識で生きているのです。自我意識で生きているということは、御伽話の主人公だということです。

例えば皆様は今まで何のために生きていたのでしょうか。分からないでしょう。これは御伽話だったという事なのです。

普通の人間の人生で、その人が造り出した作り話、御伽話です。命の勉強をすると、自分の人生が御伽話であることが分かるのです。今までの人生が御伽話であったことが分かるのです。御伽話ではない人生とはどういうものかが、はっきり分かるのです。そうすると死を乗り越えることができるのです。

皆様の中に二通りの人格が同居しているのです。現世に生きている人間は御伽話の人間です。日本の国があるということも御伽話です。人間の文明があるということも御伽話です。いつか必ずなくなるからです。

人間社会も文明も、寺も教会も全部消えてしまうのです。地球そのものも、やがてなくなるのです。永遠に残るのは命の実質だけです。

永遠に残る命の実質、実体を勉強するかしないということです。景色や花をじっと見るのです。そうして俗念では理解できない文化的な概念を創造する、あるいは創作するのです。こういうことは十分にできるのです。

## 入り口

これは本当の命を見つけるための入り口になるのです。文学とか絵画を勉強しただけでは本当の命にはならないのです。しかし命を見つけるための入り口にはなるのです。

文化概念のある方ほど命の勉強はしやすいのです。ただ常識一辺倒で、商売とか会社勤めだけを一生懸命にしている人は、命の勉強はしにくいと言えるのです。文学とか絵画を勉強している方ですと、命の勉強をするのに便利であると言えるでしょう。しかしこれがそのまま永遠の命に接するという訳にはならないのです。

やはり般若心経の空を勉強して頂いて、悟りというものがどういうものかを勉強して頂きたいのです。しかし悟りだけではだめです。悟りと救いと両方がいるのです。

釈尊は悟ったのです。人空、法空を悟った。いわゆる人間もいないし、森羅万象もないということを悟ったのです。これが釈尊の本当の思想です。

釈尊の思想に基いて色々な大乗経典ができているのですが、仏法の真諦は何であるかと言いますと、人間は空であるということが本当の仏法の面目です。

これが悟りです。これを涅槃というのです。涅槃とは冷えて消えてなくなってしまうことです。これによって今までの自分の妄念がなくなってしまうのです。自分が幸福になりたいという気持ちが消えるという意味では、涅槃は大変尊い悟りですが、これだけでは永遠の命に繋がっていかないのです。

そこでイエスが死を破って復活したという驚くべき事実、人間が死を超えることができるという事実を勉強しなければならないのです。これを救いというのです。

悟りというテーマと、救いというテーマと二つのものが、生命の勉強には必要なのです。般若心経は悟りそのものです。そこで悟りとしての般若心経と、救いとしての聖書を車の両輪として推奨したいと思うのです。

キリスト教は悟りなくして救いの方にだけかじりつこうとしているのです。これはだめです。人間が空であることをはっきり知らないで、ただ天国へ行きたいと考えている。こういう考え方が妄念です。宗教観念は妄念であって、こういう妄念に引きずれ回されているのがキリスト教の信者です。

私はキリスト教の人々を悪く言うのではありませんが、キリスト教の人々は聖書に書かれていることをはっきり実行していないから、このことを指摘しているだけです。

死んだら天国へ行けるということを聖書には書いていないのです。聖書に書いていないことをキリスト教の牧師は述べているのです。そこで宗教ではない聖書がどうしても必要になってくるのです。

現在の人間は生活のことは一生懸命考えていますけれど、生命のことを全く考えようとしていない。これは本当にばかなことです。

生活のことは考えるけれども、生命のことは考えない。何というばかなことをしているのでしょうか。現在の日本の医者は、医学のことは考えています。肉体構造のことは考えていますけれど、命のことを考えていない。これが日本の医学です。

人間文明はこういう間違ったことをしているのです。人間文明は作り事です。現世の人間が幸せになろうとする人間の妄念が文明という形を造り上げてしまったのです。人間の無明煩悩が文明という形態になっているのです。

皆様は幸せになりたいという気持ちがあるでしょう。幸せというのは何でしょうか。現世に生きているままの状態で幸せになりたいと思うことが妄念です。

幸せとは何かと言いますと、命の実質を見極めることです。命の実体を見極めることです。これが本当の幸せです。なぜ幸せになるのかと言いますと、命の実質を見極めると、皆様方は自分が生きているという事がらの実質がよく分かるようになります。そうすると皆様自身の運命はどういうものか。何のためにこの世に生まれてきたのか。何のために死んでいくのか。死んだ後にどうなるのかがすべて分かってくるのです。自然に分かってくるのです。これが本当の幸せです。

現在の皆様は自我意識に基づいて、現世の俗人的な自分を自分だと思い込んでいるために、肝心要の命が分からないままで現世を去ることになるのです。

日本の社会は困った社会でありまして、八百万の神々があるのです。あちらにもこちらにも神があるのです。これは人間が造った神です。現世における人間の幸せのために神があるのです。

日本で生まれますと皆氏子になるのです。神の子になるのです。これが日本民族の習慣性になっているのです。これは生きている間は通用しますけれど、皆様の命はやがてなくなるのです。なくなるに決まっていることが分かっていながら、自分の命のことを心配しないで現世に生きている間だけのことを考えるというのは、日本人の人生観の次元の低さ、世界観の矮小さを示しているのです。

日本人は俗的な考えが強い民族です。日本の上等な神は心霊科学の神であって、安物の神は八百万の神です。上等の神さんは竜神さん荒神さんですが、これはシャーマニズムの神です。霊交会とか霊友会とか色々ありまして、人間の生活の相談にのっているのです。

こういうものは間違いではありませんが、現世における生活の利便の霊のことをいくら勉強しても、命の勉強にはならないのです。

私たちが知らなければならない事は、今生きている命の実質を掴まえることです。これをしたら死ななくなるのです。しかも現世においてはっきり神と自分とのつながりが自覚できるのです。そうすると不安、不平がなくなってしまうのです。

日本人の価値観、世界観の低さがどこにあるかと言いますと、地球が何のために存在するかということが全く分かっていないからです。

地球が何のために存在するか、人間は何のために生きているのか。これが日本では全く分かっていないのです。全然分かっていないのです。

大乗仏典一万七千六百巻の膨大な経典の中に、地球が何のために存在するのかということについては全く説いていません。ただ個人の悟りについて述べているのです。

釈尊が説いたのは個人の悟りであって、全世界の救いではないのです。個人の悟りは重要なことで、本当の救いに到る入口にはなりますけれど、悟りだけでは救いにならないのです。

涅槃は人間完成ではないのです。人間完成というのは永遠の生命の実物を掴まえて死を乗り越えることです。イエスが死を破って復活したのです。これが人間完成です。

## 一つの理性

皆様一人ひとりに理性がありますが、これは全世界の人間共通のものです。例えば日本語を英語に翻訳すればアメリカ人にも理解できるのです。ドイツ語でもフランス語でも日本語に翻訳したら日本人にも分かるのです。全世界のことばはすべて翻訳してお互いに意志の疎通ができますし、思想の交換ができるのです。理性が同じであるからこういう事ができるのです。

白人と黒人とが結婚することができますし、アジア人種が白人と結婚することができるのです。これは全世界の人間が、一つの理性で生きていることを証明しているのです。

そうすると、人間は一種類しかいないのです。それを日本人と黒人とは全然違うとか、白人と黒人とは違うと考えているのです。人種差別をしないというアメリカで、白人と黒人との間にいつも差別が起きているのです。このような妄念で人間を見ることが間違っているのです。

黒人でも白人でも、理性には変わりはありません。一つの理性、一つの五官の作用によって人間は生きているのです。

命は一つしかないのです。そこで釈尊の悟りというのは、全人類の悟りを意味するのです。釈尊の悟りは全人類の明智です。

イエス・キリストの復活は全人類の救いを意味するのです。全人類の人間完成を意味するのです。

イエス・キリストが復活した事は、皆様が復活したのと同じ意味を持っているのです。これを承知して頂きたいのです。

イエス・キリストの復活は歴史的事実であって、イエスが死を破ったことは、皆様が死を破ったのに同じ意味を持っているのです。

「汝ら恐るな、我すでに世に勝てり」とイエスは言っています。イエスがこの世に勝った事は、全ての人間がこの世に勝ったことを意味するのです。

人種とか、国家とか社会とかいうくだらない俗念を捨てて、人間の命を徹見するという気持ちになれば、イエスの復活がそのまま自分自身の復活に通用することが分かるのです。

皆様は現在の状態でいたら、必ず死んでしまいます。死んだ後には必ず裁きがあるのです。

皆様の理性は神にかたどりして造られたのです。神の理性がそのまま皆様の理性として植えられているのです。

皆様の目の働き、耳の働きは神の機能と同じものなのです。天地を造った神の機能と皆様の五官の機能とは同じです。

神にかたどって人は造られているのです。だから皆様は神の子としての本当の自分が分かれば、死ぬはずはないのです。ところが日本人としての自分とか、固有名詞の自分とかそういう小さな考えに囚われているから、死んでしまうのです。

イエスの復活は全人類の宝です。宝物です。釈尊の悟りは全人類の明智です。全人類の明智と全人類の宝と、この二つを皆様に提供したいのです。

私は皆様を宗教団体へ引っぱりこもうとしていません。むしろ宗教から出ることをお奨めしているのです。

現代の日本の社会で、命を真剣に考えている人は一人もいません。本当の悟りが分かっていないのです。般若心経を読んでいながらその意味が分かっていないのです。

キリスト教会では本当の十字架が説かれていないのです。十字架によって古い人間が皆死んでしまっている。このことが全然分かっていないのです。

自我意識で生きている人間は、十字架で死んでしまっているのです。これは釈尊の悟りよりももっとすばらしいことですが、こういうことが今の日本人に分かっていないのです。神の約束が日本人に全然分かっていないのです。

地球が造られたのは、神の約束に基づくものでありまして、この宇宙が何のために存在しているかということを、科学者は全く説明していないのです。科学者は宇宙の状態を説明しているだけです。実体の説明は全くできないのです。状態の説明は実体の説明にはならないのです。

私たちが知らなければならないのは、状態ではなくて実体です。生きている状態ではなくて、生きている実体を知らなければならないのです。この事をお話ししたいのです。

永遠の命はあるものです。イエスの復活は七十二億の人間の宝です。これを皆様が活用したらいいのです。誰にでも通用する宝です。誰でも掴まえることができる宝が、イエスの復活です。このことを受けとって頂きたいのです。

大まかに言いますと、命と心と魂は一つのものです。概念としてはそのように申しますけれど、皆様が実生活に置いて命の勉強をしようと思われますと、命と心と魂は皆違ってくるのです。

魂とは何であるか。これが本当に説明ができる宗教家は一人もいないのです。魂という言葉は大乗仏教の経典にはありません。これは聖書独特の言葉です。宗派神道にはあります。例えばＰＬ教団とか天理教には魂という言葉がありますが、仏教にはありません。

なぜ仏教に魂がないのかと言いますと、仏教は無神論ですから魂という概念が成立しないのです。

魂というのは神から出てきたものということです。神とは何かと言いますと宇宙の本源です。生命の本源です。命の本源です。そこから出てきたものが魂です。神を認識しないと、魂という語法が成立しないことになるのです。

仏教に魂がないということは不思議でも何でもない。当り前のことです。

キリスト教では魂と言います。聖書には魂という文字がありますけれど、魂ということを具体的に説明できる牧師さん、神父さんはいないのです。

日本には本当の神の実物を経験している牧師さんがいないのです。これは困ったことです。神学校を卒業すると皆一人前の先生と言われるのです。先生にはなりますけれど、神学校では魂の実体を教えないのです。ただ学校を卒業したらいいのです。

そういう神学校制度、仏教大学という制度が、宗教を腐らせてしまったのです。こういうものは釈尊の時代もイエスの時代にもなかったのでありまして、こういう制度ができますと、仏典も聖書も全部嘘になってしまうのです。

魂というのは現実に人間が生きていること、神の機能が肉体をとって現世にいることを魂というのです。皆様の五官の働きの実質が魂です。

肉体は実在しているのではありません。肉体はあるように思えますけれど、実は瞬間、瞬間、変化しているのです。昨日の皆様と今日の皆様とは、健康状態が少し違うのです。食べるもの飲むものが皆違いますから、毎日、毎日、肉体状態が変わっているのです。

人間の肉体細胞は数ヵ月で全部新しくなるようです。

ただし脳細胞だけはかなりの時間がかかるようですが、それでも新しくなるのです。そのように人間の肉体は流動的に存在しているのです。川が流れるように、風が流れているように、人間の肉体は存在しているのです。

従って肉体という固定的なもの、個体的なものは実は存在していないのです。これが色即是空ということです。

人間が肉体的な条件で生きていることが魂です。これは固有名詞の自分とは関係がないのです。皆様の心臓が動いていること、目が見えることが魂です。

心には精神（マインド）という面と、ハートという面とがあります。これは皆様の心理機能です。命というのは宇宙に一つあるだけです。皆様個人個人に命があるのではありません。一人ひとりの命があるのはないのです。

自分独自の命、自分の命があると思うのは、自我意識の妄念でありまして、皆様は宇宙の命を使っているのです。

命は一つ、理性は一つです。だからイエスの復活が人類共同の宝になるのです。命と心と魂の関係はこのようになるのです。

仏教では金剛不壊《こんごうふえ》と言います。極めて堅固で決して壊れない志を、堅く守って変えないことを言いますが、これは概念です。仏教にはこういう言葉はありますが、その実体がないのです。

命の実質を掴まえますと、本当の金剛不壊が分かるのです。皆様の命の実質は、実は神です。ところが神と言いましても、日本人には分からないのです。日本人の神という概念が間違っているからです。

天地を造った神が、日本人にはどうしても分からないのです。大工が家を造るように神が天地を造ったと、キリスト教では言いますが、これが全然違っているのです。

天地を造るということは何か。風が流れていること、雲が流れていることが神ということでありまして、地球の自転、公転がどのようになされているかということを知ることが、神を知ることになるのです。

科学も哲学も本当は神を勉強しているのですけれど、神というものに到達するまでにやめてしまうのです。だから学問では神の実体が分からないのです。

皆様の心臓が動いているという事実が、金剛不壊そのものです。その実質、実体は何であるかということが理論的、理性的に分からないと、理性が救われないのです。理性が救われる様な勉強をして頂きたいのです。

仏典の正信偈に、帰命無量寿如来という言葉があります。他力本願の勉強をなさっている方は誰でもご存知の経典の文句です。無量寿は死なない命です。如来というのは真如のごとく来るという意味です。

人間は真如のようにこの世に生まれて来たのです。真如というのは神の英知の面だけを取り上げているのです。

神には全知の面と全能の面と両方ありますが、神の全知のある部分を取り上げると真如になるのです。神の英知ある部分が人間の形を取って地上に来ているのです。従って皆様は如来です。

## 無量寿如来と無量光如来

なぜ帰命無量寿如来という言葉があるかと言いますと、大無量寿経というお経の中に法蔵比丘というお坊さんが悟りを開いて、自分自身の当体は無量寿如来と無量光如来であると悟ったのです。そうして阿弥陀仏になったのです。これが大無量寿経の内容です。仏説阿弥陀経はこれをベースにして書いているのです。

無量寿如来というのは人間の本質は無量の命です。宇宙にただ一つの命の大生命は絶対に死なない命です。この命が何十億に分散して今皆様が経験しているのです。これは人間だけではありません。森羅万象はすべて神の命をそのまま現わしているのです。木も草も土も、空気も水も、すべて命が表現されているのです。

部屋の中には空気として神の命が流れているのです。そのように、宇宙の命が地球に一杯につまっているのです。これを生物現象と言いますが、これは宇宙に一つしかない命を生物全体が共有しているという意味です。

皆様は無量寿としての命を持っているのですから、このことが分かればすぐに幸せになれるのです。

だいたい現世に不幸があるべき道理がないのです。自分は不幸だと思っているだけです。実は本当の不幸とは無量寿としての命を知らないことです。

人間は現世に生きるために生まれてきたのではないのです。現世にいる人間は死ぬために生きているのです。死ぬために生きているのは、ばかばかしいことです。

肉体人間は死ぬに決まっているのです。そこで生きている間に無量寿如来に帰命するのです。人間は無限無量のように現世に生きているのですから、皆様の命は如来さんと同じ命です。このことが分かればいいのです。

自分の命を解脱して、本当の命に帰命すれば、死ななくなるのです。これをするために人間はこの世に生まれてきたのです。

こういうことをすることを観自在というのです。観世音です。観自在と言っても観世音と言っても同じことです。これをすることが人間の目的です。この世で生きることが目的ではない。観世音になることが目的です。誰でも観世音になれるのです。私は観世音になっていますからこういうことがお話しできるのです。

イエスの復活が分かれば現世を超えてしまいますから観音さんになってしまうのです。神の約束が分かれば、天地がなぜ造られたのか、地球がなぜ自転公転しているかが分かるのです。

近代学というのはユダヤ人の発明です。これはキリストに反抗する思想から出ているのです。人間はこの世で生きている間にイエスの復活を受け取るために生まれてきたのです。皆様はせっかく地上に生まれてきたのですから、その命をできるだけ有効に活用して、死なない命を見つけて頂きたいのです。これが本当の幸せです。

現世で豊かな生活をするのではない。現世でおもしろおかしく生きるのではなくて、命の実質を見極めることが本当の幸せです。

ナムアミダブツというのは阿弥陀如来に帰依することですが、皆様の本体が阿弥陀如来と同じものであることを分かって頂きたいのです。イエスを信じたらこれが分かるのです。

イエスを信じることと、如来に帰依することは同じことです。如来には世界歴史の説明はできません。これは抽象的に造りあげた人格だからです。具体的に歴史的に実在していたのではないのです。阿弥陀さんという人が本当にいたのではないのです。

イエスの復活を勉強しなければ、永遠の命の実物を掴まえることができないのです。

自分自身の生をよくよく見極めようという熱心さがあれば、必ず分かるのです。今までの日本人の常識で世間並に生きていますと、必ず死にます。自我という虚妄の人格を信用して生きていると、間違えた人生観を持ったままで死んでしまうのです。

死んだらどうなるのかと言いますと、間違った記憶を持ったままで黄泉《よみ》へ行くのです。これが恐ろしいのです。

だから現世に生きているうちに、目の黒いうちに命の実体を掴まえることです。皆様の心臓が動いていることは何であるのか。これが神という事がらです。神というのは事がらです。これを霊というのです。

皆様が生きているという事がら、目が見えるという事がらが神です。これを掴まえたらいいのです。そうすると死ななくなるのです。

## 4. 文明が間違っている

人間は五、六千年の間、間違い続けてきたのです。人間は五、六千年間何を考えてきたのかと言いますと、肉の思いだけで生きてきたのです。肉の思いという言い方は聖書独特の言葉ですが、目に見える現象があると考え、自我意識を持った自分が本当の自分であるという考え方を、肉の思いというのです。

パウロは「肉の思いは死である」と言っていますが(ローマ人の手紙8・6)、人間は肉の思いで生きてきたのです。その結果、人間は六千年の間、死に続けてきたのです。

ちょっと考えますと、人間は五、六千年の間生き続けてきたと思えるのですが、実体的に言いますと、死に続けてきたのです。

人間は生き続けていないのです。生きるということは、生きる実を結んでいたかどうかです。人間が生きてきたことについて、確実な実を結ぶことができていたとしたら、生きてきたと言えるでしょう。

人間の文明は実を結んでいないのです。全く実を結んでいないのです。例えば、共産主義というものがそれです。共産主義は一種の宗教です。教義を信じるのです。教義を信じることが宗教であることを証明しているのです。

人間の常識というものも宗教です。これが肉の思いです。肉の思いは宗教です。肉の思いは死であって、これは死んでいくための宗教です。

人間の肉の思いは目的を持っていないのです。現世の生活のアクセサリーのようなものです。現世の生活に何か意味のようなものを与えているのが、肉の思いです。唯物史観もその一つです。人間の哲学、人間の世界観、価値観は、全部宗教です。皆様が今まで信じてきた常識、学問は皆宗教です。これははっきりした目的を持っていないのです。

人間の思いは皆肉の思いです。肉の思いで生きている人間は、死んでいくために生きているようなものです。文明は何か実を結んだのでしょうか。永遠の命と言えるような実を結んだのかと言いますと、全く結んでいないのです。

人間歴史の中で実を結んだのはただ一つ、イエスの復活だけです、イエスは死を破って復活した。永遠の命があることを実証したのです。これだけです。この他に信じられるものは何もないのです。

共産主義は唯物史観を信じたら永遠に進展発展するもののように考えてきた。ところが、ソ連は崩壊したのです。東欧諸国の共産主義国も崩壊したのです。人間の思想はそんなものです。

物があると考えることが宗教です。理論物理学の概念では、物質は存在しないことを証明しているのです。唯物史観は物質が存在するということを踏まえて成立しているのですが、理論物理学は物質は存在しないと言っているのです。核兵器が製造されたことが、物質がないことを証明したのです。

自然科学も一つの宗教です。物があるというのも宗教です。物がないというのも宗教です。こういうばかな事を言っているのです。だから、人間は地団太を踏んで死んでいくしかないのです。

人間は命の実体を全く捉えていないのです。命が全然分かっていないのです。だから、宗教を否定する所から出発した共産主義が、宗教を信じるという逆転をしているのです。

共産主義の虚しさは、人間文明六千年の虚しさをそのまま証明しているのです。

肉の思いは死です。人間が肉体的に生きていると考えていることが死です。

本当の神とは何か。人間は何のために生きているのか。宗教を信じてどうなるのか。人間の文明には目的がないのです。マルクスは自由の王国を実現するための革命と言いました。自由の王国とは何か。何のために自由の王国を実現するのか。自由とは何であるかということです。これがマルクスにもエンゲルスにも分かっていなかったのです。

マルクスは国家的束縛、民族的束縛から解放されることが自由だと考えたのですが、人間が死んでいくという不自由があるのです。人間の命を永遠に束縛するものがあるのです。人間は死を乗り越えることができないのです。こんなことで自由だと言えるのでしょうか。

人間は死なねばならない、死なねばならないと考えているのです。病気になったら死なねばならないと思うのです。夫婦喧嘩をして死んでしまおうと考えるのです。とにかく、人間の考え方には、いつも死がまといついているのです。こんなことで一体自由と言えるのでしょうか。

マルクスは資本主義からの自由と考えたのですが、これさえも達成できなかったのです。人間はいつも腹を立てるとか、焼き餅をやくとか、人を憎むとか、恨むとか、妬み根性を起こすとか、嘘を言うことから一切解放されるのでなかったら、本当の自由とは言えないのです。人間は六千年の間、大小様々な革命をしてきたのですが、本当の自由を獲得することができなかったのです。

人間は何かを信じなければ生きていられないものです。肉の思いというのは、人間の信仰です。皆様の常識は人間の肉の思いを伝統的に裏付けたり、習慣的に説明している。これが常識です。肉の思いを理論づけたり、価値づけしたりしているのです。これが宗教になったり、文化になったり、哲学になったりしているのです。色々な形に化けているのです。

肉の思いは肉体的に存在する人間を認める思いです。肉体的に存在する人間がいると思いはじめたことが宗教の始まりです。常識が宗教であるという人はいませんが、実は常識は宗教です。最初、人間は肉体的に存在するという意識を持っていなかったのです。聖書にはこのことを書いていますが、聖書に書いていなくても皆様が子供の頃のことを考えたら分かるのです。

生まれて二、三歳くらいまでは、肉体的に存在するという概念はなかったでしょう。これが人間存在の原形です。例えば、日本の弥生時代とか縄文時代、あるいはもっと遡った時代に生きていた人々は、肉体的存在の自分をほとんど意識していなかったようです。

お互いが生きているという相関関係はあったでしょう。しかし、人間が肉体的に生きているという強い意識はなかったのです。

人間はある時に、自我意識と現象意識を持ち始めたのです。旧約聖書に記載されているエデンの園の事件によって、自我意識と現象意識を持ち始めたのです。人間の心理状態は本質的に言いますと、ただの機能です。何かを信じるとか、認識するかということはなかったのです。これは皆様の幼子時代の状態を考えれば分かるのです。人間の原形はそういう能力を持っていないものです。

人間は五官によって何かを感じますが、五官の本質によって感じるのではなくて、人間の思いによってそれを感覚しているのです。

五官には二通りの働きがありまして、五感の本質的な働きと、五官から受ける感覚を意識によって感じているということがあるのです。

人間は目で見たとおりのものがあると考えていますが、般若心経はこれを色蘊と言っています。色蘊に基づいて、受想行識を造っていくのです。これが全部肉の思いです。般若心経はこれを明確に五蘊皆空と言っているのです。

人間は五蘊を信じることによって、自分自身の世界観や価値観を勝手に造ってきたのです。これが肉の世界観、肉の価値観です。人間はこの中に潜り込んでいるのです。

人間の心理構造は本質的に機能であって、何かを信じるということがないのです。機能は鏡のようなものであって、前に現われたものを写し取ることができるのです。鏡自身の中から映像を発信することができないのです。

人間の心理構造は機能であって、前に現れたものをそのまま受け取ってしまう。これが人間の心理構造の原理になっているのです。

### 肉の思いによって死が発生した

肉の思いというのは肉体的に存在する人間の思いであって、肉体感覚に基づく五官の働きです。これを人間は鵜呑みにして信じたのです。その結果、死が発生したのです。

般若心経は肉の思いが死であること、五蘊が皆空であることをはっきり指摘しているのです。これは釈尊のすばらしい業績です。お釈迦さんのすばらしい手柄です。

肉の思いは死である。肉体的に人間が存在するという気持ちで生きている人は、必ず死んでしまいます。もっとはっきり言いますと、肉体的に生きている自分を認めている人は、既に死んでいるのです。

人間の思想は全部死んだ思想です。死んでいますから、皆様は自分の肉の思いから自由に抜け出すことができないのです。

「霊の思いは命であり、平安である」とパウロが言っています。皆様は肉の思いをやめて霊の思いに引っ越ししたいと思われるかもしれませんが、できないのです。そのように、皆様の心理状態は束縛されているのです。束縛されているということは、死んでいるということです。

思想の自由、行動の自由を失っているのです。死は観念の固定を意味するのです。観念が凍結しているのです。

人間が死んでしまうと、観念が凍結状態になってしまうのです。人間の心が凍っているのです。こういう状態からどうして抜け出すかということです。この方法をお話ししたいと思うのです。

人間が人間を教えるのが教育です。人間が人間を教育するということは、社会人として役立つ人を造るということだけならある程度有効であると言えるでしょう。職業教育というものなら有効です。

現在の中学校の義務教育、高校の教育は職業教育になっているということは言えるのですが、基礎教育と言える面が多いのです。これは人間が生活するために必要なことです。どこまでも生活のためです。

そういうことをはっきり認識しているのならいいのです。実利教育を学んでいるという認識があればいいのです。昔はこれを読み書きそろばんと言っていました。そういう実学なら値打ちがあるのです。これはただ生活の役に立つだけです。

ところが、人間は生活することが目的で生まれてきたのではないのです。人間がこの世に生まれてきたのは、人間完成という大目的であって、そのために生まれてきたのです。これが人間の命の目的です。人生の目的です。

例えば、この世で生活してみた所で死ぬに決まっているのです。一生懸命働いた所で、結局は死んでしまうに決まっているのです。

だいぶ前のことですが、ある東大生が卒業間近になって、首を吊って自殺したという事件がありました。自殺する前に自分の心境をノートに書き残しておいたのです。

高校時代に東大に入るために必死の勉強をした。人に言えないような苦しい勉強をして、やっと入学した。入学して三回生、四回生になって、単位を取るために相当の苦労をした。ずっと考えてみると中学時代から十年程の間、苦労をし続けてきたというのです。これから社会人になって、また苦労をしなければならない。これを考えると、もう人生が嫌になったというのです。

会社に入ってどうなるのか。先輩たちがしているのを見ると、上役の御機嫌を取らなければならない。偉くなるとさらに上役の御機嫌を取らなければならない。いつも苦しんでいる先輩たちを見ている。これから定年まで苦しんだ結果、やがて死ななければならない。

よく考えてみると、大学を卒業して社会へ出て頑張って働いて、どのような報酬を与えられるのかというと、死である。死なねばならないことになる。一生懸命に働いた報酬が死であると言う事は、どうしても回避できないことである。

こういうことを考えると、嫌になった。僕は大学を卒業するまでの苦労でけっこうだから、社会人として三十年苦労をすることはお断わりして、死んでしまうことにしたと書いてあったのです。

この人は非常に正直な人です。これは本当です。家庭を持てばある楽しみがあるだろうと考える。ところが、人間の楽しみの裏には必ず苦しみと悲しみがついて回るのです。これは皆様の生活をご覧になったら分かるでしょう。

人間存在の楽しみ喜びの裏には、必ず苦しみと悲しみが一体となっているのです。嘘を言わなければ生きていけないのが世の中です。本当のことを本当に考えていたのでは、その人は社会からはじき飛ばされてしまうのです。自由に生きられない世の中です。世界全体がそうなっているのです。そうして、最後には死んでいくことになるのです。

これは悲観論ではありません。当り前のことを言っているのです。結局人間は死ぬことになるのです。肉の思いで生きていたらそうなるのです。なぜそうなるのかと言いますと、人間存在の本質についての間違いを改めないままの状態で生きているからです。

人間が人間を教育することが間違っているのです。人間が人間を教育した所で、人間完成は絶対にできません。宗教が間違っているのはここにあるのです。

宗教は人間が造った教義によって、人間を救おうと考えているのです。こういう根本的な間違いをしているのです。人間が考えた教義に基づいて、人間を教えているのです。

キリスト教の場合には、贖罪論を用いて人間の罪を消そうと考えているのです。人間存在に対する明確な指導原理は存在していないのです。人間の常識で造りあげた宗教は全部間違っているのです。人間が造りあげた教義に基づいているからです。

教育も、宗教も、文化もすべて人間が造ったものです。こういうものによって人間を幸福にしようと考えることが間違っているのです。そんなことができるはずがないのです。

犬の訓練をするのは人間です。人間が指導しなければ犬の訓練はできません。犬が犬の訓練をすることができるのでしょうか。人間が犬を訓練するから、警察犬、盲導犬ができるのです。犬の能力を極限まで引き出すのは、人間です。

人間の能力を引き出すことができるのは何でしょうか。教育という原理は人間が持っている能力を引き出すことなのです。人間が人間の能力を引き出そうと考えてもだめです。犬が犬の訓練をするようなものです。社会人として生活する能力をつけるくらいのことはできますが、これは職人訓練であって、教育と言えるようなものではないのです。

大学で教えている学問は人間が造ったものです。人間が造っていない学問は一つもありません。誰かが書いた論文が学理になり学説になっている。これは人間が造ったものです。

ノーベル賞をもらう人も、与える人も人間です。人間が人間に賞を与えて何になるのでしょうか。ノーベルはダイナマイトを発明したユダヤ人でした。ユダヤ人に褒めてもらって、何が嬉しいのでしょうか。

人間が人間を褒めたり、人間が人間を教育している。これは全く猿芝居です。このように人間に対して、文明に対して、徹底した批判をする必要があるのです。

## ユダヤ人によって造られた現代文明

現代文明はユダヤ人のトリックです。私はこれを覆すことが目的で述べたり書いたりしているのです。人間の本質に対する考え方が間違っているのです。宗教が間違っているくらいのものではないのです。文明そのものが根本的に間違っているのです。

今の文明を信用していると、人間は全部地獄へ引きずり込まれるのです。死ぬしかないのです。なぜなら、文明は人間が死んでいくことを承認しているからです。死んで行くことを承認しない文明はあるのでしょうか。

間違っているのは日本人だけではありません。全世界の人間の世界観や価値観が全部間違っているのです。肉の思いで生きているからです。肉体人間が生きていることが命の足しになるのでしょうか。

ある高校の先生が言っていました。高校一年の生徒はまだおとなしいのですが、二年になると少し悪くなる。三年になると非常に悪くなる。大学を出たらもっと悪くなるので、私は心を痛めていると言っていました。

なぜこういうことになるのかと言いますと、人間が人間を教育しているからです。これは学校の先生が悪いのではない。文部科学省が悪いのではない。文明が悪いのです。文明を操っている白人が悪い。その白人を操っているユダヤ人が悪いのです。ユダヤ人がとんでもない悪の元凶になっているのです。

人間文明はこういうトリックの上に立っているのです。高校時代には文明が間違っている、学問が間違っていると言えばまだ理解できるのですが、大学に行きますと、文明一辺倒になってしまうのです。全く現実主義の人間になってしまうのです。

日本の封建時代までの教育は職業教育ではなかったのです、読み書きそろばんという言葉がありましたが、こういうことは教育とは言わないで、寺子屋の訓練と考えたのです。

教育というのは人格教育、命に関する教育をいうのです。寺子屋の訓練が日本の本来の教育だったのです。これは人間が人間を育てるのではなくて、人間が大自然に学ぼうとしたのです。命を考えていた、人間完成を考えていたのです。

ところが、明治時代に文明開化と言いまして、西洋文明が日本に流入した結果、犬が犬を教育するようなことになってしまったのです。

文明はこういう間違いをしているのです。基本的人権というありもしないものをあるように言っているのです。基本的人権はありもしないものです。職業を持つ権利とか、結婚する権利があるとか、生活する権利があると言いますけれど、仕事につけない人がたくさんいるのです。結婚できない人もたくさんいるのです。

学者や政治家が基本的人権という言葉によって、大衆をおだてあげているだけのことです。本当の人間の魂を考える、まつりごとを考える政治家は、日本にもアメリカにも、どこの国にもいないのです。まつりごとが分かっていないからです。

政《まつりごと》というのは人間の生活のことです。人間生活の実践というのは、お互いに政りあうことです。これが人間生活の営みです。これは極めて素朴な思想です。

人間生活というのはお互いにまつろいあうこと、まつりあうことです。これが政という言葉の意味です。

政とは生活のことです。人間は家庭生活において、また、社会生活においてお互いに政りあうことが、命の訓練になるのです。人間の生命の本質はそういうものです。

人間は自分自身を完成するために生きているのです。私たちは自分自身の命を完成するために生きているのです。

現在の人間は未完成の命しか持っていないのです。未完成の命を持ったままで生きているのですから、死んでしまえば、人間が生きていたことが無意味なってしまうのです。

未完成の命を完成しないままで死んでしまうのですから、そのこと自体が無意味です。

人間の最大の敵は文明です。文明は命の敵です。命をまともに考えようとしたら、人間完成を考えたらいいのです。

私は極左主義者でもないし、極右主義者でもない。本当のことを言っているのです。本当の意味での生命を知るべきです。私たち自身の生命の実体を確認して、命を完成するために生きているのです。

そのためには、イエスが死を破って復活したという事実を勉強したらいいのです。そうしたら、私たちも死を破ることができるのです。これ以外に、死を克服することはできません。
死を破った人間の勉強をするのです。これ以外に、死を破る方法はありません。この勉強が、神が人間を教育するということです。

人間が人間を教育したら、現在のようなだらしがない無責任な人間を造るばかりです。わがままな自分勝手な人間を造るばかりです。

人間を教育する実力があるのは神だけです。神とは何かと言いますと、皆様の中にある命の本命です。命の本体です。皆様が生きているということは、ザ・リビング（the living）です。ザ・リビングという英語に相当する日本語はないのです。生きていることの実質、実体です。

皆様の目が見えることの実質、実体を勉強するのです。心臓が動いていることの実質、実体を勉強するのです。これが本当の生命の実相です。

本当の生命の実相というのは、皆様が生きていることの実体です。これは人間に聞いても分かりません。神に聞くしかないのです。私は神に聞いて分かったのです。だから、私は神の思想を受け売りして、皆様に話しているのです。

これは宗教ではありません。だから、宗教ではないと断っているのです。私はどんな大学でも、どんな宗教でも分からない、奥の院のことを述べているのです。現在の世界の文明の最大の弱点をずばりと突いているのですが、こんなことは宗教では分かるはずがないのです。

神の思想であるからこそ、人間の文明をぼろくそに言えるのです。神の思想でなかったら、人間の思想をこんなにぼろくそには言えないのです。

文明の実体は何が何やらさっぱり分からないものです。世界全体のあらゆる学問や思想をまとめ上げて統一するような大指導原理が、今の文明にはありません。イエス・キリストはこれを明示したのです。これが死を破ることです。

死を破ること以外に、人間文明に本当の光を与えることはできません。死を破った命そのものが光です。これをイエスは皆様に教えているのです。

イエスは宗教家に殺されたのです。だから、本当の命が分かっている宗教家は日本には一人もいないのです。般若心経という大哲理と聖書という大生命の二つのものを一つにして、宗教ではないと言った人はいないのです。

新しい文明を造り出すことができるような本当の世界観が、日本から出るべきです。肉の思いは死である。これが文明の原理です。新しい文明の原理は霊の思いです。新しい文明の原理が日本から発信されるべきです。

人間は生きることには大変熱心ですが、命については全く不熱心です。これはおかしいことですが、事実現在の日本人はそういう変な心理状態で生きているのです。

宗教を信じている方はたくさんいます。宗教を信じることも、結局自分が幸せになりたいからです。

## 自分とは何か

自分が幸せになりたいと思いますが、自分とは一体何でしょうか。すべての人は自分がいると思っていますが、自分の本性は霊魂そのものでありまして、自分というものではないのです。自分という人格は英語でいうエゴ（ego）でありまして、自我です。これは本当の自分ではないのです。

英語にはアイ（I）とエゴ（ego）と二つありますから分かりやすいのですが、日本語には私と自分という言葉しかありません。日本語の私も自分も同じことになるのです。

本来、人間は自分の意志によって生まれて来たのではありません。ところが、現在皆様は自分の意志によって生きています。これは人間の生命の本質から考えますと、初めから間違っているのです。

自分というのは生まれた後の性格、個性であって、本来の人間の霊魂に係わる人格ではないのです。本来の人格と後天的な、現世に生まれてからの性格と両方あります。この二つのものは良く似た所がありますが、本質的には全然別のものです。

自分とか私という考え方は後天的な性格です。社会的な人間生活に基づく人間の考え方からできたものです。

皆様は生まれた時には自分という感覚、考えは全然なかったのです。ところが、二年、三年とこの世で生きているうちに、自分という感覚に目覚めたのです。親がそういう意識を与えたのです。二、三才の頃に、自分で食べなさい。自分で歩きなさい。自分でしなさいと盛んに言われたので、自分がいるという意識を子供が持ってしまったのです。

自分というのはこの世に生まれた後に教え込まれた肉体人間の性格であって、これは人格と言えるものではありません。性格です。

性格と人格とは違います。人間の性格は仏教的に言いますと無明です。無明というのは生まれながらの妄念のことです。生まれながらの妄念に基づいて、私とか自分というような性格が発生しているのです。こういうものを本当の自分だと思っていますと、皆様の命は妄念に吸い取られてしまうことになるのです。

自分が幸せになりたいので宗教を信じるという感覚が迷信です。自分が幸せになりたいというその性格が、妄念によって発生した性格ですから、こういうものに引きずられていますと、自分の霊魂というものに明確な認識を持つことができなくなるのです。

宗教というものは無明の人間が造った理屈です。般若心経は仏教で用いられていますが、本来、般若心経の思想というものは、宗教を否定しているのです。

無無明亦無無明尽、乃至無老死亦無老死尽、無苦集滅道と言っています。般若心経の真ん中くらいにある言葉ですが、無無明亦無無明尽、乃至無老死亦無老死尽というのは、十二因縁はないと言っているのです。無明に始まって老死に終わるのは十二因縁のことです。

十二因縁は大乗仏教の唯識論の基本原理です。それがないと言っているのです。般若心経は実に勇敢に大乗仏教の唯識論を否定しているのです。

苦集滅道というのは四諦です。般若心経は四諦八正道を否定しているのです。仏教の教説を根本的に否定しているのです。これは勇敢なものです。だから、般若心経は宗教ではないのです。

宗教ではない般若心経が正しい見方になるのです。般若心経は釈尊の悟りの中心を集約したものです。これは空、無を中心に述べているのです。空とか無とかという大精神は、東洋思想の真髄でありまして、般若心経は全部で二百七十六文字ですが、無、空が三十六、七文字含まれているのです。つまり、般若心経は無と空を説いていると考えてもいいと思われるのです。

般若心経は仏教という宗教は無であり空である。人間の常識も空であると言っているのです。

人間はこの世に生まれて来た自分、肉体的に存在する自分を自分だと思い込んでいるのですが、この思いが無明です。妄念です。この妄念に基づいて文明社会が出来ています。仏教という教えができています。キリスト教という教えができているのです。

聖書はキリスト教の教本ではありません。般若心経の思想は本来仏教の経典ではないのです。なぜなら、仏教の基本思想を否定しているからです。

私は般若心経と聖書ははっきり宗教ではないと考えているのです。

皆様は生きていながら、命のことを考えていない。生きていることについては非常に熱心ですが、命については不熱心です。

病気になりますと、あわてて病院にとんでいきますが、霊魂のことに関しては真剣に考えようとしていないのです。現在の日本人の考え方というのは、全くどうかしているのです。

日本人には正しい世界観が全くありません。正しい価値観もありません。神が何であるのか、仏が何であるのか、こういうことについて正しい認識を持っていないのです。

宗教は無明の人間が幸福になるために教義という理屈を造り上げたのです。これを信じるのは自由ですが、それは真実ではありません。真実ではないことを承知して、道楽で宗教通いをすることもありますから、それを承知で信じるのは自由です。その結果、自分の霊魂を棒に振ることになるのです。

宗教は人間をはっきり欺いているのです。病気に対する藪医者みたいなものです。免許を持たない偽医者みたいなものです。本当の命をしっかり踏まえている訳ではないのです。

人間は自分が見ているつもりですが、これが間違っているのです。こういう考え方を無明というのです。皆様の網膜にあるものが映っているのです。見ているのではないのです。映っている映像が視覚神経によって脳に行き、脳で処置されて見ているように思っているのです。

自分の目がどのように働いているのかということさえも、人間は知らないのです。こういうことを般若心経では五蘊皆空と言っているのです。

皆様の考えは妄念の塊です。学問も倫理、道徳も、妄念の塊です。そういう頭で宗教を信じているのですから、とんでもない間違いをしてしまっているのです。

現在、皆様の心臓が動いています。心臓が動いているという事実は神という事実です。神というのは最も顕著な実体でありまして、明々白々な大きい事実です。最も大きい実体、真実が皆様の精神に何の影響も及ぼしていない。

皆様の霊魂は自分自身の妄念によって死んでしまっているのです。こういう頭で現在の日本人は生きているのです。

私は現在の日本人の世界観や価値観が妄念の塊であることがはっきり分かっています。このまま見過ごすべきではないと考えているので、いろいろな本を書いて警告しているのです。

皆様方を宗教団体へ引きずり込もうとか、お賽銭を集めようとか、般若心経を写経して、千円をつけて送ってくださいというばかなことは言いません。

皆様が現在生きているその命をよく見て頂きたいのです。生きているということを真っ直ぐに見れば、命が見えるのです。

毎月、四回日曜日あります。日曜日はイエス・キリストの復活記念日です。ところが、日曜日の意味を誰も知らないのです。何も考えずにただ休んでいるのです。

今年は二〇一五年です。二〇一五年というのはキリスト紀元です。キリストが生まれたことによって、世界の歴史がなぜ新しくなったのか。こういうことを真面目に考えようとする人が、めったにいないのです。キリスト教でさえもこのことをはっきり教えていないのです。

こういうことを教えますと、現在のキリスト教がインチキであることが分かるのです。分かるから教えないのです。

キリスト教ではイエス・キリストが復活したことは教えます。しかし、復活とはどういうことなのか、イエスが死を破ったということは科学的にどういうことなのか。現在の人間の命とイエスが死を破ったとは、どういう関係になるのかということを、具体的に説明しません。ただ何となく誤魔化しているのです。

キリスト教が間違っているのです。世界中のキリスト教が間違っているのです。カトリックも、プロテスタントも、皆間違っているのです。イエスの復活が分かっていないからです。イエス・キリストが復活した。これは歴史的事実です。現在、新約聖書は永遠のベストセラーになっています。断トツの第一位の売上を続けているのです。日本では毎年六百万部、全世界でも毎年六十億冊も売れ続けていて、大ベストセラーになっているのです。

それほど売れている聖書の中で、イエス・キリストの復活が明確に記されているのですが、復活をまともに信じている人がいないのです。

キリスト教は真実ではない。嘘だとはっきり言えるのです。人間のある精神段階において、ある種の参考になることも有り得るということは言えるでしょう。とことん勉強していきますと、宗教は皆様の霊魂を裏切るに決まっているのです。本当のことを教えてくれないからです。

皆様はもっとまともに生きて頂きたいのです。今年が二〇一五年であるとはどういうことか。イエスが復活した日曜日はどういうことなのか。こういうことを照見すれば、また、人間存在を虚心になって照見すれば、命が見えるのです。

霊魂不滅ということは、霊魂は本来死ぬべきものではないということです。ところが、皆様は人間は死ぬのが当たり前だと思っているでしょう。これが霊魂不滅が分かっていない証拠です。

## 未完成の人間と未完成の地球

現存在の人間は未完成の人間です。こういうものを一人前の人間だと思うのが間違っているのです。現在の地球も未完成です。皆様の肉体も未完成です。だから、病気になるのです。未完成の地球に、未完成の人間が生きているのです。

現代の文明も未完成です。今の文明はかなり出来損ないの文明です。西欧の文明という思想は、ただ生活だけを考えているのです。東洋的に文明を理解しますと、人間自身の存在についての非常に深い認識を文明というのです。

文明の文という字は綾であって、森羅万象の姿がそのまま綾になるのです。これを明らかにすることを文明と言います。仏教的に言いますと、観世音することになるのです。

この世の中の世音を見ることです。そうすると、本当の人間が分かるのです。

未完成の地球に未完成の人間が生きているのですから、人間自身の思想を信用することが間違っているのです。

見るということだけでも正しく理解できていません。皆様は自分の体重があると考えているでしょう。六十キロとか七十キロあると思っています。

皆様は宇宙ステーションの中の光景をテレビの中継でご覧になったことがあるでしょう。重いと思っている人も、軽いと思っている人も、皆空中に浮いているのです。もし本当に固有の体重あるとしたら、なぜ空中に浮いているのでしょうか。

ところが、皆様は体重があると思っているのです。こういう思いを肉の思いというのです。肉の思いで体重があると思っているのですが、体重はないのです。ただ引力に対する抵抗があるだけです。これが目方になって現われているだけです。

このように人間の考え方が根本から間違っているのです。未完成の人間はアウフヘーベン（揚棄）されなければならないのです。イエスの復活ということは、概論的に言いますと、人間自身のアウフヘーベンです。

現在の人間は未完成の人間であって、テーゼです。肉的に存在する人間がテーゼです。イエスがアンチテーゼです。テーゼとアンチテーゼがぶつかりあって、ジンテーゼ、完成された人間になるのです。

肉的とは肉体的に存在する人間で、これ自体は罪ではありません。キリスト教では肉という言葉の意味が分からないのです。キリスト教の教義は困ったものでして、肉という言葉の意味が全然分かっていないのです。

肉体的に人間が存在するのは当たり前のことです。これを自我意識によって見るから間違ってしまう訳で、霊の思い、神の側に立って見たらいいのです。

「すべての肉に私の霊を注ぐ」ということを神はしているのです（使徒行伝2・17）。霊を注がれた状態で人間の肉体を見たら、肉体そのものがアウフヘーベンされていることが分かるのです。これが復活の奥義です。

イエスが十字架につけられた。三日目に甦った。甦った時に彼の体は栄光体であった。栄光体というのは、アウフヘーベンされた人間の体です。肉体がなければ、アウフヘーベンされません。肉体があるということは、アウフヘーベンされるべき可能性があることを意味するのです。

イエスはすべての人間に対するアンチテーゼです。釈尊はアンチテーゼではありません。釈尊はすべての人間と同質の人間です。イエスはすべての人間を否定する要素を持っているのです。我は生ける神の子キリストという概念は、すべての人間を否定する要素を持っていることを意味するのです。

イエスという人を勉強しますと、皆様は自分自身の存在が実は自分自身ではないことが分かるのです。

テーゼとしての自分が、アンチテーゼとしてのイエスによって否定されるのです。このことを十字架というのです。自分自身が否定されますから、罪が許されることになるのです。

これがキリスト教では全く分かっていないのです。キリスト教の教義はめちゃくちゃです。

死ぬべき人間は未完成の人間です。死ぬとはどういうことかと言いますと、肉の思いが死になるのです。現象を実体だと考える思想が肉の思いです。

肉体はありますが、肉体は虚体であって、実体ではないのです。肉体は新陳代謝しながら存在しているのです。肉体は実在するのではなくて、流動的な形で存在しているのです。流動的な形で存在しているということは、実在するのではなくて、流れているということです。

人間の肉体に血液が流れているように、肉体そのものが流れているのです。このことをヨハネは、「イエスは水によって来られた」と書いているのです。（ヨハネの第一の手紙5・6）。水だけではなくて、水と血とによって来られたと書いているのです。これが人間の肉体が流れているということの聖書的な表現になるのです。

現在の肉体現象は実体ではありません。このことを色即是空という言葉で、般若心経が裏付けしているのです。

現在の地球は未完成ですから、アウフヘーベンされなければならないのです。聖書に神の国、新天新地という言葉がありますが、これが完成された地球の状態を示しているのです。

イエスの復活は地球と人間との揚棄であるとなるのです。

聖書にはこういうことがすべて書いてありますが、キリスト教は聖書を正しく読んでいないので分からないのです。キリスト教の教義が間違っているのです。キリスト教の教義が聖書を宗教的に解釈しているのであって、聖書は元来宗教ではありません。

イエスは宗教を非常に嫌ったのです。パリサイのパン種とかサドカイのパン種とか言って、当時のユダヤ人から非常に嫌われたのです。

当時のユダヤ教と現在のキリスト教は非常によく似ているのです。キリスト教の信じ方とユダヤ教の信じ方とはよく似ている所があるのです。

イエスは宗教を痛撃したために、宗教家に殺されたのです。イエスを殺したのは宗教家です。パリサイ人がイエスを殺したのです。

新約聖書にはイエスの伝記がそのまま出ていますけれど、新約聖書は全くの命の言葉です。命の言葉をキリスト教は宗教のように取り扱っている。これが悪いのです。

聖書の他に救いはありません。だから、聖書を神の言葉として見ていかなければいけないのです。

**神とは何か**

聖書に、「神は死んだ者の神ではなく、生きている者の神である」とあります（マタイによる福音書22・32）。アブラハムの神、イサクの神、ヤコブの神とありますように、生きている者の神が神です。アブラハム、イサク、ヤコブというユダヤ人の祖先の名前が出ていますが、例えば、田中さんが生きているということが、田中さんの神です。加藤さんが生きていることが、加藤さんの神です。

神はアブラハム、イサク、ヤコブに限ったことではありません。皆様が生きているということが神です。命ということが神ご自身です。言葉をかえて言いますと、インマヌエルとなるのです。

インマヌエルというのは、神が共にいますことです。皆様の心臓が動いていることが神です。現在、皆様は心臓が動いているという形で生きています。皆様が生きているという事実を通して、皆様は現在神と交わっているのです。目が見えるということが神の御霊の働きです。御霊の働きを目という機能を通して見ています。皆様は神と知らずに神と交わっているのです。このことをイエスは「父が共にいます」と言っているのです。

このことがお分かりになれば、皆様は自分の命がとこしえの命であることが分かるはずです。ただ心臓が動いているということだけでは分かりません。新約聖書を勉強して頂かないといけないのです。

心臓が動いていることが神だとしたら、皆様が現在鼻から息をしていること、今年が二〇一五年に生きているということ、地球が自転、公転していること、大自然が展開していることが、神という驚くべき事実になるです。

神というのは正真正銘の事実です。このことを聖書ではシュワリーゴッド(surely God)と言っています。シュワリーとは本当のこと、真実そのものということです。

そのように真実そのものが神そのものです。これは信じるとか信じないということではなくて、皆様方が自分自身の命の実体に気が付きさえすればいいのです。

そのためには、今までの自分自身の常識が間違っているということをご承知頂きたいのです。

特に宗教観念的な常識が間違っているということをご理解頂きたいのです。

般若心経には五蘊皆空という文字がありますが、宗教観念は肉の思いであって、五蘊です。人間は肉体的に存在する自分を自分だと思っているのです。自分が救われたいという思いが肉の思いです。この思いがある間は、その人は罪の内に閉じ込められているのです。

「肉の思いは死である」とパウロが言っています。死とは肉の思いです。肉の思いを解脱すれば、救いに到るべき道が開かれるのです。

イエス・キリストの十字架を信じるということは、普通の常識を持っていたのでは絶対にできません。

イエスが十字架にかかって死んだということは、すべての人が死んだことを意味しているのです。皆様は死んでいるのです。このことは人間の常識では分かりません。キリスト教では死んでいるとは言いません。死んでいると言ったら、誰も教会へ行かないでしょう。

十字架を信じるということは、肉体的に生きている自分は存在はしているが、死んでいるということを信じるのです。思想的に死んでいるのです。こういう状態で人間は生きているのです。だから、自分の思想を転換してしまわなければならないのです。

パウロは、「キリストと共に死んだなら、また彼と共に生きることを信じる」と言っています（ローマ人への手紙6・8）。キリストと共に死ぬということが絶対条件です。このことがキリスト教では正確に説かれていません。

人間は自分が救われたいと考えています。こういう考えが反聖書的です。人間は救われるものではなくて、死んでしまうべきものです。死んでしまっていることに気がつきさえすれば、救われるのです。

本当に自分が死んでいるということが分かった人は、救われるのです。これを彼と共に死ぬなら、彼と共に生きるだろうとなるのです。

肉体的に生きているままで、常識を持ったままで、イエスを信じようとしても、とてもイエスが信じられるものではないのです。

イエスを信じるということは、イエスが主であることを信じるのです。主であるということは、皆様の実体、主体がイエスであることを、皆様が承知されるかどうかということです。

自分が救われるも救われないもありません。自分自身が主体でなくなってしまうからです。救われるべき自分は消えてしまうのです。肉の思いの自分が消えてしまうのです。これが十字架です。

パウロはそのように考えています。私たちはそれを経験しているのですから、本当の聖書の信じ方をお話ししたいのです。これを受け取って頂ければ、そのまま命の言葉になるのです。

そのためにはまず、般若心経の五蘊皆空、色即是空を受け取って頂きたいのです。五蘊皆空とは肉の思いが空であるということです。このことがはっきり分からなければ、イエスを信じることはとてもできません。

般若心経を悟ることによって、初めてイエスに近づくことができるのです。自分の思想が空であることを明らかにしないままで、キリストを信じようと考えてもだめです。皆宗教になってしまうだけです。

## 般若心経と聖書を一緒に学ぶ

宗教ではないキリストを信じようと思えば、五蘊皆空、色即是空という考え方を下敷きにしなければならないのです。日本人にはこれが一番必要です。そこで、私は般若心経と聖書を強調しているのです。

新約時代において、現在私たちが生きていることが、そのまま救いになっているのです。浄土真宗に、「この身このまま仏である」という言葉があります。ところが、西本願寺では、「この身このまま仏である。けれども、その身がそのままでは仏ではない」と言っているのです。この身がこのまま仏である。しかし、その身がそのままでは仏ではないのです。

私は人間の考えに逆らった考えを持っていまして、世間の宗教を良く言っていません。人間は間違っていると言われますと、むかつくのです。ことに宗教観念について、あなたの宗教は間違っていると言われますと、腹が立つのです。自分の親の悪口を言われたよりも、もっと腹が立つでしょう。信心は人間の美徳です。しかし、美徳であるから困るのです。

皆様は現在キリスト紀元の時代に生きているのです。生きていることの本当の意味が分かりさえすれば、皆様の命がそのままとこしえの命であることが分かるのです。
皆様が本当の救いを得ようと思われるなら、キリスト紀元を正しく理解しなければならないのです。イエス・キリストの十字架によってこの世界が新しくなった。人間の運命が全く新しくされたのです。このことがなかなか分かるものではないのです。容易に分かるものではありません。よほど、純真に素直に、聖書を受け取ろうという覚悟がなければ、キリストの十字架を受け取れないのです。

「一人の人が死んだことは、すべての人が死んだことだ」とパウロが言っているのです（コリント人への第二の手紙5・14）。

すべての人は既に死んでいるのです。ところが、皆様は自分が生きていると思っている。だから、あなたの宗教は間違っていると言われると、腹が立つのです。

皆様は死んでいるのですから、自分の宗教があるべき道理がないのです。こういう言い方は今の皆様にとって、荒療治かもしれません。ちょっと手厳しいかもしれません。しかし、聖書の言葉によれば、肉の人間はもう死んでしまっているのです。

イエスが肉にて殺されたことは、皆様が肉にて殺されたことを意味するのです。イエスが霊にて生かされたということは、皆様が霊にて生かされたことになるのです（ペテロの第一の手紙3・18）。イエスと共に死に、イエスと共に生きる。これが人間の絶対的な運命です。

日本人はキリスト教を外国の宗教だと思っていますから、どうしても受け取り方が間違ってしまうのです。キリスト教を信じている人はキリスト教の教義によって間違っています。キリスト教を信じていない人は、日本人の常識によって聖書を間違えているのです。

例えば、内村鑑三氏のような大先生でも、間違えているのです。これは本当に困ったことです。聖書が正しく受けとめられていないということは、日本人の大不幸です。この大不幸を何とか解消したいのです。たとえ一人でも二人でもいいですから、この間違いに気づいて頂きたいのです。

キリスト教が間違っていること、聖書の言葉が命であること、イエスの御名、神の御名が皆様の命であることを申し上げたいのです。

自分の宗教で、また、現在の自分の人生観、価値観で満足している人はたくさんいますが、これが間違っているのです。満足しているから悪いのです。

本当に皆様が死んでいるかどうかです。死んでいなければ、新に生まれることは出来ません。「心を更えて新にせよ」とパウロが言っています（ローマ人への手紙12・2）。イエスは「水からと霊からとによって新しく生まれなければ神の国へ入れない」と言っています（ヨハネによる福音書3・5）。風の声を聞けと言っているのです。霊によって生まれた者は、風のようなものだと言っているのです。

風の声が御霊の声です。これを本当に聞いて頂きたいのです。心の耳を開いて、風の声を聞いて頂きたいのです。

本当の聖書が理解されていないことが、日本人にとって非常に悲しいことです。このことをよくご理解頂きたいと思います。

仏説阿弥陀経、大無量寿経にありますが、法蔵比丘が阿弥陀如来となる前に、自分自身の中に無量寿と無量光を見たのです。自分自身の中に阿弥陀如来があることを見たのです。これが阿弥陀如来の正体です。

皆様方が本当に静かに新約聖書をよくよくご覧になれば、阿弥陀如来が見た命よりももっとすばらしいものが見えるのです。極楽浄土よりもっとすばらしい神の国が見えるのです。

どうぞ自分の命をかけて、聖書を勉強する気持を持って頂きたいのです。

日本には本当の命がありません。宗教はたんさんありますが、命がないのです。

神を信じるとはどうすることか。イエスは、「あなたがたは、心を騒がせないがよい。神を信じ、また、私を信じなさい」と言っています（ヨハネによる福音書14・1）。

神を信じるということを宗教的に考えますと、人間が神を信じなければならないと考えるのです。これを英訳では、believe in God となっています。直訳しますと、神において信じなさいという意味です。

人間が信じるのではなくて、神において信じるのです。神において信じるとはどういうことかと言いますと、現在皆様が存在していらっしゃることが、神そのものです。

人間が存在すること、万物が存在することの本源が神そのものです。我は有りて在るものなりと神は言っています。私はあってあるものだ、これは存在そのものという意味です。

存在とは何かと言いますと、時間が流れていること、空間があること、皆様の命があることが存在です。時間と空間と人間があることとは何か。時間の間、空間の間、人間の間、間ということが存在ということです。

時間、空間、人間の三つのものが、新約聖書によって一つに束ねられることになるのです。これが新約の信仰です。キリスト教の教義で考えているようなものではなくて、大自然が存在すること、人間が生きていること、新約聖書の三つが、ぴたっと一つになるのです。これが本当の信仰です。

信じるということは宗教観念を持たないことです。心の霊を新にすることです。人間はいろいろな霊に閉じ込められているのです。商売人は商売の霊を一杯背負い込んでいるのです。宗教家は宗教の霊を背負い込んでいる。人間は現世において、いろいろな霊を背負い込んでいるのです。いろいろな霊が心に張り付いているのです。

宗教の霊、日本の国という霊、日本人の常識の霊、サラリーマンの霊、学生の霊など、たくさんの霊があるのです。これが皆様の心に張り付いているのです。これを心の霊とパウロが言っているのです。「心の霊を新にせよ」と言っているのです（エペソ人への手紙4・23）。

そうして、新しき人を着るのです。皆様は神と関係なく自分があるような気がするでしょう。これが人間の霊です。これははっきり悪魔の霊ですが、これを人間は背負い込んでいるのです。

自分が幸いになるとか、自分が死んでから天国へ行くとか、そういう思想が全く宗教です。目が黒いうちに、生きているうちに、神を見るのです。イエス・キリストを着るのです。イエスの心を自分の心にするのです。

霊を新にしたら、死なない命がはっきり経験できるのです。このことを悔い改めるというのです。悔い改めるということは、心を新しくして出直すことです。パウロは、「心を更えて新にせよ」と言っているのです(ローマ人への手紙12・2)。これを実行して頂きたいのです。

## 5. 般若心経と聖書には深い関係がある

近代文明の性質は困ったものでありまして、十六、七世紀頃から近代文明が始まっていますが、これはユダヤ人のメシア思想が下敷きになっているのです。

藪から棒にこういうことを申し上げますと、お分かりにくいと思いますが、ユダヤ人がイエスを否定した。神の子であるイエスを十字架につけた。これは、彼ら自身も心秘かに徹底的な失敗をしたらしいということには気付いているようですが、ユダヤ人は非常に疑い深い民族、素直さがない民族でありまして、イエスは在世当時から、ユダヤ人の頑固さを痛撃していたのです。

ユダヤ人は神の約束の民であるために、悪魔の奥の手がユダヤ人に集中されてきたと考えるのがいいかもしれません。

人間歴史というものは、ユダヤ人問題を抜きにしたら、いくら考えても分からないのです。日本の歴史をいくらひねくり回しても、人間文明の本質を理解することはとてもできるものではありません。

地球が造られたこと、万物が造られたことについて、明言されているのは旧約聖書だけです。旧約聖書はユダヤ人に与えられた書物です。従って、旧約聖書の真髄に触れるということだけでも、日本人や白人では難しいのです。

白人社会にキリストの福音が日本よりもはるかに早く伝えられていた。歴史的に言いますと、ローマのコンスタンチン大帝が紀元三百年頃に、ローマ帝国の中心の王族、貴族、役人と共に洗礼を受けたのです。そこで、キリスト教がローマ帝国の宗教のようになってしまったのです。従って、キリスト教が白人の宗教のように考えられてしまったのです。

聖書は本来ユダヤ人に与えられたものであって、白人のものではないのです。白人も日本人もアフリカ人も、ユダヤ人以外の者は全部異邦人という名前で呼ばれているのであって、こういうことでも日本人はなかなか了承しにくいのです。

## 救いはユダヤ人から来る

民族の自尊心から考えますと、救いがユダヤ人から来るということが分からないのです。イエスは「救いはユダヤ人から来る」と言っているのです（ヨハネによる福音書4・22）。日本語の聖書では救いはユダヤ人から来るとなっていますが、原文では救いはユダヤ人のものであるとなっているのです。救いは本来ユダヤ人のものではあるが、異邦人に流れ出しているという意味です。

救いはユダヤ人のものであることが分からないのです。ユダヤ人がへりくだって神の福音を受け入れるのならいいのですが、ユダヤ人がイエスを十字架につけた後、彼らはいよいよ根性曲りになってしまったのです。

彼らはイエスがキリストであることを信じたくないのです。自分たちの知恵才覚によって、神の国を地球上に現わしたいと考えているのです。彼ら自身が考えるメシアを、彼ら自身が擁立しようと考えているのです。これがいわゆるユダヤ人の世界革命というものでありまして、例えば、マルクスの弁証法的唯物論も、一つのユダヤ的メシア思想の現われと言うことができるでしょう。

こういうことが世界的に明らかにされていないのです。世界歴史の流れというものが、現在の社会のリーダーに全然分かっていないのです。特に日本人はユダヤ問題については全くの盲目です。若干の人はユダヤ人問題の勉強をしているでしょうけれど、全体的に言いますと、ユダヤ人問題の捉え方が間違っているのです。ユダヤ人を悪く言いすぎる人もいますが、良く言いすぎる人もいるのです。

日露戦争の時には、高橋是清を通してユダヤ人に助けてもらったという事実があるのです。明治天皇はユダヤ人の銀行家のジェイコブ・シフに菊花大綬章を贈っています。日本人はユダヤ人に世話になっているという面もあるのです。

世界歴史の流れという高遠な角度から言いますと、ユダヤ人がイエスをキリストとして信じたくないという根性は全く困ったものです。このことが人間歴史の混乱の源になっているのです。

こういうことが現代文明の基礎になっているのです。ダーウィンの進化論とか、フロイドの精神分析、マルクスの資本論という幼稚な思想が、現在の文明社会ではとても大切に扱われているのです。

近代文明の傾向は、資本主義でも共産主義でも、宗教合同の思想、社会変革の思想は、ほとんど舞台裏でユダヤ人が筋書を書いているのです。

本当の聖書の中心を見極めるということが、非常に難しいのです。日本人の伝統的な思想というのは、国家神道です。国家神道の考え方は、現在の人間が地球上に生きていることがすべてです。人間は地球上に生活するために生まれてきたというようにしか考えていないのです。日本の国に生まれて、日本の国の民になって、日本の国の歴史だけを考えている日本人は、この世で生きているということ、この世で幸福に暮らすということが何よりも有難いことのように思っているのです。

こういう人間が本当の命を見極めるということは、並大抵のことではないのです。日本民族には現世主義的な思想があるのです。これに加えて、近代文明が全くの現世主義です。この世で幸福に暮らすことが目的です。文明の発達という言葉は、文化的な生活を現世で送ることが、現在の人間の目的であるかのように考え込まされてしまっているのです。

文明が物理的に、生活主義的に発達していることが、有難くてしかたがないのです。かつて、大阪で万国博覧会が開かれました。その時に総理大臣であった佐藤栄作氏が、「人類の調和と進歩」というスローガンをたてました。

人類が進歩していると佐藤栄作氏は考えたのです。進歩しているどころか、退歩しているのです。近代文明が広がったことによって、世界全体の人間の心理状態は、極端に退歩したのです。近代文明の害毒によって、古代や中世よりも、封建時代よりも非常に悪くなったのです。

現代人にはこれが分からないのです。気付いている若干の人はいるでしょう。しかし、この状態をどうしたら修正できるのかということが分からないのです。どうすればいいのか分からないのです。本当に困ったことです。

人間の命の真髄を発見することは、イエス・キリストの復活を勉強する以外にありません。色々な宗教があり、色々な思想がありますけれど、すべて概念です。

近代文明、現代文明は概念の社会であって、色々な概念が雲のように集まっているのです。学理学説は皆概念ばかりです。科学も哲学も、法律も政治経済も、宗教も、倫理、道徳もすべて概念です。

文明社会は概念の塊、錯覚の塊になっているのです。五里霧中の世界に人間を引きずり込んでしまったのです。本当のことは何であるか、真実とは何であるか、誠の神とはどういうことかが全く分からなくなったのです。

私たちは神の御霊《みたま》に基づいて、約束の御霊に基づいて、旧約という古い約束の本体、新約という新しい約束の本体を実体的に究明することをしているのです。

## 心を更えて新にする

私たちはまず悔い改めることが必要ですが、キリスト教では悔い改めるということが、どうすることか分からないのです。「心を更えて新にせよ」とパウロが言っています（ローマ人への手紙12・2）。

また、他の所では「心の深みまで新にされて」と言っています（エペソ人への手紙4・23）。これを英訳では and that ye be renewed in the spirit of your mind となっています。精神の霊を新しくするという意味です。

精神の霊を新にして、義と聖とによって造られた新しい人を着よと言っています。精神の霊を新にするというのはどういうことを言うのか。

心を新にするというのはどうしたらいいのか。これが悔い改めることですが、これが分からないのです。精神の霊を新にすると言いますけれど、こういう日本語がないのです。日本人の常識の中には、精神の霊という言葉がないのです。だから、精神の霊を新にすると言われても、どうすることか分からないのです。

そこで、キリスト教は精神の霊が分かったことにしているのです。キリストの贖いを信じて救われたことにしているのです。神の御霊によって精神の霊を新にすることが、具体的に実現していないのです。従って、本当の御霊によって聖書を見ること、御霊を崇めるとはどうすることかが分かっていないのです。

日本は仏教国だと言われていますけれど、日本に本当の仏法はないのです。仏教はありますけれど、仏法はありません。釈尊の本当の悟りが日本にストレートに伝わっていないのです。親鸞、日蓮、道元、法然、弘法大師、最澄の宗教はあります。彼らは宗祖です。例えば、本願寺は親鸞のナムアミダブツという考えを意識したのですが、この流れが今日の他力本願になっています。これは釈尊の仏法とは違うのです。はっきり違うのです。非常に密接な所もありますが、違う所も大変多いのです。

仏教と仏法とはよく似ている所がありますけれど、本質的には違います。他力本願と一切空とは全然違うのです。

本当のことは何であるのか。本当の命を掴まえるにはどうしたらいいのか。私たちはこういうことを神の御霊によって学んでいるのです。これは宗教運動ではありません。日本人の世界観や価値観の間違い、人生観の甚しい間違いを皆様に訴えているのです。

現代文明を信用してはいけないのです。現代文明が間違っているのです。問題がとても大きいので、中心のテーマに触れるのも大変なことです。日本の社会が錯覚の泥沼にはまり込んでいるということに、まずお気付き頂きたいのです。

霊と魂とは何か。キリスト教では正しく説明することができないのです。霊と魂は文字が違うように、意味が違うのです。霊魂と言いますが、霊と魂とは違うのです。

日本語の霊はどこから来たのかと言いますと、物と心を一つにした状態を霊と言うのです。

日本人は物と心とが別々にあると考えています。これはユダヤ的な考えから来ているのです。唯物史観と唯心史観と二つあると考えているのです。

こういうことはないのでありまして、物理運動は物がなければあり得ないのです。物理運動があるからこそ、物質が発生するのです。法則に従ってエネルギーが動いているのです。法則というのは心と同じです。法則的なもの、心理的なものであるためには、心という素質が必要になるのです。

心が物として現わせないものとしたら、具体的に心として現わせないことになるのです。そこで、心は物によって証明されるし、物は心によって造られる。お互いに一つになって働かなければならないものなのです。これが宇宙的な原理です。これを聖書は霊と言っているのです。物でもないし、心でもない。これが霊です。これを事と考えて頂いたらいいのです。私たちが生きているという事がらが霊です。

イエスがこの地上に生きていたという事がらが霊です。事がらとか状態が霊です。人間の場合に事がらとはどういうことになるのかと言いますと、現世に生きている状態が霊です。人生、生涯、五十年生きていたということが霊です。

魂というのは神の言《ことば》が肉となったものです。日本語の口語訳では「言は肉体となった」と訳していますが、英訳では、the word became flesh となっています(ヨハネによる福音書1・14)。フレッシュ(flesh)は肉体ではなくて肉です。

言が肉となるということが三次元世界のあり方です。神に造られた物象世代においては、言が肉とならなければならない必然性があるのです。

言が肉となったことが魂です。「言が肉となって私たちの内に宿った」とありますが、これはイエスがキリストとしてこの地上に来たことを言っているのです。

言が肉となったとはどういうことか。イエスが何のために来たのかと言いますと、諸々の人を照らす誠の光として来たのです。

イエスは皆様ご自身の実体をはっきり照らすため、人間存在の本当の状態を、そのまま現わすために現われたのです。神の御子が肉となってこの地上に来たのです。

イエスという存在をよくよく見ますと、自分自身の実体が分かるのです。これが中心ポイントです。

イエスの生きざまをじっと見ますと、皆様自身の本当の姿が出てくるのです。ヨハネは、「私たちは彼を見た。誠に神の一人子の栄光であって、恵みと誠に満ちていた」と言っています。

ヨハネはイエスをつらつらと見ました。その結果、イエスという人格存在が、実はそのまま霊なる人間の実体であることが分かったのです。このことがはっきり分かった事が、十二使徒が救われたということです。十二使徒はイエス自身を見て、自分自身が分かったのです。

諸々の人を照らす誠の光というのはそういう意味です。キリスト教では一般の信者とイエス様とは全く違うと考えているのです。罪人である私たちとイエスが同じだという訳ではありません。しかし、私たちが主観的に存在する自分と、客観的に生かされている魂と二つの人格があるのです。人間が客観的に生かされている状態が、イエスと同じだと言っているのです。

## 客観的な人間がイエスの本体

これは純粋に客観的な人間存在を意味しているのです。固有名詞の自分とは関係がない、純粋に客観的な人間存在が、実はイエスの本体です。固有名詞の人間とは違うのです。皆様がこのことに気付けば、イエスの復活がはっきり分かります。

皆様が鼻から息を出し入れしているということが、魂です。人間の魂の本質である理性が、肉体を取って現世に現われている状態は、客観的な状態です。自分が生きていると思っているその自分とは関係がないのです。この世に生まれてきた自分、後天的な自分とは関係がない自分、先天的な自分自身です。これが魂でありまして、魂がイエスの本体です。

魂とイエスは同じものです。これは浄土真宗でいう即身是仏という教義と非常によく似ているのです。現在皆様は五官によって生活しています。人間存在の本質が魂です。

三十歳の人は三十年生きていたと考えますが、これが霊です。

イエスを受け入れるとはどうすることか。イエスが生まれた時に、「見よ、乙女がみごもって男の子を産むであろう。その名はインマヌエルと呼ばれるであろう」という預言者の言葉が成就したのです（マタイによる福音書1・23）。

そこで生まれた子をイエスと名付けたのです。この意味がキリスト教では分からないのです。乙女、即ち処女がみごもって子を産む、その名はインマヌエルと呼ばれるだろうとあるのです。これが旧約の預言です。

それに対してヨセフはイエスと名付けたのです。インマヌエルという預言があるのならインマヌエルと名付けるべきなのに、インマヌエルと名付けないで、イエスと名付けたのです。これがおかしいのです。どうしてインマヌエルがイエスに変わったのか。この説明がキリスト教の牧師にできる人がいないのです。西欧社会にもいないでしょう。

これが非常に重大なポイントです。インマヌエルがイエスとなったということです。インマヌエルというのは神が共にいますということです。今時間が流れています。これは神が共にいますから時間が流れているのです。

皆様の目が見えるということが神が共にいますから、神の御霊というエネルギーが皆様の生理機能として働いているのです。だから、目が見えるのです。このような事実をインマヌエルと言うのです。

地球が自転公転していることがインマヌエルです。インマヌエルということは、神が三次元の世界において働いている状態をそのまま表現しているのです。

イエスはそれをそのまま現わすために地上に来たのです。これが「乙女孕みて子を産まん」という意味になるのです。

イエスという意味は、エホバが救いであるということで、アラミ語でエーズースーとなり、ヘブル語ではエーシューアーとなるのです。神そのものが救いであるということが、イエスという固有名詞になっているのです。

イエスは自分自身の固有名詞において、神ご自身が救いそのものであることを証するために来たのです。それを自分の名前で証明しているのです。インマヌエルという事がらが、そのままイエスという固有名詞の媒体のようなものになるのです。神の働きがそのまま人間の救いになるのですから、神のあり方が媒体になって人間が救われるのです。

インマヌエルというのは原形であり、イエスはその結果的な現われである。こういう説明ができるのです。

## うなじが強い民族

ユダヤ人はうなじが強い民族です。この原理を考えてみますと、この民族は良い意味においても、悪い意味においても、普通の民族から飛びぬけているのです。

世界で最もすばらしい人間もユダヤ人ですが、一番悪いのもユダヤ人です。平均的な日本人と言えば大体分かるのですが、平均的ユダヤ人が誰かということができない民族です。

預言者のような、また、イエスのような口では言えないほどすばらしい人もいますが、世界全体を害毒で泥まみれにしてしまうという、箸にも棒にもかからないユダヤ人もいるのです。

神的な面と悪魔的な面が同居している民族がユダヤ人ですが、うなじが強いという面から考えますと、悪い人は悪いなりにうなじが強いのです。良い人は良いなりにうなじが強いのです。だからこそ四千年の間、神の約束が保たれてきたという事実があるのです。

ふにゃふにゃした個性を持たない民族なら、うなじが強くない民族なら、神の約束は遠い昔に消えているのです。

世界の歴史が旧約新約の指導原理によって動いているという事実は、ユダヤ人が神の約束を握り込んでいるからです。良い意味においても悪い意味においても、神的な、また悪魔的な民族です。普通の民族ではないのです。日本人の常識では、ユダヤ人問題の真髄にはさわれないのです。入口にはさわれても真髄にはさわれないのです。

ユダヤ人の根性が変われば、人類全体の歴史が変わってしまうのです。ここに非常に大きい希望が持てるのです。ユダヤ人がこれ以上悪くなりますと、文明は完全に滅びてしまうのです。一か八かのキャスティグボートを握っているのが、ユダヤ人という厄介な民族なのです。

善にも強いが悪にも強いというのがユダヤ民族です。うなじが強いという意味では悪いのですが、うなじが強いからこそ四千年もの間、人間の歴史を支えてきたものとも言えるのです。

皆様はまずご自身の命のことを真面目に考えて頂きたいのです。せっかく生きていながら、とこしえの裁きに放り込まれることになったら、これ以上の悲劇はありません。

人間は自分で生まれたいと思って生まれたのではありません。従って、命は自分のものだというようなばかげた考えをしていますと、必ず裁かれます。

人間の魂は人生を経験するためにこの世に来たのであって、人生を自分のものにするために来たのではないのです。命を経験するために来たのであって、今生きている命を自分のものとするために生まれてきたのではないのです。

魂に対する考えが日本人は根本から間違っているのです。ひどい間違いをしているのです。魂とは何か、霊とは何かが全く分かっていないのです。

大乗仏教には魂という言葉がありません。そのくせお寺のお坊さんは魂とか霊魂という言葉を使うのです。使いますが、大乗仏教には魂という言葉も霊魂という言葉もありません。魂という語法は聖書だけです。これが仏教と聖書の決定的な違いです。

## 第一結集と第二結集

仏教には第一結集と第二結集があります。第一結集は主として小乗仏教の編纂です。これは釈尊の死後二百年か二百五十年後の間に経典が編集されました。これが小乗仏教でありまして、現在ビルマやタイに残っているのはこの方らしいようです。

大乗仏教は釈尊滅後、五百五十年から六百年後に、アショカ王によって結集されたのです。この大乗仏教の中には、キリスト教の教義によく似たものがたくさんあるのです。

大無量寿経は聖書そっくりです。ヨハネによる福音書の第一章にとてもよく似ているのです。

第二結集の立役者は龍樹です。この男はすばらしく頭が良い人だったのですが、とんでもない食わせ者でした。

釈尊が生まれたのは紀元前五百年くらいです。第二結集は紀元後百年か、百五十年後です。この時代にイエスの孫弟子たちがインドへ伝道したのです。それを龍樹が掴まえたに違いないのです。

ある説によりますと、龍樹がヒマラヤ方面ですばらしい碩学に出会った。その人から重大なメッセージをもらって、それを基礎にして大乗仏教を編集したという伝説があるのです。すばらしい碩学はイエスの孫弟子の一人ではなかったかと思えるのです。マタイ本人に出会ったという伝説もあるのです。

大乗仏教の中には新約聖書の教学の思想がたくさん入っているのです。いちいち例をあげられないほどたくさんあるのです。ところが、本当に神を信じて、水と霊とによりて新に生まれて神の国に入るということになりますと、当てになりません。

仏教にあるのは抽象人格ばかりです。阿弥陀如来も、観世音菩薩も皆抽象人格であって、歴史的に生きている人物ではありません。歴史的実体で私たちの魂を学ぶことにはならないのです。

仏教は命の実体ではなくて、概念を伝えているのです。新約聖書によく似た概念を伝えているのです。

汎神論とは、すべての物体や概念、法則が神の顕現であり、神性を持つ、あるいは神そのものであるという考え方ですが、これは古代インドの民族の神観からきているようです。太陽が神である。松の木が神である。人間の常識で判断できないような絶対的なものを神にしてしまったのです。

しかし、これは全然間違っているという訳でもないのです。神の万物創造と非常に奇妙な関係があると言えるのです。

一神論と汎神論は根本的に違います。神は万物を造ったのです。万物を造ったというのは、神ご自身の御心が森羅万象において現われている。神の栄光が万物として現われているのです。神の栄光が万物になって現われているとしますと、汎神論みたいなことになるのです。しかし、松の木が神であるのではなくて、松の木「である」という事がらが、松の木として現われているのです。「である」という事がらが、「がある」として現われている。これが I am that I am の am になるのです。

神の御名（実体）がイズ（is）であるというのは、この事なのです。万物がイズであるということは、神の栄光の現われであることになるのです。これは汎神論と非常にまぎらわしいことになるのですが、原理的には全然違うのです。

唯物論というのは哲学上の概念でありまして、命とは全然関係ありません。唯心論と言っても唯物論と言っても、原罪を持っている人間の概念です。両方共肉の見方です。

心だけとか物だけとかいうのは存在しないのです。

魂というのは理性の本源が肉体として現われていることを言うのです。理性の本源という以上は精神的な面が当然あります。

私たちは理性的に聖書を十分理解しなければ救われません。そして信じなければならないのです。理解することと、心で信じることが必要です。

皆様は現在生きていますから、命を経験しているはずです。生きているということは、命を経験していることです。命を経験しているのでしたら、命についての具体的な説明ができるはずです。命をこのように経験していますと、はっきり説明ができるはずです。

例えば、花を見るとします。花が咲いていますと、はっきり説明ができるはずです。花が咲いているということは、地球の命が花に現われているのです。だから、美しいと感じるのです。

美しいと感じるのは、命を見ているから美しいと感じるのです。美しいというのは命の色です。命の人格です。これを美しいと感じるのです。

また、魚を召し上がります。野菜も果物も召し上がりますが、皆味があります。味はすばらしいものです。味というのは何だろうか。おいしいと感じるのは何だろうか。おいしいと感じると、皆様の脳髄とどういう関係になるのか。

人間がこの世に生きていることが魂ですが、花を見たり、色々なものを食べたりすることによって、神に魂が養われているのです。魂の本体は心的なものですが、皆様の前脳皮質の中には、皆様が使っていない内容がたくさんあるのです。

命が分かりますと、今まで使っていなかった細胞が働き出すのです。本当の命というのは、現世に生まれてきた人間が感じられるようなものとは違います。

現世に生まれてきたのは肉体の命であって、生まれたという業《ごう》に基づく命です。これを突破して命の本質、本体に帰るのです。

魂は神から出てきたのです。神から出てきたというのは、神から離れることです。神から離れたということは、死んだということです。これが恐ろしいのです。

現在の人間は死んだと思っていません。生きていると思っているのです。これはとんでもない傲慢な考えです。人間は皆罪の内に死んだ者です。

パウロは、「すべての人は罪を犯したので、神の栄光を受けることができない」とはっきり言っているのです（ローマ人への手紙3・23）。人間は全部死んだのです。

罪人というのは死人のことです。罪の内に死んでいるのでありまして、このことに気づきますと、初めて皆様は命の光を見ることができるのです。

命の光というものを五官によって見たり、食べたりしているのです。食べておいしいと感じることができるのは、魂の真髄である命の本質を養うために、おいしいという経験をさせているのです。

美しいものを見せている。これは天の父なる神が、子なる魂を養っている姿です。五官はすばらしい機能であって、ヨハネは、「私たちが聞いているもの、目で見ているもの、手で触って、目で見ているものは、初めからある命の言《ことば》である」と言っているのです（ヨハネによる福音書1・1）。

皆様が手で触っているもの、目で見ているものが、初めからあった命の言です。初めからというのは、地球ができる前からということです。地球ができる前からあった神の本当の命が、今現象として現われているのです。これはすばらしい神の計画です。

これが分からなければ、本当の命は分かる訳がないのです。もし皆様がご希望であるなら、イエス・キリストによって証明された間違いのないとこしえの命の実物を差し上げることができるのです。

今の人間は命を知らないのですから、人々に命を与えなければならない責任があるのです。私はイエス・キリストの復活の命が分かっていますから、黙っている訳にはいかないのです。

命というのは皆様の魂の本質です。魂の本質は五官の本能性になって現われているのです。例えば、皆様はミカンを食べたとします。ミカンの味は皆様の脳髄に伝わっているのです。脳髄で感覚しているのです。皆様の霊魂の働きの本性は脳髄にあるのです。思考能力の本源も脳にあるのです。

神を信じるとか、命とは何か、復活はどういうことであるかということを考えるのは前脳です。大脳は百四十億の細胞があると言われていますが、普通の人でも五％から十％くらいしか使っていないのです。残りの細胞は全然使われていない。これは人間が精神的に死んでいるという証拠です。

大脳には肉なる面が七十億、霊なる面が七十億と合計百四十億の細胞がありますが、肉なる面しか働いていない。霊なる面が全然働いていないのです。命というのは霊です。私たちが生きていることは霊であって、味とか美しいというのは霊に属することです。

この事がらの意味がよくお分かりになれば、皆様は霊の眼を開くことができるのです。そうすると、死なない命が分かってくるのです。

ヨハネが言っていますように、よく見て触っていることが、初めからある命の言です。永遠の生命です。これは仏教や儒教で教えるような、薄っぺらいものではありません。すばらしく深いものです。今の日本人には全然分からないことです。

イエスがどのような生活をしたのか。イエスは神をどのように信じていたのか。神と共にどのように生きていたのか。こういうことがよく分かるようになりますと、宇宙の大生命の本当の値打ちが分かってくるのです。

今の人間は肉体的に生きています。肉体的に生きているというのは原罪的に生きていることです。仏教でいうと無明煩悩のうちに生きているのです。この生き方は本当の生き方ではありません。

悔い改めて福音を信じるというのは、人間の精神の状態をやり変えるということです。喜怒哀楽とか利害得失の考え方をもう一度やり直すのです。

文明を信じたらだめです。文明は人間の魂を完全に殺してしまうからです。文明を信用しているとひどい目にあうのです。文明はユダヤ人のトリックです。

我々は何としても死を破らなければいけないのです。死を破るためには、イエスが復活したことを勉強しなければならないのです。イエスは現世でどんな生き方をしていたのか。これを勉強したらいいのです。

例えば、山上の垂訓は（新約聖書マタイによる福音書五章から七章）、イエスが現世で生きていた状態を現わしているのです。右の頬を打たれたら左を向けよとはどういうことなのかを、真剣に勉強する気持ちを持っていれば、皆様は必ず永遠の生命を掴まえることができるのです。

## 魂は死なない

もう一つ申し上げたいことは、魂は死ぬべきものではないということです。不滅です。なぜ不滅かと言いますと、魂は神から出てきたからです。神から出てきたものは本質に死ぬはずがないのです。絶対に亡くならないのです。死んだらしまいというのは大きな間違いです。魂は亡くならないのです。亡くなってくれると有難いのですが、そうはならないのです。

死んで自分の人生が消えてしまったら有難いのです。功罪消えてしまうからです。

人間は命を自分のものだと思い込んでいるのです。自分の命だと思い込んでいるのです。人間は自分が生まれたいと思った訳ではありませんから、皆様の命が自分の所有物であるはずがないのです。こんなことは簡単に分かるはずですが、日本人は全然分かっていないのです。

人間は自分の命があると思っているのです。これは大間違いです。

皆様の命は神から来たのですから、神に帰らなければならないのです。これが人間がしなければならない唯一の仕事です。

業を果たすとはどうすることか。神に帰る準備ができたら業が果たせたのです。そうすると、死ななくなるのです。

霊魂が不滅だから、別に神に帰らなくてもいいのではないかと言われますけれど、不滅というのは消えてしまわないという意味であって、神の恵みと愛のうちに救われる状態で消えてしまわないということと、とこしえの裁きを徹底的に受けるという意味で消えてしまわないということと、二つあるのです。

救われる不滅と、滅ばされる不滅と両方あるのです。なぜそうなるのかと言いますと、魂は神から出てきたものですから、永遠の性質を持っているのです。

皆様は五官を用いて四十年、五十年と生きてきたのです。その記憶があるのです。あの時ああいう経験をした。この時こういう経験をしたという記憶があるのです。

人間の記憶は肉の記憶ばかりです。肉体生活の記憶ばかりです。肉体は死んで火葬場へ行って灰になります。骨も肉も脳髄も灰になりますが、記憶は灰になりません。皆様が五十年、六十年生きていたという事実は、神の前には厳然たる事実です。これは消えないのです。絶対になくなりません。

皆様は目の黒いうちにどうしてもイエスを勉強しなければならないのです。その責任があるのです。死を破ったというイエスを勉強しなければならないのです。やろうと思えばできるのですから、ぜひして頂きたいのです。

そこで、今までの常識を一切空と考えて、また、五蘊皆空と考えて、今までの自分の考えを捨ててしまうのです。

パウロは、「情欲に迷って滅びゆく古き人を脱ぎ捨てよ」と言っているのです（エペソ人への手紙4・22）。寝巻を脱ぎ捨てるように、古い人を脱ぎ捨てよと言っているのです。そうして、新しい人を着るのです。

これはそんなに難しいことではありません。やろうという決心をすれば誰でもできるのです。

今まで生きてきたという気持ちを、きちっと片付けたらいいのです。実は皆様が今生きている本当の姿はイエスと同じです。ところが、自分の命だと思っているばかりに、自分という思いに騙されているのです。

皆様の魂は神のものです。イエスは「私は父から遣わされた」と言いましたが、このことをイエスは皆様に教えるために、地上に来たのです。

イエスを信じるというのは、イエスと自分とが本質的に同じだということを信じるのです。

死を破ったという事実は、イエス以外にはありません。釈迦も孔子もマホメットも、誰も彼も皆死んでしまったのです。

死ぬというのは唯一の絶対的な敵です。皆様はこの敵と闘わなければならないのです。

宗教は人間が現世に生きていることを前提にして、神や仏を考えているのです。現世に人間が生きていることを前提にしなければ、宗教という概念が成立しないのです。

宗教は現世に生きている人間を鵜呑みにしているのです。ところが、般若心経を読んでいきますと、人間が生きているという感覚が空だと言っている事が分かるのです。

般若心経は生きている人間を頭から認めようとしないのです。色即是空というのは色蘊が空だと言っているのです。蘊というのは、わだかまっている状態、盛り上がっている状態をいうのです。

色というのは目に見えるもの、物質的現象を現わしているのです。色蘊というのは、目に見えるものがそのまま存在するという妄念が、人間の頭の中にいっぱい詰まっているのです。これを蘊と言っているのです。

人間が生きていることを基準に考えますと、人間の考えは生きている間は通用します。目の前に物質があるという気持ちは、肉体がある間は通用しますけれど、この世を去ってしまいますと、全く通用しなくなるのです。

宗教は現世に生きている人間を対象にして造ったものです。現世に生きている人間が、宗教という教えを造ったと言えるのです。現世に生きている人間と宗教とは、馴れ合っているのです。宗教は人間を頼りにする。人間は宗教を頼りにする。これが人間と宗教の関係です。

ところが、般若心経は五蘊は空だ、色即是空だと言っているのです。目で見ているものがあると考えることは、空であると言っているのです。

空というのはからっぽである、ゼロであるという意味です。目で見ているものはからっぽであって、そういうものは存在していないのです。これが色即是空ということです。

からっぽであるとしても、山を見れば山が見えるのです。山があるようにどうして見えるのかという説明がいるのです。

色即是空と言っただけでは、山が見えるのはどういうことなのかという説明にはならないのです。そこで、色即是空だけを鵜呑みにしていても、自分自身が生きていることを正確に捉えていることにはならないのです。

般若心経に、無眼界乃至無意識界という言葉があります。目で見ている世界もないし、意識している世界もないと言っているのです。無眼界は色蘊のことを言い、無意識界は受想行識のことを言っているのです。

皆様が目で見ている世界も、心で意識している世界もないと言っているのです。これが般若心経の言い分です。

人間は現世に生きていると思っているのです。般若心経はそういう考え方が嘘だと言っているのです。そこで、般若心経は宗教ではないと言わなければならないのです。

般若心経は今の人間の常識と全然違ったことを言っているのです。

宗教と真実との違いはどこにあるのか。また、西洋文明の土台になっている神と、東洋文明の仏とが、どういう関係になるのかということです。

現在の世界では、情報通信の発達、航空機の発達によって、西洋と東洋の違いが分からなくなっているのです。言葉としては、東洋、西洋とありますけれど、政治経済の面では一つになっているのです。

東洋文明の本質である東洋無というのは、物質はないという見方です。これは仏教だけではなくて、中国の老子も無の働きがすべてのものを生むと説いているのです。

無が東洋文明の本質であって、無為と老子は言っているのです。老子がいう無為は仕事をしないのではなくて、仕事をする方の無為です。無の働きのことを言っているのです。

無の働きが有を生むと考えるのです。これが東洋思想の特徴です。西洋思想には無の働きというような考え方はありません。

## 色即是空と空即是色

般若心経の空というのは、老子の無為と非常によく似ているのです。色即是空は空即是色とひっくり返えるのでありまして、目に見えるものは空である。からっぽであると言っているのです。

目に見えるものがからっぽである。これが色即是空です。からっぽであるものが、目に見えているというのです。これが空即是色です。

そうすると、おかしいことになるのです。色が空であるというのは何とか分かります。空が色になるというのはどういうことか。何も色が空であるという必要はないのではないかと思えるのです。どちらか片方にしておかないと、分からないと思えるのです。

色即是空、空即是色というと、どちらが本当か分からない。ここに般若心経のあやふやさがあるのです。

般若心経があやふやだと言いますと、日本人の多くはそんなはずがないと言われるかもしれません。実は般若心経は非常に鋭い感覚で文明を批判しているのです。人間の生活を非常に鋭く批判していますが、答えを出していないのです。

色即是空は分かるが、なぜ空が色になっているのか、ありもしないことがあるように現われているのはどういう訳なのか。現在人間は地球があると思っています。地球がどうしてできたのかという説明は般若心経には全くありません。

地球は空だと言っている。それで終わりなのです。これで終わりでは困るのです。現在の科学をどのように説明するのか。

科学というのはおかしなものです。理論物理学では物質は存在しないと言っていますし、応用科学では科学を用いて色々な電気製品を造っているのです。一体、科学は物質があると言いたいのか、ないと言いたいのか、どちらなのかと言いたいのです。

日本には命を正しく見るという思想がありません。日本人は命という言葉は知っていますけれど、命とは何かという説明が全くできないのです。生きていながら命が分かっていないのです。これは正確に言いますと、生きていないことになるのです。

もし本当に生きているのなら、命という言葉について説明ができるはずです。ところが、命についての説明ができないのです。日本人は命を正視していないから、物事について正しい認識を持っていないのです。

そこで、般若心経によって、人間の常識が間違っていることをまず認識するのです。目で見たとおりのものがあるという考えが間違っていることを認識するのです。

現在の科学では物質は存在しないことになっているのです。原子の運動はありますが、物質は存在していないのです。理論物理学は、物質はないとはっきり言い切っているのです。物質がないことを原子爆弾が証明しているのです。原子力発電ができるということは、物質がないことを示しているのです。

日本で一番最初にノーベル賞を受賞した湯川秀樹さんが、随筆に、「私は大学へ行くと、物質は存在しないと学生に教えているけれど、家庭に帰ると、物質があるような気持ちで生きている。私は学者として恥ずかしい」と書いていました。

これで本当の学者と言えるでしょうか。今の大学でも、学者は物質は存在しないと教えていますけれど、自分の家庭に帰ると物質があるような気持ちで生活しているのです。自分の肉体があると思っているのです。食事時になると、目の前にごちそうがあると思っているのです。一体、物質があるというのが科学なのか、物質がないというのが科学なのか、どちらが科学でしょうか。どちらも科学であるというでしょう。

科学は一方で肯定し、一方で否定している。これが文明です。文明は理論で成り立っているのです。実体によって成り立っているのではないのです。

専門学はすべて理論であって、仮定を踏まえているのです。時間が存在することを初めから鵜呑みにしているのです。時間が存在する。だから、物理運動があると考えているのです。

ところが、時間が存在するという証明はどこにもないのです。時間が存在することを証明した学者は一人もいないのです。

時間が存在することを証明した学者は、未だ世界に一人もいないのです。もしできたらノーベル賞ものでしょう。ところが、いくら頑張っても、時間を証明することは今の人間には不可能です。

時間があることが証明できない。そうすると、時間がないことになるのです。時間がなかったら物理運動は成立しないことになるのです。ここで学問は困るのです。

時間がなかったら、電子が運動していることがないのです。電子は原子核の回りを一秒間に一億四千五百万回回っていると言います。一秒間という時間があればそういう事になるのです。

ところが、一秒間という時間はどこにもないのです。そうすると、電子の回転はできないことになるのです。

このように、近代文明の学問では現在人間が生きていることの説明ができないのです。ですから、近代文明の学問は信用できるものではないのです。学問は生活の役には立ちます。科学も経済学、政治学でも、生活の役には立ちますが、生命の役には立たないのです。

## ユダヤ主義

学問というといかにも立派なように見えますが、これは生活する知恵のことです。これが学理学説です。こういうものを尊んでいる。これをユダヤ主義というのです。

ユダヤ主義が近代文明を造っているのです。専門学の根幹はほとんどユダヤ人が造ったものです。

ところが、般若心経はユダヤ人が造ったものではないのです。般若心経は人間が生きているという事実をそのまま説いているのです。

目で見ていることが間違っている。耳で聞いていると思っていることが間違っている。これは肉体感覚であって、空であると言っているのです。

般若心経は空を説いているのです。人間の考えはからっぽだと言っているのです。

聖書は何を説いているかと言いますと、実を説いているのです。般若心経は無を説いている。

いるのです。

聖書は有を説いているのです。神は有ると言っているのです。有りて在るものは神だと言っているのです。

般若心経は人間の思想は無であると言っている。そこで、般若心経の無という考え方を、しっかり踏まえて聖書を見ていきますと、初めてキリスト教ではない聖書が分かるのです。

聖書から見ますと、カトリックもプロテスタントも皆間違っているのです。悔い改めて福音を信ぜよとイエスが言っていますが、悔い改めるとはどうすることかが分からないのです。ただ親不孝をしたとか、人と喧嘩したとか、人を憎んだりしたことを謝る。これを悔い改めると言っているのです。

こういうことも一つの悔い改めには違いありませんが、こんなことは小さいことなのです。神から見ると、今まで考えていた人間の常識が間違っているのです。自分が生きていると考えていることが間違っているのです。

自分が生きているという事実はないのです。皆様は自分が生まれたいと思って生まれたのではないでしょう。生まれたいと思わないのに生まれたのでしょう。そうすると、命は自分のものではありません。この簡単なことが世界中の人間に全く分かっていないのです。

イエスはこれが分かっていたのです。初めから自分の命がないということを、はっきり言っているのです。私の命は父の命だと言っているのです。父の命が私という格好で現われていると言っているのです。

イエスの命の認識の他に、正確な命の認識はありません。自分は神の子だ、神は父だとイエスが言っているのです。

神がなぜ父になるのか。皆様は生まれたいと思って生まれたのではありません。親が産みたいと思って産んだのでもないのです。生理現象によって生まれたのです。

生理現象、自然現象によって生まれたということは、人間の命はおのずからのものです。自分と書いて、おのずからの分と読んだらいいのです。

おのずからというのは天然自然ということです。天然自然というのが神です。天然自然から生まれた私たちは、天然自然の分を自分というべきです。これをみずからと読むから間違ってくるのです。

みずからと読まずにおのずからと読んだら、命は自分の命ではない、神のものだということがはっきり分かるのです。そうすると、死なない命を見つけることができるのです。

イエスはなぜ復活したのかという原理が、はっきり分かるのです。

般若心経は仏教の経典ではないのです。人間が生きていることの実体を述べているのです。般若心経は宗教ではありません。聖書も宗教ではありません。命の実体です。

命の実体を般若心経は空の立場から説いている。聖書は実の立場から説いているのです。この二つを勉強しなければ、本当のことは分かりません。聖書だけでは分かりません。般若心経だけでも分かりません。般若心経と聖書を一つにして見なければ、本当の命は分からないのです。

## 6. 自分自身が地獄を造っている

般若心経と聖書を宗教的な角度から講義することになりますと、大変難しい理屈を並べなければならないことになるのです。

ところが、仏教ではない般若心経、キリスト教ではない聖書になりますと、簡単明瞭になるのです。

大体、物事の真理は簡単明瞭でなければならないのです。ところが、人間はそれをわざわざ複雑怪奇にしているのです。

宗教は商売ですから、せいぜい複雑にしなければお金が取れないのです。私のような三文やっこが言っているのですから、三文やっこでは商売になりません。三文やっこ的に申し上げますと、甚だ簡単なことになるのです。

般若心経は何を説いているのかと言いますと、彼岸に渡る上智を説いているのです。

彼岸へ渡る上智というのは、宗教では大袈裟に言っていますけれど、実は当たり前のことなのです。

大体、人間は彼岸へ渡る上智のために生きているのですから、これを見つけることは何でもないのです。皆様は肉体的に生きていますが、一番大切なものは一番安いのです。例えば、空気です。また、太陽光線ですが、一番安いのです。安いというよりただです。無料です。

水もただです。水道代がかかると言いますが、これは水をきれいにして、各家庭へ給水するための経費を払っているのです。

富士山麓の湧き水は無料です。日本の各地に名水と言われる湧き水がありますが、これも無料です。それをペットボトルに詰めて、富士山の天然水として売っている会社があるのです。太陽光線とか空気とか水とかいうような、なくてはならないものは一番安いのです。

彼岸へ渡る上智はなければならないものです。人間の魂の角度から申しますと、絶対に必要なものが上智です。

上智と言いますと、上等の知恵ですから大変高いもののように思われますけれど、上下という形容で申せば上智になるということです。人間の常識を下の知恵としますと、悟りは上智になるのです。上智と言えば難しいように思えますが、実は難しくないのです。

太陽光線がただであるように、上智もただです。ところが、これが宗教の手に入りますと、なかなか難しい理屈になって、訳が分からないことになるのです。宗教家自身が分かっていないからです。

般若心経が正確に受け止められているという事実は日本にありません。日本人は般若心経を愛好しています。一千万人の愛好者がいるでしょう。心経愛好者が一千万人もいながら、心経の精神が全く実存していないのです。

なぜこういうことになっているのか。色即是空というこの簡単なことがどうして分からないのか。また、理屈で分かっていても、色即是空を本当に生活している宗教家は一人もいないのはなぜなのか。

もし、色即是空、五蘊皆空、究竟涅槃を実際に行うことになりますと、日本の仏教は泡のように消えてしまうのです。

宗教と般若心経の精神は、全く正反対の方向にあるのです。本当の般若心経が日本で説かれなかったことは、不思議と言えば不思議です。

## 仏教ではない般若心経とキリスト教ではない聖書

宗教ではない般若心経をはっきり申し上げられるのは、私たちだけでしょう。そうして、キリスト教ではない聖書と一セットにして申し上げているのです。

聖書と言えばキリスト教のテキストのように考えられていますけれど、聖書は絶対にキリスト教のテキストではありません。

キリスト教は西洋のキリスト教の宗教教学に基づいて、聖書を切り売りしているのです。だから、キリスト教で考えているキリストと、聖書のキリストとは全く違うのです。

これは般若心経の誤解くらいではありません。新約聖書の誤解は非常に大きい誤解です。キリスト教はイエス様を信じたら、死んでから天国へ行けると言うのです。死んでからという言い方は噴飯ものです。ごまかしです。神の国は生きているうちに入るべきものです。

イエスは「水と霊とによって新しく生まれて、神の国へ入れ」と命令しているのです（ヨハネによる福音書3・3〜5）。これは生きている人間に命令しているのです。これが聖書の言い方です。

死んでから天国へ行くというキリスト教の言い方をイエスが聞いたら、激怒するでしょう。イエス・キリストは再び来るに決まっています。キリストの再臨の暁には、現在のキリスト教は木っ端微塵に潰されるでしょう。

神のキリストを最も誤解しているもの、また誤解させているのがキリスト教です。だから、宗教ではない般若心経と聖書に注目して頂きたいのです。

こういうことが提唱されたのは日本では初めてです。世界でも初めてでしょう。本当のナザレのイエスの見方はどういうものか。ナザレのイエスはどういう人か。これが全世界の人間に全く分かっていないのです。私はナザレのイエスの再発見を提唱しているのです。

ナザレのイエスをもう一度見直すのです。これをしなければ文明は新しくなりません。今の文明は腐りきっています。核兵器廃絶という問題でさえも実行できないのです。こんな分かり切ったことができない政治家は、政治家と言えるのでしょうか。

各国の政治家どうしが相互不信でいっぱいです。不信感が世界の政治家に充満しているために、全世界の人間がどれほど迷惑しているのかと言いたいのです。

もし相互の不信感がなければ、現在のような行き詰った文明にはならなかったでしょう。現代文明の病理は、非常に深いものがあるのです。

病理の実体は何なのか。これが分かっていないのです。アメリカの大統領にも、ロシアの大統領、日本の首相にも、現代文明の病理の根源が分かっていないのです。

これは簡単なことです。自分がいると考えているからです。自分という人間はいないのに、いると考えているからです。だから文明が大混乱しているのです。これは本当に重大な秘密です。

皆様は自分がこの世にお生まれになったとお考えになっています。だから誕生日があるのです。ところが、冷静に平明に考えると分かるのですが、皆様は自分が生まれたという記憶がはっきりあるのでしょうか。

自分が生まれたという記憶があるのは、おそらく釈尊だけでしょう。釈尊は生まれた時に三歩歩いて、天上天下唯我独尊と言ったという伝説がありますが、これはあくまでも伝説であって、本当かどうかは分かりません。

皆様も私も、自分が生まれたという記憶は全くありません。母親がいて、助産婦がいて、私が生まれたということを確認したのです。従って、私が生まれたということは客観的な事実であって、主観的な事実ではないということです。

やがて、皆様はこの世を去ることになるのです。この世を去っていく皆様は、死んでいくことを確認しないでこの世を去っていくのです。

心臓が止まった時に、お医者さんが、「ご臨終です」と確認しますが、死んでいく本人は、今死んだとい時点は絶対に分かりません。これもまた、客観的事実です。

生まれる時も、死ぬ時も、皆様は自分の命の出処進退について自ら確認することが絶対にできません。ところが、皆様は自分が生きているとお考えになっているのです。

人間は自分が生まれてきたことが分からないのです。客観的に生まれてきたと言えるでしょう。自分が生まれてきたということは、他人の証言によって初めて言えるのです。

生まれたということは客観的事実です。死んでいくことも客観的事実です。そうすると、自分が生まれたということは、物心がついてから、身内から言われて、生まれたと思っているだけのことです。

自分が生まれたという事実はありません。従って、自分が生きているという事実はないのです。冷静に客観的に申しますと、そう言わざるを得ないのです。

人間は皆自分が生きていると思っていますが、もし太陽光線がなかったら、もし空気がなかったら、皆様が生きていることは不可能です。物理的にも生理的にも、皆様が生きているのは自力によるのではないのです。大自然の客観的な力によって人間は生かされているのです。

生かされているという言い方をしなければならないのが、人間存在の実体です。人間が生きている実体は、客観的事実であって、主観的事実ではないのです。

自分が生きているという事実はないのです。学問主義が悪いのです。学校主義が悪いのです。これはユダヤ人の世界観から出てきたものなのです。

ユダヤ人の世界観というのは、あくまでも自分が生きていると考える世界観です。これがモーセの掟の精神です。自分が生きているから、自分が掟を行っていると考えるのです。

自分の人生を主観的に見すぎていること、自分が生きていると思い込んでいることは、人間存在の実体とは違った認識の仕方になってくるのです。

宗教ではない般若心経というのは、人間が生きているという状態を極めて自然な状態で、いわゆる自然流に解釈しているのです。

人間が生きていることを極めて自然な状態で考えますと、色即是空、五蘊皆空ということはすんなり分かるのです。

今から後、自分が生きていないと思って生きてみてください。そうすると、世界が変わってしまいます。例えば、バスに乗ったり、電車に乗ったりした場合に、自分が乗っていると考えないで乗ってみてください。自分の存在を客観的に扱うという意識を持とうとしてください。喜怒哀楽、利害得失の焦点が変わってしまいます。そうしたら、本当の人間生活の楽しさ、すばらしさが初めて分かるのです。

## マグロの味は死なない命の味

例えば、マグロの刺身を食べるとします。これを主観的に食べないで、客観的に食べてみて下さい。マグロの味は魚屋がつけた味ではありません。天然の味です。天然の味を天然の人間が味わいますと、初めて宇宙の味、神の味が分かるのです。これが命の味です。

般若心経の究竟涅槃はこのことを言っているのです。これは宗教ではありません。当たり前のことです。こういう当たり前のことが、文明の感覚によって曲げられてしまっているのです。皆様は現代文明の風潮によって生きなければならないように、現代文明によって思い込まされているのです。大体、文明は人間のためにあるのであって、人間が文明のために生きているというのはおかしいことです。

文明は人間のためにあるのであって、人間が文明のためにあるのではない。皆様は文明的な意識、文明の世界観、今までの文明の考え方をやめようと思えばやめられるのです。これをしたら死なない命が分かるのです。これが大きいのです。

今までの自分の物の考え方をやめさえすればいいのです。自分が生きていると思っている。これがはっきり間違っているのです。

自我意識を捨てて、単なる自意識をお持ちになりますと、命を経験することが分かってくるのです。

人間は生活するために生まれてきたのではないのです。命を経験するために生まれてきたのです。命を経験するということは、客観的に生きることです。命を経験すると、命の実体が分かってくるのです。そうすると、ナザレのイエスが死を破ったという事実が分かるのです。

イエスははっきり死を破ったのです。日曜日はイエスが死を破った記念日です。このことがキリスト教で分かっていないのです。

このように死は破れるものです。本来人間の魂は死なないのが当たり前です。自分自身の本質を誤解しているために、文明によって誤解させられているために、死ななければならなくなっているのです。

皆様の世界観は世間の力によってねじ曲げられているのです。そこで宗教ではない般若心経と聖書が必要になってくるのです。

私たちが現世に生きている以上、この世を離れて生きることはできません。また、そうする必要もありません。文明の病理を越えて生きるということは、皆様の世界観の問題です。

世界観というのは、世界はこのようなものだという考え方を基礎にして人生を見ることです。物の考え方、物の見方が世界観です。世界観は皆様の自由意志によってどうにでもなるのです。

例えば、皆様の肉体は常識に従えば、あるに決まっているのです。しかし、理論物理学の原理に従いますと、肉体はないのです。

原子核の回りを電子が回っている。電子の運動があるのです。だから物質が存在しているのです。物理運動はありますが、物質がないということが、理論物理学の原理になっているのです。このような原理を考えますと、色即是空と言わなくても現象が実体ではないということが分かるのです。

皆様の肉体は感覚的には存在していますけれど、科学的には存在していないのです。理論物理的に言えばそうなるのです。

原子爆弾ができるということは、物質が存在していないことを証明しているのです。物質が本当にあるとしたら、原子爆弾ができないのです。こんなことは中学生でも知っていることです。

人間の常識は人間の感覚に基づいてできているのです。人間の目で見て赤いものは赤いものだと考えるのです。これが常識です。ところが、実際は赤くないのです。赤いものは赤い色を拒んでいるのです。人間の目には拒まれた色が映っているのです。

赤い花は赤くないから赤く見えるのです。般若心経には、このことが五蘊皆空とか顚倒夢想とかいう言葉になって現われているのです。

人間の常識、知識は根本から間違っているのです。これさえやめれば、現世に生きていても何もさしつかえがありません。色即是空、究竟涅槃で生きていますと、とても楽です。嬉しいものです。

生活の責任を全然持たなくてもいいのです。自分の生活の主体性が、私から神に移ってしまうからです。大自然の存在原理と皆様の生命原理とが、一つになるのです。

これは難しいことではありません。したいと思えば誰でもできることです。主観的な意識を捨てて、客観的な意識に自分の気持ちを切り替えたらいいだけのことです。

人間の魂とは何か。これは機能を指しているのです。皆様の心理機能の中心をなしている働きは理性と良心です。理性と良心は皆様に与えられているのです。先天性のものです。

仏教に本具の自性という言葉があります。これは本来の自性とも言えるのです。皆様の見る力の原理、食べる力の原理、聞く力の原理は、本具のものです。本来備わっているのです。これが現在の皆様の魂の本性になって、肉体に現われているのです。

皆様は現在生きていますが、これは結果です。このような結果があるとしますと、その原因がなければならないのです。原因がなければ結果が発生することはありません。従って生まれる前の皆様があったのです。

これは輪廻転生ではありません。生まれる前の皆様というのは、今の皆様が意識することも認識することもできませんが、人間として生まれる前にどこかにいたというのではありません。そういう考え方は、宗教観念ででっち上げた思想、妄念です。

生きているというのは、現在皆様が生きていることだけがあるだけです。この命を丁寧に扱って頂きたいのです。命は一度だけです。生まれ変わる必要がないのです。生まれ変わるというのは、輪廻転生という宗教観念です。

もう一度生まれ変わると言われますと、現世に対する認識がどうしても軽くなってしまうのです。無責任な人生になってしまうので、ご注意して頂きたいと思います。輪廻転生は絶対に嘘ですから、信じてはいけないのです。

人間は死んだらどうなるのか。

死んだ後にどうなるのかということは誰でも聞きたいことですが、どんな宗教家に聞いても、どのような哲学書を読んでも、実体は分からないでしょう。死んだ後にどうなるかということは、命をどのように現在受けとめているかということに関係があるのです。

キリスト教は現世に生きている間に信仰を持てと言います。ところが、現世に生きていることが、何をしているのかということを、はっきり掴まえていないのです。聖書ずれをしてしまいます。キリスト教で二十年、三十年勉強していますと、福音ずれを起こしてしまいます。そうなると、本当のことが分からなくなるのです。

人間はなぜ生きているうちに、キリストを信じなければならないのか。

イエスは、「生きていて、私を信じる者は、いつまでも死なない」と言っています（ヨハネによる福音書11・26）。皆様は現在生きています。生きているということは、命の経験をしているということです。

命の経験をなさっている時に、本当の経験の仕方を掴まえて頂きたいのです。本当の経験の仕方を掴まえることができれば、命の実物を掴まえたことになるのです。そうすると死ななくなるのです。

イエスは、「私は天からきた命のパンだ」と言っているのです（ヨハネによる福音書6・51～56）。また、「私は道であり、真理であり、命である。誰でも私によらないでは、父のみもとに行くことはできない」と言っています（同14・6）。

イエスが生きている生き様が、そのまま命を経験して生きているのだということになるのです。生きている時に命を経験している、死なない命を経験しているのです。

イエスは、「私は甦りであり、命である」と言っています。イエスは命の実物をそのまま生きているのだから、死なないと言っているのです。

## 死なない命が現われている

例えば、太陽光線は死なない命の現われですが、もし皆様が太陽光線を見て、その意味が理解できるとしたら、皆様は死なない命が理解できたことになるのです。

こういう気持ちで生きていれば、皆様は死にません。これは生きているうちでないとできません。死んだら太陽光線がない所へ行くのですから、そこで見ることはできないのです。

従って生きているうちに、本当のことを悟らなければだめです。

死んでからどうなるのか。結論だけ言いますと、現在皆様が生きていることの中に、実は死んだ後のこともあるのです。昨日一日、皆様は生活しました。昨日の記憶があるに決まっているのです。こういうことをした時にこういう気持ちを持った。こういうことをした時にこういう言葉使いをした。ああいう時にああ在れば良いと思った。嘘を言った。焼きもちをやいた。約束を破るようなことをした。それんだりひがんだりした。

こういう毎日の生活の実感があるでしょう。これが記憶になっているに決まっているのです。

これが皆様の地獄になるのです。自分が生きていると思っている間は、誰でもこれをするのです。自分が生きている。自分の命があると思っているでしょう。これが大変な間違いです。自分の命があると思っていることが、皆様の地獄を毎日造っているのです。これが恐いのです。自分が生きていると思っていることが、自分が死んでいく原因になるのです。自分が生きていると思わなかったらどうでしょうか。自分は死にません。これが本当です。

イエスは自分が生きていると思っていなかったのです。命は神のものだと考えていたのです。イエスは自分のことを生ける神の子であると言っています。

皆様も同じことです。命は皆様ご自身のものではないのです。この点にお気付きになれば、皆様の中から地獄が消えてしまうのです。

自分が生きていると考えている間は、その人の頭の中に自分が生きているという地獄があるのです。

永遠の命を見つける方法はこれです。般若波羅蜜多の秘訣はこれです。

誰でも自分が生きていると考えていますけれど、自分が生きているという事実はどこにあるのでしょうか。皆様は自分が生まれたいと考えたのではないでしょう。そうすると、今生きている命は皆様自身のものではないのです。

自分が生まれたいと思って志願したのなら、今生きている命は自分の命かもしれません。ましてや自分が生まれたいと思った訳でもない。親に頼んだ訳でもない。そうしたら、今生きている命が自分の命であるという証拠はどこにあるのでしょうか。

自分が生きていると思っているのですから、嬉しいことは自分が嬉しいと考える。悲しいとか、苦しいとか、辛いこと、腹が立つとか色々なことがあるのです。自分が生きていると思うから、こういうことが絶え間なくあるのです。

自分の命があると思っている人は、毎日、毎日罪を重ねているに決まっているのです。罪を造っているに決まっているのです。自分の思いどおりにならないからです。

自分の思いどおりにならないのは当たり前です。この世、大自然は自分のものではないからです。自分のものではない大自然の中で、自分の命を生きている者は、自分の思いどおりにならないのは当たり前です。

そういう人は毎日、毎日、腹の中で苦を造っているのです。苦を造り、罪を造るのです。恨みを造る、憎しみを造るのです。焼きもちを造るのです。そういう記憶が積もっていくのです。五十年生きている人は五十年の記憶、七十年生きている人は七十年の記憶が、その人の中に溜まっていくのです。これが皆様の霊魂の大きい負担になるのです。これが死んでから問題になるのです。

どうして裁かれるのか。どんな方法で裁かれるのか。宗教ではこのことがはっきり言えないのです。人間自身の記憶が人間自身の霊魂を裁くのです。

人間の生活の仕方と、自分の魂のあり方とが矛盾しているのです。自分の命と自分の生活が矛盾しているのです。自分が生きていると思っている。命は皆様のものではありません。天のものです。神のものです。

皆様は神のものを預かって生きている。これを自分が生きていると考えている。これが自我意識です。自我意識は最も恐ろしい悪魔です。自我意識という状態で、悪魔が一つずつ人間の腹の中に住んでいるのです。

自我意識が皆様に般若心経の勉強することを嫌わせているのです。本当の聖書の勉強をすることを嫌わせるのです。

命は自分のものだという得手勝手な考えは、天の命を奪い取っていることになるのです。天の命を盗んでいるのです。皆様は天から命を与えられて、八十年、九十年の間、その命を預かって生きているのです。

命は皆様のものではありません。そこで生きている間に、預かりものに気が付いて本当の命を本当に経験するようになれば、皆様は死なない者になるのです。

そうすると、皆様の記憶の内容が、がらっと変わってしまうのです。

命は自分のものではありません。お金を盗んだら刑務所へ行くのです。命を盗むことになると、もっと恐ろしいことになるのです。ただではすみません。皆様が命を盗んでいるのではない。この世の常識が皆様の中に働いていて、命を盗んでいるのです。

この世に生まれた人間は誰も彼も皆、この世の常識にまとい付かれて、自分が生きていると思い込まされているのです。自分が生きていると思い込まされてしまうのです。

皆様が悪いのではありません。皆様がこの世の常識の虜になっているのです。だから、この世の常識から逃げ出すことを考えればいいのです。そうしたら、死後の世界へ堂々と入っていけるのです。死なない命が分かるからです。

宗教を信じなければならないと思うのは、この世の人間の社会通念でありまして、人間は肉体的には死ぬに決まっているのです。肉体的に死ぬに決まっているものですから、本当は肉体的に生きている自分は、本当の自分ではないということが分かるはずです。潜在意識的に分かっているはずです。

命は自分のものではないということは、潜在意識が知っているのです。しかし、自分のものではないとしたら、誰のものか。天のものだとしても、天の命をなぜ自分が生きているのか。どのように生きていたら天の心に適うのか。これが分からないのです。

自分の命は自分のものではないということは分かりますけれど、自分のものではないとしたら誰のものか。どのように生きたらいいのか分からないのです。どうしても分からないから、神頼みになるのです。

人間は自分が生きているということについて確信が持てないのです。持てないから、何かを信じない訳にはいかないのです。何かに頼らない訳にはいかないのです。そこで、神に頼る、仏に頼るということになるのです。宗教をあさる結果になるのです。そこで間違えるのです。

今の人間は死ぬに決まっているのです。従って、本当の確信は誰もありません。白隠禅師も確信がなかったのです。だから、悟りを開かなければならないと考えたのです。白隠禅師の悟りはなかなか良い悟りです。「衆生は本来仏性なり」と言っています。これは白隠禅師だけではなくて道元も言っています。一休も言っています。

ところが、本来仏であるということが分からないのです。衆生本来仏なりと言えば、禅宗の仲間では通用しますけれど、これをアメリカへ行って言っても通用しないのです。これは日本人だけの宗教観念になるのです。

私たちは世界的にどこでも通用することを勉強しなければならないのです。いつでもどこでも、誰にでも分かることが必要です。これが平明な真理であって、宗教ではないというのはこういうことになるのです。

キリスト教でなければ分からないキリスト、禅宗でなければ分からない悟りは、三文の価値もないのです。教会だけで通用する信仰は、死んでからは通用しません。寺で通用する悟りは、死んでから通用しません。

皆様が現在生きている命を、そのまま掴まえたらいいのです。命をそのまま掴まえるのです。真実と命の勉強をしたらいいのです。

真実を掴まえるのです。自分が生きていると思っていますが、自分が生きているのではないのです。命を預かっているだけのことです。命を預かっているその責任を、どのように果したらいいのかということを考えれば、一切の苦労は全部消えてしまうのです。

病気もほとんど治るでしょう。その人にとって治らなくてもよい場合には、治らないこともあるのです。病気が治るのは当たり前です。

本当に心を開いて、自分の気持ちを開いて素直になれば、本当の命は必ず分かるものです。現に皆様は生きているのですから、それをよくよく見たらいいのです。

衆生本来仏なりと言っても、仏とは何であるか。これが仏教では分からないのです。衆生本来仏なりというのは、一般通念です。一般通念ではありますけれど、一人ひとりの心境が皆違うのですから、白隠の悟りは白隠以外には通用しません。

白隠の悟りは白隠の主観です。衆生本来仏なりという理屈は白隠にはいいとして、他の人には通用しないのです。だから、人の悟りを当てにしてもだめです。

現在皆様が生きているということは、とても尊い命を生きているのです。だから、人類共通の場が持てるような考え方をして頂ければいいのです。

天地の大自然には命があります。その命が人の命になっているのです。この命を掴まえたら、天地自然の命に同化してしまうのです。そこで、死なない命になるのです。イエスはこれを実行したのです。

イエスは死んで甦った。イエスは植物、動物、鉱物の世界を三日間で通ったのです。イエスは現在生きているのです。甦ったのですから生きているに決まっています。

やがて、イエスが地上にやって来ます。これをイエス・キリストの再臨と言います。これは大変な事実です。

イエスは再び来るのです。これをキリスト教でははっきり言わないのです。しかし本当です。イエスが来たら、世界の歴史は完全に変わります。

今の歴史は完全に行き詰っています。原子爆弾を廃止したらいいという、こんな簡単な問題が一向に解決できないのです。解決どころか、核兵器はどんどん拡散しているのです。

核兵器を廃絶すべきだという問題が、どうしても解決できないという、これほど今の人間は愚かになっているのです。

## 不信と不安の原因

お互いが他人を絶対に信用できないのです。世界の政治のリーダーが不信と不安でいっぱいです。お互いに信用できないから疑ってばかりしているのです。

命が分からないから、不信と不安になるのです。命が分からないから、まともな政治ができるはずがないのです。まともな政治ができないから、まともな経済政策もできないのです。

現在全世界の人間の中に、不信と不安が渦を巻いているのです。文明は完全に行き詰まっています。こんな文明が長続きするはずがないのです。

やがて、文明は自壊して自滅するでしょう。今世界の文明は大変な危機に直面しています。

何時どうなるか分からない危険な状態になっているのです。

ところが、全世界の人間は全くけろっとしているのです。無関心です。政治家が何とかしてくれると思っているのです。学者が何とか考えてくれると思っているのです。

学者は政治家に責任があると言います。政治家は学者に責任があると言います。政治家は自分を選挙で選んだ民衆に責任があると言います。一般民衆は総理大臣に責任があると言います。総理大臣は民衆に責任があると言います。

日本はこういう国柄です。社会柄です。世の中がこのようになっているのです。責任は誰が持つのでしょうか。誰も持たないのです。だから、皆様一人ひとりが命の責任を持つしかないのです。

皆様一人ひとりが、自分の命のことを真面目に考えるしかないのです。

イエスが死を破ったというのは、それだけの理由があるのです。死を破ったという理由があるのです。これを勉強すればいいのです。

難しくないのです。考え違いをやめたらいいのです。考え違いを切り替えたらいいのです。

人間どうしが信用できないのです。なぜ信用できないのか。自分の命がある。自分の命で生きていると思っているからです。

なぜお互いに信用できないのか。自分は自分の命で生きていると思っているからです。アメリカの大統領は自分の命で生きていると思っている。ロシアの大統領は自分の命で生きていると思っている。中国の国家主席も自分の命があると思っているのです。お互いに自分の命があると考えているのです。

自分の命はありません。命はたった一つしかないのです。宇宙には命が一つあるだけです。この命が人間、植物、動物に現われているのです。

大自然の原理が皆様に現われているのです。これが人間の理性の本質です。この理性の本質に目覚めて、自分の命が何であるかということが分かりさえすれば、死なない命を掴まえることは必ずできるのです。

イエスが死を破ったという事実があるのです。キリスト教はこのことをはっきり説明しないのです。お金にならないからです。宗教は商売です。お得意様を立ててお金を取ることが目的です。これは一つの営業ですから、そういうことになるのです。

自分の命があると思っている人は、毎日罪を造っているのです。人を憎んだり人を呪ったり、嘘を言ったり、ごまかしたり、いんちきをしているのです。

仏教には一寸座れば一寸の仏という言葉があります。一尺座れば一尺の仏です。これは道元禅師の言葉ですが、これになぞらえて言いますと、一日生きれば一日の地獄、一年生きれば一年の地獄となるのです。

人間が生きていれば必ず罪を造っているのです。命が自分のものであると考えていることが罪なのです。命は天のものであるに決っていますから、人間は天の命を盗んでいるのです。天の命を盗んでいながら、万物の霊長としての責任が果たせるのでしょうか。

そこで、般若心経の五蘊皆空が必要なのです。人間の考えは皆間違っているのです。五蘊とは人間の常識、知識の全てです。これが間違っていると言っているのです。このことに気付きさえすれば、皆様の本質が変わってしまうのです。命の実質が変わってしまいます。

そうしたら、天の命を生きることができるのです。死なない命がはっきり分かるのです。日本のキリスト教の伝道者に賀川豊彦という人がいました。キリスト教の伝道者でありましたが、キリストの命を経験していた人ではないのです。

賀川さんは神の国運動をしていました。人間の肉体の原理は原子である。原子は永遠に物理的輪廻をしているから、これがとこしえの命だと賀川さんは言っていました。

物理的に言えばそうなるのでしょう。しかし、とこしえの命を持っているとしたら、それをどのように理解したらいいのか。

肉体を形成している原子は宇宙の物理構造であるから、永遠に通用するという理屈が分かったところで、皆様は安心できるのでしょうか。

宗教家は自分自身の思想を証拠だてる意味で、そういうきわどい理屈を言って、反対のしようがない理屈を並べるのですが、これでは永遠の命を与えるとは言えないのです。

永遠の命というのは、現在私たちが持っている物理構造（肉体構造）だけではだめです。

現在の物理構造は、現在の地球がある間しか通用しません。賀川さんはこのことを知らなかったのです。

現在の人間の肉体の物理構造というのは、三次元の物理構造が存在している間だけ存在しているのです。

現在の物理構造は、非常にあやふやなものです。危ないものです。人間の力によって現在の物理構造を破壊することができるのです。世界に一万七千発の核爆弾があると言われていますから、これを一度に爆発させれば、世界を十回も破滅させることができるのです。これが原子爆弾、水素爆弾の威力です。

人間の頭だけで考えても、現在の物理構造を破壊できるのです。現在の物理構造はその程度のものです。これが本当の永遠の生命だと言えるのでしょうか。

## 復活のボディー

イエスが復活した時に、復活の体があったのです。復活したという以上は、ボディーがあったのです。イエスが復活したボディーというのは、皆様の現在の人間ではない、もう一つの肉体があったことを示しているのです。

現在の物理構造は非常に不完全な物理構造でありまして、弁証法的に申しますと、一つのテーゼです。これに対してアンチテーゼがあるのです。イエス・キリストの復活のボディーは、皆様の肉体に対する明確なアンチテーゼになるのです。

現在の物理はアウフヘーベンされなければならないのです。人間存在は揚棄さるべき存在です。イエス・キリストの復活の体というのは、今皆様が持っている肉体ではないのです。もっと完全な肉体でありまして、イエスは復活した体で弟子たちの前に現われて、「私は幽霊ではない。私の脇腹には槍で刺した穴があるから触ってみなさい」と言ったのです（ヨハネによる福音書20・24～27）。

そうして、焼き魚を食べたと書いているのです。イエスが焼き魚を食べたのは、体があったからです。幽霊なら食べないのです。ラゲ訳の聖書には、ぶどう酒も飲んだとあるのです。イエスは「私は幽霊ではない」とはっきり言っているのです。手で触ってみなさいと言っているのです。手で触れる幽霊はいません。

今現在の科学者が考えている物質は、非常に次元が低いものです。現在の次元でしか通用しないものです。

人間は学問を信じすぎています。学問によって振り回されているのです。現在の人間の学問はユダヤ人学者が発明したものばかりです。それを現在の大学で教えているのです。これが今の文明が腐っている根本原因です。

物理学は絶対ではありません。哲学も、政治学も、法律学も、経済学も絶対ではないのです。絶対的な完全な学問は世界にありません。

イエス・キリストが死を破ったということだけが、本当の命を保証しているのです。賀川さんは本当のキリストを知らなかったのです。宗教を信じていたからです。

素朴な気持ちが必要です。般若心経を写経している人は多いのですが、それを紙に書かないで心に書いてください。紙に書きながら自分の心に書くのです。そうしたら、写経の値打ちがあるのです。

色即是空、空即是色と自分の心に書くのです。内容が十分に分からなくても結構ですから、素朴に念じて書いてください。

この世の常識は非常に無責任なものです。皆様がこの世の常識を信頼しても、その責任は誰も持ちません。日本人は先祖代々常識で生きていたので、皆死んでしまいました。

現在の文明は、死んでしまった人間ばかりが造り上げたのです。文明は人々が本当のことを考えないように制限しているのです。

例えば、学問と宗教は違う。宗教を信じるのは自由だけれど、宗教は学問的な真理ではないというのです。学問という理屈で宗教を抑えようとするのです。

もっとも宗教は間違っています。しかし、イエス・キリストが死を破ったということは、歴史的事実です。歴史的事実であるからこそ、今年はキリスト紀元二〇一五年であるというのです。

もしこれが宗教であるなら、二〇一五年という必要はないのです。

西暦紀元というのはキリスト紀元です。キリスト紀元というのは、イエスが死を破ったことによって、人間は死ぬべきものではないことが歴史的に証明されたので、新しい暦年算定の基礎になったのです。

こういう事実があるのです。だから本当のことを言いますと、イエス・キリストの復活は学問の対象にしなければならないのです。学問の中心的なテーマにしなければならないのです。

復活が学問の中心的なテーマになれば、人間が死なないものであることが世界全体に明らかになるのですが、これを妨害しているのがユダヤ人です。

ユダヤ人がイエス・キリストの復活を信じることになりますと、彼ら自身の宗教観念が叩き壊されてしまうので、どうしても復活を信じようとしないのです。

自分たちが信じないだけならいいのですが、彼らは学理学説の名において、全世界に自分たちの常識を理論づけて流しているのです。

## ノーベル賞

世界全体の学理的原理はほとんどユダヤ主義です。ノーベル賞をもらうと、日本の学者は非常に喜んでいるのです。学者だけでなく、政治家も、小説家も非常に喜ぶのです。

ノーベルはダイナマイトを発明したユダヤ人です。ユダヤ人に褒美をもらってなぜ嬉しいのでしょうか。現在の世界文明全体が、ユダヤ人によって握られているのです。これは知る人ぞ知るでありまして、現在の世界の政治は何であるのか。経済の内容は何であるのか。思想の内容は誰によって造られて、誰によって引きずり回されているのか。

現在の歴史の流れは謎です。私はその欠点がはっきり分かっていますから、現在の日本人はとんでもないものを無用に信じ込んでいると言わなければならないのです。これははっきり断言できるのです。

文明は間違っているのです。人間が死んでいくことを認めているからです。人間が死んでいくことを認めている文明は、人間のためになるものではないのです。

文明は生活のためにはなりますが、命のためにはならないのです。今の日本人は生活のことには一生懸命です。命のことを考えていないのです。生活のことだけしか考えていないのです。

文明が間違っていると言っても、反対する人がいません。反対できないのです。生活のことは考えるが、命のことは考えないというのはどういうことでしょうか。

このように、日本人には日本人の宗教観念がこびり付いているのです。本当の命のことがこの世によって考えられないように仕向けられているのです。

この世によって考えられて皆様の魂は、しっかり掴まえられているのです。これを叩き破りたいのです。

宗教観念、現代の文明意識が間違っているのです。ユダヤ主義の文明が間違っているのです。

学問が間違っているのではありませんが、学問は単なる生活の知恵です。現世の生活という観点からだけ考えますと、科学は役に立つのです。哲学も、政治、経済学も役に立つのです。永遠の命という点から考えますと、全く役に立たないのです。

皆様には死んでからの世界があるのです。また、生まれるまでの世界があったのです。生まれるまでの世界があって、皆様はこの世に生まれて来たのです。生まれて来た。死んで行くと言います。生まれて来たのはどこかから来たのです。死んで行くのはどこかへ行くのです。現世だけが人生ではないのです。現世だけの命ではないのです。生まれる前に命があったのです。これが現在の人生の原因です。原因があったから、現在の人生があるのです。今生きていることがあるということは、やがて死んでいくことがあるに決まっているのです。

過去、現在、未来という三つの世代を知る必要があるのです。聖書をよく勉強したら、これがよく分かるのです。

宗教はこういうことをはっきり言いません。はっきり言ったらお金にならないからです。だから言わないのです。

人間の命は今日あって、明日なき命です。千利休が一期一会と言ったように、今日生きていることは明日生きていることを意味しないのです。だから、生活のことよりも、命のことを重大なものとして考えて頂きたいのです。

## 7. 色即是空と空即是色

人間は自分の生活のことには非常に熱心に考えていますけれど、肝心の命のことについては全然考えようとしないという悪い状態になっているのです。

従って、何のために生きているのかよく分からないのです。皆様は三十年、四十年、長い人は七十年、八十年とこの世で暮らしていますが、何をしていたのでしょうか。何のために生きていたのでしょうか。これをよく考えて頂きたいのです。

皆様は今のままで生きていたら、ただ死ぬだけです。日本人の世間並の生き方をしていたら、死ぬだけのことです。これを般若心経はずばりと言い切っているのです。

五蘊皆空、色即是空という考え方は、現在生きている人間の状態は、全くむなしいものだと言っているのです。般若心経に言われるまでもなく、皆様の今までの人生を振り返ってみて、一体何をしていたのでしょうか。

仕事をしてきたとか、子供を育ててきたということは言えるでしょう。それは現世に生きるためのお勤めです。現世に生きるためのお勤めはしていたでしょう。しかし、現世に生きるためのお勤めというのは、本当の命のためには何のプラスにもならないのです。

こういうことを現在の日本人は、ほとんどまともに考えようとしないのです。

宗教を信じている人はたくさんいます。宗教はこの世に生きている間しか役に立ちません。

この世に生きている間は寺がありますし、教会もあります。また、宗教の友達もいるでしょう。こういうものはこの世にいる間は役に立つような気がするのです。

この世を去ってしまいますと、何の役にも立たないのです。死んでから極楽へ行くとか、天国へ行くと言いますけれど、これは全くの嘘です。

死んでからというのは非常にあやふやな言い方でありまして、仮に死んでから天国へ行けなかったらどうするのでしょうか。現世にはキリスト教の教会がありますから、牧師さんや神父さんに文句が言えるのですが、この世を去ってしまいますと、教会がなくなるのです。牧師さんや神父さんを掴まえて、文句を言うことができなくなるのです。

死んでしまいますと、聖書がない世界へ行くのです。お経がない世界へ行くのです。寺や教会がある所では、宗教は役に立ちますけれど、寺や教会がない所へ行ってしまいますと、宗教は何の役にも立ちません。こういうことはじっくり考えたら分かることです。

人間はこの世に生きるために生まれてきたのではないのです。この世では一人前に生きていましたが、人間の本性は魂でありまして、魂のことを真面目に考えていない人は、この世を去ってしまいますと、ひどいことになるのです。

人間として考えることを考えないで、うかうかと七十年、八十年の人生を送ってしまったことになるのですから、その責任を必ず取らされることになるのです。

皆様は理性と良心を持って生きています。理性や良心を持って生きるということは、魂ということになるのです。

ところが、皆様の理性や良心が、本当に捉えるべきものを捉えていないのです。皆様の理性は無限の真理、最高の真理、本当の真実を求めてやまないのです。

皆様の良心は最高の善、本当の善を求めているのです。ところが、現在の日本人は真実が分からないのです。だから、理性や良心がある生活をしていながら、生活の目的の本当の意味が全く分かっていないのです。

だから、皆様の今までの人生は全くむなしいものだったのです。

この世に生きている人間は死なねばならないに決まっています。従って、この世でいくら幸福であると考えても、自分が満足した生活をしていても、結局は死なねばならないことになるのです。

皆様の魂が本当のことを知っているか知っていないかで、勝負が決まるのです。

人間は生活するために生まれてきたのではありません。この世で生活していても、やがて死なねばならないに決まっているのです。ただこの世で生活するために生きているという人は、死ぬために生きているということになるのです。

こういうことを真面目に考えることは、宗教ではないのです。宗教というものは死んでから天国へ行く、死んでから極楽へ行くと言うのです。死んでから、死んでからと言うのです。

死んでからという約束は当てにはなりません。死んでからは寺もない教会もないのですから、文句を言う所がないのです。

宗教は現世でしか役に立ちません。宗教は魂の役に立たないのです。魂とはどういうことかということさえも、現在の宗教は分からないのです。だから、魂のことを説明してくれないのです。

般若心経は現世に人間が生きていることがむなしいものだと言っているのです。般若波羅蜜多というのは、彼岸に渡る上智をいうのです。彼岸というのは、人間が生きている世界(此岸)の向こう側です。

向こう岸(彼岸)というのは現世ではない本当の世界です。魂が生きるべき永遠の世界です。これが彼岸です。

## 彼岸へ渡る上智

向こう岸、本当の世界へ渡る上智を持って頂きたいのです。上智というのは、常識ではない本当の知恵です。命の実体を知ることができる知恵です。

仏教では上智のことを阿頼耶識《あらやしき》と言っています。阿頼耶識という理屈はありますが、本当の阿頼耶識を持っているお坊さんはいないのです。

彼岸へ渡る上智、本当に死なない国に渡る上智を持って、本当の国へ行ってしまうことが、般若波羅蜜多です。

般若心経を読んでいる人はたくさんいますけれど、本当の意味が分かっている人はめったにいないのです。写経している人もたくさんいますが、肝心の意味が分かっている人はめったにいないのです。

また、理屈が分かっていても、色即是空を本当に生活しているお坊さんは日本には一人もいないのです。これが宗教というものです。

本当に色即是空、五蘊皆空が分かって生活することになりますと、今日の日本の伽藍仏教は成立しなくなるはずです。

色即是空、五蘊皆空は、現在の日本の仏教のあり方を否定しているのです。般若心経は仏教も否定しているのです。

般若心経は仏法です。仏法は悟ることです。仏陀とは正しい悟りのことですが、本当の命を悟ることをいうのです。

本当の命を悟りますと、現在人間が生きていることが空であることになるのです。こうなるに決まっています。現在生きている人間は死ぬに決まっています。死ぬに決まっている人間のあり方は空に決まっているのです。

こんなことは般若心経を読まなくても分かるのです。冷静に考えますと、現在生きている人間は必ず死ななければならない肉体で生きているのです。必ず死ななければならないということは、空であるということになるのです。

人間は何のために生きているのか。生活のために生きているのではなくて、自分自身の命の実質、実体を見極めるためです。これが人間の目的です。

人間の目的は命の実質を見極めることです。命の実質を見極めますと、死なない命が分かるのです。

本当の命は死ぬものではありません。死なない命が本当の命です。これを見つけるために、現世に生まれてきたのです。この命を見つけると、魂が死なないものであることが分かるのです。

般若心経は死なない命の説明はしていません。現在生きている人間が、空だということを言っているのです。死なない命のことは、聖書を勉強するしかないのです。

聖書はキリスト教の書物ではありません。キリスト教は間違っているのです。キリスト教は宗教の中で最も悪いものです。イエス・キリストの名によって、イエス・キリストに反抗しているからです。

般若心経も聖書も、宗教の書物ではありません。般若心経を仏教で、聖書をキリスト教で扱っている。その扱い方が間違っているのです。

般若心経が悪いのではありません。般若心経を仏教の経典として扱っていることが悪いのです。この扱い方が間違っているのです。

宗教としての般若心経や聖書をいくら勉強しても本当の命は分かりません。死なない命を掴まえることです。これが人生の目的です。この世に出てきた魂は、死なない命を見つけなければならない責任があるのです。

死なない命とはどういうものか。これを勉強しなければならないのです。

現在の日本人のような不真面目な生き方をしていますと、死んでしまうに決まっています。せっかく苦労してこの世に生きていたのですが、それが何の役にも立たないのです。それが風のようなものになってしまうのです。埃のようなものになってしまうのです。

大体、文明が間違っているのです。現代文明が間違っているのです。学校では知能の啓発ばかりに一生懸命になっている。本当の情緒、人間の真心がめちゃくちゃになってしまったのです。学問の方向が間違っていたために、命を全然考えない人間ばかりになってしまったのです。命を全然考えない学問が人類を支配しているために、現在の人間の真心というものがめちゃくちゃにされてしまったのです。このことを皆様にご忠告申し上げているのです。

現在の世間並の宗教は、現在社会に生きている人間に、ご利益を与えることを目的にしているのです。

ところが、般若心経は五蘊皆空、色即是空、究竟涅槃と言っています。究竟涅槃というのは現在生きている人間が消えてしまう状態を指しているのです。

現在生きている人間の状態を言いますと、蝋燭に火がついている状態になっているのです。命の灯火は蝋燭の火のようなものだと、譬えて言いますと一番分かりやすいのです。

皆様の命はいつ消えるか分からないのです。一陣の風によって、蝋燭の火が消えてしまうかもしれない。この状態が皆様の命のあり方です。

涅槃というのは、冷えて、消えて、なくなってしまうことです。これがニルバーナーです。これが涅槃になるのです。

般若心経は涅槃を究竟する、突き止める、または見極めることを目的にしているのです。

色即是空というのは、目に見えているものは空であると言っているのです。目に見えているものは確かにあるように見えますが、空である、本当は存在していないのだと言っているのです。これが般若心経の中心になっているのです。

五蘊というのは人間の常識、知識、学問を指しているのです。そういうものをひっくるめて、五蘊と言っているのです。これが空だと言っているのです。間違っていると言っているのです。

そうすると、般若心経を宗教として用いることが間違っているのです。宗教はこの世の人間に幸せを与えること、ご利益を与えることを目的にしているのです。ご利益と一口に言いましても、有形、無形の色々なものがあるのですが、これを与えるのがこの世の宗教です。

ところが、般若心経はこの世の人間が消えてしまうことを理想としているのです。これが究竟涅槃です。

この世に生きている人間が消えてしまいますとどうなるのか。この世に生きている人間は死ぬに決まっている人間です。死ぬに決まっている人間が消えてしまいますと、死なない人間だけが残るのです。これが般若心経の本当のご利益です。これが分からないのです。

宗教は般若心経を用いていますけれど、般若心経の本当の意味が全く理解されていないのです。

般若心経は釈尊の悟りを最も簡潔、闡明に要約したものです。釈尊は現世の宗教を否定した人です。五蘊皆空と言い、色即是空と言いました。宗教は五蘊の中に入るのです。学問も常識も五蘊に入るのです。そういうものが空だと言っているのです。

生きている人間の状態が空だと言っているのです。今生きている人間は、死んでしまうに決まっているのです。これが消えてしまいますと、死なない人間が分かるのです。死なない自分の本当の姿が分かるのです。釈尊はこれを掴まえたのです。

釈尊が本当の悟りを開いた状態は、宗教的なものではなかったのです。ですから、般若心経は宗教的なものではないのです。この世に生きている人間が幸せになるためのものではなくて、逆にこの世に生きている人間が消えてしまうことを言っているのです。

この世に生きている人間が消えてしまうことによって、死なない自分がはっきり自分に会得できることを言っているのです。宗教での言い分と、般若心経の言い分とは、天と地の相違になってくるのです。

だから、般若心経を宗教のテキストとして学んでいますと、般若心経の真意が全く分かりません。いくら読んでも分からないのです。

不生不滅、不垢不浄というのは、生きていないから死ぬこともない。不増不減、増えもせず減りもしない。不垢不浄、きたないこともないし、きれいということもないとあるのです。何を書いているのかと言いたくなるような文句が並んでいるのです。

皆様の中には般若心経を写経された方があるでしょう。般若心経を写してみても、何のことかさっぱり分からないということになるのです。

般若心経が取り上げている人間と、世間の宗教が取り上げている人間とは全く違うのです。般若心経が取り上げているような本当の涅槃という人格が、実は皆様の潜在意識の中にあるのです。それが潜在意識としてあるのです。

日頃皆様が常識的に生活している場合には、潜在意識としての人格ではなくて、表面上の人格によって生きているのです。表面上の自分という人格と、本当の腹の底で考えている自分と、二人の人格があるのです。

このことをよくお考え頂ければ、宗教ではないと私が言っている意味が分かって頂けるはずです。宗教というのは世間並に生きている上っ面の人間にご利益があるような考え方をしているのです。

ところが、皆様の本心は、世間並の人間が幸せになったところで満足しないのです。死ぬに決まっているのですから満足できないのです。世間並の人間は必ず死にます。こんな者が幸いになってみたところで、しょうがないのです。

宗教ではその宗教を信じたら、死んでから天国へ行く、極楽へ行くと言います。その宗教は非常に無責任です。死んでからということは、この世を去ってからという意味です。この世には寺も教会もありますが、死んでからは寺も教会もないのです。

**生命保険**

死んだら本人はもういないのですから、天国も地獄も行くことがないのです。これは生命保険と同じです。ある家庭の主人が生命保険に入ります。死んだら五千万円のお金がもらえる保険に入るとします。その人が死んだら、五千万円の死亡保険金が出ますが、そのお金を本人が受け取ることはできません。本人は死んでいないのですから、奥さんか子供が受け取ることになるのです。

死亡保険金は本人は絶対に受け取れません。本人は死んでもういないのですから。同じように死んだら天国へ行ける、極楽へ行けると言われても、本人は死んでもういないのですから、行けるはずがないのです。

一切の宗教観念は、死んでからは通用しないのです。通用する訳がないのです。

そこで生きているうちに、究竟涅槃を実行することを釈尊が勧めているのです。消えてしまうということは、肉体的に死んでしまうことではありません。人間の思いが消えてしまうのです。

皆様は自分が生きている、自分が生きていると考えています。これが間違っているのです。自分が生きているという事実はないのです。皆様は自分で生まれたいと考えたことはないでしょう。知らない間に生まれてきたのです。気が付いたらある家庭の中にいた。そういう人間なのです。

自分で生まれたいと思わないのに、生まれるべく余儀なくされたのです。自分の意志で生まれてきたのではないのです。ところが、現在の皆様は自分の気持ちで生きているのです。

自分の意志で生まれたのではないのなら、自分の意志で生きていることが間違っているのです。自分をこの世へ送り出してくれたものが何なのか。これを勉強することが本当の命を見つけるための一番早い方法です。

このために般若心経は第一に役に立つのです。この世に生きていることが空だと言っているのです。これを皆様が承知しますと、今まで皆様が何十年間、この世に生きていたことが空だということが分かるのです。

悟るというのはこれしかないのです。悟るとは何を悟るのか。人間が空であることを悟る以外に悟るべきものは何もありません。釈尊はそれを悟ったのです。

皆様は本心では死にたくないと考えています。自分が生まれたいと思って生まれたのではないこともよくご承知です。非常に英邁な上智が皆様の中にあるのです。生まれながらの皆様には、普通の常識ではない、上等の知恵があるのです。

ところが、皆様は常識でなければ生きていけないと考えているから、潜在意識としての先天的な上智を忘れてしまっているのです。

常識でなければ生活できないように考えさせられてしまっているのです。これが錯覚です。文明社会に生きていますと、人間は錯覚の虜になってしまうのです。世間並の考えが当たり前のように考え込まされてしまうからです。

皆様がそう考えたいと思っているのではありませんけれど、世間の習わしによって、皆様の頭の働き具合は、世間並の状態に押し曲げられてしまっているのです。洗脳されているのです。文明の世界観によって、皆様の頭は強引に曲げられているのです。

学問とか伝統、宗教によって、皆様の考えが世間並に曲げられてしまっているのです。学問はこの世に生きている人間の常識の一部であって、本当の知恵ではないのです。

科学は一つのアイデアです。人間が生活するためのアイデアであって、本当の知恵ではないのです。皆様が求めるべき本当の知恵は、命の知恵です。上智です。般若波羅蜜多であるはずです。

例えば、雲の流れを見て、明日は雨が降るかもしれないと思われます。または天気になるということは、大体分かるのです。天候、気候を見分けることができるということは、すばらしい英知です。これが上智です。

般若波羅蜜多の上智は難しいものではないのです。天候、気候を見分けること、人の顔を見て、あの人は体の状態が良くないらしいと思うのです。その人の気持ちが大体推測できるのです。これが上智です。

この世の中はどうも間違っている。今の文明は間違っていると思うことが上智です。天候、気候を見分ける力は、生まれながらの人間の上智であって、これがある人は永遠の命を掴まえることができるのです。

天候や気候は誰でも分かるはずです。測候所の役人でなくても分かるのです。そのように、人間は自然現象を見分ける能力があるのです。

自然現象を見分けることは、神を認識する能力があるということです。神の実物、命の実物を見つけることができるのです。

死なない命とは神のことです。皆様の心臓が動いていることが死なない命です。これが分かれば、皆様は死ななければならないというばかばかしい考え方から逃れることができるのです。

そのためにどうしても必要なものは、宗教ではない般若心経と宗教ではない聖書です。般若心経は現世に生きている人間が虚しい、知識、常識で生きている人間が空であると言っているのです。

現世に生きている人間は死ぬに決まっているのです。死ぬに決まっている人間は虚しいのです。般若心経で言わなくても、現世に生きている人間は、やがて消えてしまわなければならないに決まっているのです。

肉体的に生きている人間が虚しいものだということが分かりさえすれば、色即是空は体得できるのです。そうしたら、皆様の思いが変わるのです。今までの人生の見方ではないもう一つの見方が分かってくるのです。

皆様は死にたくないとお考えになっています。これが皆様の本音です。社会的に生きている自分の気持ちを捨てて、釈尊と同じ見方で見ることができる人間になるのです。

命というのは皆様の思いです。皆様の思いが皆様の命になって現われているのです。世間並の思いを持っている人は、必ず世間並の命になって死んでしまうことになるのです。

釈尊やイエスの思いに同調できますと、死ななくなるのです。般若心経や聖書を宗教として学んでいますと、その値打ちが分からないのです。

## 釈尊もイエスも宗教を徹底的に攻撃した

釈尊は宗教を否定しました。イエスは宗教を非常に強く否定したのです。宗教を徹底的に攻撃したために、宗教家に殺されたのです。宗教を否定し、宗教家に殺された人の本当の気持ちが分かりますと、皆様は死なない命が理解できるようになるのです。

そうすると、初めて宗教ではないということが分かるのです。私が言っていることが実は本当の宗教かもしれないのです。そう言った方が分かりやすいかもしれないのです。

宗教ではないというのは、世間並の宗教ではないという意味です。本当の宗教は魂を扱わなければならないのです。

人間の本質は魂です。魂と神との係わりを教えるのが本当の宗教です。これを私は申し上げているのです。この世の宗教ではない、本当の般若心経の見方、本当の聖書の見方を提唱しているのです。

人間の命は死なないのが当たり前です。霊魂の本当の意味が分かれば、死ぬはずがないのです。霊魂は不滅です。だから、霊魂を見つけたらいいのです。釈尊はこれを見つけた。イエスはこれを最初から知っていた。これだけのことなのです。

世間並の宗教にこだわることを、皆様がやめさえすれば、本当の般若心経や聖書の意味が分かるのです。

般若心経は世間並の人間の考えが間違っていると言っているのです。聖書は死なない命を皆様に提供することを目的としているのです。

イエスは死を破ったのです。日曜日はイエスが死を破った記念日です。死を破ったという事実は歴史的事実です。

釈尊の空と、イエスの復活の命しか本当に信用できるものはありません。この二つは人間歴史の中で絶対に信用ができるのです。私はこれを述べているのです。

釈尊は人間の考えが空であると言いました。イエスは死を破ったのです。この二つのことだけは、六千年の人間歴史の中ではっきり信用できるのです。これ以外のことは誰が何と言おうと信用できるものではないのです。

西洋と東洋とがあって、文化、考え方が全く違うと考えられていますが、これは本来的には一つのものでなければならないのです。二通りの人間がいる訳ではありません。日本人とアフリカ人とが自由に結婚ができるのです。言葉も翻訳すれば自由に通じるのです。

人間の五官の働きは万人に共通するものです。かつて、私は世界一周旅行を二回しました。アジア、ヨーロッパ、アフリカ、北米、南米、中南米の多くの国を回って、たくさんの人々と話してきました。五官の働きは、世界中どこの国のどこの民族も全く同じだということを痛感しました。人間の五官は万人共通のものです。

命というものは万人共通のものです。命は一つしかないということをまずお考え頂きたいのです。般若心経と聖書は宗教概念から考えますと、全く違ったもののように思えます。これは文明の概念です。近世文明の概念によれば、全く違ったもののように思えます。

本来、空というのは世界全体に向かっているものでありまして、もし釈尊の思想が世界中の人間に妥当するという強い思想でなかったのなら、釈尊は真理を悟ったことにはならないのです。

イエスの復活もそのとおりです。もしイエスの復活が全人類の生命原理ではないとしたら、イエスの復活は私たちとは何の関係もないのです。

しかし、今年は二〇一五年ですが、キリスト紀元が日本で通用しているのです。日曜日は日本でも通用しているのです。

文明の世界観と人間が生きている事実とは、必ずしも一つではないのです。命は本来一つです。文明的な世界観が間違っているのです。だから命は一つということが本当のことだと考えられるのです。

大乗仏教には魂という言葉がないのです。霊魂という言葉はありません。霊魂というようなことをいうお坊さんがいますけれど、仏典には霊魂という言葉が書かれていないのです。

般若心経は何を説いているのかと言いますと、現在生きている人間が空であると言っているのです。空であると悟ることによって、涅槃の境地を捉えることができると言っているのです。現在生きている人間の気持ちが空であることを悟れと、しきりに強調しているのです。これが仏です。仏とは何かと言いますと、今生きている人間の気持ちは色々と錯綜しているのです。

「仏とは誰が言いにけん白玉の　糸のもつれのほとくなりけり」という道歌があります。白玉の糸のもつれというのは、人間の考え方が色々と混線、混交しているので、この状態をほどいて人間の気持ちに筋道をつけるというのがほとけるということです。

真理を知ること、本当の状態を知ることが仏でありまして、サンスクリットのブッダという言葉は、正覚者を意味する言葉です。

仏とはそういうことでありまして、今生きている人間の気持ちをほとくことです。般若心経はこれをしているのです。従って、魂とはどういうものかについては言及していないのです。現在の人間の迷いを指摘しているのです。「直指人心　具性成仏」とはこれを言っているのです。人の心の迷いをはっきり指摘しているのです。

これが般若心経の目的であって、永遠の生命については一言も述べていません。従って、般若心経だけでは死後の世界が分からないのです。永遠の命が分からないのです。

死んだら人間の命はどうなるのか。死んでいくと言いますが、死んでどこかへ行くのです。生まれてきたと言います。どこかから来た者がどこかへ行くのです。皆様の命は過去世と現世と未来世を貫いてあるのである。

皆様の命は生まれる前からあったのです。だから、生まれたての赤ちゃんがお乳の味を知っているのです。生まれる前の五官の働きが皆様に宿っているのです。舌に宿っているのです。生まれる前の命が今皆様に継続しているのです。

やがて、死んでいくことになりますと、命がどこかへ行くのです。過去世、現世、未来世の命の全体を捉えるのです。これが人生に対する全体的な捉え方になるのです。このことは聖書を見なければ分からないのです。

聖書はこれをはっきり示しているのです。そこで、般若心経によって、まず現在の間違いを訂正させること、そして、聖書によって宇宙と人間の魂がどうなっているのかということを学ぶのです。この二つがどうしても必要になるのです。

聖書は普通の人間が考えても信じられるものではないのです。聖書の文章は簡単ですから、誰でも読むことができます。しかし、意味がさっぱり分からないのです。

「心の貧しい人たちは、さいわいである。天国は彼らのものである」とイエスが言っています（マタイによる福音書5・3）。心が貧しいものは天国を持っているとはどういうことなのか。この文章は小学生でも読めるでしょう。しかし、意味が分からないのです。常識を解脱しなければ分からないのです。

常識を捨ててしまいますと、心が貧しいということが分かってくるのです。これがキリスト教ではできないのです。神の御名を崇めるという言葉がありますが、神の御名とは何か。これが分からないのです。このことをキリスト教では教えてくれないのです。

キリスト教では神は救い主だと言います。救い主とはどういうことなのか。現在の皆様の命と救い主とが、どのような関係があるのかと言いますと、分からないのです。具体的にはっきり教えてくれないのです。漠然とした言い方しかしてくれないのです。

キリスト教では黙って神様を信じなさいと言います。神とは何かを質問すべきではなくて、信じるべきものであるというのです。ただ信じますと言っておけばいいのだというのです。分からないことを分かったような顔をするのですから、偽善者になるのです。偽善者はイエスが非常に嫌った人格です。

分からないのなら分からないと言うべきです。分からないのものを分かったような顔をして信じますと言っているのです。これがいけないのです。

ユダヤ教もそのとおりです。ユダヤ人の祖先のアブラハムが神から約束を与えられていながら、約束の本当の意味がユダヤ人に分かっていないのです。

キリスト教も同様です。新約と言いますが、新約の本当の意味が分かっていないのです。キリストとはどういうことなのか。贖い主だということくらいは分かりますが、贖いとはどういうことなのか、どうして人間の罪がなくなってしまうのか。このことをはっきりキリスト教は教えないのです。

キリスト教へ五年行っても、十年行っても、罪がなくなるということが分からないのです。すべて宗教的に考えますと、安易な考えになってしまうのです。

そこで、私たちは人間の考えは空であるという釈尊の考えをしっかり踏まえて、自分の気持ちを捨ててしまって、聖書を見るという態度にならなかったら、本当のことは分かりません。

イエスは、「自分を捨てて、自分の十字架を負って、私に従ってきなさい」と言っています（マタイによる福音書16・24）。自分を捨てなさいと言っているのです。これは究竟涅槃と同じことです。究竟涅槃の気持ちがなければ、聖書を信じることはできないのです。

## 天候、気候を弁える

人間が天候を弁えるというのは、持って生まれた上智によるのです。天候、気候を弁えるというのは、子供が成長する段階において、親が子供に教えるから分かるのです。

天候、気候とは何かと言いますと、天の命の動きの姿が天候になって現われているのです。森羅万象の姿、例えば、色々な花が咲きますが、花が咲いているということは、地球の命がそのまま発露しているのです。

花を見たらきれいだと思います。なぜきれいだと思うのかと言いますと、命の美しさが皆様の命の本性に訴えているからです。だから美しいと思うのです。

人間の五官の働きの本質、目の働き、耳の働き、舌の働きは皆様の生まれながらの命がそのまま発露しているのです。

天候、気候を弁えることは、花の美しさを弁えるのと同じ意味になるのです。天地万物のあり方を弁えるということは、人間の上智の基本的な能力を指すのでありまして、これが魂の先天性です。

花を見て美しいというのは、生まれながらの気持ちです。人から教えられたものではないのです。天地のあり方は天地の命のことです。天地の命を弁えるということは、人間の命に与えられている非常にすばらしい能力です。

天地のあり方を弁えることができるというのは、神の命、死なない命を弁えることができるという無限の可能性を示しているのです。

天地万物のあり方を弁えるということは、人間にだけしかできません。人間の魂は生まれながらにして、神と同質のすばらしい能力を与えられているのです。

皆様が常識を捨ててしまえば、神と同質の大変な悟りを得ることができるのです。例えば、釈尊の悟りがその一つです。イエスの復活がその一つです。皆様はイエスと同じような自己完成を目指すことができるのです。

キリスト教関係の長年聖書に親しんできた方は、般若心経を勉強することに違和感を持たれるでしょう。聖書だけでいいのではないか。なぜ般若心経と聖書の両方の勉強が必要かと疑問を持たれるでしょう。

世間並に生きている人間の気持ちのままで、神を信じることができるかどうかということについて、キリスト教ではそれができるように言うのです。ところができないのです。

肉体的に生きているという気持ちで神を信じようとしているから分からないのです。聖書に、「すべての人は罪を犯したために、神の栄光を受けられなくなった」とあります(ローマ人への手紙3・23)。人間はすべて原罪動物であって、原罪動物のままの人間は、十字架によって死んでしまわなかったらだめなのです。パウロはこういうことをはっきり言っているのです。

肉体的に生きている人間を認めるという思想は聖書的に言いますと、肉の思いになるのです。「肉の思いは死である」とパウロが言っています。「霊の思いは命であり、平安である」と言っています。

霊の思いというのは、肉体的に生きている自分の気持ちを捨ててしまわなければ分からないのです。キリスト教でも霊の思いを知っている牧師はいないでしょう。だから、霊の思いで生きることができないのです。

霊の思いという言葉は知っていますけれど、本当に肉体が存在しないと言える人がいないのです。キリスト教の人々は霊の思いというのは霊的な思想で考えることだと思っているのです。霊的な思想とはどういうことかと言いますと、キリスト教的な観念のことを言っているのです。

キリスト教の観念は人間は救われるという考えです。自分が救われたいと思う気持ちです。自分が救われたいという気持ちが先になりますと、その思いは肉の思いになってしまうのです。

イエスは、「自分の命を救おうと思う者はそれを失う」と言っています（マタイによる福音書17・25）。また、他の箇所で、「自分の命を愛する者はそれを失い、この世で自分の命を憎む者は、それを保って永遠の命に至るであろう」と言っています（ヨハネによる福音書12・25）。

キリスト教の信者は、自分が救われたいと思うから教会へ行くのです。これは大変な間違いです。これがキリスト教の致命的な欠点です。自分が救われたいと思わなければ、誰も教会へ行かないのです。ところが、自分が救われたいと考えて教会へ行けば、命を失うとイエスが言うのです。そこで、イエスが躓きの石になるのです。

ナザレのイエスが躓きの石になるのです。ここが難しいのです。そこで、般若心経の色即是空、五蘊皆空、究竟涅槃が必要になるのです。般若心経を土台にして説明しますと、悔い改めて福音を信じるということが、どういうことかが分かるのです。

悔い改めるというのは、親不孝をしたことを謝ったり、人に嘘を言ったことを謝ったり、人を憎んだことを謝ることだとキリスト教で言います。悔い改めるというのはそんな小さなことではないのです。

物の考え方の根底をひっくり返すのです。パウロは、「心を更えて新にせよ」と言っています(ローマ人への手紙12・2)。これは別の人間になってしまえというのが、原語の意味です。

心を更えるのです。心の持ち方を全部やり直せと言っているのです。これを実行するためには、般若心経の色即是空、五蘊皆空が日本人には一番手っ取り早いのです。パウロは「ギリシャ人にはギリシャ人のように、ヘブル人にはヘブル人のように福音を説け」と言っています。日本人には日本人のように福音を説く必要があるのです。

日本人に福音を説こうと思ったら、般若心経を活用するのが一番良いのです。般若心経が一番重要視されているのは日本です。日本人以外ではほとんど般若心経を相手にしていません。日本人は奇妙なことに般若心経を大切にしているのです。

そこで、日本人に福音を説くためには般若心経を活用するのが、一番良いのです。私はそのように考えているのです。日本神道には色即是空という思想がありません。だから、般若心経を用いて説明するのが一番良いのです。

**日本人の使命**

東西文化を一つにまとめるということが、これからの日本人の使命であると思うのです。白人文明は完全に行き詰っています。だから、白人の指導者はしどろもどろで、どうしていいか分からない状態です。

神は日本という国と民族に対して非常に良い条件を与えているのであって、日本人が聖書に対する新しい見方、人生に対する新しい見方を示すべきです。死なない命を見つけるための新しい世界観の創建は、日本から提供されるべきだと思うのです。

その意味では般若心経が大きい役割を演ずることになると思います。般若心経の空ということを、イエスを信じるための足台にすると非常に良く分かるのです。神を信じるということは、自分を信じないことです。

肉体的に生きている自分を信じないことです。こういう思い切った考えを持たなければ、本当に神を信じることはできません。

神を信じるということを米国標準訳の聖書では、believe in God. と書いています（ヨハネによる福音書14・1）。神において信じることなのです。神において見るのです。神において見ようとしたら、自分の気持ちを捨ててしまわなければできないのです。だから、般若心経の色即是空や究竟涅槃が一番手っ取り早いのです。

現在の有名な評論家、大学の教授と言われる先生は、文明の世界観に合わせるようなことをいうに決まっているのです。名前が売れている先生は必ず現世的なことをいうのです。

私は良いことは良い、悪いことは悪いとはっきり言います。これは私自身が利害得失を考えていないからです。この世で有名な先生であれば、自分自身の立場を考えない訳にはいかないのです。

現在の学問は人間が死ぬということを前提にして成立しているのです。もしイエス・キリストの復活が本当に分かったのなら、現在の学問の根底が崩壊するのです。学者はこれが恐いのです。復活を学の対象として絶対に取り上げないのです。

イエス・キリストの復活が分かったら、学問だけではなくて、文明の根底がひっくり返るのです。

文明は錯覚の塊です。人間の常識の塊が文明です。人間の常識は死ぬに決まっている人間、死んでしまった人間が造ったものです。死ぬに決まっている人間ばかりが文明を造っているのです。

イエス・キリストの復活が、本当に学問的に究明されることになりますと、文明の根底がひっくり返ってしまうのです。

今の文明を救うことは、イエス・キリストの復活を学ぶ以外には全く方法はありません。どんな方法でもだめです。白人はイエス・キリストの復活を宗教的にだけ理解しているのです。キリスト教的にだけ理解して聖書を説いているのです。従って、イエス・キリストの復活は本当に聖書どおりに信じられていないのです。イエスが復活したということには賛成していますけれど、復活とはどういうことなのか。人間の肉体はどうしたら復活するかということです。現在の皆様の肉体とイエスの復活とがどういう関係にあるかということです。こういうことが明確に、正確に捉えられていないのです。

私は本当のことをお話ししたいのです。しかし、本当のことを言いますと、人はめったに集まってこないのです。今の人間は命のことは考えていないのです。生活のことは一生懸命です。しかし、命のことは考えていないのです。

私は若い時に考えたのです。世間の人は一体何のために生きているのだろうか。お金を儲けて死んでいく。成功して死んでいく。地位や名誉を得ては死んでいく。ただ死んでいくだけです。人間は何か大変な間違いをしているのではないかと考えたのです。世間の大人は死んでいくための生き方をしているが、これに対して誰も不思議に感じない。日本人全体が非常に大きい考え違いをしているのではないか。

哲学も宗教も取り上げていないけれど、人間は大変な考え違いをしているのではないか。私はこの謎を解いてみたいと思ったのです。生涯をかけてこの謎を解いてやろうと思ったのです。

六千年の間、人間歴史があったのですが、人間が何のために生きているかということの簡単なことが、説明できないのです。学問は非常に怠慢です。命とは何かを今の学問は説明できないのです。

何のために人間文明があるのか。これが今の学者には分からないのです。文明を何とか盛り立てようとしていますけれど、盛り立ててみたところで、やがて潰れてしまうに決まっているのです。人間が死んでしまうように決まっているように、文明も死んでしまうのです。

今の文明は目当てなしに漂流しているのです。文明の行き先が分からないのです。

人間全体は錯覚の牢獄に囚われてしまっているのです。錯覚の塊が文明です。

東西文化の集合点である日本から、文明を打開する新しいアイデアが提出されなければならないのです。今の日本は何を考えても自由です。何でも言えるのです。何でも自由に勉強できる国は、日本以外にはありません。

アメリカへ行ってキリスト教は間違っていると言ったら、殺されるでしょう。ところが日本では、キリスト教が間違っていると、堂々と言えるのです。こういう自由な日本から、聖書の新しい見方、本当の見方、宗教ではない聖書、キリスト教ではない聖書を世界的に顕揚されなければならないのです。これが日本人の使命であると考えなければならないのです。

キリスト教ではイエスの名前、ザ・ネーム・オブ・ジーザス（the name of Jesus）が分かっていないのです。イエスの名前を信じなければ本当の命が分からないのです。イエスの御名が分からないのです。

ヨハネは、「私がヨハネによる福音書を書いたのは、イエスが神の子であることを信じて、イエスの名の中にある命を皆様が持つためだ」と言っています。これがヨハネによる福音書を書いた目的であると言っているのです。

日本語の聖書ではイエスを信じて命を受けるためと言っています。イエスを信じてではなくて、イエスの名の中にある命を受けるためなのです。

イエスの名というのが、皆様の霊魂の本体と同じなのです。これが今の時代、キリスト紀元の本当の意味なのです。

人間は本当は死ぬべきものではないのです。死なないのが本当の命です。どうしたら死なない命を掴むことができるのか。只今太陽光線が輝いています。太陽光線は死なない命の象徴であると言えるのです。

死なない命の象徴が太陽光線として皆様に感じられるのです。皆様は太陽光線をご覧になりますと、暖かさとか、明るさとか、力強さを感じられるに決まっています。

太陽光線を見ることができる。その暖かさ、明るさを感じることができる魂は、皆様がこの世に生まれる前に、天が植えた本当の命です。この本当の命が五官の基礎になって、現在皆様が生きているのです。

皆様が生きているということは、非常に厳粛なことです。

花が咲いているのは地球の命が現われているのです。太陽には宇宙の命が現われているのです。地球の命、宇宙の命を皆様は五官で捉えることができるという、すばらしい性能を神から与えられているのです。

皆様の心臓が動いているということが神です。神そのものです。これは素朴な感覚になりさえすれば、すぐ分かるのです。

今までの後天的な知恵や知識ではなくて、先天的な五官の感覚で見るということが、素朴ということです。甘いものは甘い、辛いものは辛いという感覚は、世界中の人間の共通感覚です。

これが皆様の霊魂の実体です。

甘いものを甘く感じるというのはばかみたいなことです。太陽光線を太陽光線として直感している皆様の五官をじっとご覧になれば、そこに無限の可能性が秘められていることに気付かれることでしょう。無限に成長していく可能性があるのです。

イエスが弟子たちと一緒に舟に乗っていた時に、強風が吹いてきて舟が沈みそうになったのです。その時イエスは風に向って「静まれ」と叱ったのです。そうしたら、強風がぴたっと止んだのです（マルコによる福音書4・35〜41）。

イエスは風や波に向って、「静まれ、黙れ」と叱っているのです。これは人間の霊魂の本質が、万物の長として地球上に存在していること、神の代わりに万物を治めるべき可能性を持っていることを示しているのです。そのことを教えるためにイエスはそういうことを行なったのです。これが人間本来の姿です。

イエスは素っ裸の人間をそのまま示したのです。キリスト紀元は本当の人間が現われた時から始まっているのです。

キリスト紀元は人間の尊さをそのまま訴えている時代です。人類は皆イエスと同じ実質を持っているということを証明している時代なのです。歴史そのものが人間が死なないものであることを証明しているのです。

今の学問は人間が地球上で生活するための方便を教えているのです。本当の命については全く教えていません。本当の命は皆様の情緒の眼を開くことです。知能の啓発ばかりを考えますと、人間の情緒が壊されてしまうのです。このことを奈良女子大の故岡潔教授がいつも言っていました。

今の学校教育は知能の啓発ばかりを考えすぎるので、人間の情緒を壊してしまった。こういうことではろくな人間はできないと、警告していたのです。ところが、どうしたら人間完成ができるかということについては全く述べていないのです。彼はイエスを知らなかったからです。

イエスは実は皆様の魂の本体です。皆様の魂の本体であるイエスがキリストになっているのです。これは世界歴史の秘密です。公然の秘密です。

もう一度言いますと、人間の魂の本体がイエスの名前です。これがキリストになっているのです。キリストというのは神に代わって万物を治めるものです。

皆様の魂はそういうすばらしい価値を持っているのです。ですから、情緒に目覚めて頂きたいのです。例えば芭蕉が、「名月や　月を巡りて　夜もすがら」と詠んだのです。名月を見て、夜通し歩いていたのです。なぜかと言いますと、名月の中に本当の自分自身を見たからです。だから、帰ることができなかったのです。

芭蕉は本当の魂の輝きを、月の光の中に見たのです。本当の芸術は人間の霊魂に光を与える力を持っているのですけれど、芸術だけでは本当の命が分かりません。聖書にあるイエスを勉強しなければ分からないのです。

## 日本民族の責務

日本から本当の聖書の見方を世界に発信すべきです。これ以外の方法では、行き詰った文明を打開することはできないのです。これが日本民族の責務であり、また日本民族の光栄です。

もし生きている人間が行き着く所があるとすれば、空です。このことがお分かりになれば、初めて自分ではない自分が分かると思います。

仏教には人空という思想があるのです。これは我空ということと、生空ということの二つに分かれるのです。我空というのは我はいない、我という意識が虚しいという考えです。

生空というのは、生きているという考えが虚しいというのです。現世に生きている人間は煎じ詰めると、人空を悟ることが行き着く所になるのです。

現世に生きている人間は人空を悟ることが、行き着く所になるのです。これが基本ですが、これだけで終わるのではありません。

人空とはどういうことかと言いますと、涅槃ということです。涅槃は人間がいないということですから、いない人間が生きているのです。

涅槃はサンスクリット語ではニルバーナと言いまして、冷えて消えてなくなってしまうという意味です。究竟涅槃をすることです。自分自身を涅槃の境涯に入れることが、人間の行き着く所です。

法華経を信じて幸いになろうとか、阿弥陀経を信じて極楽へ行こうとかいう考え方がありますが、これは仏教本来の思想ではないのです。

仏教本来の思想というのは、究竟涅槃です。人間は空である、人空であるという思想です。これが仏教本来の面目であります。

本来空、本来無一物が仏教の本流の考えです。このことを最も明瞭簡単に書いているのが、般若心経です。

般若心経の思想というのは、すべて人間の行き着く所です。ただし、これは現在生きている人間が行き着く所です。

人間が行き着く所というのは二つありまして、一つは現在肉体的に生きている人間が行き着く所と、もう一つは人間の魂が行き着く所という意味があるのです。肉体人間ではなくて、魂としての人間が行き着く所があるのです。これが聖書です。

般若心経は肉体人間が行き着く所を書いています。聖書は人間のすべての存在が行き着く所を書いているのです。

イエスは自分が自分でないことを悟ったのです。自分の本質が他生であることを悟ったのです。

イエスは自分ではなくて神の子であることを悟ったのです。その結果どうなったのかと言いますと、彼は死を破って復活したのです。

日曜日はイエスの復活記念日です。イエスの復活記念日には世界中の人が仕事を休んでいます。イエスが復活したということは歴史的事実です。イエスが復活したということは霊なる人間の行き着く所です。

肉なる人間の行き着く所は空です。霊なる人間の行き着く所は復活です。空と復活という大事実を掴まえそこなった人間は、全部地獄へ行くことになるのです。

この地獄は宗教でいう地獄ではありません。本当の地獄はとても辛辣なものです。

現在皆様は生理機能や心理機能によって生きています。生理機能や心理機能で生きているということは、神を経験しているということです。

目が見えるでしょう。耳が聞こえるでしょう。これは神を経験していることです。目が見えるということは神の働きです。皆様は現在、神の働きを経験しているのです。これが分からない人は、手厳しい裁きに会うのです。皆様の考え方が真面目でなかったからです。

皆様は現象を実体と考えていました。目に見えるものがそのまま存在するように考えていた。妄念を信じて生きていたのです。

私たちは現在目の前に神を見ていながら、神が分からないのです。神が分からないのではない。分かろうとしないのです。もし皆様が分かろうとしたら誰でも分かるのです。

皆様が生きている実体はイエスです。皆様はそのまま神の子です。これがすべて人間の行き着く所です。これは宗教ではありません。

もし私が宗教宣伝をするつもりなら、般若心経と聖書を学ぶという言い方をしません。般若心経だけを説くとか、聖書だけを説くことをするはずです。

般若心経と聖書を並べて説いたなら、宗教にはならないのです。

イエスがたった一人復活しました。本当に歴史的事実として復活したのはイエスだけです。このことを詳しく勉強すれば命が分かるのです。

人間は生きていながら命を知ろうとしない。これは手厳しい刑罰に価するのです。

人間の理性は命を知る機能を持っているのです。皆様の心理機能ははっきり生命の本体、神を見極める力があるのです。ところが、自分の生活に捉われて命を知ろうとしないのです。

例えば、釈尊のような態度をとろうとしない。また、イエスのような態度をとろうとしない。だから、それ相応の刑罰を受けるのは当然のことです。刑罰を受ける場所を地獄というのです。

人間の中には、肉によりて生まれた者と霊によりて生まれた者と、二通りの人間が同居しているのです。イエスは、「肉から生まれる者は肉であり、霊から生まれる者は霊である」と言っています（ヨハネによる福音書3・6）。

キリスト教ではこのことが分からないのです。肉というのは性欲がいっぱい詰まっている人間のことです。性欲と物欲だけを考えて生きている人間が肉です。

皆様の肉体は肉によりて生まれたのです。両親の肉によりて生まれたのです。両親の性欲によって生まれたのです。

ところが、皆様の魂はそうではないのです。魂は霊によりて生まれたのです。皆様が生かされているという事実は神によりて生まれたのです。

霊というのは事がらです。皆様が生きているという事がらです。地球が回っているという事がらです。皆様の目が見えるという事がらが霊です。

宇宙全体が命の塊です。宇宙には大生命があります。宇宙の大生命から皆様の命が生まれてきたのです。この事がらを霊というのです。

宇宙の生命が皆様ご自身の命になって現われているのです。皆様一人ひとりに命があるのではありません。宇宙の命が一つあるだけです。この命が皆様の命として現われているのです。

例えば、菊の花があるとしますと、菊の花として命が現われているのです。菊の花の命も、私の命も、命という点から言えば同じものです。だから、人間は菊を育てることができるのです。同じ命だからできるのです。

人間は理性や良心を与えられていますから、菊のようにのんびり生きている訳にはいきません。菊は咲いたらそれでいいのです。人間は咲いたらそれでいいという訳にはいきません。

人間として生まれた以上、霊によりて生まれた自分について勉強しなければならない責任があるのです。人間の理性はそれを知るだけの能力を持っているのです。

人間は犬や猫より威張っています。人間は好きな家に住み、好きな服を着ることができるのです。好きな料理を食べることができます。

こういう人間の衣食住は、動物とは比べものにならないくらいに贅沢です。人間は神の子であるという価値があるからです。

ところが、この本質的な価値を悟らずに、霊から生まれた自分のことを悟らないで、肉から生まれた自分だけのことを考えて生きていたら、人間としての責任を果たしていないことになりますから、刑罰を受けることは当然のことです。

皆様の肉体は両親の性欲によって造られたものです。このことでもその原点をよく探っていきますと、性欲だけではないことが分かりますが、人間が肉体的に生まれたきた因縁だけを言えば、性欲によって人間が生まれたと言えるのです。その結果、性欲の塊みたいな人間が生まれてきたのです。

皆様の魂は両親の性欲によって生まれたものではありません。母親の妊娠、受胎して三ヶ月後くらいに魂が入るのです。受胎した時に魂が入ったのではありません。魂は明らかに両親の所為ではないのです。

魂が入るまでは妊娠中絶は簡単ですが、魂が入った後の中絶は簡単ではないのです。魂が入った後の中絶は人殺しになるのです。このような訳で、魂と肉体とは全然別のものです。従って、肉によりて生まれた人間と、霊によりて生まれた人間と二通りの人間がいるのです。

現在の地球は不完全なものです。完全な地球ではありません。現在の天地は神の試作品です。本気で神が地球を造ったのなら、台風や地震、洪水、津波が起こる地球を造るはずがないのです。

ちょっと寒ければ風邪をひき、ちょっと暑ければ熱中症になる。ガン、エイズ、糖尿病、高血圧、脳溢血、脳卒中、心臓麻痺等、数えきれないほどの病気があるのです。十万種類もの病気があるという学者もいます。人間の体も地球も不完全極まりないものです。これは試作品です。

試作品の地球にいる間に、本当の神の国を見つければいいのです。現在の人間も不完全、地球も不完全です。不完全な地球に不完全な人間が生きているのですから、こんな人生は本物ではないのです。

今の人生は本番ではありません。本番の人生は皆様がこの世を去ってからあるのです。

死とは何かをよく勉強して頂きたいのです。現在の文明が間違っていますから、この文明を信じたらいけないのです。今の文明は全くめちゃくちゃなものです。今の人間もめちゃくちゃです。ですから、人間が考えることは皆間違っている。これを般若心経は五蘊皆空と喝破しているのです。本当に皆間違っているのです。

般若心経で空と言っていますけれど、空の実体を全然説いていないのです。色即是空と言いますが、その空の実体を全然説いていないのです。

この空の実体が神です。色即是空の色は目に見える現象物体です。

それでは空即是色とは何か。実体ではない色がなぜ現われているのか。これについては答えられるお坊さんが仏教界にはいないのです。皆分からないのです。答えられないというのです。

寺のお坊さんは色即是空については何とか答えられますが、空即是色の説明は絶対にできません。なぜなら神を知らないからです。

空即是色とは何か。空の実体は神です。神が色という状態で現われているのです。皆様の肉体の組織は神です。生理機能、心理機能が神です。神が皆様という格好で現われているのです。これが空即是色です。

生理機能と心理機能は神です。これが人という格好で現われているのです。これが空即是色です。

## 8. 死なない命を見つけることが人間完成である

私たちは生きているうちに何かしなければならないと思っています。幸せになりたいと考えたり、自由になりたいという考えもあるのです。死にたくないという考えもあるのです。何かしなければならないという気持ちが誰にでもあるのです。しかし、これが何か分からないのです。

何となく五十年、六十年生きてしまうのです。そうしていよいよ死ななければならない時になってから、何か大切なことを忘れているらしいということに気が付くのですが、その時はもう遅いのです。

交通事故等で突然死なねばならなくなった人は別ですが、七十歳、八十歳になって、病気や老化現象によってこの世を去らねばならなくなるような場合には、何かしなければならないことを、結局することができなかったという悔恨の念が、胸にいっぱい広がってくるに決まっているのです。

日本人はこういうことについて、欧米人よりも強く感じるようです。ところが、最近の日本人は全くだめです。いわゆる経済大国になってからの日本人は全くだめです。生活のことしか考えないという非常に悪い点が、最近の日本人にはよく出ているのです。日本人の非常に悪い点が拡大されてきたのです。

日本人の良いところはお茶を勉強したり、ごく簡素な茶室を建てて楽しんでみたり、また、そういう簡素な生活を喜んできたという点です。

何のためにお茶を学びたくなるのか。何のために茶室のような家を建てるのか。いわゆる竹の柱に萱の屋根といった簡素な家を、なぜ好むのか。

日本人は自然に帰るような生活を、心で喜ぶようなところがあるのですが、その意味が分かっていないのです。女性の場合にはお茶を習うことが、嫁入り道具の一つになるという考えでいることが世間並のようですけれど、日本民族にお茶という習性が結びついたのは、日本人が持つ天性的な良さによるのであろうと思われるのです。

仏教でも禅のやり方がお茶とよく似ているのです。こういう考え方が昔の日本にはあったのですが、今はその精神が全く没却されしまったのです。形だけは残っていますが、その精神は全く消えてしまっているのです。

般若心経についても同じことが言えるのです。般若心経に親しんでいる日本人は非常に多いのです。一千万人はいると思われます。

これは日本の仏教のある特徴ではないかと言えるのです。ビルマやタイは仏教国ですけれど、日本のように般若心経を勉強するとか、法華経を勉強するとかいうことはほとんどしていません。

日本の仏教は一応経典に親しむという真面目な態度があるのですが、これが日本民族の特徴だと言えるのです。

般若心経だけを取り上げますと、なぜ親しみを感じるのかということです。皆様の中にも般若心経を唱えたり、写経をなさっている方がいると思いますが、般若心経を唱えたり、写経をすることに何となく興味を感じるのです。むしろ郷愁のようなものを感じるのですが、これは何かということです。

これが私が申し上げたい宗教ではない般若心経と聖書です。般若心経が言いたいところは、般若波羅蜜多ということです。その上に摩訶という字を付けています。真言宗では摩訶という字を付けないようです。

摩訶般若波羅蜜多心経という言葉の中に、般若心経の良さが現われているのです。摩訶というのは不思議とか、偉大、高遠、高大、非常に優れているという意味があるのです。

人間の常識では分からないものであるということが摩訶です。般若というのは知恵です。普通の知恵ではなくて上智をいうのです。上等の知恵であって、常識で分からないこと、人間の本質を私たちに知らせてくれるのです。

これは誰にでもあるのです。皆様の気持ちの中に、上智が自然に備わっているのです。この上智が分かれば、人間は彼岸へ行けるのです。

## 般若波羅蜜多

彼岸へ行くのです。般若波羅蜜多とありますが、波羅というのは向こう岸です。蜜多というのは行ったこと、到ったことです。向こう岸へ渡ってしまえる上智を、人間は自ら持っているのです。

これが分かりますと、人間は死ななくてもよくなるのです。死なない自分を発見することができるのです。私は死なない自分を発見する新しい世界の創建を皆様に訴えているのです。

これは宗教の話ではありません。仮に皆様が死なない命を発見したとしても、私にとって三文の得がある訳ではありません。得をするのは皆様だけです。もし発見できなかったら、損をするのは皆様です。

皆様はこのまま放っておけば死んでしまうに決まっているのです。今までのような常識一辺倒で、世間並の人間の考えで生きていたら、必ず死ぬに決まっているのです。

死んでしまうと皆様の何十年間の人生は、全く無駄になります。無駄になるだけならよいのですが、何十年間かの人生を無駄に過ごしてきた責任をしっかり取らされるのです。そうなるに決まっているのです。

このことは皆様の理性と良心とが知っているのです。日本人は何となくこのことを感じているのです。天性的にこのことを感じているので、般若心経に何となく愛着を感じるのです。郷愁のようなもの、同感のようなものを感じる。そこで、般若心経を愛することになるのです。

これは日本人の優れた所だと思います。白人社会ではこういう感覚はありません。白人社会にキリスト教はありますが、そのキリスト教は本当の聖書を見ていないのです。白人主義的な世界観で聖書を読んでいるのです。これがキリスト教です。

聖書は本来宗教ではありません。般若心経も宗教ではありませんが、聖書は全く宗教ではありません。これを白人流の世界観で考えますと、キリスト教になってしまうのです。

日本的な物の考え方、つまり茶を好む、禅を好むという日本人の先天的な世界観で聖書を見ますと、キリスト教ではない聖書がはっきり見えてくるのです。

日本にもキリスト教の看板を掛けているキリスト教がたくさんあります。これは皆西洋の宗教の焼き直しです。

ところが、本当の聖書はキリスト教とは何の関係もないのです。キリスト教の人たちが、聖書を宗教に利用しているだけのことです。

聖書にははっきり死なない命があるのです。これを見つけたらいいのです。

今の人間は皆死なねばならないものだと思い込んでいるのです。現在の人間は死なねばならないのです。

自分の命に対する考え方が、全く間違ってしまっている。だから死んでいくことになるのです。ところが、皆様の心の中には死にたくないという先天的な願いがはっきりあるのです。死にたくないという気持ちが、誰にでもあるに決まっているのです。これが魂の本性です。魂の本当の声です。

魂の本当の声が、日本人には何となく分かるのです。現在、常識的に生きている生き方が間違っていることを、それとなく日本人は知っているのです。日本文化にはそういう伝統があるのです。

例えば、日本の平安時代の王朝文化に、無常観がしきりに出ているのです。諸行無常がしきりに言われているのです。

小野小町の百人一首の歌にも無常観がよく出ているのです。「花の色は　うつりにけりないたづらに　我が身世にふる　ながめせしまに」と詠んでいます。また、「人はいさ　心も知らず　ふるさとは　花ぞ昔の　香ににほいける」という紀貫之の歌にも、無常観が出ているのです。

百人一首は無常観と恋愛の純粋さが中心になっています。無常観というのは、人間が現在生きている命は仮の命であるということから出てくるのです。

皆様が現在生活しているのは、仮の命です。死ぬに決まっている命です。仮の命で生きている間に、本当の命を見つけさえすれば、その人は死ななくなる。死ななくなるどころか、非常に大きい人間の命の値打ちを知ることができるのです。

人間の本当の命が始まるのは、この世を去ってからです。皆様が現在この世に生きているのは、テストケースでありまして、試験的に生きているのです。本当の命、本番の命は何か。現世に生きている間に何を勉強したのか、命とは何かをしっかり勉強して、自分自身の本質を悟ると同時に、この世を去ったらどうなるかを見極めるために生きているのです。

ところが、最近の日本人はこの世に生きていることが本番だと思い込んでいるのです。王朝時代のような無常観がほとんどないのです。

日本人には伝統的な良さがあるのであって、何となく空を愛しているのです。無を愛しているのです。

般若心経は全体で二百七十六文字ですが、その中に空とか無という文字は三十五、六字あります。全体の一割以上が、空とか無という字になっているのです。

般若心経は一切空を言いたいのです。人間が現世に生きていることが空であると言いたいのです。これが日本人は好きなのです。ここに日本的な良さがあるのです。この良さをうまく活用すれば本当の聖書が分かるのです。

聖書は何を説いているのか。死んでから天国へ行くことを説いていません。キリスト教では、人間は死んでから天国へ行けるという嘘を言っているのです。これは真っ赤な嘘です。死んでから天国へ行くと聖書に書いていないのに、死んでから天国へ行くとキリスト教が言っているのです。これは大嘘です。

天国へは行けるのですが、これは生きているうちに行くのです。イエスは「父の御心を行うものは天国へ入る」と言っているのです（マタイによる福音書7・21）。生きているうちに入ることを言っているのです。

「新に生まれて神の国へ入れ」とイエスが言っています（同3・5）。これも目の黒いうちに神の国に入れと言っているのです。死んでから天国へ行くというばかな言い方は、本当の聖書が分からないから、そういう言い方をしているのです。

キリスト教は死んでからと言ってごまかしているのです。目の黒いうちに本当に神の国に入るという方法を教えることができないのです。目の黒いうちに死なない命を見つけることができないのです。そこで、死んでからと言ってごまかしているのです。

死んでから天国へ入れるという言い方をしておかなかったら、キリスト教は商売にはならないのです。実は皆様が今生きておられる命、即ち現生が永生なのです。とこしえの命なのです。現在生きている生き方が、永遠に生きる生き方になるのです。これを見つけたらいいのです。イエスはこれを見つけたのです。

イエスは現世に生きていながら、永遠に死なない生き方を見つけたのです。だから、イエスは死を破って復活したのです。

日曜日はイエスの復活の記念日です。イエスが死を破った記念日です。そのように、死は破ることはできるのです。死なねばならないことはありません。このことを皆様にお話ししたいのです。

現在までの日本人の生活の仕方が間違っているのです。物の考え方が間違っているのです。世界観が間違っているので、価値観が間違っているのです。何のために生きているかは価値観の問題です。

どのように生きるべきかは世界観の問題です。何のために生きるべきかは価値観のテーマです。世界観や価値観がはっきりしたら、皆様は自分の命の本質が何であるかが分かるのです。

これは宗教の話ではありません。本当のことです。皆様が生きているのは、本当に生きているのです。本当に生きているが、命の実質を掴まえることができないような、下手な生き方をしているのです。生き方が下手であるために、本当の命を掴まえることができないので、生きている本当の喜びが分からないのです。

これはもったいないことです。せっかくこの世に生きていながら、本当の命を掴まえそこなっているのです。太陽の光を見ていながら、太陽の光の意味がよく分かっていないのです。実にもったいないことをしているのです。

人間はこの世に六十年、七十年生きていたら、永遠の命が分かって当たり前です。一年は三百六十五日あります。十年では三千六百五十日もありますから、何回も太陽が出たり入ったりをご覧になっているのですが、それが分からない。だから、その責任を取らされるのです。

現在の日本人は生活のこと、家庭のこと、経済のこと、自分の健康のことばかりを考えているのです。こればかりをしていると、最後にひどい目に会うのです。

## いろは歌

人間は誰でも永遠の生命を見つけるだけの実力をはっきり持っているのです。特に日本人は現世の人間の生き方が何となく間違っていることを知っているのです。

例えば、日本語の原典になっているいろは歌がありますが、これを読んだらすぐに分かるのです。

色は匂へど　散りぬるを
我が世誰ぞ　常ならむ
有為の奥山　今日越えて
浅き夢見し　酔いもせず

この意味は、どんなに美しい花でも、必ず散ってしまう。

この世の中に、ずっと同じ姿で存在し続けるものは、ありえない。

現世の人間の常識、知識で生きている人は、必ず死んでしまうから、そういう世界から今日出てしまう。必ず死ぬ人間を今日乗り越えてしまわなければならない。

現世に人間が生きていることは夢物語りである。そんな夢みたいな人生、現世の人間の考え方にいつまでも酔っぱらっていられようか。

これはすばらしい歌です。日本語の原典にすばらしい無常観が入り込んでいるのです。そこで、日本人は何となく現世でただ生きているだけではいけないことが分かるのです。

白人にはこれが分からないのです。白人にはこれが分からないから、茶道の良さ、茶室の良さ、禅の良さが分からないのです。この頃はお茶や禅をしている欧米人がいますが、これは日本人の真似をしているだけであって、心の底から分かっているのではないのです。

日本人にはいろは歌のような世界観が伝統的にあるのであって、この民族の優秀性を上手に活用すれば、皆様は永遠の生命が良く分かるはずです。

ところが、この頃の日本人は、命の問題を真面目に考えることが下手です。それをすることを嫌がるのです。

でたらめな宗教に勧められて入信したり、目に見える幸福を求めることには熱心ですけれど、永遠の幸福、本当のしあわせとは何であるか、本当の命は何であるかを知ろうとする人は、めったにいないのです。

日本人は、聖書は西欧の宗教、仏典は東洋の宗教で全く関係がないと思っていますが、実はこれは一つのものなのです。聖書の真髄と、仏典の真髄を一つにして勉強することは、今までの日本にはなかったことです。これは誰でもできることですが、した人がいなかったのです。

もう亡くなられましたが、妙心寺の管長の山田無文さんが、イエス様、イエス様と言っていました。悟ってもイエス様のようにならなければいけないと言っていましたが、イエス様がいけないのです。

イエスは大工の青年ですが、この人のどこが良かったのか。大工の青年が死を破ったのですが、どうして死を破ったのかということです。

これは宗教ではない当たり前のことです。当たり前のことを当たり前のように勉強すれば分かるのです。キリスト教の色めがねで聖書を読んでいるから、さっぱり分からないのです。

皆様は日本人の本来の良さに帰って、般若心経の空を勉強して頂きたいのです。

般若心経に五蘊皆空とありますが、人間の思い、考えは皆間違っていると言っているのです。人間の思いとは、現在生活している人間の思いです。これは皆間違っているのです。

ところが、五蘊皆空という言葉が日本人は好きなのです。好きですけれど実行しないのです。実行しないけれど好きだという変なことになっているのです。なぜこうなっているのかということです。

まず般若波羅蜜多です。彼岸即ち向こう岸へ渡る知恵がいりますが、これが皆様方の中にあるのです。向こう岸へ渡る本当の知恵が少しでも見つけられたら幸いです。

聖書には旧約聖書と新約聖書があります。旧約聖書はユダヤ民族の伝統でありまして、ユダヤの預言者たちとか、王であるダビデが書いたものです。旧約聖書の筆者は二十人位いると思います。

新約聖書の筆者は七、八人位です。新約聖書の中で一番たくさん書いているのはパウロです。イエスの弟子のヨハネ、ペテロも書いています。弟子たちが語ったことを医者のルカが、ルカによる福音書を書いています。使徒行伝も医者のルカが書いたのです。

新約聖書はイエスの弟子とパウロが書いています。旧約聖書はユダヤの預言者が書いたのです。ただ一つ妙なことがあるのです。

大体、三十人くらいの筆者が聖書の色々な部分を書いていますが、きちっと一つのことを言い当てているのです。旧約聖書のどこを読んでも、新約聖書のどこかにきちっと合うのです。

そうして、誠の命、神を信じる信じ方、命に関すること、死に関すること、重大な価値観や世界観について全く同じ意見になっているのです。

書いたのは人間ですが、その人たちが一つの神の霊によって導かれていたということが言えるのです。そこで、命に関する同じ思想を持つことができたのです。聖書の直接の著者は色々な人間ですが、間接の著者は神自身です。神の御霊が、ある人を通して書かせているのです。

私は今皆様に話していますが、これは私の思想ではありません。私の命の思想です。私の命の実質の思想です。私の命の叫びであって、私という人間の思想ではありません。

命の実質は神そのものです。皆様の心臓が動いていることが神です。皆様が椅子に座っている姿が、そのまま神の姿です。神が皆様という格好で椅子に腰を掛けているのです。

皆様がこの世に生まれてからの後天的な思いを捨ててしまえば、生きているという姿が、神の姿になるのです。五蘊皆空、色即是空という言葉があるように、人間の思いを捨ててしまえば、皆様が生きているという事実は、そのまま神が生きている姿になっているのです。

そこで人間が真心を持って書けば、神が書いたのと同じになるのです。

病気とは何か。なぜ人間は病気になるのか。人間は本当は病気になるものではありません。人間の考え方が間違っているために、考え方が人間の肉体に響いてくるのです。

魂というのは命の本質が肉体的に存在することをいうのです。人間存在というものには、精神の面と肉体の面があるのです。これが一つになっているのです。

精神の面がそのまま肉体に影響するのです。また、肉体の面が精神にも影響するのです。これが病気の原因です。

病気は恐ろしいものではないのです。人間の考え方の間違い、生活の仕方の間違いを知らせてくれるのです。だから、有難いものと考えたらいいのです。

病気は死ぬのではなくて、自分の考え方、生活の仕方をチェックしてくれるのです。注意してくれるのです。だから、病気になったら、せいぜい病気が何を言っているかを聞いたらいいのです。そうしたら、精神的な間違い、肉体的な間違いが分かってくるのです。

日本の医学が研究しているのは肉体一辺倒ですけれど、いわゆる医学的な面からだけしか病気を考えないのですが、本当の人間存在は魂そのものです。

心と肉体は一つのものですから、病気を上手に利用すれば幸福の基になるのです。悲観しないで楽観的に病気を扱ったらいいのです。

## 民主主義と人権

現在の若い人たちは民主主義を人権的にしか解釈していない面があるのです。これは日本の教育の間違いです。

文部大臣とか総理大臣が人生を知らないのです。民主主義というのは人権という面ばかりを強調しすぎると、欠点が露骨に現われるのです。これが最近の若い人に現われているのです。

中学生が先生を殴るという騒ぎが起こっているのです。注意したら注意しただけ反抗するのです。なぜこういうことになるのかと言いますと、先生が人権という面だけを教えすぎたからです。

人間は平等だから、先輩も後輩もないと教えられて、年配者を敬う気持ちがなくなってしまったのです。生徒に自由勝手主義の気持ちが入り込みすぎたのです。

現在の日本で教えている基本的人権という考え方は、間違っているのです。これはフランス革命とか、アメリカの独立等で、いわゆる近世社会に人権主義的な理想が頭をもたげてきた。白人文明の悪さの一つが、民主主義、人権という思想になって、日本に流れ込んできたのです。人間には生活する権利とか、尊んでもらう権利とか、認めてもらう権利は最初からないのです。人間は自分が生まれたいと思って生まれたのではありません。宇宙の必然性に基づいて生まれたのです。従って、基本的という言葉を用いるとしたら、宇宙的な意味における生命の実質を、まず考えなければならないはずです。

基本的人権ということが言いたければ、基本的義務、または基本的責任を並行的に考えるべきです。権利の面だけを説けば、必ず弊害が起きるのです。権利の面を説くと同時に、義務の面をも強調しなければならないのです。

今の日本の教育はそれを実行していません。ところが、太平洋戦争以前の軍国主義的欽定憲法の時代には、権利を一切言わずに、義務の面だけを主張しすぎたのです。そこで弊害が起きたのです。

教育勅語を見て頂きたい。義務の面ばかりを並べているのです。権利は一つもありません。これは行き過ぎたのです。行き過ぎが太平洋戦争になって現われたのです。

戦後はそれを全部裏返したために、権利の面ばかりになってしまった。これが人間というものです。

政治家は冷静に全体的な立場から物事を見ることはできないのです。頭が円満に働く人は政治家にはならないのです。偏った考えをした人ばかりが政治家になっているのです。だから、何億円もお金を使って政治家になりたがるのです。人間社会というのはこういうものなのです。

命を知らない人間が社会のリーダーシップを取っているから、こういうことになるのです。若い人たちだけが悪いのではありません。戦後の日本の体質を、指導者は考えなければならないのです。

何のために日本という国があるのか。これが政治家に全然分かっていないのです。国家目的が全然考えられていないのです。日本の国会でも、国家目的が議論されたことが一度もないのです。税金の問題、年金の問題、社会保障の問題、国防の問題、日本経済の問題等をいつも議論していますけれど、国家目的という一番重大なことについて、はっきりした見解を持っている政治家がいないのです。

政《まつりごと》というのは国民の生活の世話をすることです。生活の世話というのは何のためにするのか。政というのは人間の営みを祭るということです。まつらうということです。お互いにまつりあうのです。お互いに尊敬しあうことです。

お互いに他人の人格を認めあって、世の中を円満に送ることがまつりあいです。

もう一つは命の本質をまつることです。神をまつるという考え方と、人間の魂をまつるという考え方とがあるのです。命の本質に係わることがまつるという言葉になって現われているのです。

価値観の面と世界観の面と両方あるのですが、とにかくまつりごとというのは、人間の精神生活の根本を取り扱うだけの認識がいるのです。

現在の政治家は政を考えていないのです。ただ政治をすることだけを考えているのです。だから、教育の混乱、家庭の混乱、社会の荒廃になってしまったのです。

こういうことをよく考えて、まず皆様自身がまつるという気持ちを持って、本当の政であるような生活に立ち返って頂きたいのです。

現世でただ生活することだけでなくて、自分の命を考えて頂きたいのです。これが政です。命の本質を考えることです。こういう考えをお持ちになれば、皆様の子供さんにも必ず良い影響があると思うのです。

今の若い人の生き方は、生活でさえもないのです。自我意識だけで生きているのです。自我意識を生活しているのです。本当の生活になっていないのです。

世界中の人々が本当の命を知ったらどうなるのか。これは本当に結構な世の中になるのです。現在の社会状勢とは全然違った世の中が現われるのです。

皆様の本心は何を願っているのか。例えば、病気がない世の中であればいいとか、犯罪がない世の中になればいいとか、地震、台風、洪水、津波という自然災害がない世界になればいい、若い人が年配者を敬う社会になればいいと思っています。こういう基本的な願いが誰にでもあるのです。

この人間の基本的な願いはどこから来たのか。この世の中の流れは我々が好むと好まざるとに係わらず、神によって動いているのです。一人ひとりの人間が生きていることが神であるように、世の中全体が流れていることが、大きい意味での神です。

犯罪があるということ、病気があるということが、現在の人間の本性をそのまま暴露しているのです。なぜ病気があるのか。人間の考えが間違っているから病気があるのです。

## カルマ

このことを聖書的に申しますと、原罪になるのです。仏教ではこれをカルマと言います。今の人間はカルマで生きているのです。人間が生きていることが業《ごう》です。この世に生まれてきたことが業です。

皆様が生活において暑さ寒さをしのいでいかなければならないことが業です。嫌なことを聞いたり、見ていかなければならないことも業です。

人間に業があること、業があるために社会が円満にいかないのです。犯罪がある、戦争がある、地震がある、台風がある、疫病があるということが皆人間の業です。

現在の地球には地球の業があるのです。現在の人間も完全なものではないのです。業を背負って生きている人間は不完全な人間です。

今皆様は自分自身を完成するために生きているのです。自分自身を完成することが生きている目的です。自分を完成するとはどうするのかと言いますと、死なない自分を発見することです。死なない自分を発見することが自己完成です。これが人間完成です。こういう人が沢山現われますと、全世界に人間の理想が実現するのです。犯罪のない社会が実現します。

そんなことがあり得るのかと言われますが、これは必ず実現します。絶対に実現します。私はそうなると断言いたします。すぐに実現するのではありませんけれど、必ず実現するのです。

現在の文明が崩壊する危険性が迫っています。政治的にも経済的にも危険千万の状態にさしかかっているのです。

一時的には国際間の申し合わせによって平和な状態になるでしょう。この時が過ぎますと、世界の文明全体が大崩壊するのです。大混乱に陥るのです。

その後に本当の平和が地球にやってくるのです。その直前に文明が大混乱するのです。現在の状態から一足飛びにそういう状態になるのは無理ですけれど、そういう世界が実現することを人間が願っているのは事実です。

人間が心の底で願っていることは病気がない世界、犯罪がない世界です。これは人間自身の魂が深く深く願っていることなのです。これが人間の魂に刻み込まれた本願です。人間の本願、本望は、知らず知らずのうちに神の国が現われることを願っているのです。

仏教でいう本願は、死んでから十億土の彼方の極楽浄土に行くことになるのですけれど、聖書が言っている本願、本望はそんなものではないのです。地球に現実的に絶対平和が実現することを指しているのです。

神による支配が実現するのです。神による支配と言いましても、宗教が言っている神ではありません。宗教も道徳も消えてしまうのです。学問も思想も全部消えてしまうのです。

人間の命が光になる社会が実現します。命の本質が光になる社会がやってきます。人間の命の本性がそのまま教育の原理になるのです。これを神の国というのです。

皆様が生きている命の本性、本質、般若波羅蜜多の本物が、そのまま教育の原理になるのです。

皆様の家庭生活の原理が切り替わってしまう時が、必ず実現するのです。

それまでに、現在の地球は大混乱になる運命にあるのです。人間が生きていることがカルマですからそうなるのです。

すべての人間は原罪によって生きています。原罪というのは自我意識のことです。皆様は自分で生まれたのではありません。ところが、自我という気持ちがあるのです。自分が損をする、自分が得をするとばかり考えているのです。自分の気持ちが第一になっているのです。これが皆様の人生観が根本から間違っている証拠です。

皆様は自分の意志で生まれたのではありません。自分の意志で生まれたのではないにも係わらず、自分の意志で生きています。これが原罪です。

自分の意志で生まれたのではないのに、自分の意志で生きている。これをおかしいとは思いませんか。皆様は命を自分のものだと思い込んでいるでしょう。これが根本的な間違いです。

命を皆様自身が造ったのではありません。自分の理性や自分の能力を自分で造った覚えがあるのでしょうか。

人生は与件です。与件というのは与えられた条件です。自分が人生を造ったのではないのです。これは当然の話です。私の意見ではありません。人生の本質は与件です。

皆様は自分で生まれたのではありません。皆様の目が見えるのは、自分自身の力ではないのです。それを自分で生きていると思っているのです。考え方のスケールが小さいのです。考え方が狭いのです。

もっと大きい考えを持てば、もっと幸福になれるのです。本当の幸福を得ることは、現在の社会からはできないのです。今の人間は未完成の人間です。未完成の人間ですから、半人前の人間です。人間の幼虫です。昆虫に例えると芋虫か青虫です。芋虫や青虫が、自分は一人前だと思ったらおかしいのです。

芋虫は蝶にならなければいけないのです。蝶になるとすばらしいのです。空を飛べるからです。人間も空を飛べるくらいに魂を完成しなければいけないのです。

自分を完成するのです。これが人間の責任です。これは極楽へ行くことではない。死なない自分を見つけることが、自己完成です。

死なない自分を見つける新しい世界観を考えるという勇気を持って頂きたいのです。今の状態を基準にして考えないで、皆様の理想を基準に考えて頂きたいのです。ここに本当の進歩があるのです。本当の完成があるのです。

空というのはとても重大なことです。空には両方の面があるのです。消極的な空と積極的な空があるのです。私たちが生きていることが本質的に虚しいのです。これが消極的な空です。

なぜ虚しいのかと言いますと、現在の皆様は死ぬに決まっているからです。肉体は消耗品です。新陳代謝をする消耗品でありまして、これは脱がねばならないに決まっているのです。

現在人間が生きているのは、夢幻の世界に生きているようなものでありまして、生きているのではなくて眠っているのです。だから、何が善であるか、何が悪であるかよく分からないのです。空と言っても何かさっぱり分からないのです。

命とは何かという本質的な事については、皆目分からないままで生きているのです。これは夢幻の世界を生きていることになるのです。

だから、般若心経は五蘊皆空と言っているのです。夢幻の常識の世界で生きていることは、人間の思いが皆間違っていることになるのです。

釈尊はこのことに気が付いたのです。五蘊皆空に気が付いたのです。ところが、今生きている人間の命の本質は何かを釈尊は説明しなかったのです。説明はできたかもしれないのですが、はっきり説明する段階ではなかったのでしょう。

これはキリストが生まれる五百年ほど前の話ですから、話をしなかったのでしょう。イエス・キリストが命についてはっきり述べているのです。永遠の生命の実体をはっきり示したのです。新約聖書が言っているのは命についてです。命の本質はこれだと言っているのです。

命というのは人間が生きていることの中にあるのです。それが人の光です。命は人の光です。人間が生きていることの中に光があるのです。これを掴まえた者は、誠の命を掴まえることができるのです。

これを仏教的に言いますと、命のことを無量寿如来と言っています。帰命無量寿如来というお経がありますように、無量寿如来に帰命するのです。知恵を無量光如来と言っています。

聖書もこれと同じように、「この言に命があった。そしてこの命は人の光であった」と言っているのです（ヨハネによる福音書1・4）。

そのように、人間はまだ自分の命を通して光を掴まえていないのです。命に対する見方が間違っているから、光が掴まえられないのです。

皆様は毎日太陽の光を見ています。日当たりの良い所と日が当たらない所では、全然感じが違います。どのように感じが違うのか。これを皆様は経験しているのです。

日向ぼっこをしている時と、日陰の生活をしているのとでは、確かに違います。日の当たる場所という言葉がありますように、とにかく日当たりと日陰とでは全然違います。どう違うかが分かれば、皆様は自分の命が分かるのです。

何でもないことです。難しいことではないのです。しかし、常識を持ったままでは分からないのです。皆様の常識は五蘊です。これを空じてしまわなければいけないのです。

常識を捨ててしまわなければ、日向の様子が分かりません。常識を捨ててしまえば、日向の本当の意味が分かるのです。

空というのは人間の常識は虚しいものだと言っているのです。これが消極的な空です。

積極的な空というのは無為です。無為とはどういうことか。これは何もしなくてぽかんとしていることかと言いますと、そうではないのです。

老子が言った無為というのは、ぽかんとしていることではないのです。無が働くという意味です。無が何かを成しているのです。
皆様はこの世に生まれて、そして、暮らしていたのです。しかし、元を尋ねてみると、皆様という人間はいなかったのです。無だったのです。皆様自身は無であったのです。

## 因縁

ところが今、人間として生きているのです。これを無の働きというのです。何もなかった人間が、今日人間として生きているということは、何もなかったという事がらの中に、何か働いているものがあったのです。何か働いている力があったのです。これを仏法では因縁と言っています。因縁が働いて、人間が生まれたと考えるのです。

それでは因縁とはどういうことか。仏教では返事ができないのです。因縁は因縁だと言います。仏様の因縁だと言います。仏様とはどういうお方か。いつ生まれたのか。仏教では分からないのです。

仏教には因縁という言葉はありますけれど、因縁の本体は何か、皆様にこの世に生まれてきた原因を正確に説明することができないのです。仏教には造り主がいないのですから、分からないのです。人間を造った造り主がいないのですから、説明のしようがないのです。

これは仏法が悪いのではありません。仏教は因縁を教えてくれるのですが、命を教える立場には立っていないのです。これは良いとか悪いという問題ではありません。私は仏教がだめだと言っているのではありません。

宗教はだめだと言っているのです。宗教は仏教もキリスト教も、イスラム教もユダヤ教も皆人間が考え出した理屈です。

釈尊の悟りは仏教ではないのです。ここが難しいところです。日本の仏教界には、本当の釈尊の悟りを説明できるお坊さんがいないのです。

釈尊はどうして悟ったのか。釈尊の悟りの実体が説明できるお坊さんはいないのです。釈尊は人間が生きていることは虚しいと言ったのです。これには間違いがないのです。

しかし命の説明ができていないのです。だから般若心経だけではとこしえの命が分からないのです。そこで般若心経と聖書の勉強をしなければならないのです。

無為というのは何もないことです。人間どころか、地球もなかったのです。地球がなかったのに地球ができたのです。地球が存在しているということは、無の力が働いているからです。これは老子の哲学です。

これは非常に大きい哲学ですが、それでは老子は無が働いていると言いますが、何に基づいて無が働いているのか。無が働く以上は、働くだけのルールがなければならないのですが、無が働いているのはどのようなルールによるのかと言いますと、老子はもう説明ができないのです。そこでどうしても聖書を見なければならないのです。

老子が悪いのでもないし、釈尊が悪いのでもない。釈尊は釈尊だけのものです。老子は老子だけのものです。彼らは神の実物を掴んでいなかったのです。これはキリスト以前、五百年前のことでしたからやむを得なかったのです。

今はキリストがありますから、だから命が説明できるのです。老子が分からなかったこと、釈尊が分からなかったことが、私が説明できるのです。これは当たり前のことです。私が偉いのではありません。当たり前のことを言っているのです。

キリスト教はこういうことを説明できないのです。まともに聖書の勉強をしていないからです。

皆様がこの世に生まれたということは、無の働きです。これを空というのです。無が働いていることを空というのです。無形の力、無形の原因が有形の状態を描き出すのです。これを空というのです。

無形の原因が有形の姿を描き出している。これが天地万物の姿です。これが空です。空が分かると、初めて皆様は安心して生きていられるのです。

皆様は自分の心臓が動いていることの原理がはっきり分かるのです。ああこういう原理で動いているのかということが、はっきり分かるのです。だから、心臓が動いている原理と同じような理屈を考えたらいいのです。そうしたら死ななくなるのです。

私は死にません。命が分かっているからです。この世を去ることはあります。この世を去るというのは肉体を脱ぐだけのことです。肉体を脱いで霊の世界で生きるのです。他界の世界へ入って行くのです。私は他界はしますけれど、死ぬのではないのです。

現象世界ではない、もう一つの霊の世界があるのです。霊というのは科学的に説明できるのです。例えば、皆様がお茶を一杯召し上がります。これが霊です。お茶の味が分かります。お茶の味とはどういう味なのか。これが本当の命の味です。

皆様はお茶を飲んでいますけれど、味とは何であるのか。自分の舌が味を見ているのです。舌が味を見ているという力が神の力です。神の力が皆様に宿っているのです。これが本当の命です。

皆様の今までの思想を脱ぎ捨てるのです。常識を脱ぎ捨てるのです。常識を信じていたら死んでしまうから、脱ぎ捨てなさいと言っているのです。

常識で生きていたら必ず死んでしまいます。死ぬのが嫌なら常識を捨てるのです。そうして、自分の舌が何を味わっているのか、自分の目が何を見ているのかを考えてください。

皆様の魂の働きは霊妙不可思議なものであって、見えない命の世界をはっきり見ているのです。皆様の頭が悪いのです。それは世間の人間の思想を信じているからです。世間の人間の腐ったような思想を信じているから、皆様の頭が腐ってしまうのです。

味というのは何であるのか。太陽の光線とは何か。光とは何であるのか。見ていながら分からないのです。これを無明煩悩というのです。

目で見ていながら分からないのです。これが人間の愚かさです。ばかな常識を捨てるのです。

そうすると、自分の命の本体が分かるのです。

## 五官

人間の五官の働きというのは、命の本体をそのまま現わしているのです。五官が命です。五官には命の光があるのです。

五官には命の光があるのです。これが分かれば皆様は死ななくなるのです。これは宗教の話ではありませんから安心して信じたらいいのです。

皆様の心臓が動いていることの意味がよく分かれば、皆様の考えではない、別の考え方が湧いてくるのです。そうすると、死なない生き方ができるのです。イエスがそうしていましたから、イエスの生き方をしたらいいのです。イエスの真似をしたらいいのです。

放っておいたら皆様は全員死んでいきます。そして、死んでからが大変です。永遠の裁きが待っているからです。

皆様は現世において知るべきことを知らなかった。なすべき勉強をしなかった。生活のことで一生懸命だったからです。食欲と性欲だけで生きていた。これが間違っていたのです。だから、永遠の裁きに会うのです。

こういうことをはっきり言うのは、日本では私だけでしょう。どんな宗教でもこんな説明はしないのです。

空ということを軽々しく考えて頂きたくないのです。皆様が出てきたのはどこからかと言いますと、空から出てきたのです。空から出てきて、現在幻の生活をしているのです。従って、元の空に帰れば死なないのです。

元の空に帰るというのは、自分がなくなることではないのです。自分の常識を脱ぎ捨てることです。そうすると、皆様の心臓の働きが、元の空に帰るのです。皆様が出てきた元の世界へ帰れば死なないのです。これがお茶の味になっているのです。

般若心経の中で、空という字が一番すばらしいのです。一切空、色即是空、五蘊皆空、空即是色とあります。空がどうして基準になっているのか。空の本質は何か。これが誠の神です。誠の命です。

命が空です。神が空です。空を見るとは命を見ることです。商売をすることは結構です。お勤めをすることは結構ですが、命についてもっと熱心になって頂きたいのです。

般若心経に色即是空、空即是色とあります。色即是空とは現象世界は虚しいということです。これは理屈でも納得できるのです。例えば、花が咲いていてもやがて散っていきます。人間が生きていてもやがて死にます。

だから、色即是空は常識でも分かることですが、空即是色が分からないのです。色《いろ》は目に見える現象世界を指しているのです。目に見えるものはすべて色があるから見えるのです。目に見える現象的万物のことを色と言っているのです。

色が虚しいということは分かりますけれど、なぜ虚しいものが目に見える状態で現われているのか。この説明ができないのです。空即是色の説明ができないのです。

仏教では因縁がそうなったとしか言えないのです。日本人の常識ではそれ以上のことは分かりません。

ところが、空が色になって現われなければならない本当の理由があったのです。これが大きいのです。空即是色というのは、現世を乗り越えた人間の悟りです。

現世を乗り越えてしまいますと、万物がなぜ万物として現われているかが分かるのです。例えば、太陽系宇宙と言いましても、花が咲いたり鳥が飛んでいるのは地球だけです。

アメリカやロシアの探査機が火星や金星に軟着陸して、たくさんの写真やデータを送ってきていますが、そこには生物は全く存在していませんでした。火星や金星に物質があることが不思議です。

物体的な惑星が存在するということだけで、太陽系宇宙は不思議です。太陽系以外の外宇宙は、ガス体ばかりです。物体はないのです。個体はないのです。

地球には固体がありますが、固体があるだけでも不思議です。地球には固体どころか生命体、万物、森羅万象が満ちているのです。海という大きな水の溜まり場があるのは、地球だけです。地球にしか海はないのです。森も林も山も川もあります。生物で満ちています。こういう不思議な現象が大宇宙の中で、どうして地球だけにあるのかということです。

こういうことが空即是色という言葉の重大な意味を示しているのです。

どうして神が地球を造らなければならなかったのか。神というのは命です。命は神です。命である神がどうして地球を造ったのか。この地球に二〇一五年現在で、七十三億人もの人が生きているのですが、どうしてこんなに多くの人間が生まれたのか。

皆様は地球に生まれたばかりに、楽しいこともあるが、色々な不幸なことも経験しているのです。業《ごう》を背負い込んで、病気になったとか、子供が言うことを聞かないとか、地震、台風など災害や、世の中の矛盾を味わわなければならないのです。

## 空即是色を知る

そういうことの本質を究明するためには、空即是色をどうしても知る必要があるのです。

こういうことは般若心経だけでは分かりません。仏法だけでは分からないのです。そこでどうしても聖書を勉強しなければならないことになるのです。

本当に信用できるのは仏法である般若心経と聖書だけです。キリスト教はだめです。私がいう聖書はキリスト教ではない聖書をいうのです。これを神の約束というのです。

神の約束と釈尊の悟りの二つがあるのです。日本人はこの両方のことを知らないのです。本当の釈尊の悟りが日本にはありません。

日本には仏教はありますけれど、仏教は日蓮とか親鸞、道元、法然、弘法大師といったお祖師さんが開いたのです。自分自身の仏教に対する解釈を説いたのです。これが日蓮宗になったり、真宗になったり、浄土真宗になったりしているのです。

これは釈尊の本当の説ではありません。仏教というのは釈尊の説を基にして自分自身の思想を説いているのです。これが宗教です。

日本には宗教はありますが、本当の悟りではないのです。宗教ではない般若心経は、私たちだけが言っているのです。はっきり空を説ける人は日本にはいないのです。命の説明ができる人もいないのです。

とにかく日本人は生活のことには熱心ですけれど、生命のことは全く考えようとしないのです。

昔は良かったのです。「色は匂へど　散りぬるを　我が世誰ぞ　常ならむ　有為の奥山　今日越えて　浅き夢見じ　酔ひもせず」これは空をはっきり説いているのです。いろは四十八文字はこういうもので、ここに日本文化の良さがあるのですから、お茶をたてる方は心を静めてお茶をたててください。

茶の心とはどういうことか。利休が言った一期一会は何を言っているのか。千利休は何を伝えようとしたのか。こういうことをお茶をたてながらじっと考えてください。

利休は言っています。「花は水に浮かべるごとくに生かすなり」。これが生花の心です。茶をたてててただ飲むことが茶だと言っているのです。茶をたてて飲むということの中に、利休には非常に深い心があったのです。その茶の心に般若心経の心がぴたっと合うのです。だから、日本人は何となく般若心経をかわいがるのです。空が分からないのに、般若心経をとてもかわいがっているのです。

般若心経を愛して頂くのだったら、空を愛して頂きたい。そうすると、本当の幸せがどういうものか分かるのです。

常識で生きていたら必ず不幸があります。苦しみがあります。悩みがあるのです。この世を去る時に困ります。いよいよ死ぬ時になったら、これからどうなるのかと思うのです。三途の川を渡って向こうへ行ったらどうなるのだろうか。さっぱり分からないでしょう。

命が分からない人は、死んだらどうなるのか全然分からないのです。気の毒なものです。自分の魂の責任のために、こういうことを考えなければならないのです。

私たちは人間完成をしなければならないのです。自分自身を完成しないで、業を果たさないで死んでしまうと、本当にひどいことになるのです。

業を果たすことが自己完成です。これをして頂きたいのです。今までの常識に別れを告げて、自分の命のことを考えたらいいのです。

## 9. 明けの明星と義の太陽

現在の文明の世界観は、人間は死ぬものだという概念を鵜呑みにして出来上がっているのです。こういうばかなものが文明です。

これは皆様の責任ではないということは言えますが、人間は死ぬものだという考えを基本にしている文明を肯定していますと、皆様は文明の害毒を真っ向から受け止めなければならないことになるのです。

人間は六千年の間、文化的な生活を造ってきました。六千年も人間文明がありながら、未だに人間は何のために生きているかということが分からないのです。六千年経ってもまだ分からないのです。

イエスが死を破ったという事実がありますが、これをまともに信じている人がめったにいないのです。キリスト教でも、イエスが復活したというくらいは肯定していますけれど、復活とはどういうことなのか、科学的にはどういうことなのか、哲学的にはどういうことなのか、現在私たちが生きている命と、イエスの復活の命とがどういう関係になるのか。これを具体的に、実体的に説明することがキリスト教ではできないのです。

聖書は宗教の書物ではありません。ところが、キリスト教はキリスト教的な教義に基づいてでなければ、聖書の説明ができないのです。教義を説いているのが宗教であって、教義は人間が造った理屈です。

日蓮宗は日蓮が造った教義を教えているのです。浄土真宗は親鸞上人の思想を基礎にして造っているのです。

これは釈尊の思想を説いているのではありません。釈尊の思想が端的に要約されたのは、おそらく般若心経くらいでしょう。

あらゆるお経の初めには如是我聞という言葉がありますが、般若心経だけには如是我聞という言葉がないのです。如是我聞というのは、私はこのように聞いたということです。これは釈尊そのものの思想ではなくて、私が釈尊の弟子から聞いたという思想です。

般若心経は最初から観自在菩薩　行深般若波羅蜜多時と書いているのです。ここには如是我聞とは書いていません。これは釈尊の思想を最も端的に現わしたものと言えるでしょう。

般若心経には死んでから極楽へ行くということは全く書いていません。宗教を否定する字句が並んでいるのです。無老死亦無老死尽というのは、十二因縁を否定しているのです。仏教教学の中心である十二因縁を、般若心経は堂々と正面から否定しているのです。大したものです。

般若心経自ら、私は宗教ではありませんと言っているように思えるのです。ところが、お寺では般若心経を用いて商売をしているのです。奈良のあるお寺では、般若心経を写経して千円を付けて送るとご利益があると宣伝して、六百万人の人からお金を集めているのです。堂々たる商売をしているのです。

イエスは宗教を蛇蝎のように嫌がったのです。「災いなるかな学者パリサイ人よ」と言って、宗教家、律法学者を真っ向から否定したのです。

イエスは律法学者と宗教家に捕えられて殺されたのです。ところが、現在ではイエス様と言って、キリスト教のご開山のようにして祭り上げられているのです。おかしなことをしているのです。

近代文明の世界観は、人間は死ぬに決まっているという概念を鵜呑みにしているのです。その上に近代文明ができているのです。

ですから、この文明の感覚をそのまま呑みこんでしまいますと、皆様は必ず死ななければならないことになるのです。

ところが、人間の命の真髄をじっと見つめますと、死なない命を見つけることができるのです。結局、近代文明の世界観が間違っているのです。文明の世界観、価値観が間違っているのです。

宗教的にイエスを見ていても、また、般若心経を読んでも、本当の意味は分かりません。般若心経を読んでいる人は、日本では一千万人もいます。その中で般若心経の意味が理解できている人は、めったにいないのです。意味が理解できた上に、それを実行している人は一人もないでしょう。

とにかく、宗教は困ったものです。死んでから極楽へ行くと言います。キリスト教は死んでから天国へ行けると言います。死んでから行けるという言い方はけしからん言い方です。

皆様は死んでから天国へ行けなかった場合、牧師さんを掴まえて文句を言うことはできません。そこには教会がないからしょうがないのです。

宗教は死んでからという言い方で、人々をごまかしているのです。色々な約束をして、死んでから実現できると言うのです。こういう詐欺まがいの言い方が、宗教では通用するのです。こういうまやかしに人間は気が付いていないのです。宗教を信じている人が日本には何千万人もいるのです。一体これはどういうことかと言いたいのです。

人間は何のためにこの世に生まれてきたのでしょうか。この世に生きるために生まれてきたのではないのです。この世で生活することが私たちの目的ではないのです。ところが、ユダヤ人は現世に生きていることだけが、人生であると考えているのです。この考え方をユダヤ人は世界中に広めてきたのです。

現在の日本人は、生活をすることには非常に熱心です。生活上の利害得失については非常に敏感ですが、自分自身の命の本質については全く考えていないのです。

生活のことについては一生懸命ですが、命のことは全然考えない。これはどういう神経でしょうか。

何のために生活が必要でしょうか。命のためにこそ生活があるのです。ところが、生活のことは一生懸命になっていますけれど、命の本質をほとんど考えようとしないのです。

般若心経を読んだり書いたりしていても、色即是空、五蘊皆空のことを全然考えようとしないのです。これはどういう訳でしょうか。どういう気持ちで般若心経を読んだり書いたりしているのでしょうか。

宗教は文明の一翼を担っているのです。般若心経を食いものにして、儲けているのです。キリスト教はもっと悪いものです。キリストの名によってキリストに逆らっているから、最も悪いものになるのです。

人間は思いによって生きていますが、この思いが根本から間違っているのです。般若波羅蜜多という言葉自体が、現世の文明のあり方を真正面から否定しているのです。

般若心経は文明を認めていないのです。仏教は般若心経を認めていて、仏教教団が成立しているのです。これはおかしなことです。本当におかしなことです。

友人関係、また、人間関係で不合理なことが少しでもあれば、皆様は黙っていないでしょう。ところが、肝心要の霊魂の問題、命の問題については、極端に不合理を押し付けられていながら、抗議を申し込まないというのはどういう訳でしょうか。

今の日本人には二種類いるようです。封建国民的に、初めから宗教は有難いものだと鵜呑みにして、黙って頭を下げる人と、宗教をとことん嫌う人とがいるのです。宗教はどうも信用できない、どこかおかしいと思われる人がいるのです。だから、日本人は無宗教の国民と見えるのです。

宗教を信じないことはいいことですが、それなら自分の命についてどう考えるかです。

生まれてきたという言葉がありますし、死んでいくという言葉があるのです。現世に生きているのは過渡的現象、一時的現象でありまして、現世に生活するためにだけ生まれてきたのではないのです。

## 何のために生きているのか

人間は何のために生まれてきたのかと言いますと、生活するとか、仕事をするためではなくて、命を経験するためにこの世に来ているのです。

人間は命を経験するために生まれてきたのです。皆様は現在命を経験していますけれど、命の本質が分かっているでしょうか。

現在皆様は命を経験しているのですが、人間の常識によって命を経験していますと、命の本体が全然分からないのです。これは近代文明の世界観が間違っているからです。

近代学、近世学がルネッサンス以降に生まれました。学問によって人間が生きる方向が決められてしまったのです。これから出ることができないように、人間は学問というアイデアに押さえ込まれているのです。

文明思想という考え方によって頭から抑え込まれているのです。これから出られないように思い込まされているのです。

今の日本では何を考えてもいいのです。何を言っても自由です。自由に考えられるのですから、文明思想に抑え込まれなくてもよいのです。文明は信じられない、信じられないと言えばいいのです。

皆様が命の本質を見極めれば、死なない命があるということが分かるはずです。皆様なら必ず分かるはずです。

近世文明の思想が間違っている。だから死ぬのです。人間は文明思想によって取り殺されるようになっているのです。宗教ではない般若心経と聖書を正しく勉強していけば、文明思想から逃れて、死なない命を見つけることができるのです。

近代文明の世界観が間違っているのです。自分自身の命のあり方をよく見ていけば、死なない命を見つけることができるのです。

光が私たちの目に反射して映っている。それを我々は現象だと思っているのです。可視光線が私たちの目に感じられるのは、虹の部分だけです。虹の七色の部分が光に変化して、私たちの目に映っている。ただ映るのではなくて、ちりの媒体があるから映るのであって、ちりがなければ媒体がないので、映らないことになるのです。

ちりの作用が私たちの目に映っているのです。こういう現象は科学でも説明できるのですが、私たちの目が捉えている現象は、何を私たちに教えているのか。私たちが見ている現象を通して、何を経験しているのかが問題です。

ユダヤ人が守っているモーセの十戒がありますが、十戒という言い方は宗教観念に基づいて言っているだけであって、実はモーセの十戒はないのです。ただ一つモーセの掟があるだけです。モーセの十戒という並べ方をしますと、第一戒というものがありまして、第二戒以降は第一戒の説明になるのです。

第一戒が戒めの本意でありまして、これがユダヤ人に全然分かっていないのです。ユダヤ人がモーセの掟の真意が分からないままの状態で生きているのです。皆様もユダヤ人が迷い込んでいる誤りを、そのまま呑みこませられているのです。

現在の世界の文明は、皆様がご存知であってもご存知でなくても、ユダヤ人が中心になってできているのです。これは仕方がないのです。神がユダヤ人を中心にして世界経綸をしている。これは地球計画の根本です。このことを日本人は知らないのです。しかし、皆様の魂は知っているのです。

人間としての皆様は魂が何を感じているのかご存知ないのです。皆様の常識や知識が魂を殺してしまっているのです。だから、魂が言おうとすることを、皆様は悟ることができないようなちぐはぐな精神になっているのです。

皆様の魂ははっきり言いますと、全く盲目になっているのです。これを無学文盲というのです。失礼ですが、皆様は魂的に言いますと、全く無学文盲です。文というのは綾錦という字です。あやというのは綾錦をいうのです。

あやというのは森羅万象が描いている宇宙の光のことです。これが綾錦です。言葉を変えて申しますと、皆様が見ている森羅万象は、一つの広大な曼陀羅になるのです。

曼陀羅というのは物語、物の道理を皆様に示している大自然の言葉のことです。大自然の言葉が曼陀羅です。これが文です。文というのは宇宙全体が曼陀羅であることを考えて、よくよく見ますと、森羅万象が皆様の魂に何を語っているのか、何を教えているのかということが、分かるはずなのです。魂の目を開けば分からねばならないようにできているのです。

皆様は非常に貴重な尊い性格を、生まれながらにして与えられていますが、現世における生活のあり方が間違っているために、せっかくの生まれながらの綾錦を読み取るだけの能力が、全然発達しないのです。それが無視されてしまっているのです。盲目の状態になってしまっているのです。

そこで、皆様は生きていながら命を知らない状態になっているのです。生きていながら命を知らないというのは、無学文盲の印です。私は皆様の無学文盲の眼を開いて差し上げたいと思っているのです。

現代文明のあり方が人間の情緒を破壊してしまっているので、このようなでたらめの文明になってしまったのです。核兵器の問題とか、教育が崩壊している問題はその端的な例証になるのです。

近代文明の世界観が人間の情緒を破壊してしまっているのです。皆様の情緒は文明によって見事に破壊されているのです。

皆様のハートは森羅万象の綾錦、いわゆる万象が語っている天地自然の曼陀羅を読み取ることができなくなっているのです。これは情操が破壊されているからです。文明はこういうばかなことをしているのです。

人間を生かすべき文明が、人間の魂を見事に殺してしまっているのです。森羅万象の綾錦を読み取ることができない。太陽の光で見せている万象の姿は一体何を示しているのか。これを読み取ることができないほど、人間は無学文盲にされてしまっているのです。本当に気の毒なことです。

可視世界は曼陀羅の世界でありまして、私たちの五官で飲んだり、見たり聞いたりしているのは、命の糧になるべきものばかりです。

人間は飲んだり食べたり、見たり聞いたりしているけれど、それを霊の目で見ることができないために、死んでから魂の裁きを永遠に受けなければならないことになるのです。永遠に魂の裁きを受け取ることになるのです。

無学文盲というのは恐ろしいことです。大自然の曼陀羅を読み取ることができないというのは、恐ろしいことです。このことの重大性を感じる人さえめったにいないのです。

現在の日本人は無学文盲です。日本人どころか世界中の人間が無学文盲なのです。ひどいものです。全くひどいものです。

韓国なら違った展開になるでしょう。くだらない牧師さんの話でも、三千人や四千人もの人が集まってくるのです。キリスト教会の会員が、一万人とか二万人という例がたくさんあるのです。日曜礼拝が一度にできないので、午前中に三千人、午後から第二回目の礼拝で三千人、夕方にまた、三千人礼拝するという教会が韓国にはたくさんあるのです。

日本人は全く愚かです。生意気でばかな民族です。聖書に対して冷淡で無関心だからです。

## 森羅万象は綾錦

神の経綸は分かるのです。森羅万象の綾錦を読んでいけば、神が何をしているのか、人間の命は何のためにあるのか、私たちはどういう気持ちでどのように生活したらいいのか、どうすれば死なない命を掴まえることができるかということが分かるはずです。

皆様の魂はそれくらいの能力を十分に与えられているのです。ところが、人間は冷静に、真面目に綾錦を読もうとしないので分からないのです。

例えば、「此のたびは　幣もとりあへず　たむけ山　紅葉の錦　神のまにまに」という菅原道真の歌があります。紅葉の錦の姿を見れば、神のまにまにが分かるのです。これが誠の神ながらです。菅原道真にはそれがちょっと分かったようです。

綾錦が分かれば、神の経綸が分かるはずです。皆様の命の実体が分かるはずです。

紅葉の錦神のまにまにという歌を、皆様は知っておられますけれど、自分自身の魂が紅葉の錦のまにまにであるという読み方ができないのです。自分の無学文盲ぶりに気付いていないのです。

社会生活をしていれば、それで一人前の人間だと思っているのです。これは全くばかなことです。実際、日本人の世界観、生命観、人生観は全くなっていないのです。

日本人は命を全然知らないのです。知ろうともしないのです。

禅宗に「隻手音声」という公案があります。森羅万象という隻手を聞けば、神が分かるはずなのです。

空がなければ色はない。空は色を現わしているのです。空は宇宙の原点です。色があるということは空があることを意味しているのです。

皆様の魂があること、肉体があることは神があることを証明しているのです。皆様の魂があることは、神があることを証明しているのです。

魂があることを通して、明々白々に神があることを意味しているのです。男があることは女があることを示しているのです。

魂があることは自分の中に神がいることです。それを森羅万象という形で見ているのです。自分の中にあるものを外に求めているのです。

天神さん（菅原道真）は本当の神が分かっていたのではないのです。日本の伝統の神を考えていたのであって、シャーマニズムの神です。本当の神ではないのです。

本当の神というのは、地球計画をたてた神です。天神さんはここまでは分からなかったのです。地球計画については一言も言っていないのです。

菅原道真くらいが日本人としての最高の文化人でしょう。

人間の肉体生活が魂を無視しているのです。肉体で生きているのは、魂を無視して生きているのです。皆様は六十年、七十年の間、魂を無視して生きてきたのです。日本人全体が無学文盲の集まりですから、これで何となく良いのだという気持ちになっているのです。自分のあり方を肯定しているのです。

そうして、日本で流行っている宗教というくだらないものを勉強して、何となく分かったような気持ちで生きているのです。これはばかの上塗りみたいなものです。宗教を信じるのはばかの上塗りです。

自分自身の魂を自分で進んで盲目にしているのです。これが宗教の愚かさです。神社仏閣が先に立って人々を騙しているのですから、本当にしょうがないのです。

神社仏閣はそれなりに意味があるのです。日本の神道もよく考えるとそれなりに意味があるのです。レベルは低いですが、それはそれなりに意味がないことはないのです。しかし、十分に神道の意味を弁えないで、ただ拝んでいればいいと考えている。とんでもない間違いをしているのです。

仏教になるともっとひどいのです。唯識論とか倶舎論という理屈を習うのです。唯識三年、倶舎八年と言って勉強するのです。それを勉強しても命については何も分からないのです。

十二因縁がどうとか、四諦八正道はこうだと言っていれば、お坊さんで通るのです。これが仏教大学の内容です。

これもまたばかの上塗りです。愚かなことをしているのです。仏教大学を出れば、一人前の僧侶になれるのです。キリスト教大学を出れば牧師さんになれるのです。全くばかなことをしているのです。

日本人は日本に住むのが一番良いと考えている。とにかく、皆様は日本人の自惚れを徹底的に捨てて頂きたいのです。間違った伝統、常識、習慣を捨てて頂きたいのです。そうして、魂の状態に戻ることができれば、隻手音声が分かるのです。

右手を上げただけで左手の音が聞こえるのです。こういう境涯になって頂きたのです。

皆様の魂は無限の可能性を秘めているのです。神は皆様に無限の成長を約束しているのです。それは皆様の舌の力、目の力で分かるのです。皆様の目はちょっと見ただけで味が分かるのです。見ただけで暖かそうだ、冷たそうだということが分かるのです。

見ただけで重そうだ、軽そうだということが分かるのです。見ただけで分かるのです。これは皆様の目に無限の可能性があることを、皆様に教えているのです。

皆様は貴重な魂をお持ちですから、本当に素直になりさえすれば、私よりももっと聡明な命を捉えることができるのです。本当の命を捉えることができるのです。

そうして、本当の物の見方を全世界に教えてあげる人が、日本から出ることができるのです。

本当の聖書の読み方、キリスト教の聖書ではない神の聖書の本当の読み方を、世界中の人々に教えて頂くことができるのです。

## 天皇制のすばらしさ

これができるのは日本人しかいません。私は右翼思想ではありませんが、日本の天皇制のすばらしさを知っているから、こういう発言ができるのです。

天皇というのがすばらしいのです。これはキング・オブ・ザ・キングス（king of the kings）のサンプルです。地球計画から言いますと、アジアの民族は全世界の長男です。アジアの民族が全世界を指導するのが、本当にあるべき状態です。

東は日本から、西はイスラエルまでがアジアです。アジアの民族が世界の長男であって、人数も一番多いのです。これが世界を指導するのが、世界の本当のあり方です。現在では白人が世界を指導しています。これは間違っているのです。アジアの民族が世界を指導しなければいけないのです。

例えば、釈尊、孔子、イエス・キリストという世界の三聖人は、全部アジア民族から出ているのです。白人から魂を指導する世界的な人間は一人も現われたのではないのです。

物質文明は白人が指導しているのです。ところが、白人の仲間にいるアジア民族が物質文明を指導しているのであって、これは白人の仕事ではないのです。

白人が文明を指導しているように見えるけれど、実は白人の中に住み込んでいるユダヤ人の仕業です。現在の白人文明は白人社会を地盤にしたアジア文明です。

こういうことを日本人は知らないのです。日本人は自惚れ根性を捨てて、本当の素直さができさえすれば、世界のリーダーシップを取ることができるのです。今の日本はだめです。絶対にだめです。自惚れが強すぎるからです。

日本人は本当の天皇制の良さを知りません。ただ天皇陛下万歳と言っているのです。本当の天皇制、キング・オブ・ザ・キングスが分からないのです。

今から二千七百年ほど前に、アジアの極西でキング・オブ・ザ・キングスの歴史が滅ぼされてしまったのです。ところが、同じ頃に、アジアの極東でキング・オブ・ザ・キングスの尻尾のようなものが出ているのです。おかしいことです。

アジアの極西で滅びたものが、アジアの極東で芽を出しているのです。これは世界の神秘です。歴史の流れのすばらしい神秘です。

何のために、極西で滅びたものが極東で芽を出しているのか。何のためなのか。その民族はどういう民族なのか。

極西で滅びたダビデ王朝というすばらしい王朝があるのです。これはすばらしい王朝ですが、やがてこれが東を中心にした働きによって、全世界に忸怩《じくじ》たる光彩を発揮するために、しばらくの間、天皇制という格好で現われているのです。

こういうことは地球計画を良く知らないと分からないことなのです。皆様はもう少し語るに足りる人物になって頂きたいのです。もう少し話が分かる人になって頂きたいのです。安心して何でも語れて、何でも聞ける人になって頂きたいのです。

今までの日本人の頭ではしょうがないのです。日本人は実は何も知らないのです。肝心要の天皇制のことを全く知らないのです。本当のことが全然分かっていないのです。それでいて自尊心だけは強いのです。

八紘一宇、金甌無欠とは何のことでしょうか。全然分かっていないのに、金甌無欠と言っていたのです。おかしな民族です。

自惚れが一番悪いのです。うぬに惚れるとは一体どういうことでしょうか。これは一番大きな間違いです。人に惚れるのならまだいいのですけれど、うぬに惚れるというのは馬鹿の骨頂みたいなことです。

人間は肉体的に生きています。何となく世間並に肉体的に生きているのです。特別に肉体的に生きているという気持ちがある訳ではないのです。

何となく世間並の気持ちで生きているのです。気持ちというのが問題です。人間の色々な思い方の根源がハートです。思い方はすべてその人の気持ちから出てくるのです。思い方の根源は気持ちです。

日本人の気持ちが間違っているのです。日本人の国に対する気持ちが間違っているのです。

天皇制に対する気持ちが間違っているのです。人間に対する気持ちが間違っているのです。神に対する気持ちが間違っているのです。

ハートが間違っているために、ハートから出てくる精神の表象が全部間違っているのです。「人の心から出るすべての思い計りが、常にただ悪のみである」と言っています(創世記6・5)。ハートから出る心の思い計りが、常にただ悪のみである。これが原罪の正体です。良いことは出てこないのです。

例えば、道徳の話をしても、政治、経済の話をしても、もう間違っているのです。自我意識によって話をしているからです。人間の魂の本質を知らないままの状態で、神の話をしたり、命の話をしたり、倫理の話をしていることが間違っているのです。

肉の思いによって情緒の基礎が破壊されているのです。いくら愛という言葉を考えても、義理人情という言葉を使っても、その心の根本が間違っていますからどうしようもないのです。

善と言っても、悪と言っても間違っているのです。人間が生きていることが間違っていますから、どうしようもないのです。

善と言っても、悪と言っても間違っているのです。人間が生きていることが間違っているからです。根本から間違っているのです。

日本人は己を捨てるということが分からないのです。滅私奉公と言いますけれど、その場その場に調子を合わせるために言った言葉です。滅私奉公と言うたびに、日本人は偽善者になっていくのです。本当に心の底から滅私奉公を考えてはいないのです。その時の流れによって、そういう言葉を言っているだけのことです。

肉体生活が魂を無視している。これが根本です。その結果、五十年、六十年の記憶が、全部肉の記憶ばかりになっているのです。肉の記憶が魂の裁きの元になるのです。

今までの肉体生活をしていて魂を無視していた。これがそのまま記憶になっています。死ぬと肉体は灰になりますけれど、記憶は灰にならないのです。記憶がそのまま皆様の魂を掴んでしまうのです。間違った状態を引きずり回すのです。これが死後の状態です。

今生きている日本人の根本状態が間違っているのです。これが皆様の記憶になって、しっかり皆様の魂を抑え込んでいるのです。

そこで目の黒いうちに、悔い改めて福音を信じることをどうしてもしなければならないのです。悔い改めるというのは、生活の根本的な態度を転換することです。記憶を消してしまうのです。

今まで生きてきた記憶を消すということが、皆様はできるのかと思われるでしょう。できないと思われるのなら、今までの記憶を持ったままで死んでごらんなさい。

自分自身の記憶をそのままにしておきますと、皆様の魂は必ず裁かれるのです。命についての考え方が間違っていたのですから、そうなるのです。

そこで、目の黒いうちに皆様に訴えたいことは、生活の根本原理を変えてしまうことです。

神の地球計画の大精神に基づいて変えてしまうのです。

本当の綾錦の意味、森羅万象の本当の意味が分かるような考え方をすべきなのです。皆様の情緒がへたばってしまっているのですから、これをよく考えて頂きたいのです。

皆様にできないことを申し上げているのではありません。できることを申し上げているのです。素直な気持ちになりさえすれば、必ずできるのです。

これはしなければならないことです。生きているうちは、いいかげんな気持ちでも生きていられますけれど、死んでしまうと皆様の気持ちは通らなくなるのです。それでも、皆様の魂は消えてしまわないのです。記憶がある以上、魂は絶対に消えないのです。

記憶が魂を引っ張っていくのですから、魂は消えることができないのです。だから、生きているうちに魂の方向転換をするのです。これが必要です。

本当の命の勉強をするのです。神の名によって、また、イエスの名によって、キング・オブ・ザ・キングスの名によって、絶対とは何であるかということを勉強して頂きたいのです。

皆様の記憶が皆様の魂を掴まえて、行きたくない所へ引っ張っていくのです。これは皆様が静かに考えれば、今までの自分の生活は間違っていた、これではいけないということがお分かりになるはずです。

皆様の良心はそれを知っているはずです。ところが、皆様は良心の言い分に耳を貸そうとしません。良心よりも常識の方が大切だと思っているからです。常識のための頭になっていますから、常識を捨てて良心で生きる、良心で魂の生活を考えるということは、今の日本人にはまずできないでしょう。しかし、皆様にはやって頂きたいのです。

## 魂

死んでしまったらそれまでという日本人の薄っぺらな考えをやめて、肉体が灰になっても魂は灰にならないことをよく考えて頂きたいのです。

そこで、皆様が現世に生きている間の心構えをよく考えて頂きたいのです。

リビングということが、魂の本性です。リビングそのものが魂それ自体です。このリビングに目を向けていないこと、生活の方に気を取られてリビングの方に気が付いていないことが、魂が死んでしまっていることになるのです。この魂の状態に気が付くことが必要なのです。

これは死を認めていること、死に負けていることを指すのです。このようなコンディションがそのまま脳波の状態になっているので、この状態から脱出するのです。

生活のことよりも、生活の基礎になっているところのリビングに気が付くことが根本的な要点なのです。

命あっての物種、畑あっての芋種です。命がリビングなのです。これが魂の本性です。神から遣わされたままの命の本性である魂、リビング・ソールのことを、よく弁え知ることが第一要件です。

魂というのは命の本質であり、生まれる前の原風景の基礎ですから、これを認識することなくして、命を捉えることは絶対にできないのです。生活することよりも命の本質を見つけることと第一目的です。

今までの思いを捨てて、その方向に向き直ることです。これが魂の本性に基づく誠の本願になるのです。

リビング（living）というのは日本語で言ってもいいのですが、日本語で言いますと、ライフ（life）とリビングとがはっきり仕分けができないのです。

生きると言っても生活のことにも受け取れるのです。英語でリビングというのは、生きるそのことを意味しているのです。人間の五官が現実的に働いていることを指すのです。

正確に言いますと、これはリビングではなくて、ザ・リビングになるのです。これは生きているそのことであって、リビングが人間の魂の本性、本質であるのです。魂はリビングを指すのです。

皆様が飴をなめている時の実感がリビングです。なめている時の実感が大切です。これが瞬間的に命を経験していることです。飴をなめていながら、自分は今何を経験しているかということが分かるようになれば、皆様は飴をなめるということだけで神が分かるのです。

神は魂の本源ですから、これが分かるのです。人間の五官は生まれる前に神が皆様に植えたのです。これが本当の情操の働きの基礎です。情緒の基礎です。

情緒の基礎が、現在の人間の生活によって根本的に破壊されたしまったのです。特に近代文明においては、学校教育によって、情緒の基礎がばらばらに分解されてしまったのです。

理性や良心についての教育を全然しないのです。ただこの世の中で生活するために必要な学問だけを与えているのです。これが人間形成です。社会的な人間を造ることが教育の目的です。

社会的な人間を造れば造るほど、情緒の基礎が破壊されてしまうのです。この意味では学校教育というものほど悪いものはありません。これを考えたのは近代文明です。

それまででも悪いことはありましたけれど、近代文明になってから、加速度的に悪くなったのです。情緒の基礎が木っ端みじんにされてしまったのです。これがユダヤ人の根本的な悪です。

なぜそういうことをユダヤ人がしたのかと言いますと、彼らは神の地球計画に対して、根本から反対しているからです。神の約束の民であるユダヤ人が、まっ先に神の地球計画を破壊しているのです。

第二次大戦中にドイツのヒットラーによって、六百万人のユダヤ人が、ガス室で惨殺されたという事件がありますが、これが神の処置だったのです。屋根の上のバイオリン弾きという劇や映画がありましたが、ユダヤ人は世界中どこへ行っても安住の地がないのです。これが神の処置です。

こういうユダヤ人問題がよく分かって、歴史の流れはどこから流れてきて、どこへ流れていくのかということを、勉強する必要があるのです。ユダヤ人問題が分からなければ全然話にならないのです。

歴史の流れには一つの方向があるのです。世界歴史の完成において、人間の魂の完成があるのです。歴史の完成と人間の霊魂の完成とは、一つのものなのです。このことをよく考えて頂きたいのです。

これは宗教の話ではありません。世界歴史の実体です。私たちは歴史の完成を考えるのです。そして、人間の完成を考えるのです。もう一つ、地球の物理的な完成も考えるのです。地球の完成と歴史の完成、空間の完成と時間の完成です。時間と空間と人間の三つの間があるのです。三つの間が完成して一つになってしまうのです。これが分かると初めて、真理とは何であるかが分かるのです。命とは何であるかが分かるのです。地球とは何であるかが分かるのです。

そうすると、森羅万象が何を教えているのかが、はっきり読み取れるのです。皆様が飴をなめているという事が、神を捉える秘訣です。飴をどのようになめるか。なめることによって何を感じるのか。これをよく考えて頂きたいのです。

神の国とは何か。五官は先天性の機能です。神からのもの、神を捉えるためのものです。その機能によって初めからの命を捉えているのですが、ハートが肉性のものになっているために、そのハートからの情緒では、その五官の感覚をロマンとして確認することができないのです。

人間はこの世に生きていることしか分からないので、ハートがそういうものになってしまっているのです。生活主義の気持ちでいっぱいですから、その気持ちがそのままハートになっているのです。

このハートからの情緒は、肉的にしか作用できないのです。この世の思いがハートを拘束しており、そのために情緒が破壊されているのです。

だから、まずこの世を認めないことです。この世から脱出しようと思うことです。神の国と神の義を求めようという願いを持つことが必要です。この意志によって生活よりも命が第一であるという気持ちが起こってくるのです。この気持ちがハートを回復させる基礎的な能力になってくるのです。

この世に生きていることは生活に生きていることです。生命に生きていることではないのです。これは死んでいることを指すのですが、この本質的な転換を心がけることが必要なのです。

霊魂の行は肉体の行とは違います。肉体の行、いわゆる斎戒沐浴はいくらしてもだめです。肉体は清まりますが、魂は清まりません。

魂を清めるためには一つしか方法はありません。これは心が柔和になること、謙遜になることです。柔和謙遜というのはすばらしい美人の格好のような心になることです。美人にはなれませんが、美人の格好のような心を持つことはできるのです。

私の若さと美貌をまむしに見せてやりたいと言った女性がいましたが、皆様は魂の美人になったらいいのです。

飴をなめて神が分かると言いましたが、此岸にいて飴をなめてもだめです。般若波羅蜜多で飴をなめるのです。この方法を今から申しますが、これはめったに公開しないことなのです。私がもし宗教家なら、こういう秘密はめったにお話ししないでしょう。

般若波羅蜜多とは何であるか。般若心経に般若波羅蜜多という言葉を使っていますけれど、どうしたら般若波羅蜜多になるかということは教えていません。これが釈尊の良いところですが、また悪いところです。

## 明けの明星

釈尊は自分で分かったのです。般若波羅蜜多が分かったのです。釈尊は明けの明星を見たのです。明けの明星というのは歴史の行く末のことです。

今の現存する歴史が終わります。そうして、新しい歴史が全世界に登場するのです。地球に新しい歴史が登場するのです。神の国とはこのことです。

歴史の完成を目指して勉強するのですが、これは誰もしていないことです。

現在の人間歴史はめちゃくちゃになるに決まっているのです。愚かな人間が集まっている歴史が、完成されるはずがありません。釈尊が見たのは明けの明星です。明けの明星の次に何が現われるかを直感したのです。

明けの明星の次に現われるものは、太陽です。義の太陽です。これが現われるのです。今の太陽は義の太陽のサンプルです。本当の太陽ではありません。本当の太陽は現在の物理的な太陽の効用もありますが、魂も照らすのです。

現在の物理的な太陽は、物理的な面しか照らすことができないのです。物理的な面と心理的な面との両方をくまなく照らすのが、義の太陽です。義の太陽が現われるに違いないことを、釈尊は直感したのです。

釈尊ははっと感じたものがあったのです。人間の命の原理が、そのまま地球の歴史を指導するという世界です。これが現われることを釈尊は直感したのです。

ところが、釈尊の悟りが日本の仏教界に全然分かっていないのです。明けの明星の話ができるお坊さんは、日本には一人もいないのです。これが分からなければ、仏陀の悟りは絶対に分からないのです。

なぜ五蘊皆空と言ったのか。今の社会がなぜ空であるかということです。この原理は、来たらんとする新しい歴史の輝き、物理と心理の両面をくまなく照らす、義の太陽の輝きの説明ができなかったら分からないのです。

皆様は今生きています。命が働いているからですが、皆様の肉体にどうして命が働いているのかという原理です。命がどのようにして皆様の肉体の中に働いているのか。森羅万象の中にも命があるのです。どのようにしてあるのか。

これを新約聖書の言葉で申しますと、「神はすべてのものの上にあり、すべてのものを貫き、すべてのものの内にある」となります（エペソ人への手紙4・6）。

上というのがキリスト教では分からないのです。神はすべてのものの上にある。上とはどこか、何かです。上とは距離ではない。霊的な意味での上とは、肉的に感じられない場所をいうのです。肉体的な人間の常識では、感じられない場所を上というのです。

神はすべてのものの上にある。すべてのものを貫いて、すべてのものの内にある。すべてのものを貫いてというのは、皆様の肉体を貫いて皆様の内に神が入っているのです。

皆様の舌にも神が入っているのです。味覚をばかにしてはいけないのです。栗の毬が栗の毬であるのは、神が貫いているからです。ボールペンがあるのは、ボールペンを貫いて神がいるのです。

ボールペンがボールペン「である」ことが、ボールペン「がある」こととなっているのです。「である」ということがイズ（is）ということです。「である」ことが神です。

舌が舌「である」ことが神です。皆様が飴をなめるというのは、実は皆様がなめるのではなくて、皆様の舌を舌として働かせている神が、皆様という人間を通して飴をなめているのです。

神が飴なんかなめるものかと言われるかもしれない。なめるのです。神は飴が大好きですからなめるのです。神が好きでなかったら、人間に食べさせないのです。神は自分が好きだから人間に食べさせるのです。

神はマグロの刺身が好きだから人間に食べさせるのです。ビールが好きだからビールを飲ませるのです。こんな簡単なことが人間には分からないのです。

日本人は八百万の神々と言って神を拝んでいますけれど、本当の神を全然知らないのです。本当の神は抱き合ってダンスができるものです。そうでなければ神とは言わないのです。

神は一番易しい、一番気楽な、一番楽しい、一番もの分かりがいい親爺さんです。衣冠束帯の神ではないのです。冠を被っている神は偽善者です。本当の神を霊というのです。

## 人間を生かすものは霊である

「生かすものは霊である」とあります（ヨハネによる福音書6・63）。これはすばらしい言葉です。皆様の肉体を肉体として生かしているものは霊です。

地球を地球として生かしているものは霊です。栗を栗としているものが霊です。

皆様が本当の飴の味が知りたければ、飴の甘い味も神であることを知ることです。味も神、舌も神も、舌の感覚も神です。飴の味が分かるという感覚は霊の感覚です。神の感覚です。

皆様の舌の感覚というのは、霊の感覚です。これを肉の感覚として受け取っている。肉体生活を自分の生活だと思っている人は、霊魂のことが全然分からないのです。

肉体生活をしている人は、本当の人間の情緒が分からないのです。本当の情緒は命の本質です。命の本質を味わい分けることが、本当の情緒です。

芭蕉は情緒を掴まえようと考えて、一生涯を棒に振ったのです。「名月や　ああ名月や　名月や」と言いながら、名月を通して、本当の神を掴まえようとしたのですが、分からなかったのです。情緒の本体が分からなかった。生かすものは霊であるとありますが、これが神の本体です。エネルギーの本体です。精神的なエネルギー、物理的なエネルギーの本体が神です。

地球を自転公転させているエネルギーが、そのまま皆様の目や耳や舌に入っているのです。これが分かると初めて、皆様はああ自分は万物の霊長だということが分かるのです。

万物はたくさんありますが、自分の舌に神があるということが分からないのです。これが分かりますと、神の国が分かるのです。神のジャンルです。神の領域です。これが分かるのです。

皆様には目の黒いうちに、神の国に絶対に入って頂きたいのです。ここに入りますと、死なない命がありありと分かるのです。

まず皆様には霊において貧しくなるということを勉強して頂きたいのです。霊において貧しいとはどういうことか。イエスは、「こころの貧しい人たちは、さいわいである」と言っています（マタイによる福音書6・3）。霊において貧しいとは英訳で、the poor in spirit となっています。

霊において貧しいということを、キリスト教では説明ができないのです。霊において貧しいとはどういうことか分からないのです。ところが、日本では分かった人がいるのです。

例えば、千利休は一期一会を本当に考えていたようです。一期一会を本当に考えられるのは、霊において貧しい者です。霊において貧しくない者は一期一会を考えることができないのです。

太閤殿下秀吉の逆鱗に触れて利休は切腹したのです。しかし、千利休は霊において貧しいということが少し分かっていたようです。

もう一人は柳生但馬守宗矩《やぎゅうたじまのかみむねのり》です。柳生新陰流の無刀取りの極意の創設者です。無刀取りは霊において貧しくないとできないのです。

剣道の極意も、茶道の極意も同じものです。般若波羅蜜多が本当にできなければ、無刀取りはできません。このように宗教ではない般若心経をよく経験してお話しするとよく分かるのです。般若心経はこれほどのものです。

皆様がお読みになっている般若心経は、ただ読んでいるだけですから、心経が泣いているのです。

般若波羅蜜多を考えるという勇気を持って頂きたい。柔和謙遜で勇気を持つのです。そうしたら、彼岸へ渡るということが分かるのです。

## 10. 倒錯した文明から脱出する

般若心経を読んでいらっしゃる方は、日本にはずいぶんいますが、何のために般若心経を読んでいるのでしょうか。これが分かっている方がめったにいないのです。

般若心経は四角い文字がやたらに並んでいるのでありまして、読むのは簡単ですけれど、その意味を本当に捉えることは簡単ではないのです。

皆様は現在生きています。生きているということは、命を経験しているということです。ところが、命とはどういうものかということが分かっているのでしょうか。

生きていながら命が分からない。これが世間並の人間の状態です。生きているという言葉は、命を経験していることをいうのですが、命を経験していながら命とは何かが分かっていないのです。

人間とはこういうものなのです。現在自分が何か仕事をしていながら、何をしているのかが分からないのです。

聖書に、「彼らはそのなすところを知らざればなり」という言葉があるのです。何かをしているが、何をしているのか本人に分かっていないのです。これが人間です。そのために人間は死んでいかなければならないことになるのです。

誰でも皆死にたくないに決まっているのですが、死なねばならないと思っているのです。死ぬのが嫌であるが、死なねばならないと思っているのです。三十歳か四十歳の頃は、死ぬのは先のことですから、死ということをそんなに真面目に考えなければならないとは思っていませんが、七十歳くらいになると、そうは問屋が卸さないことになるのです。

死とは何か。この世を去ることと、死ぬということとは別問題なのです。死ぬというのはどういうことか。これがはっきり分からないのです。

日本人は生活のことは一生懸命に考えますけれど、命のことをほとんど考えようとしていないのです。生活のことは一生懸命です。人間のお付き合いとか、商売のこと、家庭のことには一生懸命ですが、自分自身の命について真面目に考えている人はめったにないのです。

般若心経を読んでいる人は、一千万人くらいはいるでしょう。読んだり写経したりしている人は、ずいぶんたくさんいるでしょう。

ところが、生きていながら命が分からないように、般若心経を読んだり書いたりしていながら、意味が分かっている人がめったにいないのです。

般若心経を商売道具にしている宗教家がずいぶんいますけれど、その人々は般若心経のことが全然分かっていないのです。分かっていないから般若心経を商売道具にしているのです。

日本人は般若心経を大変愛していますけれど、般若心経の内容の真意を、ほとんど愛していないのです。論語読みの論語知らずという言葉がありますが、心経読みの心経知らずになるのです。

般若心経の本当の意味が分かると、まず自分自身の生き方が間違っていることが分かるのです。般若心経は無という字と空という字とを合わせて三十五、六字あるのです。般若心経全体は二百七十六字ですから、一割以上が無、空の文字になるのです。

般若心経は無ということを語っているのです。人間が生きているということが、空である、無であると言っているのです。

日本人は般若心経を愛してはいるけれど、自分自身の人生が空であることを知っている人はめったにいないのです。これはどういうことでしょうか。

実は自分自身の人生が空であることが分かりますと、皆様は死ななくなるのです。自分の人生が空であることをはっきり確認しようとしないから、死なねばならないことになるのです。結論的にいうとそうなるのです。

人間が生きていることが空ですから、自分自身の人生を空だと考えなければならないのです。自分自身が空であることが分かれば死ななくなるのです。

ところが、人間は自分自身が空であることを考えるのが、甚だ辛いのです。しかし、現在の皆様が考えている自分は、死ぬに決まっている自分です。死ぬに決まっている人間を自分だと思っているのです。

死ぬに決まっている人間を空じてしまうということは、死ぬことを空じてしまうことになるのです。

今の皆様は死ぬに決まっています。死にたくないといくら地団駄を踏んでも、死ぬに決まっているのです。死んでしまうに決まっている自分をはっきり空として見てしまうことになりますと、死なない自分を発見することができるのです。

人間は死ぬに決まっています。この世に生まれてきた人間は死ぬに決まっている。この世に生まれてきたということが業《ごう》です。この世に生まれてきたことが業ですから、これを切って捨ててしまうことは、自分の業を切って捨てることになるのです。

死んでしまう自分を空じてしまえば、死なない自分を発見することができるのです。この意味で般若心経は本当に真面目に勉強すべきものなのです。

これは宗教の話ではありません。宗教というものは現世に生まれてきた人間に幸福を与えようという考えを持っているのです。この世で幸せな暮らしをする。死んでから極楽へ行くということを教えるのです。

こんなうまい話はありません。これは根本から間違っているのです。この世に生まれてきたことが業ですから、生まれてきたことが間違っているのです。

生まれてきたことが間違っているというのは、皆様自身の責任ではありません。人間にはこのような業があるのです。人間の命、地球の命には非常に悪質な業があるのです。

## 生あるものは必ず死する

生あるものは必ず死する。形あるものは必ず壊れるということを昔の人はよく言いました。これが日本の文化の原理です。

生きている者は死ぬに決まっているのです。形があるものはなくなるに決まっているのです。現在の人間はまだ完成された人間ではないのです。魂として完成された人間ではないのです。肉体的に生きてはいますけれど、魂の命を全く知らないのです。知ろうともしないのです。

文明が根本から間違っているのです。人間の文明は死んでしまった人間が造り上げたのです。人間は全部死んでしまったのです。文明を造った人間は、誰も彼も全部死んでしまったのです。ただ一人イエスが死を破ったのです。イエスが死を破ったという事実の他には、どんな宗教の指導者も、どんな偉い政治家も皆死んでしまったのです。

皆様は死んでしまった人間の真似をしているのです。学理学説、学問と言いますが、文明の基礎になっている学問ほど当てにならないものはないのです。

何のために学問があるのか。これが分からないのです。科学が何のためにあるのか。人間を幸福にするためだというでしょう。幸福にすると言いますが、現世の生活が少し便利になったというだけのことです。結局は死んでしまわなければならないのです。

科学は死に勝つことができないのです。法律も哲学も、肝心の宗教でさえも、命のことを全く勉強していないのです。商売のために経文を利用したり、聖書を利用したりしているのです。

宗教は結局商売です。本当のことを言わないのです。本当のことを言えば宗教は流行らなくなるのです。だから、本当のことは言いません。

宗教は人々に幸福を与えるとか、死んでから天国、極楽へ行けるとか言いますが、死んでからというばかな言い方は詐欺です。生きている間には寺も教会もありますけれど、皆様がこの世を去っていきますと、寺も教会もない所へ行くのです。そこで、極楽へ行けなかったから何とかしてほしいと言っても、何ともしょうがないのです。

死んでから天国へ行けなかったとしても、神父や牧師に文句を言えないのです。宗教はそういういんちきばかりを言っているのです。現世に生きている人間をたぶらかすようなことばかりをしているのです。

般若心経はそういうことを言っていません。般若心経は現世に生きている人間は空だと言っているのです。このことをはっきり日本人に言いますと、宗教商売ができなくなるのです。だから、宗教では般若心経の本当のことを説こうとしないのです。

お坊さん自身が般若心経の本当の意味が分かっていないから説けないのです。般若心経の本当の精神が分かれば、現在の寺院仏教は、消えてしまわなければならないことになるのです。

本当の聖書が分かれば、今の牧師はキリスト教の世界にはいられないでしょう。

そこで、宗教ではない般若心経と聖書の勉強をしなければならないのです。今まで般若心経と聖書を一つにして勉強することがなかったのです。

般若心経と聖書を二つ並べますと、宗教にはならないのです。仏教でもキリスト教でもない、従って宗教ではないということになるのです。

私は皆様を宗教団体へ引っ張り込もうとしているのではありません。宗教から出ることをお勧めしているのです。良いことは良い、悪いことは悪いと言っているのです。皆様が命について真面目な考えを持って頂けないからこうして訴えているのです。

日本人は般若心経をなぜ愛好しているのでしょうか。なぜこんなに愛しているのでしょうか。不思議なことに日本人は般若心経に書かれている空という字が好きなのです。何となく好きなのです。

今から千年くらい前の平安文化には、無常観が滲み出ているのです。例えば、鴨長明が書いた方丈記には、人間が家を造って住んでいるのは、水虫が水の泡粒の中に住んでいるようなものだと言っているのです。

人間がこの世に家を造って住んでいるのは、虫が住んでいるようなものだという。これが無常観です。小野小町は、「花の色は　うつりにけりな　いたづらに　我が身世にふる　ながめせしまに」と詠んでいます。これもはっきりした無常観です。

このような無常観が日本人に相当強く染み込んでいるのです。無常観が日本には伝統的にありましたが、今はほとんどなくなっている状態です。

今の日本人は世界第三位の経済大国になった結果、頭がどうかしているのです。エコノミックアニマルと言われて、生活一辺倒になってしまったのです。生活動物になったのです。生活することに一生懸命になっていて、命のことを全く考えないのです。

今の日本人は命のことを真面目に考えようとしていないのです。日本文化の伝統である無常観がほとんどなくなってしまったのです。

そこで私たちはもう一度、般若心経を見直す必要があるのです。空という文字が日本人は非常に好きなのです。

色即是空、空即是色、五蘊皆空とあるのです。五蘊皆空という言葉は、人間の思いは皆間違っているという意味です。こういう言葉が日本人は何となく好きなのです。しかし、ただ好きなだけではいけないのであって、人間の思いが間違っているとしたら、どのような思いが正しいのかということを知らねばならない責任があるのです。

今の日本人は放っておけば皆死んでしまいます。死んでしまうだけならいいのですが、この世を去った後に霊魂の裁きと地獄が待っているのです。

人間がこの世に生きているということは、万物の霊長としての生活を送っているのです。自分の自由意志によって、自分の経済事情が許す範囲において、食べたい物を食べたり、着たい服を着ています。好きな家に住むことができるのです。これは貴重な経験です。

衣食住を自分の意志に基づいて選択することができるということは、すばらしい権能です。皆様はこの事実をどのようにお考えになるでしょうか。

もし神が肉体を持ってこの地上に現われたら、現在の皆さんと同じ生活をするでしょう。神とは何か。日本の八百万の神は人間が造った神です。乃木希典や東郷平八郎が乃木神社や東郷神社で、神として祀られているのです。

これは人間が造った神であって、名前だけの神です。本質は神ではない、ただの死人です。

本当の神とは何かと言いますと、皆様の心臓が現在動いていることです。皆様の目が見えること、耳が聞こえることが神です。これが本当の神です。こういう神を日本人は全く知らないのです。

キリスト教の人々がこれを知らないのです。キリスト教の人は天にまします我らの神よと祈っています。天にまします我らの神とはどんな神か、実ははっきり知らないのです。経験しているけれどもそれを理解していないのです。

神という宗教観念を鵜呑みにして、神様、神様と言っているのです。本当の神というのは、皆様の心臓が動いていることです。これが神です。

人間が死ななければならないのは、命に対する正しい認識がないからです。命を正しく認識したら、人間の魂は死なないのです。

誰でも肉体はこの世を去ることになります。肉体は消耗品ですから、やがて使えなくなります。肉体がこの世を去るということと、魂が死ぬということは別の問題です。

命の実体を掴まえたら魂は死なないのです。皆様が命に対する見方を正しくしたら、死ななくてもよいことになるのです。

そのためには、今までの自分の考え、自分の気持ちを空じてしまうことが必要です。般若心経の空というのは、今までの自分を空じてしまうことを言っているのです。

聖書を信じるというのは、イエスが復活したこと、イエスが死を破ったことを信じることです。イエスはどうして死を破ったのか。イエスはどういう生き方をして死を破ったのか。自分自身を空じること、イエスがどういう生き方をしていたのかを勉強すること、この二つを勉強したら死なないことになるのです。

魂が完成されるということはどういうことなのか。命の実質を捉えることが、魂が完成されたことになるのです。

皆様は現在理性と良心によって生きています。理性というのは、無限の真理を求めているのです。本当の真実を理性が求めているのです。

良心は本当の善を求めているのです。ところが、現在生きている人間の中には本当の善は一つもありません。現在生きている人間は皆死んでいく人間です。死んでいく人間が考えていることは、大なり小なり間違っているのです。間違っているから死んでいくのです。

人間の理性は無限の真理、良心は最高の善を求めているのであって、これは神を、求めていることになるのです。この神は現在地球を動かしているエネルギーの実体です。これに人格があるのです。

地球を動かしている壮大な力、森厳な力に人格があるのです。この人格が永遠の真理です。

これを掴まえることが本当の命を掴まえたことになるのです。

神は概念ではないのです。実体です。実存です。例えば、皆様が人間であることが神です。皆様の心臓が動いていること、目が見えることの実体が神です。概念ではありません。

お茶を飲んだらお茶の味がします。このことが神の働きです。命という言葉と神という言葉は、本質的に同じです。

日本の八百万の神々は概念です。私は地球が動いている事実を言っているのです。

死とはどういうことか。神が命です。この命と一つであることが死なないことです。この命と離れたことが死んだことです。

現在の日本人は神という概念は知っていますけれど、本当の神を五官の感覚で捉えている人がいないのです。これが魂が死んでいる証拠です。

今の日本人の魂が既に死んでしまっているのです。人間は肉体的に生きていますけれど、魂が死んでいるのです。魂は本当の命を知らないままで生きています。本当の命を知るためには、今までの皆様の考え方を一度空じてしまわなければならないのです。これが必要になるのです。般若心経はこれを言っているのです。

私たちは毎朝起きて新しい命を経験しているのです。毎日、毎日新しい命を経験しているのです。新しい命を経験していながら、命が分かっていないのです。

これは文明が悪いのです。個々の人間の責任ではありませんが、「文明が悪いから私は命が分からなかった」という言い訳にはならないのです。文明が悪いから、私はつい何十年間が生きていましたということは、言い訳にはならないのです。

## 命のルーツ

文明は当てになりません。今の学校も当てになりません。皆様は毎日新しい命を経験しているのですから、命を経験していることをよく考えれば、命のルーツを見つけることはできるはずです。これができないままで生きているということは、各個人の怠慢であることになるのです。

生きていながら命を知らないという言い訳は、死んでから言えないのです。生きているということを通して、命のルーツを見つけることができない。これが現代文明の根本的な欠陥です。生活のことには一生懸命になっています。科学の進歩、電気製品の開発、通信手段、インターネットの活用は生活のことです。命を経験するためには、生活はもちろん必要です。

生活のことは学校教育を受けなくても、現世に生きていたら勝手に分かってくるものです。しかし、命のことは勉強しないと分からないのです。

こういうことを現代文明は全然していないのです。文化文明底抜けバケツ、何が当てやら目当てやら、皆目分からないということになっているのです。

今の文明はその程度のものです。価値がないというよりはマイナスばかりになっているのです。こういうことを教えようという大学教授は日本には一人もいないのです。

命のことを考えている宗教家はいません。どうしたらご利益が与えられるとか、どうしたら死んでから天国へ行けるとか、ばかげたことばかり言っているのです。こんなことは皆嘘です。生きるということは、肉体的に生きるしかないと人間は考えています。従って、その範囲内で真理が見つけられなければならないと考えている人が多いのですが、これはそう言えなくもないのです。

人間が肉体的に生きているということについての見方が問題です。生きているということは二重性があるのです。

般若ハラミタと般若心経にあります。ハラムというのは向こう岸という意味です。ミタというのは到ることです。ハラミタ、つまり彼岸へ行くというのは死んでから行くことではないのです。浄土真宗やキリスト教の最も悪い点は、死んでから仏教浄土へ行く、天国へ行くというのです。これは宗教の最も悪い点です。

仏説阿弥陀経には、阿弥陀如来の名号のいわれを確かに心にとめて念仏申すなら、臨終の時に阿弥陀如来が迎えにきてくれると書いているのです。このことが間違っているのです。阿弥陀経の思想は聖書の思想を受け売りしているのです。本当の阿弥陀如来という思想は、仏教にはありません。釈尊はそういうことを言っているのです。

イエスの孫弟子あたりが世界伝道を開始し、インドにも福音を伝えたのです。インドの人々が聖書の思想に共鳴するところがあったのでしょう。それと釈尊の思想とを結び付けて阿弥陀経を造ったのです。

阿弥陀経や大無量寿経を書いたのは、釈尊ではなくて龍樹です。龍樹が釈尊の思想と聖書の思想をミックスして仏典を書いたのです。般若波羅蜜多というのは何かということですが、現在皆様が生きている命の中に二重性があるのです。皆様は知らず知らずのうちに、二重性の生き方をしていることになるのです。

まず固有名詞の人間の生き方をしているのです。役所に届けている戸籍謄本に掲載されている人間です。この世の人間として生きているのです。固有名詞によって社会生活をしているのです。これが人間として生きている皆様ですが、これが全部ではないのです。

肉体的に生きているということについて、二つの見方があるのです。般若波羅蜜多の般若というのは上智です。上等の知恵です。普通の知恵ではない上等の知恵をいうのです。この知恵を用いると魂が分かるのです。

戸籍謄本に載っている自分と戸籍謄本に載っていない自分と二通りの自分がいるのです。戸籍謄本に載っている自分は、死んでしまうに決まっている自分です。

死んでしまうに決まっている自分を自分だと思い込んでいると、その人は必ず死んでしまいます。現代文明は戸籍謄本に載っている人間のことばかりを考えているのです。学校も政府も、キリスト教も仏教も、戸籍謄本に載っている人間しか考えていないのです。

これは人間の一面のあり方です。波羅蜜多ではない面のあり方を示しているのです。現世に生きている人間のあり方を意味しているのです。これは生活第一主義であって、ガンになったら震え上がる人間です。これは死んでしまうに決まっている人間です。

ところが、生きているという事実の中には、もう一つの自分があるのです。これは命のルーツに基づいて生きている人間です。

**二通りの人間がいる**

文明のあり方に基づいて生きている人間と、命のルーツに基づいて生きている人間と、二通りの人間がいるのです。

般若波羅蜜多というのは、生きていながら向こう岸へ渡るのです。生きていながら向こう岸へ渡るということが、非常に大きいことになるのです。これは生活の問題ではなくて命の問題です。これを唱導しているグループ、組織は世界中で私たち以外にはないのです。

私たちのような吹けば飛ぶような三文奴、三文野郎が、こんなことを言わなければならない。これは現代社会は生命的にどんなに貧弱かということを示しているのです。今の人間社会は本当にひどいものです。死んでいく命だけを命だと思い込んでいるからです。

今の人間は戸籍謄本に載っている自分のことしか知らないのです。困ったことです。これは学校教育の責任でも、皆様の責任でもありません。文明が悪いのです。

同僚や友人に向かって、目を覚ましなさいと言ってほしいのです。日教組は何をしているのでしょうか。高教組は何をしているのかと言いたいのです。

人間は二重性があるのです。社会生活をしている、家庭生活をしている肉体人間と、食べて味わっている人間とは別です。これがなかなか分からないのです。

目で見る、舌で味わう、耳で聞くというのは五官の働きを意味しているのです。これが生きているということです。英語で言いますと、ザ・リビング（the living）です。

家庭生活をしているとか、社会生活をしている人の生き方は、英語で言いますと、ザ・ライフ（the life）になるのです。ザ・リビングとザ・ライフとは違うのです。英語でははっきり違っているのです。

生活するということと、生きるということとは違うのです。生きているという言葉を厳密に申しますと、生きているということが魂を意味するのです。リビングというのは魂のあり方を意味するのです。これは戸籍台帳には関係がないのです。国籍にも関係がないのです。固有名詞にも関係がないのです。

生きているという実体が魂です。ところが、文明の考え方、文部科学省の考え方によりますと、人間とは肉体的に生活している人間を指しているのです。社会生活を送っている人間を人間と見ているのです。これは戸籍謄本に載っている人間です。

これは死ぬに決まっている人間です。人々はこのことしか考えていないのです。ザ・リビングを全然考えていないのです。ところが、食事をしている人間もいるのです。どんな役人も、政治家も、やはり食事をしているのです。

皆様は食べるために一生懸命になって働いていながら、食事をしていることの意味が分からないのです。何という愚かなことかと言いたいのです。これを不手際と言わずに何と言ったらいいのでしょうか。

イエスは言っています。「あなた方は聞くには聞くが、決して悟らない。見るには見るが、決して悟らない」(マタイによる福音書13・14)。人間は見ることは見るが、見ている意味を全然認めていないのです。

こういうことを言ったイエスは見事に死を破ったのです。死にたくない人は、死んでしまうに決まっている自分を乗り越えて、死なない命を経験して頂きたいのです。死なない命を経験したい人は、見ているという事実を認めて、その中にある命を見つけて頂きたいのです。

現世に生きているのは本当の命ではありません。本当の命を見つけるための命です。命のルーツを発見するためのテストケースを今経験しているのです。

この世で生きているということは、本当の命を見つけるためです。般若波羅蜜多を実行するかしないかを見ているのです。そのテストが毎日行われているのです。

目で見ていながら、見ているという事がらの実体を認識していないことがいけないのです。般若波羅蜜多というのは、死んでから仏国浄土へ行くということではないのです。生きている状態のままで、生きている命を肉の面からと霊の面からとの両方から、はっきり確認することによって、死なない命が現実にあることを認めることです。これをするのです。

頭で理屈を覚えてもだめです。体で覚えることです。将棋も囲碁も、剣道も柔道も、体で覚えなかったらだめです。水泳も同様です。頭でいくら理屈を覚えても、体で覚えないと水泳は上達しません。

体が命を掴まえることの唯一の資本です。親鸞上人が書いた正信偈にある帰命無量寿如来、南無不可思議光というのは、それを言っているのです。生きているからこそ、帰命無量寿如来、南無不可思議光が分かるのです。続いて、法蔵菩薩因位時、在世自在王仏所とあるのです。

法蔵菩薩が肉体的に生きている事がらを通して、自分自身が阿弥陀如来であることを悟ったのです。ところが、仏教の経典は皆作文です。正信偈は良くできた作文です。

人間が常識的に生きているだけでは、体で覚えることができません。皆様の五官の働き、目で見ていること、舌で味わっていること、手で触っていることは、命の本物が働いているのです。十本の指先には神の知恵、命の本物が宿っているのです。指先に命が宿っていなかったら、按摩、指圧はできないのです。

皆様は自分の体に宿っている永遠の命を、少しは考えてください。生きている肉体に永遠の命が宿っているのです。全能の神が宿っているのです。これが分かれば死なない命がよく分かるのです。

「我は全能の神なり」という神の全知全能の力が、皆様の体に宿っているのです。これを見つけたらいいのです。

固有名詞の命で生きていたら死んでしまいます。全能の神の命で生きていたら死なないのです。これは当たり前のことです。皆様の舌が味わっている味というのは、天地の命の味を味わっているのです。

マグロの味は魚屋がつけた味ではありません。魚の味は天然自然の味であって、神の味です。ミカンもキュウリもリンゴも桃の味も、神がつけた味です。それを皆様の舌は、はっきり弁えることができるのです。

ちょっとこのリンゴは甘いとか、ちょっと酸っぱいとか、この梨は甘さが足りないとか言います。一口食べたらすぐに味が分かるのです。このように皆様の舌は、極めて微妙な味を味わい分ける力を持っているのです。これは皆様の舌に神の御霊《みたま》が宿っている証拠です。この事実を掴まえさえすれば、死なない命が分かるのです。

## 第二の死

聖書に第二の死という言葉があります（ヨハネの黙示録20・14）。日本人には第二の死という考え方が全然ありません。第二の死という言葉さえも知りません。聖書を勉強している人でも、第二の死という言葉を知らないのです。

現世に生きている間は本当の死が分からないのです。地球が存在しているからもやもやしているのです。しかし、地球は永遠に存在するものではありません。地球は造られたものです。造られたものはいつか壊されるに決まっているのです。地球物理というものは、皆様がご承知のように、原子の物理運動によって成立しているのです。

原子が分子になり、分子が要素になるという形で物質ができているのです。物理運動が物質を造っているのです。

原子の運動の状態が変化したら、現在の地球は瞬間的に消滅してしまうのです。原子爆弾は原子を破壊するのです。原子を破壊することによって、物質そのものをなくしてしまうのです。これが原子爆弾の原理です。

こんなことは皆様はよくご存知だと思います。原子爆弾を造った時に、原子を破壊すると、無限の連鎖反応が起きるのではないかという心配が起きたのです。連鎖反応が地球全体にまで及ぶのではないかという懸念が発生したのです。さすがのユダヤ人も非常に警戒したようです。

物理的にしか物が考えられない状態において、物が分かった人間なら、原子爆弾によって地球全体が、消滅するような恐るべき危険があるかもしれないと思うのが当たり前です。

オッペンハイマーがそれを考えたのです。原子爆弾の実験をすることさえも躊躇したのです。ところが、連鎖反応が起こらないことが分かったので、核実験をしたのです。

原子というのは同じ原子が全世界にあるのです。原子の結合によって物質ができているとしたら、原子の結合の原理、または原子そのものの存在原理が変わってくると、地球は瞬間的に消えてしまうのです。

現在の地球が存在する原子運動の根底的な原理はどこにあるのか。第一原子は水素原子ですが、水素原子が大部分になって物質を造っているのですが、この水素原子の電子と核との関係が変化することになりますと、地球全体の物質状態が崩壊するような危険がないとは言えないのです。

大体、現在の物理運動の原点は何であるのか。物質が存在するということの原理は何であるのか。これが今の学問では分かっていないのです。

原子の活動くらいのことは分かりますが。活動の原理が分かっていないのです。だから、今の学問は学問という価値がないのです。命が分かっていないので、原子運動の根本原理が分かっていないのです。

大きな白い御座（a great white throne）が分かっていないのです（ヨハネの黙示録20・11）。第一の命というのは、現在の物理運動が存在している状態をいうのです。

現在の世界では本当の善とは何か、本当の悪とは何かということを決定的に定義することができないのです。物質が存在する世界は暫定的な世界であって、仮定の世界です。仮説の世界です。

物質が存在するというのは、現在の電子運動が現在のままであることを前提にしているのです。現在の物質存在の原理が変更してくると、地球の存在の状態が変わってしまうのです。

現在の地球存在というものは、非常に危険なものです。何時物質存在の原理が変わるかもしれないのです。物質存在の原理を聖書の言葉で言いますと、神の意志になるのです。神の意志（will）が変化すると、地球は消滅してしまうのです。

神の意志は原子爆弾よりも強いのです。神の意志をどのように捉えるかということが、皆様の命の根本的な条件になるのです。

皆様は神の意志を毎日命として経験しているのです。命のルーツというのは神の意志のことです。これを掴まえたら死なない命がはっきり分かるのです。これは難しいことではありません。私みたいな者でも分かるのですから、皆様に分からないはずがありません。

難しくないのです。今までの常識にしがみついているという悪い癖が、皆様にあるからいけないのです。皆様の常識が皆様の霊魂を縛り上げているのです。だから、私のように自由に考えられないのです。

原子爆弾でも大きな威力を持っているのです。神の意志が爆発しますと、地球は吹っ飛んでしまうのです。大爆発によって太陽ができた、地球ができたのですから、もう一度大爆発が起きたら、太陽系宇宙は吹っ飛んでしまうのです。これを第二の死というのです。

今、現在の人間が死んだら黄泉《よみ》へ行きます。黄泉というのは裁きが行われるまでの未決囚の溜まり場のような所です。これを冥土黄泉というのです。まだ判決が下されていない霊魂は、地球がある間は冥土黄泉に置かれているのです。

地球が崩壊することになりますと、冥土黄泉が消えてしまいます。そうして、冥土黄泉で眠っていた者が全部追い出されるのです。これを第二の復活と言います。これが恐ろしいのです。

第一の命と第二の命があるのです。般若波羅蜜多というのは、この世に生まれた命ではない、もう一つの彼岸の命のことを言っているのです。彼岸の命は、今生きているままの状態で掴まえることができるのです。私が分かるのですから皆様にも分かるに決まっています。

ですから、生きている間に本当の命を掴まえて頂きたいのです。目が悪かろうが、頭が悪かろうが問題ではないのです。難しく考えない方がいいのです。気楽に話し合いをしたらいいのです。

## 善玉と悪玉

細菌に善玉菌と悪玉菌とがあります。現世において政治、経済、社会の色々な分野において、善玉と悪玉とがあるのです。目に見えるものもありますが、目に見えないものもあるのです。

これを人間社会全体に考えまして、思想的な善玉、悪玉があるのです。世界の二百近い独立国家の中にも、善玉国家と悪玉国家とがあるのです。善玉、悪玉というのは見方によるかもしれませんが、色々な意味において、善玉、悪玉があるに決まっているのです。

一体、善玉の本質は何であるのか。悪玉の本質は何であるのか。これが人間に分からないのです。

例えば、人間の生理現象を助けてくれるものを善玉として、人間の肉体があることが根本的に良いと言えるかどうかです。人間の肉体は物体的なものですが、これはやがてなくなるに決まっているのです。

物質的な人間の肉体には耐用年数がありまして、いつかこの世から消えてしまうのです。物質は物理運動による現象であって、物質現象はいつか必ずなくなるに決まっているものです。

物理運動によって物質現象があるのですから、運動が変われば現象が変ってしまうのです。物質現象が消えてしまうこともありうるのです。

物質が存在するということは、永遠に信頼できるということではありません。

善玉、悪玉の根本は何処にあるのか。生という問題と死という問題に分かれてくるでしょう。悪玉は死です。善玉は生です。生と死とは根本的にどういう違いがあるのかということです。こういう事になると現代文明では全く盲目です。

今の学問はこういう問題については役に立たないのです。生活の役に立つことは色々教えてくれますが、命のことは全然数えてくれないのです。善玉、悪玉についての説明はしてくれますけれど、その本質については説明ができないのです。

一体善玉とは何であるのか。悪玉とは何であるのか。なぜ善と悪が人間の肉体や世界全体の政治、経済にあるかということです。なぜ善と悪の決闘が行われているかです。

善玉と悪玉とが地球を舞台にして、必死に闘っているのです。軍事的にも、経済的にも、政治的にも、思想的にもすべての分野において善と悪が闘っているのです。

どうしてこういうことになっているのかということを調べるのが、人間の責任なのです。

これは難しい問題ではないのです。皆様が生きていることの中に、善玉と悪玉があるのです。皆様の魂が善玉に味方するか、悪玉に味方するかを決めるのです。

善玉と悪玉が決闘を演じているのが現象世界です。大爆発の結果現象世界は造られた。太陽系の宇宙と地球という惑星が造られたということが、善玉、悪玉の発生原理になっているのです。

聖書はこれを神と悪魔に分けているのです。生と死と言ってもいいのです。この二つのものが、思想的にも生理的にも皆様の中で渦を巻いているのです。

皆様の中にはガンになろうとしている細胞が二千個もあるのです。ところが、それを抑えようとしている力もあるのです。地球どころか、皆様の体の中で善と悪が決闘を演じているのです。こういう曼陀羅の中で皆様は生きているのです。

命という不思議なものを皆様は経験しているのです。だから、命がある間に、この決闘の原因をよく考えていけば、死ぬ命と死なない命とが分かるのです。

皆様の中で、死ぬ命と死なない命とが激烈な闘いを演じているのです。肉と霊との闘いについて、自分がどういう判断を下すかということです。

皆様が肉体的に生きているということに係わりすぎると、だんだん悪玉の方へ引っ張られてしまうのです。肉の思いから離れて見るという感覚を持つといいのです。

般若波羅蜜多というのは、生きることと死ぬこととが葛藤している世界から脱出することを意味するのです。生が彼岸の世界です。死は此岸の世界です。此岸はこの世です。

この二つの世界が皆様の中にあるのです。生と死があるのです。肉体的に生きているということは、生と死のバランスを取りながら生きているということです。

地球が存在するということが、生と死とのバランスを取っているのです。地球が生と死のバランスを取っているのです。現在天と地が造られていますが、天と地が造られたということが、善と悪のバランスが始まったということです。

時間や空間があることがバランスの象徴です。

地球がある。物質がある。なぜこういうものがあるのか。これが人間の学問では分からないのです。あるということの説明が、現在の学問では絶対にできないのです。あるのはあるということだけです。あるのはあるとしか今の学問では言えないのです。これがユダヤ主義の大欠陥です。

日本でも幕藩体制がなくなるまでは、存在ということが少しは分かったのですが、明治以降の日本人には、存在ということが全然分からなくなってしまったのです。

五蘊皆空という理念が分かれば、善玉、悪玉の基本が分かってくるのです。

この世の中には、生という面と死という面がこんがらがっているのです。これを存在と言っているのです。なぜ物が存在するのか。その原理があるのです。この原理が今の学問では全然分からないのです。これは文明、文化が悪いからです。

なぜ物が存在するのか。物質がなぜ存在するかが分からないのです。

文明の貧困をよく考えて頂きたい。そのように文明文化というのは貧困の極まりないものです。貧困極まりないものです。こういう文明を信用しているとひどい目にあうのです。

皆様の肉体は文明の結果あるのではありません。天地自然が造られた結果、人間の肉体があるのです。

文明は今の天地自然につまらない理屈をつけて、専門学を造って、訳が分からないようにしてしまったのです。これが近世文明、現代文明です。

本来の清純な素朴な命は、般若波羅蜜多が何となく分かっているのです。皆様は今生きているということに対して、もっと素朴になることです。

文明は人間を聡明にするものではありません。人間をだんだん愚劣にするのです。これがユダヤ文明の悪さです。皆様の責任ではないのです。

現代文明はユダヤ人の独壇場です。ところが、文明が行き詰っているのです。現代文明の行き詰まりは、ユダヤ文明の行き詰まりを意味しているのです。

文明を信じてはいけない。人間の常識を信じてはいけない。学問を信じてはいけないのです。一切空、五蘊皆空です。人間の学問は五蘊に決まっています。常識も五蘊です。

学問や常識は人間が生きている間しか通用しません。生きている間だけしか通用しないというのは、中途半端な思想に決まっているのです。こういうものを信じたらいけないのです。どうしたらいいのか。

もっと素直になって頂きたい。素朴になることです。文明的な垢をできるだけ洗い落とすようにすることです。そうしたら、皆様の本来の叡智、生まれながらの叡智が働いてくるようになるのです。

皆様には目で見ているという直感力があります。これはすばらしい叡智です。今の学問くらいの知恵とは違います。もっともっと皆様は魂の叡智を見て頂きたい。これを般若というのです。魂の叡智が般若です。これは学問くらいのものではありません。現代文明を信じないで、自分の命を信じてください。

甘いものを食べたら甘いと感じる不思議さです。人間の命は非常に単純、素朴なものです。この気持ちになれば、命がどれほど尊いものかが分かるでしょう。

皆様は現在、生きているという不思議な経験をしているのです。生きているということは全く不思議なことです。不思議というしか言いようがないものなのです。

ところが、現代の学校教育がユダヤ主義を基本にしているのです。ユダヤ主義を踏まえなければ、教育ができないようなシステムになっているのですから、これは牧師が悪いのではありません。世界の文明思想の根源が悪いのです。

## ユダヤ教の原理

文明はユダヤ教という宗教の焼き直しです。現世に人間が肉体的に生きているという考えが、ユダヤ教の原理です。これがモーセの掟です。モーセの掟は、肉体的に生きている人間が、神の掟を実行すると考える。この考えが世界全体の文明をめちゃくちゃにしているのです。

肉体的に人間が生きているという唯物的な考えを、ユダヤ人が持ったのです。ルネッサンス以降の進歩的な考えを言い出したのは、皆ユダヤ人です。こういうユダヤ人が、人間生活に無限の権利があるという妄想を抱いているのです。これが人権主義です。

人権主義という妄想を抱いたのです。人間は生きる権利があると言い出したのです。ところが、生きる権利があるといくら叫んでも、心臓が止まったら死ぬのです。もし生きる権利があるというのなら、ガン、脳溢血、脳梗塞、心臓麻痺になっても抵抗したらいいのです。

今の文明は理屈ばかりを並べているのです。命について考えようとしないのです。物質的に存在するものについて、がたがた言っているのです。常識を引っ張ったり、縮めたりばかりしているのです。

もっと生まれながらの人間になってください。極めて素朴に見られるような人間になってください。イエスは、「幼子のようにならなければ、神の国を見ることができない」と言っています(マタイによる福音書18・2)。

神の国は幼子がいる所だと言っています。幼子がいる状態に神の国があると言っているのです（ルカによる福音書18・15〜17）。今の文明は大人になりすぎて心が歪んでいるのです。英語で大人はアダルト（adult）と言います。アダルタラス（adulterous）になると邪悪そのものです。

人間の思想は邪悪な思想です。どのように邪悪かと言いますと、自分自身の魂を殺してしまう邪悪さを持っているのです。これが現代文明が持つ毒素です。大人的な毒素を持っているのです。これが文明終末の様相です。

ユダヤ教の根本原理は、肉体的に生きている人間を極端に主張するのです。そして神と対立しているのです。神と喧嘩しているのです。ユダヤ人は誠の命と喧嘩しているのです。こういうばかなことをしているのです。

ユダヤ人はこのような思想を世界中に広めているのです。そして日本もだめになったのです。文明的に発達すればするほど、生命的にだめになるのです。命が分からなくなるのです。世の中が利害得失を問題にするようになったのです。

利害得失よりも命の方が大切です。儲かるとか儲からないというよりも、命の方が大切です。命あっての物種、畑あっての芋種です。畑がなければ芋の種を残しておいても仕方がないのです。

儲かる儲からないよりも、出世するかしないかよりも、命の方が大切だということを、子供に教えてほしいのです。そうしたら、愚かな学校教育はなくなってしまうでしょう。教育競争というのはユダヤ主義の最も悪いところです。これが日本に現われているのです。

皆様が生きている命の中に、極めて単純な形で死なない命が含まれているのです。皆様の五官の感覚というのは生まれる前の感覚です。赤ちゃんは生まれながらにして味覚を知っているのです。視覚、聴覚を持っているのです。

赤ちゃんには生まれる前に命が植えられていて、命がそのまま芽を出したのが心理機能であり、五官の機能です。

生まれる前の命のすばらしさを、皆様は持っているのです。このことを素朴に見るようになりさえすれば、死なない命を見つけることはそれほど難しくはないのです。

現代かぶれしていることがいけないのです。現代の文明かぶれ、学問かぶれが最も悪いのです。素朴になることがいいのです。

本当の学というのは何か。只今の専門学は本当の学ではありません。本当の学は人間存在の本質に係わる認識をいうのです。人間存在の本質の認識を問うことが学問であるべきです。

皆様の五官に問うてみてください。目で見ている状態、耳で聞いている状態に問うてください。舌で味わっている状態です。皆様は天地自然の味を舌で弁えることができるのです。

天地自然の味というのは、天地自然の命の味のことでありまして、これを舌で弁えることができるのです。天地の命を舌で味わい分けることができるくらいの五官の力を持っているのですから、素直に素朴に五官を用いるなら、死なない命を見つけることくらいのこと、イエス・キリストが死を破って復活したということを、自分の命の中へ引きずり込むくらいのことは十分にできるのです。

死を破った人間がいるのですから、この命を自分の中へ入れたらいいのです。死を破った人間を自分の中へ入れたらいいのです。

イエスを食べるのも、ご飯を食べるのも、野菜を食べるように、イエスを食べたらいいのです。

キリストを食べてキリストを命にしたらいいのです。食べたらそれを自分の命にしたらいいのです。素朴に、率直に食べたらいいのです。女を食べるのも同じようなことです。逆に言うと、キリストに食べられるということにもなるのです。女を食べたら女に食べられるのです。女は男の食べ物です。完全に食べられてこそ、女は女として女人成仏できるのです。

皆様は三十年、五十年の間に、驚くべき学の知識を蓄えてきたはずです。五十年も生きていたら、世の中の裏も表も全部分かっているはずです。ところが、さっぱり分かっていない。これは皆様の頭の使い方が悪いからです。そこで地獄が問題になるのです。

素朴に生きてこの世の中にばちを合わさないことです。この世の中の指導者のいうことを聞かないことです。自分の命を素朴に見るのです。最も単純な生き方が、命を見つけることになるのです。

禅宗のお坊さんのように座禅を組むことは下手なやり方です。禅宗のお坊さんの座禅というのは、禅に捉われているのです。自分自身が禅の犠牲になっているのです。

禅の悟りではなくて、生きている状態をそのまま悟るのです。そうすると、分かるのです。

私たちは毎日新しい命を経験しているのです。ところが、新しい命を経験していながら、自分の気持ちが古い経験ばかりを用いているのです。

今日という命は今日という新しい命です。ところが、今日の命を経験していながら、昨日までの意識で生きているのです。これが間違っているのです。

## 魂の目を開く

魂の目を開くのです。魂というのは、理想と良心が肉体的に生きている状態です。肉体という物質とは違うのです。肉体的に生きているという状態、コンディションが魂です。

コンディションが現在の唯物主義、物質主義の感覚では分からないのです。現在自分がコンディションを経験していながら、コンディションが分からないのです。

コンディションとは状態です。状態が本当の生です。皆様が生きている状態が生です。霊です。これは生長の家でいうような霊とは違います。霊友会とか、霊交会でいう霊ではありません。日本人が考えている先祖代々の霊とも違います。本当の霊というのは、太陽が輝いていること、地球が自転公転していること、皆様の心臓が動いていることです。これが本当の霊です。

この霊を自分の命の基準にすることです。そうすると、生が分かるのです。生きるというのは、霊の働きをいうのです。肉体的に皆様の精神が作用していること、肉体的に五官の働きがあることが魂です。

魂の目を開くと永遠の命が分かってくるのです。花をご覧になると美しいということがお分かりになるでしょう。花を見て美しいと思えることが魂の命になってくるのです。

ああ美しいなあと思った時に、それが自分の命になっているのです。美人の人を見たら美しいと思う。その時に自分の命になっているのです。美しいと思うことがそのままキリストの命の反射になっているのです。反映になっているのです。

だから、皆様は自分の顔や姿を美しく見せたいという気持ちが本能的にあるのです。本当の正しさは美しさと大いに関係があるのです。

美しいということと、おいしいということとは同じです。おいしいというのは何か。すばらしいおいしさだと考える時には、俗に言う、初物を食べれば七十五日命が伸びるということを実感しているのです。これは本当です。旬の初物を食べたらとてもおいしいのです。

おいしいということを舌で感じたら、その人の魂の本来の命に大きい係わりがあるのです。命が伸びるというのではありませんが、魂に非常に大きい影響があるということです。

おいしいとか、美しいとか、気持ちがいいとか、楽しいとか、嬉しいとかいうことを感じることが、とこしえの命の入口になるのです。

今日の文明は、欲望の満足を果たすことばかりを考えているのです。欲望の満足を果たすことは、自分の魂を殺していることになるのです。

魂を殺す生き方と、魂を生かす生き方とがあるのです。これは聖書を勉強したら分かるのです。これが本当の学です。こういうことは学問では教えてくれません。

本当の学とは人間存在の本質に係わる認識です。人間存在の本質に係わる認識というのは、おいしいものはおいしいと思うことです。簡単です。これをイエスが教えているのです。そうして、イエスがキリストになったのです。

キリストというのは、世界全体を物理的にも精神的にも完成する責任者をいうのです。これがキリストです。地球存在そのものがキリストのテストケースです。

魂とは何か。生まれながらの命で、甘いものは甘い、辛いものは辛いと感じます。この状態を魂というのです。魂の目を開くのです。魂の目を開かないと、生きていても命の値打ちがさっぱり分からないのです。

欲望的に生きることをやめて、自分の本心が何を求めているかを考えるのです。自分の本心はおいしいものが食べたいと思っている。それなら人にもおいしいものを食べさせるのです。そうすると、自分がおいしいものを食べたのと同じ効果があるのです。

「欲する所を人に行え」とイエスが言っているのです（マタイによる福音書7・12）。これをしたらいいのです。善事善行とは、自分が好きなことを人にしてあげることです。これがとこしえの命の香りを人に与えることになるのです。難しいことではありません。決して難しいことではないのです。

皆様はとこしえの命を持っているはずですが、世間の常識にごまかされて、分からなくなっているのです。世間の常識を信じないで、自分の本心を信じるのです。本心、本願を信じるのです。とこしえの命を見つけることは難しいことではないのです。

魂の目を開いたらいいのです。生まれながらの精神構造、五官の感覚が肉体的に生きていることが魂ですから、魂の目を開くということは世間の常識に引きずられないということです。世間の常識は頭の理屈ばかりです。これではなくて、自分の本心の願い、本心の気持ちにできるだけ順応しようと思うのです。

例えば、私の話を聞いていると、皆様の本心の目が開くのです。そうだろうなあ、そうだろうなあと思うところまでは行くのです。それから先を続けるのです。そうだろうなあと思ったらそのように実行するのです。

例えば、おいしいものを食べておいしいと思った時の気持ちは、生まれる前の気持ちです。魂が感心しているのです。人間の気持ちとは違うのです。魂の生活があるのですから、これを掴まえるのです。

おいしいと思ったら、それを人にも食べさせたらいいのです。そうしたら自分の魂の目が開くと共に、人の魂の目を開くことができるのです。

私はイエスを自分で食べて経験しているのです。そこでイエスを皆様にも食べさせてあげることができるのです。ところが、皆様は一向に食べようとしないのです。

どうかイエスを食べてください（ヨハネによる福音書6・48〜56）。この世で見ること聞くことは、皆食べ物です。女は男の食べ物です。男は女の食べ物です。食べることによって一つになってしまうのです。これが本当の恋愛です。

神とも恋愛ができるのです。魚の味は神の味です。物の味を知ることは、霊魂の命を知る極めて初歩的なものであって、魂の悟りというものはこういうものです。これが幼子に帰る第一歩になるのです。

難しいと考えてはいけません。美しいとかおいしいとかということは誰にでも分かることです。誰にでも分かることをまず自分が実行することです。

情欲とは何かと言いますと、肉体人間の倒錯です。これは重要なことですからよくお考え頂きたいのです。パウロがエペソ人への手紙の四章二十二節で、「情欲に迷って滅び行く古い人を脱ぎ捨てなさい」と言っています。

情欲に迷うという箇所を英訳では、the lusts of deceit となっています。直訳しますと、詐欺の情欲となるのです。だから、情欲は倒錯である、嘘であるとなるのです。

なぜ嘘かと言いますと、愛する人を抱くと性感を感じます。性感というのは情欲ではないのです。性感と情欲を混同しているのです。これがユダヤ主義の悪いところです。

現在の人間は性感を性欲だと思い込んでしまっているのです。情欲と性感とは違うのです。性感とは男女が触れ合う感覚のことです。命の性《さが》の感覚です。これを性感というのです。

ところが、人間は肉体的に生きているという考えから、性感を肉体感覚にしてしまうのです。

そこで情欲になるのです。性感を情欲と考えるのです。

## 命の性《さが》

女が女であること、男が男であることとは肉体の問題とは違うのです。肉体的に現われてはいますけれど、命の性《さが》が女を女にしているのです。また、男を男にしているのです。

性という言葉を性（さが）と読んで頂くと、少し変わった感覚になるのです。

命には性《さが》があるのです。命の性《さが》はありますが、これは肉体の問題ではなくて、命の本質に関する問題なのです。そこで愛し合っている男が女に触れ、女が男に触れると、非常に強い感覚を受けるのです。これが性感です。

性感は欲ではありません。欲だと思うことが間違っているのです。

肉体のために心があるのではありません。心のために肉体があるのです。例えば、醤油のために瓶があるのであって、瓶のために醤油があるのではないということです。

ところが、瓶に醤油がいっぱい入っている場合には、瓶のために醤油があるような錯覚を持つ場合があるのです。醤油、酒、ワインを入れるために瓶があるのであって、酒やワインは瓶のためにあるのではないのです。

皆様の精神構造、生理構造、五官を人格と言います。この人格が肉体に入っているのです。皆様が誰かを愛するという行動は人格的な行為です。これは初めから霊なる行いです。

人格的な行動は絶対に肉ではないのです。人間が人間を愛するのは欲望ではないのです。人間が生きているということは、魂が生きているのですから肉ではありません。

男女の接触は欲望の接触ではないのです。愛の接触です。現在では欲望の接触になっているという面がないことはないのです。週刊誌がそういうことを大宣伝しているので、愛が欲望だと考え込んでしまっているのです。テレビドラマでもしきりに欲望のシーンを流していますから、人々は愛を欲望だと思い込んでいるのです。これは文明が悪いのです。

これは倒錯の娯楽です。倒錯の文明です。愛するというのは魂の感覚でありまして、生まれる前の感覚が聴覚、味覚、視覚になっているのです。生まれる前の五官の感覚です。

男女の接触も生まれる前の感覚です。異性に触れる、命の性が触れ合うという問題を、冷静に、正確に判断すると、生まれる前の感覚であることが分かるのです。生まれた後の肉体感覚と考えるのが間違っているのです。

人間が考えている情欲は倒錯になるのです。こういう考え違いはセックスだけではありません。食事でも見ることも、清純な命の感覚が欲望的な感覚にすり替えられてしまっているのです。これがユダヤ教の間違いによるのです。ユダヤ文明の間違いによるのです。

人間は肉体的に生きることが目的ではない。精神的に、人格的に生きることが目的です。従って、情欲という考え方そのものが間違っているのです。

皆様はユダヤ教の大変大きな害毒を受けていますから、これを切り替えることは簡単にはできません。今までの異性との接触を欲望と考えていたという悪い癖を、できるだけ吐き出してしまうようにして頂きたいのです。

間違った考えをできるだけ出してしまうようにして頂きたいのです。

皆様の常識的な記憶は、ぴんからきりまで間違っているのです。だから死ぬのです。死ぬのが嫌だったら、今までの考え方、記憶のあり方を吐き出すように、吐き出すようにするのです。毎日毎日これをするのです。

皆様が毎日家の中を掃除するように、自分の精神を掃除する癖をつけて頂きたいのです。こうすることが自己訓練として、永遠の命を得るための要件になるのです。これをイエスは山上の垂訓で説明しているのです。

人間は自分の記憶の間違いによって勝手に死んでいくのです。判断の間違いによって死んでいくのです。情欲の感覚は誰でも持っているから、自分もこれでいいだろうと思うことが間違っているのです。

世間の習わしに同調しないことです。人がどう思おうと、自分は死なない命を勉強するのだ、この世に生まれてきた本来の魂の清らかさを生活するという気持ちを持って頂きたいのです。

情欲は倒錯であるということを、よく考えて頂きたいのです。情欲に馴染んでしまうと、その人の霊魂は救われなくなるのです。同時に自分を愛する人も皆死んでしまうのです。

ばかなことをしているのです。情欲だと思うことによって、人間の人格はだんだんスポイルされていくのです。情欲ではなくて生まれる前の感覚であるという意識を持って、清純さを十分に認識するように、自分に言い聞かせるようにしますと、命の性《さが》が分かってくるのです。命の性《さが》は新しい命を経験するためのすばらしいチャンスになるのです。生まれる前の自分の命のあり方、神の愛というすばらしい愛によって、生まれる前のあり方の実体を経験するのです。

男と女は一つであったというのは、生まれる前の魂の状態のことです。生まれる前に男と女は一つであったのです。その時の状態に帰るのです。これを命の性《さが》として愛し合うことになるのです。

この世の中の錯覚に同調して、世の中の人々の考え方をしなければならないと思わないで、別の見解で霊魂を洗い清めていくことは、十分にできるということを考えて頂きたいのです。

## 11. すべての人間が行きつく所

皆様は現在人間の常識、知識で生きているのですが、常識、知識は知性に基づいた考え方になるのです。学校で教えている学問は知能を啓発するものであって、知性に基づく考え方を教えているのです。

これは人間が肉体を持っている間だけに通用するものです。これは世渡りの知恵です。こういう知恵で生きていても、人間は必ず死ぬのです。

人生というものは現世に生きている間だけではないのです。皆様は昨日のことをよく覚えているでしょう。昨夜、お休みになったのですが、昨日のことをよく覚えているのです。これはどういうことでしょうか。

寝るということは死ぬのと同じことです。俗に死ぬことを永眠と言いますけれど、夜になって七時間か八時間眠ったら目を覚まします。これが睡眠なのです。睡眠と永眠とは同じようなものです。

ところで、皆様は昨夜お休みになりました。しかし、昨日のことはよく覚えています。これは一体どういうことでしょうか。寝ている間でも夢を見ています。夢を見ないで熟睡することもあるようですが、ほとんど夢を見ていることが多いのです。

寝ている間もなお、中間の意識が継続していることになるのです。これはどういうことかと言いますと、現世のことがそのまま来世に続いているということを示しているのです。それを毎晩経験しているのです。

現世が来世に続いていくことを、毎晩経験しているのです。そこで、死んだら終わりだという考え方は嘘になるのです。人間の常識は現世に生きている間しか考えないのです。生きている間だけのことしか考えられないのです。だから、死んだらしまいだという理屈を並べて、自分自身をごまかしているのです。これは非常に不正直な、偽善的な考えなのです。

私たちは毎晩寝ます。そして翌朝起きますが、昨日のことを覚えているのです。昨日どころか、五年前、十年前、年配の方は六十年前、七十年前のことを覚えているのです。

そうして、本で五百年前のこと、千年前のことを読みますと、その時代のことが理解できるのです。これはどういうことかと言いますと、人間の意識機能は世々伝承しているということです。死んだらしまいどころか、千年も二千年も、人間の意識は継続して働いているのです。

これは一人の人が千年も千年も生きているという訳ではありませんけれど、他人が経験した意識がそのまま皆様の意識として感受されるのです。鴨長明が書いた方丈記を読めば、書いた鴨長明の心理状態がよく分かるのです。

ということは、鴨長明の意識と皆様の意識は同じものであって、他人の意識を皆様が伝承しているということを示しているのです。

## 過去世・現世・来世

そのように、人生というのは自分一人のものとは違うのです。そんなものではないのです。人間の常識、知識は現世においてだけ通用するただの人間の知恵です。ところが、人生は現在生きている時間だけのものではありません。仏典に三世という思想があります。過去世、現世、来世があるのです。

過去世は生まれてくる前の皆様です。人間は生まれてきたと言います。どこからか来たのです。死んでいくと言います。死んでどこかへ行くのです。

生まれてきたこと、現世に生きていること、死んでいくこと、三世をひっくるめて人生というのです。これを知ることができるのが人間の理性です。知性ではこういうことは分からないのです。理性なら分かるのです。

観自在菩薩　行深般若波羅蜜多という言葉がありますが、観自在菩薩ははっきり人生を見極めたのです。魂の本源である理性に基づいて、はっきり人生を見極めたのです。五蘊が皆空であることを照見したのです。これが般若心経の字句になって現われているのです。

人間は幼年時代、少年時代、青年時代において、五官に基づいて常識的な生活を送っている。これだけで終わりになるのではありません。常識的な生活からもう一歩前進して、叡智の世界に入っていくための前進としてあるのです。準備時間として常識的な五官に基づく生活があるのです。

五官に基づく常識的な生活だけで終わってしまうものではない。現在生きている人間は、なお進化の過程にあるのです。完成されたものではないのです。人間は未完成です。

般若波羅蜜多というのは、今の人生は完成されたものではないと言っているのです。人間の知恵も完成されたものではないのです。般若波羅蜜多というのは、現世に生きている状態から三世に生きるのです。本当の人生を生きるのです。これが般若波羅蜜多です。

現世の人間の知識は常識です。これは死んだら通用しないのです。しかし、意識は続いていくのです。肉体はなくなっても意識はなくならないのです。睡眠と永眠とは同じことです。皆様が現世に生きている間に、どういう思想を持って生活したらいいのかということ、人生をどのように見極めていくのかということが、般若波羅蜜多ということです。

般若心経は日本では大変親しまれている経文でありますが、これは仏法の悟りを書いているのです。現在の仏教は釈尊の教えではなくて、別の人の教えになっているのです。いわゆるご開山という人の教えになっているのです。これは仏教です。

宗教ではない、本当の般若心経の思想を勉強していきたいと私は考えているのです。

キリスト教はとんでもない間違いをしています。肝心要の十字架が分かっていないのです。

聖書に「悔い改めて福音を信じよ」という言葉があります(マルコによる福音書1・15)。また、「心を更えて新にせよ」という言葉があります(ローマ人への手紙12・2)。心を更えて新にせよとか、悔い改めて福音を信じよという言葉は、五蘊皆空と同じ意味の言葉になるのです。

ところが、キリスト教では五蘊皆空が分からないのです。だから、心を更えて新にしていないのです。心を更えないままで聖書を信じているのです。キリストを信じたつもりでいるのです。キリスト教は神学思想に基づく宗教思想を宣伝しているのです。聖書は宗教思想ではないのです。聖書は神の言葉です。キリスト教の神学とは何の関係もないのです。仏法と仏教が違うように、聖書とキリスト教とは違うのです。

私は宗教ではない聖書と、宗教ではない般若心経を提唱しているのです。人間が現在生きている命に基づいて、これを究明していきたいのです。永遠の生命の実体は何であるのか。神の実体は何であるのかということをはっきり究明したいのです。本当の幸福はどこにあるかということを見極めたいと思っているのです。

今の日本人はこのまま放っておけば死ぬに決まっているのです。死んだらただではすまないのです。人間という資格を持ちながら、本当の理性の使い方を知らずに死んでしまえば、必ず霊魂の審判に遭遇することになるのです。このことが分かっていますから、生きているうちに般若波羅蜜多になって頂きたいのです。

現世を出て向こう岸へ行ってもらいたいのです。常識だけで生活しないで、般若という上等の知恵を用いてもらいたいのです。常識というのはこの世に生きている間だけの知恵ですから、これを踏み台にして向こう岸へ行ってもらいたいのです。

そうしたら、死なくなるのです。永遠の命という実物を掴まえることができるのです。これをしない人は怠慢です。これを皆様に警告したいのです。

皆様は放っておいたら死んでしまうのです。私はそうならないように警告しているのです。自分の命のことを真面目に考えて頂きたいのです。

皆様は現在生きています。生きているのなら命が分かっているはずです。ところが、常識で生きていますと、生きていながら命が分からないのです。これは税金を払わずに商売をしているのと同じことです。死んだらその税金をしっかり取られることになるのです。だから、生きているうちに税金を払う方法を一緒に勉強したいと思うのです。

現世に生まれてきた人間はそれだけの責任があるのです。万物の霊長としての責任があるのです。命とは何かということを知ることができるのは人間だけですから、命を知ろうと思えば知ることができるのです。

般若波羅蜜多とは現世から出て、向こう岸へ引っ越しをすることです。般若波羅蜜多は知恵であって、これは思想です。この思想に基づいて命を捉えることが必要です。しかし、思想だけでは命にならないのです。

イエスの十字架を理解すれば、イエスの復活による命の実体を掴まえることができるのです。イエスは歴史的事実としてはっきり復活したのです。日曜日はイエスの復活記念日です。世界中の人が日曜日に休んでいますが、世界中の人がイエスの復活を記念しているのです。これが現代社会の必然性になっているのです。

このように、歴史的に死を破った人間がいるのです。この人物のことをはっきり勉強して頂いたら、皆様も死を破ることができるのです。命の本体をはっきり見極めれば、死なない命がはっきり分かるのです。

般若波羅蜜多ということは思想ですが、イエス・キリストの十字架は事実です。思想に基づいて事実を究明したらいいのです。

## 原罪

聖書に原罪という言葉があります。人間の常識、知識は物質が存在すると考えて成立しているのです。物質的現象を般若心経では色《しき》と言っています。存在するものにはすべて色彩があるところから色という言葉を使っています。

物質的に存在するものを実体と考える。この考え方が原罪です。仏教的には無明煩悩という言葉になるのです。天理教では悪因縁と言っています。

因縁、原罪、無明というものが、人間の常識の基礎になっているのです。皆様が現在生きているのは、無明煩悩で生きているのです。原罪で生きているのです。因縁で生きているのです。だから、死んだらひどいことになるのです。

原罪から抜け出す方法、因縁から抜け出す方法はあるのですから、抜け出さなければならないのです。

先に人間は進化の過程にあると言いましたが、原罪から抜け出さなければならないということが、進化の過程にあるという意味になるのです。原罪から抜け出しますと、人間が完成されるのです。

人間には自分の魂を完成しなければならない責任があるのです。これは人生のノルマです。このノルマを果たさずに死んだら、ひどい目に会うのです。これは当然のことです。

世間一般の人は、人間とは何であるのかということをよく知らないで、命とは何であるかをよく知らないで生きています。基本的人権があると考えています。人権を考えるのなら、人責、人間の責任をはっきり悟るべきです。万物を指導するという人間の責任をはっきり悟るべきです。

人権を主張するのなら、人責を重んじるべきです。ところが、これをしていない。人間としての義務を履行しないで、権利だけをやたらに主張している。これが現在の人間の一番悪い点です。

だから、まず現在の人間の常識、知識が間違っていることを知って頂きたいのです。

般若心経は人間の考えが間違っていると言っているのです。すべて人間の常識、知識がただの妄念であることを、はっきり断定しているのです。これが般若心経の結論です。これを涅槃というのです。

究竟涅槃という言葉が般若心経にあります。涅槃を突き止めるのです。涅槃とは何であるのかと言いますと、灯っていた蝋燭の火がふっと消えた状態です。例えば基本的人権があると考えている。これがふっと消えてしまうのです。これを涅槃というのです。

この涅槃を究竟することが五蘊皆空です。遠離一切顚倒夢想ともいうのです。これが般若心経の中心思想です。般若心経は人間の考え方が根本から間違っていることをはっきり言っているのです。

般若心経は人間の思想が間違っていることを指摘していますけれど、本当の命は何であるかという説明ができていないのです。

人間が生きていることは原罪である、無明煩悩である、悪因縁が無であると言っていますが、人間の命は何であるのか、命の実体は何かという説明ができていません。そこで、聖書がどうしても必要になるのです。

般若心経は空である、無であると言っていますけれど、空であるというだけでは人生は解決しないのです。蝋燭の火が消えっぱなしではどうにもならないのです。

一度常識という火を消してしまって、もう一度新しい真理の灯し火をつけ直すのです。これがどうしても必要です。そのためには、キリスト教ではない聖書の勉強が必要です。

聖書は深奥無類なものでありまして、ことに十字架というものはすべての人間を否定しているという驚くべきことを書いているのです。すべての人間はもう死んでいるのです。これが十字架の真意です。

般若心経は人間は空だと言っている。聖書は空どころか、人間は良くても悪くても、全部死んでしまっていると言っているのです。これが十字架です。

皆様は既に死んでしまっているのです。だから危ないのです。自分が既に死んでしまっているということに気が付いて、初めて本当のイエスが分かるのです。イエスの復活を通して、本当の命を経験することができるのです。

般若心経と聖書の関係はこういうことになるのです。

釈尊の本意はどこにあるのか。やはり釈尊の発菩提の生老病死を見極めようとしたところに、釈尊の真意があったのだと思われるのです。同時に、これが出家の目的でもあったのです。

仏教に三法印というのがあります。諸行無常、諸法無我、涅槃寂静が三法印ですが、この三つのことが分かれば、仏教者として一人前だと認定されるのです。

諸行無常、諸法無我、涅槃寂静の三つを貫いているのは空です。五蘊皆空を言いたいのです。法華経とか三部経は釈尊の空だけでは人生の説明ができない、また現在の人間の生活に即して教えるには、空だけでは物足りないと思われるので、三部経の開陳になったと言えるのです。三部経とか法華経というのは、釈尊の空の外周を説明する一つの方向であると言えるのです。

だいたい大乗仏教の法華経とか三部経は、果たして釈尊が説かれたものであるかどうか分からないのです。結局、釈尊の考えは空観に行きつくのではないかと言われるのです。

人間自身は空であるから、生老病死もまた空ではないかと釈尊は考えたようです。道元禅師の正法眼蔵では、「生死の内に仏あれば生死なし。ただ生死即ち涅槃と心得て、生死として厭うべきもなく、涅槃として欣うべきもなし、是の時初めて生死を離るる分あり」と言っているのです。

本当に悟りを開いてしまえば、現在私たちが生きているという事実が消えてしまうと言っているのです。生死のうちに仏あれば仏なしと言っているのです。これが仏教の中心の思想になるのではないかと思われるのです。

## 火宅煩悩の教え

法華経譬喩品に火宅煩悩の教えがあります。小さい子供が家の中で、玩具で遊んでいるが、火が迫ってきているのです。何とかしてその子を救い出したいが、火勢が強くて飛び込むことができない。外から大きな声で出なさいと言うしかないという譬があるのです。これが火宅煩悩の教えです。

仏教の極楽思想というのは、現世よりももっとすばらしい所があるからと言って、玩具を見せているのです。天国へ行けるとか、極楽へ行けるとかいうのは、大きい玩具を見せて子供を引き出そうとしている方便なのです。

宗教ではないというのは、玩具という方便ではない実物は何かということです。本当の人間の命とは何かということです。

キリスト教の感覚を離れて率直に申し上げたいことは、現在の世界歴史の中で、イエスという人物が具体的に死を破ったという事実です。

イエスだけが死を破ったのです。釈尊も死んでいる。マホメットも死んだのです。孔子も死んだのです。本当に死を破ったのはイエスだけです。復活という驚くべき歴史的事実です。この事実を勉強すればいいのです。これが一番簡単です。

人生というのは色々迷い出したらきりがないのです。キリスト教がたくさんの派に分かれています。嘘八百と言われるほど分かれているのです。本当の命が分からないから、無数の派閥ができるのです。

神は一つです。信仰は一つ、バプテスマは一つと聖書にあるのです（エペソ人への手紙4・4〜6）。ところが、キリスト教は各派に分かれているのです。こういう偽体を演じている。これが宗教のばかばかしさです。

イエスが復活したというのは事実です。全世界の人間が日曜日に休んでいるのです。そのような社会的必然性が発生しているのです。

今年は二〇一五年ですが、イエスが生まれてから二〇一五年経過したということです。イエスが生まれたことが、世界歴史の新しい紀元になっているのです。これはどういうことなのか。

イエスの復活記念日が日曜日であって、なぜイエスの誕生を紀元元年にしているのか。ここに大きい秘密があるのです。このことをよく勉強すれば、宗教ではない事実が分かるのです。

命の実体が分かるのです。

私は宗教を皆様にお勧めしようとは毛頭考えていません。命とは何であるか。皆様が現在生きている命とは何であるかということを、一緒に勉強したいだけのことです。宗教ではないというのは、こういうことになるのです。

聖書について色々お話ししていますが、聖書はキリスト教の教典ではありません。

新約聖書の中心はイエスという人物ですが、イエスは宗教を非常に嫌ったのです。宗教を嫌った結果、宗教家に殺されたのです。

イエス・キリストと言いますけれど、イエスがキリストになったのです。イエスとキリストは別のことです。イエスは人間ですが、キリストは神の計画です。

イエスがキリストになったのです。この意味が普通の人間ではなかなか分からないのです。

霊とは何かと言いますと、上ということです。これは普通の常識で考える上ではないのです。人間の常識というのは下のことです。人間が肉体的に生きているというのは下の方です。

霊とか魂というのは上の方にあるのです。上というのは神と呼んでもいいのです。上様とは神様のことです。上が霊というものの本性です。

例えば、太陽があるのかと言いますと、ないのです。水素原子がヘリウムに変化するという活動があるだけです。太陽という物体があるのではないのです。

最近の自然科学の理論で言いますと、物理運動は存在するが、物質や物体は存在しないのです。

物質や物体が存在するという考えが下です。これは常識の考え方です。上の方は物質や物体は存在しないという考え方です。物質や物体が存在しないと言っても、しかし、何かがあるのです。何かとは何であろうか。これが霊です。何かが存在するとは霊が存在するのです。

皆様は肉体人間として現世に生きています。現世に存在するということが、果たして実体的に存在するのであるのかというと、実体的には存在していないのです。

太陽が実体的に存在していないように、皆様の肉体も実体的には存在していません。生理機能と心理機能が機能しているだけなのです。これを霊というのです。

医学では呼吸機能とか消化機能があると考えているのです。胃袋はあるのですが、物質的にあるのかというと、機能としてあるのです。

般若波羅蜜多というのは、人間の肉体存在は実は幻であると言っているのです。太陽があることを信じている人間は、幻を信じているのだと言っているのです。

これがはっきり分かりますと、皆様の人生の中心思想が一変してしまうのです。がらっと変わってしまうのです。

ところが、大学で講義している物理学の教授が、学校では物理運動は存在するが、物質は存在しないと教えているのです。教授が家に帰ると、物質が存在するという観念で生活しているのです。これが困った人間の精神状態です。

理論的にはあり得ないことを知っていながら、観念的にはあり得るような気持ちで生きているのです。

皆様の人生は、そのような矛盾した考えを踏まえて成立しているのです。宗教、伝統、習慣によるのではなくて、本当の人生を捉えようということになりますと、人間の常識、知識を脱却しなければならないのです。

理論的には物質が存在しないことを知っていながら、生活観念では物質が存在するという気持ちで生きている。これが皆様の人生に無数の矛盾を生んでいくことになるのです。病気が発生したり、社会的な混乱が起きるのです。意志の疎通ができなくなったり、ストレスを感じることになるのです。ノイローゼになったり、アレルギー症状になったりするのです。

## 日本の霊

日本人は聖書と言いますと、拒否反応が生じるのです。日本人は聖書に対してアレルギーを感じる民族です。これは日本の歴史が原因していると言えますし、また民族の伝統だと言えるのですが、日本には日本の霊があるのです。

日本の霊というのは、巫女が向かい合って神を拝んでいる霊です。巫女の口寄せ的な、霊媒的な意味での霊です。これは神霊科学の霊です。

こういう霊が日本の神様になっているのです。八百万の神々というのは、いわゆる産土の霊と、氏神の霊です。いわゆる先祖の霊と土地の霊の二つの霊が正式に正当に信じられているのです。
こういうシャーマニズム的な感覚、霊媒的な感覚が、日本人にはこびりついているのです。八百万の神々というありもしないものをあるように考え込んでしまっている。

日本人の常識としては八百万の神々が本当の神でしょう。感情的にはそうなるのです。ところが、八百万の神々は、人間が勝手にでっちあげた神であって、そんなものが実存するはずがないのです。

こういう誤解を一つひとつ説き明かしていかなければ、皆様の霊魂に関する本当の真実を説くことはできないのです。日本人は困った民族です。本当に困った民族です。

こういう感覚を持っていますから、聖書に対してアレルギー症状を起こすのです。拒否反応を示すのです。民族の伝統として、八百万の神々が皆様の心の中に貼り付いているのです。

皆様は子供の時から神社仏閣に参った経験がたくさんあって、それが脳裏に焼き付いていますから、聖書の神に対して本質的に拒否感覚を持っているのです。これがアレルギー症状を起こすのです。その上にキリシタンバテレンという観念が加わったのです。

私がいう聖書は、キリスト教の宗教教典ではありません。キリスト教は西洋の宗教の宗教教義を述べ伝えるために、聖書を利用しているのです。聖書を用いて宗教教義をでっち上げたのです。

キリスト教の宗教観念は、西欧人の人生観、世界観から湧いて出たものなのです。現代の文明というのは、キリスト教の思想が濃厚に働いて成立しているのです。

端的に言いますと、現在の文明は宗教教義の産物なのです。本当の命が分からないままの状態で、文明が造られているのです。従って、人間の文明には目的がないのです。

おかしなことに目的のない文明を全世界の人間が信じて生きているのです。全くどうかしているのです。

ですから、人生に多くの矛盾が発生し、また病気が生じたり、教育の混乱が起きたりしているのです。家庭内暴力、校内暴力、社会における暴力沙汰が絶えないのです。

こういう様々な問題が多発しているのは、人間とは何かが分かっていないからです。

文明に目的がないのです。人間生活に目的がないのです。皆様は何を目的にして生きているのでしょうか。人生に本当の目的と言えるものがあるのでしょうか。

現代人は目的を持たないで生きているのです。現代の文明を支配するのは、濃厚なユダヤ思想でありますが、こういうものに壟断《ろうだん》されている傾向が多分に見えるのです。

ユダヤ思想というのは本質的にはユダヤ教の宗教観念です。こういうものが現在の文明をリードしているのです。だから、何もかも分からない社会になっているのです。

そこでまず、般若心経を真面目に、真正面から検討すべきであると申し上げたいのです。宗教ではない般若心経です。これを勉強して頂きたいのです。

般若心経を読んだり書いたりしている人は、日本には一千万人以上いるでしょう。写経してそれに千円を添えて寺に送っている人もいるのです。それで寺を建てているお坊さんがいるのです。

般若心経はそういうことのために用いるものではありません。般若心経は人間の考えは間違っていると、真正面から言っているのです。今の人間の考えが根本から間違っていることを、真正面から率直に指摘しているのです。

間違っていると言われている人間が、般若心経の意味を考えないで、ただ般若心経を読んでいる。般若心経を写経している。そうして有難がっている。一体何をしているのかと言いたいのです。

こういうばかげた人間の人生観、世界観の基本を叩き破ることが、私たちの目的です。文明そのものが間違っていることにはっきり目覚めて、何を考えて生きるべきか、人間の命の本質は何であるかを勉強しなければならないのです。

命の実質が分かれば、自ら皆様の心理状態の中にある矛盾や行き詰まりは、解決するに決まっているのです。神や仏にお願いしなくても、本当の命が分かれば、人間存在の実質が本当に理解できれば、矛盾や行き詰まりは消滅するに決まっているのです。その結果、ストレスもアレルギーもなくなってしまうのです。

そのためには、まず宗教ではない般若心経を真面目に勉強する必要があるのです。

聖書は少し難しいのです。聖書の神は造り主の神ですが、神が万物を造ったとはどういう意味なのか。何のために万物を造ったのか。こういうことは少々難しい問題ですから、まず皆様の中にある間違った価値観、人生観を整理することから始めなければならないのです。

イエスが復活した。イエスが死を破ったということは歴史的事実です。日曜日はイエスが死を破った記念日です。これは世界中どこでも通用している事実です。

イエスが死を破ったということが歴史的事実に存在しているのでありますけれど、人間は死ななければならないと勝手に思い込んでいるのです。

こういう間違いは般若心経を正しく勉強したら、消し飛んでしまうのです。照見五蘊皆空、度一切苦厄と言っています。照見五蘊皆空とは般若波羅蜜多を行じていた時に、人間の思いが皆間違っていることが分かったので、人間の生活にある一切の苦厄が全部解決したというのです。

観自在菩薩の心中において、一切のごたごた、矛盾がすっかり整理されたと言っているのです。般若心経は人間の間違いを真正面から取り上げているのですが、般若心経を読んでいながら、自分自身の考えの間違いに気付いている人はめったにいません。般若心経を愛していながら、自分自身の間違いに気付いている人が全くいないのです。論語読みの論語知らずと同じように、心経読みの心経知らずになっているのです。全く般若心経の意味が分からずに読んでいるのです。

五蘊皆空、色即是空、究竟涅槃が般若心経の三本柱ですが、これについての正しい理解がないままで、ただ般若心経を読んでいる。

なぜこうなってしまったのか。般若心経が仏教のテキストのようになってしまっているからです。

般若心経は断じて仏教のテキストではありません。般若心経を仏教のテキストとして扱ってしまいますと、信じても信じなくてもよいものになってしまうのです。宗教は信じてもよいし、信じなくてもよいのです。

従って、般若心経を宗教のテキストとして扱っていますと、般若心経の一字一句が本当のこととして受け取れなくなるのです。般若心経が悪いのではない、宗教が悪いのです。

イエスの復活については、大変な間違いをしているのです。キリスト教ではイエスの復活を認めています。信じていますが、復活とはどういうことなのか。科学的にどういうことを意味するのか。現在の人間の命と、イエスの復活の命がどのような連関関係を持つのかということが、キリスト教では全く分からないのです。

般若心経と聖書は全く誤解されているのです。これは宗教ではなかったものを宗教のテキストにしてしまったために、こういう誤解が発生したのです。

神は上にあるものです。太陽がなぜ存在するのか。太陽が太陽であることが神です。人間が人間であることが神です。存在の当体、実存の実体が神です。

## 上と下

神は霊でありまして、常識では分からないものです。上をひっくり返すと下になるのです。下にあるのが人間です。神と人間との関係はこういう関係になるのです。

皆様は現在下にいますが、上を見ることになりますと上になるのです。皆様の存在が神と同じ存在であることが分かるのです。

実際、皆様が生きているということが神です。皆様の心臓が動いていることが神です。これが分かりますと、皆様は死なない命が自覚できるのです。イエスはこれを自覚しました。だから、死を破ることができたのです。

皆様の心臓が動いていることが神です。神という事実を皆様方は生理機能という形で、または心理機能という形で経験しているのです。ところが、自分は肉体人間だと考えている。こういう考え違いをしているために、死なねばならないことになるのです。また、病気になったり、行き詰ったりするのです。

皆様の人生の矛盾は、命が分からないから発生しているのです。

日本人は生活することには大変熱心ですが、命についての勉強は全くしていません。生活のことは非常に熱心ですけれど、命について考えようとしていません。

皆様が現在生きている命は必ず死ぬ命です。皆様は死んでしまう命を自分の命だと思い込んでしまっているのです。だから、日本人は全部死んでしまいます。皆様は今のままではやがて死んでしまうでしょう。

皆様の行き先は死ぬだけです。死ぬ命は持っていても仕方がないのです。ですから、自分の実体を真剣に突き止めようとしてみませんか。自分が生きている客観的なあり方を真剣に突き止めれば、死なない命が見えてくるのです。

皆様の心臓が動いていることが神ですから、この神を発見したら死なない命が発見できるのです。

般若心経をいくら読んでも般若心経の本当の意味は分かりません。聖書をいくら暗記しても聖書の命は分かりません。私がお話ししていることが宗教ではないということは、命そのものを体当たりで探究するということです。理論の研究ではなくて、命そのものをはっきり掴まえるための勉強をしたいという意味です。

現世の人間が行きつく所は空です。これは般若心経の思想というよりも事実ということです。皆様は何のために生きているかを考えてみてください。空に決まっています。皆様が現在生きているということが空です。あるプロ野球の監督が優勝した後に言っていました。優勝した時は嬉しいけれど、数日したら虚しいことのように思えてきたということでした。

全くそのとおりです。結婚をしても虚しいのです。商売で成功しても虚しいのです。大金持ちになっても、大臣や大統領になっても人生は虚しいのです。人生において虚しくないものがあるのでしょうか。ないのです。

宗教は最も虚しいものです。仏教やキリスト教は最も虚しいものです。もし釈尊がこの地上にもう一度やって来たら、今の寺のお坊さんを真っ向から叱りつけるでしょう。皆堕落しているからです。

釈尊が言ったのは空という実体です。色即是空とは物質的現象は実体ではないということです。これは理論ではありません。本当のことです。だから、宗教的理論を展開しても仕方がないのです。

私たちが生きていることは事実です。事実をはっきり究明するのです。これが人生勉強の焦点でなければならないのです。

宗教はこういうことを考えないのです。死んだら天国へ行くとか、極楽へ行くというばかなことを言っています。こういう考え方が虚しいのです。

五蘊皆空です。宗教も五蘊の中に入るのです。五蘊という言葉の中に、仏教もキリスト教も、あらゆる宗教の概念が全部入ってしまうのです。宗教が皆空だと言っているのです。これが観自在の悟りです。

私たちは本当の意味での空の実体を考え、とこしえの命の実体を考えなければならないのです。釈尊は人間が空であることを言い切ったのです。イエスはとこしえの命があることを証明したのです。彼自身の復活においてそれを証明したのです。

釈尊は無という事実を証明したのです。イエスは有という事実を証明したのです。釈尊は無の実体に徹していた。イエスは有の実体に徹したのです。

仏典と聖書は正反対の位置にありますが、釈尊の空に徹しなければ、本当のイエスが分からないのです。本当の神が分からないのです。

今のキリスト教はカトリックもプロテスタントも教理を説いているのです。教理というのは人間の教えでありまして、人間のために人間が造った人間の教えです。これが宗教です。しかし、釈尊の言い方をしたら、現在の人間存在そのものが空です。だから、人間のために造った人間の教えは本質的に空であるのです。

私たちは命の実体を勉強しなければならないのです。

般若心経に色即是空とありますが、空の意味がなかなか分からないのです。日本人には特に分からないでしょう。

顕教では無と言います。真言宗では阿と言います。無とか阿とか色々言い方がありますけれど、空と無とはどのように違うのかということです。

最近の仏教は仏典からだんだん外れてしまって、教義の学理的な追求ばかりをしているのです。これは宗教の最も悪い点が現われているのです。

人間が空であるというのは般若心経の中心思想です。人間は現象世界があると考えています。現象世界があるという立場で色々考えています。これが人間の常識、知識です。これが空なのです。

現在の人間の実体は何かと言いますと、常識や知識が人間になっているのです。例えば、政治、経済のあり方、宗教のあり方、法律のあり方はすべて人間の五蘊が現われているのです。人間の五蘊が感情、理念、欲望になっているのです。これが政治、経済を形造っているのです。これが全部空なのです。

なぜこれらが空になるのか。五蘊の蘊というのは雑草が繁茂している状態です。人間の常識、知識は雑草みたいなものです。何にも役に立たないのです。百害あって一利なしです。人間の本質から考えたらそういうものなのです。

五蘊が中心になって文明ができているのです。今の文明は全くひどいものです。命のことを全然考えていないのです。宗教が命のことを考えていないだけではなくて、学問も命を考えていないのです。

医者が命を考えているように思えますけれど、実は病気を治すだけであって、命を保障しているのではないのです。病気が治ってもやがて死んでしまうのです。そうすると、何のために病気を治すのかと言いたいのです。

こういう考えを空だというのです。日本は何のためにあるのでしょうか。分からないのです。何のために人間は生きているのでしょうか。これも分からないのです。従って、人間が空だということは遺憾ながら本当です。

## 人空と法空

大乗仏教では、人空、法空と言います。人空とは主観的存在です。法空は客観的存在です。両方共空なのです。なぜ空なのか。空がなかなか分からないのです。般若心経を何千回読んでも、何万回読んでも空が分からないのです。塙保己一は一万二千回読んだと言われていますが、空が分からなければ何万回読んでも意味がないのです。

そういう般若心経の読み方が空なのです。般若心経を読んでいることが空です。写経をして千円をつけて寺へ送るとご利益があると言いますが、こういうことが空なのです。

奈良のあるお寺は、六百万人から写経をして千円をつけて送ってもらったと言いますから、そのお寺は六十億円儲かったのです。宗教はそういう商売をしているのです。こういうことが空なのです。

宗教家が扱っている般若心経は皆間違っているのです。概念ばかりを説いていて、実体が全くないのです。宗教は腐っているのです。宗教ほど悪いものはないのです。ひょっとしたら泥棒よりも悪いかもしれないのです。泥棒はお金を盗むだけです。宗教は魂を盗むからです。ひどいものです。

人空、なぜ人間が空であるのかと言いますと、人間が現在生きているのは仮に生きているのです。今の地球も仮に存在しているのです。

今の地球は不完全な地球です。地震、洪水、津波、噴火、異常気象が頻発し、何万種類もの病気が人間を苦しめているのです。政治、経済も混乱し、内乱、戦争、争いが絶え間ないのです。これは現在の地球の不完全性をはっきり現わしているのです。

人間も不完全なものです。何のために生きているのか分からないということが、不完全である証拠です。人生が不完全だから四苦八苦しているのです。

不完全な地球に不完全な人間が生きているのですから、このような世の中を完全だと思うことが間違っているのです。現在の人間は仮に生きているのです。仮定の人生を生きているのです。ところが、今の人間はこの人生を本当の人生だと思い込んでいるのです。

そこで宗教を信じて死んだら天国へ行きたいと考えるのです。こういう考えが空です。仮定の人生とは空の人生だということになるのです。

物理的現象は実体ではないと故中村元東大教授は言っていましたが、それでは実体とは何かということについては説明していないのです。

般若心経には実体の説明が全くありません。すべて空だ、空だと言っていますけれど、実体が何かという説明が一切ないのです。ここに般若心経の問題点があるのです。

実体ではない人生を、人間は本物だと考えて生きているのです。そこで人生が何となく虚しいのです。結婚しても虚しいのです。結婚とはいいものだと思って結婚してみると、こんなものかと思うのです。どれだけ財産を造っても、地位や名誉を得ても、政治権力を得ても虚しいのです。

現在人間が生きている状態が虚しいのです。空なのです。空であるということは、仮の人生を送っているということです。現在の人間の人生は本番ではないということです。

それでは本番の人生とは何かと言いますと、イエスは神の国を求めよと言っているのです。本番の人生を求めよと言っているのです。

求めよというのは探し求めよという意味です。神の国と神の義を探し求めよと言っているのです。死んでから天国へ行くのではないのです。現在目の黒いうちに、神の国と神の義を探し求めよと言っているのです。

イエスは本当の命を証明するためにやって来たのです。「私は命のパンである」（ヨハネによる福音書6・51〜56）。「私は命である」と言っているのです（同11・25）。イエスは命の実体を生きていたのです。

本当に死なない命を生きていたイエスは、宗教をぼろくそに攻撃したのです。そのためにユダヤ教徒と律法学者に憎まれて殺されたのです。宗教家に殺されたのです。ところが、キリスト教という宗教は自分たちが殺したイエスを救主なるイエス様と言って崇めているのです。拝んでいるのです。こういうおかしいことをしているのが宗教です。

イエスは人生の実体、命の実体を示したのです。イエスの生き方が命の実体をそのまま証明したのです。これを神が認めたので、復活という形になって現われたのです。

釈尊は現在の人間が仮定の存在であるという意味で、空だと言ったのです。イエスは自分の生き方が本当の命であるということを証明する意味で、神の国と神の義を求めよと言ったのです。

本当の空が分かりますと、本当の命を知るために大変役に立つのです。現在の人生が仮定の人生だということが分からなければ、なかなかイエスの思想が分からないのです。ただイエス様を信じていたら、罪が許されて天国へ行けると考えているようでは、とてもイエスの思想が分からないのです。

そこで釈尊が体験した空を私たちも体験するのです。このことが人生を仕上げていくための基礎になるのです。色即是空という場に立ってイエスを考えますと、彼が持っていた命が何であるかがはっきり分かるのです。このことを申し上げたいのです。

釈尊の本当の悟りの内容はどういうものであったのか。現在では正確に説明することができないでしょう。仏教が大乗だ小乗だと言って、色々な経本を書いたのです。その結果、釈尊という人が釈迦牟尼如来とか、万徳円満釈迦如来とか、輪転諸王とか言われ、祀り上げられて金縁の額に入れられてしまったのです。そこで、釈尊の思想を批判したらとんでもないことになるのです。

私は釈尊の思想を批判しようとは思っていませんが、釈尊が一体何を悟ったのかということは、現在では不明になっているのです。

法華経や阿含経、華厳経、大日如来経、大般若経、妙法蓮華経、観音経、阿弥陀経、観無量寿経、

大日経、維摩経、浄土三部経、金剛頂経、如来蔵経、解深密経、仁王経、金剛般若経、一切経、大蔵経、宝積経、無量義経、大無量寿経等の経文を要約して煎じ詰めると、般若心経に要約されると思われるのです。

般若心経は日本人には非常に愛好されていますので、般若心経の独特の思想を宗教ではないという立場から究明することによって、皆様と一緒に人生勉強をするためには、非常に役に立つと思われるのです。それで般若心経を取り上げているのです。

釈尊は人生が空だと考えたのですが、それだけでいいのではないかという考え方もあり得るのです。ところが、人生が空であるということを考えたとして、人生の実体はどこにあるのかということです。

人生の実体を申し上げますと、皆様の心理機能、生理機能が皆様という人間の基礎になっているのです。心理構造や生理構造が皆様の実体です。これは空ではありません。

身長が一メートル何十センチで、体重が何十キロある。こういうものを人間だと考えているのです。こういう考え方が空であると言うのです。しかし、生理機能や心理機能が空だと言っているのではないのです。

目に見える人間は空ですけれど、私たちが生かされているという事実は空ではないのです。

人間の常識を乗り越えて、私たちが現在生かされているという事実を見るのです。

人間は空気を自分で造っているのではありません。また水も自分で造っているのではないのです。ところが、天は皆様に無尽蔵の空気や水、太陽光線を与えているのです。皆様は生かされているのであって、生きているのではないのです。他力本願的に生かされているのです。そうすると、その他力の実体は何であるのかということです。

空気は一体どうしてできるのか。水はどうしてできるのかということです。宇宙構造の実体は何であるかということです。皆様の心理構造、または生理構造の実体は何であるのか。心理構造や生理構造がどうして皆様に与えられているかということです。

皆様は生まれたいと思って生まれたのではありません。生まれたいと思って生まれたのではないとしたら、皆様は自分ではないはずです。自分が生まれたいと思って生まれたのなら自分という人格があるのは当然ですが、自分が生まれたいと思わないのに生まれてきたのですから、今いるのは自分ではないのです。そうすると、何者なのかということになるのです。

釈尊は空と言いました。いわゆる涅槃寂静と言ったのです。諸行無常、諸法無我、涅槃寂静が仏教の三法印ですが、仏法は人間存在と天地の存在とが空であるということを、はっきり言っているのです。

しかし、地球が回っているという事実があるのです。地球を回しているのは誰かということです。どういう力が回しているのか。実は地球を回している力を、聖書では命と言っているのです。その命が神であると言っているのです。

皆様の目が見えることが神です。心臓が動いていることが神です。この神は宗教の神ではありません。事実が神なのです。イエスはこの神を見ているのです。わたしの父、即ちあなたがたの父とイエスは言っているのです。

花が咲いている事実をイエスは父と呼んでいたのです。空気が流れている事実を父と呼んでいたのです。これが宇宙の実体です。

ところが、釈尊の時代のインドには、本当の神がなかったのです。インドの神は神仙という思想からきているのです。摩訶不思議なことをするものを神とか神仙というのです。これを釈尊は軽蔑しているのです。私も軽蔑しているのです。

そこで仏教でははっきりした叡智による悟りを強調していますので、その立場から言いますと、神という言葉が使えなくなるのです。だから釈尊は神ということを全然言っていません。

イエスは釈尊から約五百年後に生まれているのです。もしイエスが十字架にかかった後に釈尊が生まれていたとしたら、釈尊とイエスの意見は非常に一致したと思えるのです。ところが、釈尊はイエスより五百年ほど前の人でしたから、イエスの十字架が分からなかったのです。

ただ一つ考えなければならないことは、マタイによる福音書の二章に書いていますが、インドにいた博士たちがイエス・キリストの誕生祝に来たということです。東方とはインドのことです。インドには昔からすばらしい星が現われて、世界の救主が現われるから、その人に聞きなさいという釈尊の言い伝えがあったのです。そこでユダヤのベツレヘムに、わざわざ訪ねているのです。

## 一見明星

釈尊は明けの明星を見て、大悟徹底した。これが一見明星です。一見明星はやがて来たらんとするイエス・キリストを直感したのかもしれないのです。

そのように、釈尊の思想とイエスの思想は、非常に微妙な連関性があるのです。釈尊は異邦人という場に立って、神の約束に関係がない場に立って、本当の事実を証明しようと考えたのです。イエスは神の約束の民として、人類の完成、宇宙の完成、神の国という大スケールの事実を証明するために地上に現われたのです。

釈尊は神の約束に関係がない異邦人の一人として悟りを開いたのです。釈尊の悟りの内容には般若心経には出ていないものがあるのではないかと思われるのですが、よく分からない点があるのです。

阿耨多三藐三菩提と言っています。すばらしい無上の悟りだと言っていますけれど、この内容と事実が般若心経にはないのです。

一万七千六百巻の膨大な経典の中に、釈尊の真意が書かれていないものがあると思われるのです。宇宙の完成ということをはっきり言っていないのです。

もう一つ注意しなければならない点は、釈尊は自分が生きているというところから出発したということです。彼は生老病死という四苦から出発しているのです。人間が生まれて老いて病気になって死んでいく。このことを究明するために出家したのです。

釈尊は人間の立場から人間の謎を説こうと考えたのです。ところが、人間の立場から謎を究明してもだめです。なぜだめかと言いますと、天地がなぜ存在するのかという説明ができていないのです。生老病死を説くことができても、地球がなぜできたのか。なぜ地球に生命が満載されているのかということです。

火星や金星、木星、土星には生物は全く存在しないのです。全く死の星です。ところが、地球には生命体が満ち溢れているのです。森羅万象という生命現象に満ちているのです。皆様の心臓は瞬間瞬間止まることなく動いているのです。

地球にだけなぜこのようなすばらしい生命現象があるのかということが、釈尊は説明できなかったのです。こういう点が大乗仏教の欠点ということができるのです。これは釈尊が生まれた場所と時代がイエスと違っていたからだと言えるのです。

私たちは聖書の勉強をしています。なぜ聖書を勉強しているのかと言いますと、聖書の勉強によって永遠の生命の実体が分かるからです。般若心経だけでは永遠の生命の実物が分からないのです。空は分かりますが、命が分からないのです。命を勉強するのは聖書しかないのです。

皆様は現在生きています。生きていながら命が分かっていない。こういう愚かなことになっているのです。何のために生きているのか。日本が何のためにあるのか。地球が何のためにあるのか分かっていないのです。

今の文明は人間の本質、本性を全然考えていません。文明の根本が間違っているのです。学問の基本が間違っているのです。こういう文明の中に生きていますから、皆様の人生は空になるのです。

皆様は現在命の経験をしています。これは神を経験しているということです。命の実体は神です。皆様の目が見えることが神です。舌で味わっていることが神です。このように皆様は神を経験しているのです。

ところが、神が全然分かっていない。だから、死んでから大変なことになるのです。地獄へ行くことになるのです。現在、皆様は神を経験していながら神と考えずに生きているのです。「神を知りながらなお神として崇めず、感謝もせず、却ってその思いが暗くなった」とパウロが書いていますが(ローマ人への手紙1・21)、そのとおりです。

皆様は現在神を経験しているのです。神を知っているのです。知っていながら、それを認めていないのです。皆様という人間はいない。宇宙の命が皆様に働いているだけなのです。宇宙の命の延長が皆様の命です。

宇宙の大生命が皆様方の命になっているのです。だから、命が分かれば、宇宙全体の命の真髄が分かるのです。これが神です。

せっかく生まれたのですから、命とは何かということをぜひ勉強して頂きたいのです。

## 12. 厭離穢土欣求浄土

聖書に天国と地獄という言葉があります。これは宗教では十分にお答えできないであろうと思われるのです。天国と地獄という問題は宗教の問題ではないのです。

マタイによる福音書の十三章でイエスが語っていますけれど、現在人間が生きているのは、神という農夫が畑を経営しているようなものだと言っているのです。人間という種をまいてこれを育てている。実を結ぶものと、結ばないものができるので、それを選別しているという譬を書いているのです。

実を結んだ者はこれを倉に入れる。実を結ばない者は全部消えない火の中に放り込むとあるのです。これが天国と地獄です。

実を結んだものは倉へ収納する。実を結ばないものは消えない火の中に投げ込んでしまうのです。これをよく考えて頂きたいのです。

皆様が現在生きているということは、皆様が望んで生まれたのではないのです。また、生きていると自分で考えても、空気や水がなければ生きていられない状態です。

アフリカのある国で、四、五年間全く雨が降らない大旱魃に見舞われて、大飢饉になり多くの餓死者が出ているという報道がありました。この国にいる人々は、生きたいと思っても食物がなくなると生きていられなくなるのです。従って、人間は自立自存できない条件で生かされているのです。

人間の人生は本質的に自分のものではないということは、明瞭なことですけれど、これが分からないのです。人生は自分が主体性を持っているのですけれど、自分が人生の主体であるとは言えないのです。主体性を持っているけれど、主体そのものではないのです。

こういうことは哲学的に考えるという気持ちがありませんと、なかなか分からないのです。世間並の常識を呑みこんで、それで一人前のように思い込んでいますと、分からないのです。人間は畑にまかれた種である。実を結んだ者は倉に入れてもらえる。実を結ばない者は全部火の中へ放り込まれるのです。

ヨハネの黙示録には、「火の池に放り込まれる」と書いているのです（同20・15）。現在生きている人間が死にますと、枠の中へ入れられる。海、死、黄泉の三つの枠の中へ収納されるのです。死んだ亡霊がこの三つの枠の中のどこかに入れられるのです。

これは現存する地球が終焉した後のことです。今の地球は物理的に存在するものですが、物理的に存在するということは、やがて消滅するに決まっているのです。

地球が消滅した後に、死んだ人の魂がどうなるのかということを黙示録で説明しているのです。地球が始まってから地球が終わるまでのことを鳥瞰するのです。飛んでいる鳥の目で地上を見るような見方をするのです。

地球の存在全体を鳥瞰すると、私が申し上げていることがご理解頂けると思うのです。これは学問というような小さなスケールのものとは違うのです。普通の人間の人生観や世界観では、とても捉えられないものです。

宗教は学問と同じレベルの文化概念です。科学、哲学、政治、法律という専門学がありますが、専門的というのは部分的ということです。部分的には究明されているのです。

部分的には正しいでしょう。部分的ということは一部的ということで、一部的というのは概念になってしまうのです。専門学によって全体的な社会構造とか人間の思想構成がなされているのです。これが近代、現代文明の特徴になっているのです。

人間が生きているのは専門的に生きているのではないのです。自分は弁護士だとしても、その人は一生弁護士でなければならないことはないのです。農業者であるとしても、その人が一生農業者であるとは限らないのです。弁護士が商人になったり、商人が代議士になったりするのです。色々な職業に転職する人はいくらでもいるのです。

専門的な勉強をしたからと言って、人生全体が理解できたという訳でもないのです。

地球が始まったというのはどういう原理で始まったのか。始まったものは終わりがあるに決まっているのです。どういう形で終わるのか。聖書にはこれが書いてあるのですが、キリスト教では分からないのです。

キリスト教は聖書を用いて宗教を宣伝しているのですが、キリスト教は神学、教学に基づいて聖書を見ているのです。聖書に基づいて人間を見ているのではないのです。教義に基づいて聖書の説明をしているのです。

教義に基づいて聖書を勉強しますと、教学的な聖書の解釈になるのです。これもまた専門学になるのです。教学はキリスト教の専門学であって、専門学に基づいて聖書を説きますと、本当のことが分からなくなるのです。

キリスト教は地球の存在について責任を持ちません。人間の命についてキリスト教は責任を持とうとしないのです。従って、天国や地獄の問題について徹底的に解明しようとはしないのです。こういうことをしなくても、宗教の経営は十分にできるのです。

宗教は一種の営業でありまして、ローマ法王は大会社の社長みたいなものです。政治や経済についての発言もするのです。宗教は政治や経済に関係があるのです。ところが、聖書の本質は政治経済とか、民族の歴史にえこひいきすることはありません。ありのままに、率直に、良いものは良い、悪いものは悪いと言っているのです。

人間の実質は命であって、命は自分のものではないのです。人間が生まれたいと思って生まれたのではない。人間が地球を造ったのではないのです。人間が空気を造っているものでもないのです。従って、人間が生きているということは、人間自身の力ではないことは明白なことです。

皆様には自分を純粋に客観的なものとして見るような気持ちで見て頂きたいのです。

## 実を結ぶ魂と実を結ばない魂

皆様は地球という畑に種がまかれた状態です。実を結ぶ魂と、実を結ばない魂とができるのです。実を結ぶ魂は非常に少ないのです。めったにないのです。

日本の国の起源につきましては非常に微妙な幽邃なことがあるようです。天皇制という問題があるのです。この本質について左翼の人々はもちろん知りませんが、右翼の人々も知らないのです。これは地球全体を見るような広大無辺な感覚で見ないと分からないのです。

やがて天皇制の真意が解明される時が来るでしょう。その時には全世界の歴史が驚くべき状態になった時です。

皆様は生まれたいと思わないのに。生まれてきたのです。これは魂が地球にまかれたようなものです。魂というのは種です。実を結ぶか結ばないかは魂のあり方によるのです。魂の運によると言ってもいいかもしれません。

魂は実体そのものではないが、主体性を持っているのです。この主体性をどのように理解して、どのように用いるかによって違ってくるのです。

人間は魂としてこの世にまかれたものであって、この世で生活すること、文明を営んで満足することが、人生の目的ではないのです。従って、現在学問と考えられているものは、現世の生活のためには役に立つのです。しかし、魂の実を結ぶという問題になりますと役に立たないのです。

魂の実というのは部分的な問題ではないのです。従って、専門学でいくら考えても魂のことは分かりません。人間存在の全体学が必要です。これはザ・リビング（the living）に対する本質的な勉強が必要です。

人間が生きているということは、人間の全体を意味するのです。

人間のザ・リビングということが、全体の本質です。このことを究明していきますと、初めて霊魂が分かるのです。そうすると、霊魂はどこから来て、どこへ行くのか。何のために現世に生まれたのかということが、おのずから分かるのです。そうしたら、どうしたら実を結ぶのかということも分かるのです。

現世に生きている。自分が生きているという考えでは、実を結ぶことはできません。私たちは一個の種にすぎません。種をまいたものの意志に従って実を結ぶのでなかったら、実を結ぶことはできません。

植物の種はだいたい実を結びます。天候や気候によって実を結ばないものもありますが、人間の霊魂になりますと、実を結ぶということはめったにないことなのです。

例えば、釈尊のような人物でも本当に実を結んだのかというと、結んでいないのです。釈尊は究竟涅槃と言いました。空と言いましたが、空は実を結んだ状態ではないのです。実を結ぶための非常に重大な必要条件を、はっきり提示しただけのことです。

本当に実を結んだと言えるのは、イエスだけです。イエスは死を破って復活したのです。死んだけれども甦ったのです。完全に死んだけれども、三日目に甦ったのです。現在なお生きているのです。

甦りというのはあちらにもある、こちらにもあるというものとは違うのです。更生（raise again）ということはあるのです。蘇生ということはあるのですが、完全に死んでしまったものが、新しい命、永遠の命をはっきり持ったという実例は、ナザレのイエスの復活しかありません。これが甦り（resurrection）です。

これはどうしても学の対象にしなければならないものです。専門学ではありません。全体学が必要です。現在の専門学を統合するような学です。これでなければイエスの復活を捉えることはできないのです。

こういう意味での新しい学の発想が、日本からなされなければならないのです。専門学を発明したのはユダヤ人学者です。ノーベル賞は専門学に対して与えられるものです。専門学以外の学は今の世界にはありませんから、全体学を掴まえることは難しいと思われるかもしれませんが、専門学では魂の実を結ぶことはできないのです。

専門学は人間社会には通用しますが、永遠に通用しません。人間社会はやがてなくなるに決まっています。もう終わりかけようとしているのです。

旧ソ連、フランス、イギリス、中国等によって総計二千五百回以上の核実験が行われ、大量の死の灰が大気圏内に放出されました。それらは成層圏に蓄積しているのですが、雨が降るたびに降下しているのです。

ストロンチウム九十は体内に蓄積されると、半減期が五十年もかかると言われているので、この害毒から逃れることはできないことになるのです。

脊髄に蓄積されているので、脳細胞の働きもだんだん悪くなると思われるのです。脳波の作用も鈍くなるでしょう。だから、人間はこれ以上発展しようがないのです。これが人間文明の実情です。

食糧問題、資源枯渇の問題、人心の荒廃の問題、青少年不良化の問題、政治経済の混乱等によって、人間文明は崩壊せざるを得ないのです。

全体的に人間社会を鳥瞰する形を取りますと、人間はこのままの状態で生きていても仕方がないということが分かるのです。やがて、死ぬに決まっているからです。

人間はこの地球上で生活するために生まれてきたのではない。実を結ぶために生まれてきたのです。霊魂の実を結ぶ、命の実を結ぶために生まれてきたのです。死なない命を掴まえるために生まれてきたのです。

永遠の命をどうして掴まえるのか。これが人間に与えられた唯一のテーマです。これを掴まえた者は実を結んだ者として、神の倉に入れてもらえるのです。これをパウロは、「極めて大いなる限りなき重き栄光」と言っています。これは言葉では言えないような大いなる栄光、永遠の栄光を与えられるのです。

これを勉強することが本当の学です。イエスが復活したことによって、極めて大いなる重き栄光の実体をイエスが見せたのです。

皆様がこの世に生きているのは、生活するためではありません。生活をしていても仕方がないのです。死ぬに決まっているからです。そこで目の黒いうちに実を結ぶ勉強をするしかないということを、よくお考え頂きたいと思うのです。

## 命の木と善悪を知る木

旧約聖書の創世記に、「神がエデンの園の中央に、命の木と善悪を知る木とをはえさせられた」とあります（2・9）。命の実を結ぶ木と、善悪を知る実を結ぶ木とがあります。これは二本の木があるのではなくて、両方に通用する木があると考えられるのです。

仏教では沙羅双樹という言葉を使っています。沙羅双樹というのは、根っこが一つで枝が二つに分かれている樹です。

平家物語の冒頭に次のようにあります。

「祇園精舎の鐘の声　諸行無常の響きあり
沙羅双樹の花の色　盛者心衰の理をあらわす
おごる人も久しからず　ただ春の世の夢のごとし

たけき者も遂には滅びぬ　偏に風の前の塵に同じ」

創世記が書かれたのは、今から五千年も前のことです。一章は新しいのですが二章は古いのです。仏教で言われている沙羅双樹の方が新しいようです。

恐らく旧約聖書の思想がインドへ渡って、沙羅双樹という言い方になったと思えるのです。人間の中心に一つの気持ちがある。この気持ちの持ち方一つによって、死んだり生きたりするのです。皆様は気の持ちよう一つで、生きもするし、死にもするのです。

皆様の気の持ちようということが、皆様の脳波の働きに重大な役割を演じることになるのです。皆様が生きているということは、医学的に言いますと、脳波が働いていることになるのですが、脳波が働くためにはその原理がなければならないのです。命の源というものがこの宇宙に存在するのです。

宇宙の本源から皆様の脳細胞に働きかけているという事実があるのです。人間自身の力で脳波を起こすことができないからです。脳細胞の働きが脳波として測定されるのです。人間の命と宇宙の命の本源とは大きな関係があるのです。

これについては、専門学ではなくて全体学的な知識が必要になるのです。命とは何か。存在とは何かということが究明されなければならないのです。

命とは何かを究明するためには、どうしてもイエスの復活を勉強しなければならないのです。

現在の専門学はこういう問題を避けてしまっているのです。だから専門学は成立していますけれど、全体学が成立しないのです。

命を学の対象とすることができなくなっているのです。専門学を世界中に広めて、人間の思考方式に大きな枠を設けてしまったのがユダヤ人です。この枠から出られないという意識を世界全体に持たせてしまったのです。この枠を破る必要があるのです。

教育という言葉は大変にきれいですが、教育をされますと、人間は洗脳されたようになってしまうのです。これが困るのです。ここにユダヤ人の巧妙な仕掛けがあるのです。これが文明の基礎をなす発想です。

近代文明が展開する以前には、人間の考えは今よりも自由だったのです。事情境遇においては現在よりも遥かに束縛されていたのです。封建制度によって、事情境遇としては束縛されていたのですが、人間の意識の働きは現代人よりももっと自由だったのです。近代文明によって人間の意識を極端に束縛してしまった。ここにユダヤ思想の間違いがあるのです。

徳川家康は戦国の武将でしたが、戦っている時に、「厭離穢土欣求浄土」と書いた軍旗を掲げていたのです。こういう言葉を戦国の武将が好んで使ったのです。

「厭離穢土欣求浄土」とは、現世は汚れた世界で住むのは嫌だから、浄土に行きたい、彼岸に行きたいと願うことです。家康が本当に欣求浄土したとは思いません。決して厭離穢土ではなかったので、幕府を造ったのです。将軍になったのですが、とにかく厭離穢土欣求浄土という言葉を使ったのです。こういう言葉が一般に通用していたのです。それだけで人間の霊魂が自由だった証拠になるのです。

現在のように、文明という世界観によって束縛されていなかったのです。現在、人々は自由、自由と言いますけれど、これはみせかけの自由であって、実は霊魂の自由はなくなっているのです。文明意識によって、霊魂の自由を取り上げられてしまったのです。誰も「厭離穢土欣求浄土」と思わない。現世で生きるのは当然である。文明はありがたいものだと固く思い込んでいるのです。

自由という言葉によって、人間の命を現世に生きる命というように考え込まされてしまったのです。命の本質が霊から肉へ摩り替えられてしまった。これがユダヤ思想の本質です。

こういうことに気が付いている人は、日本には一人もいないでしょう。世界でも非常に少ないでしょう。ひょっとしたら一人もいないかもしれないのです。ですから、本当の命、本当の自由、本当の文明が、日本から全世界へ改めて提唱されなければならないと思うのです。

とにかく、私たちは現在の社会的な思想に束縛されなければならないことはないのです。

現在の学は人間が現世に生きていくというためには、必要なものなのかもしれませんが、専門学によって命の真髄を勉強できないように仕向けられてしまっているのです。ここに絶対的な枠があるのです。今の文明思想から考えますと、私の考えは極めて特殊な思想であると思われるかもしれません。

私は今までの人間の考え方とは全く違った観点から申し上げているのであって、皆様方に本当の命、死なない命を見つけるための新しい世界観の創建を申し上げているのです。

この世に何回も生まれ変わるという思想は嘘です。現在の地球は未完成の地球でありまして、不完全なものです。その証拠に地震、台風、疫病に年中脅かされているのです。

## 現在の地球も人間も本物ではない

これは現在の皆様の命が仮のものだということを示しているのです。現在の地球も、人間存在も本物ではない。仮のものだということを悟って頂きたいのです。

現在の命が本物だというのは、近代文明の考えであって、これがユダヤ人の考えなのです。厭離穢土欣求浄土というのは、現在の人間の命は本物ではない、現在の世界も本物ではないということを意味しているのです。現在の命は本物ではないから、本当のものを見つけたいという意味になるのです。

今の地球は未完成であってやがて完成されるのです。聖書には完成された地球を新天新地という輝かしいものであると言っているのです。

これは専門学では分かりませんが、専門学の向こう側へ出てしまうような勉強をして頂ければ分かると思います。専門学という枠の中に入っていると分からないのです。

専門学という壁を突き破って向こうへ出てしまうと、全体学に近いような心理状態になるのです。

現在の地球は不完全です。地震、台風があります。洪水、津波が発生します。伝染病が発生します。地球が不完全であるという証拠はいくらでもあるのです。だから、今の地球がこのまま数千年も存続するはずがないのです。

今の地球が経済的に、政治的に大変な危機に遭遇しているということは事実です。こういう社会が永遠に続くものではないのです。今の地球がこれから十億年も二十億年も存続するという夢みたいなことをユダヤ人学者が言っていますが、こういうことはあり得ないのです。

仏教では五十六億七千万年も続くと言いますから、仏教の方よりもユダヤ人学者の方が少しはましかもしれないのです。大体、今の地球が五十六億七千万年も続くはずがないのです。

現在の文明はユダヤ文明でありまして、不完全そのものです。やがて本当の文明の方向に向かって完成されなければならないのですが、それは地球の完成と共に進んでいかなければならないのです。

イエス・キリストが文明とどのような係わりを持つかということになりますが、これはイエス・キリストの再臨という大問題になるのです。キリスト教ではこれが分かっていないのです。再臨という理屈は分かっていますけれど、具体的に、歴史的にはっきりと説明できません。

地球が新しくなるということは、人間の歴史が新しくなるということです。この時に人間の霊魂の裁きという問題が発生するのです。天国と地獄ということが本番になるのです。

今生きている人間は仮のものです。死ぬに決まっているからです。やがて死なないに決まっている人間が現われる。それは今の文明が崩壊した後に来るのです。

この世は過ぎ行くのです。過ぎ去った後に過ぎ行かない文明が現われるのです。これが神の国の出現です。この時に本当のことが現われるのです。

この時に地球上で死んだ人間が全部甦ります。海と死と黄泉という三つのプールに死んだ亡霊は置かれているのですが、それが全部呼び出される時が来るのです。それから、神による大審判が行われるのです。そうして、本当の公平が行われるのです。これを広義というのです。

広義という言葉は日本語の辞典にはありません。旧約聖書だけにあるのです。本当の広義が現われる世界が出現する。これを神の国というのです。

これが今のユダヤ人には全く分かりません。ユダヤ人がユダヤ思想から脱してしまわなければ分からないのです。現在の学問、現在の人間の知識、常識、宗教観念で見ている間は、本当の広義は分からないのです。

ユダヤ人が広義に目を覚ます時に、本当のことが分かるのです。

現在皆様が生きている社会は、不公平な社会です。矛盾だらけの社会です。理屈に合わないことばかりでしょう。政治、経済も矛盾に満ちているのです。こういう文明を本当のものだと思うことが間違っているのです。

輪廻転生ということがあるとしたら、死んだ人は全部神の前にもう一度甦らされて、大審判を受けることになるのです。神の裁きを受けるのです。これが恐ろしいのです。

こうならないように、今生きている間に本当の広義とは何であるのか。永遠の義とは何であるのかということを勉強して頂きたいのです。これが死なない命の勉強です。

死んだ人間が神の前にもう一度立たされる。これが本当の意味での輪廻転生です。宗教でいう輪廻転生は間違っているのです。

現在の万物、人間存在は神の現われです。現在の有形的な物理世界は未完成の世界です。神が自分自身の未完成をそのまま認めて、未完成の世界を現わしているのです。

現在の神のあり方は未完成ですが、神の本性は既に完成しているのです。既にという言葉の中には、未来を含んでいると考えて頂きたいのです。

神には過去とか未来というものはありません。全部現在の中に集約されているのです。神は本性的には完成されていますけれど、現われ方としては未完成です。

私たちが神の本性を信じられるようになりますと、私たちの命が神の本性に同化してしまうことになるのです。神を信じよということは、神に同化するということです。完全な自由の中へ、私たちの魂が入っていくことになるのです。

神が不完全である、未完成であるというのは、悪魔が働いているという事実があるからです。人間の常識がまかり通っていること、ユダヤ人の横暴がまかり通っていることが、悪魔が働いている証拠です。弱肉強食の政治がまかり通っていることが、それを示しているのです。悪魔が文明の上にのさばっているのです。

このように悪魔が現在働いているという事実があるのです。皆様に本当の命が分かっていないのです。これは皆様の意識が悪魔によってごまかされているからです。悪魔が働いているという証拠はいくらでもあるのです。これが神が未完成であるという証明になるのです。

現在皆様が生きているのは、命に違いありませんけれど、死ぬべき命なのです。

命には二つあるのです。死んでしまうに決まっている命と、絶対に死なない命とがあるのです。ところが、今の人間は死んでしまうに決まっている命だけを本当の命だと考え込んでいるのです。

文明がそういう意識を人間に押し付けているのです。だから、人間は死んでしまうに決まっている命だけを、自分の命だと思い込んでいるのです。

私は人間の考え方の根本を破壊することをお話ししているのです。人間は人間の常識にまといつかれていますから、人間は必ず死んでしまうのです。私はこのことを警告しているのです。

皆様は自分が生きていると考えているでしょう。自分が生きているという考え方が、根本から間違っているのです。自分の命というものがあるはずがないのです。自分が生まれたいと思って生まれたのではないのですから、命は自分のものではないのです。

命が自分のものだと思ったところで、やがて死ななければならないのです。死ななければならない命を自分の命だと思っていることは、ばかばかしいことだと思わないでしょうか。

人間は自分の思いに捉われている間は、自分の思いが間違っているということになかなか気が付かないのです。自分の命があるという思いから解放されますと、死なない命に巡り会うことができるのです。

例えば、晴天の日には太陽が輝いているのが見えます。この太陽が輝いているということが、死なない命の現われなのです。太陽のおかげで万物が生きているのです。地球が生きているのです。

地球は生き物です。ただの惑星ではありません。火星とか、木星、土星といった惑星は生き物ではありません。太陽系以外の惑星はほとんどガス体です。地球のような固体的なものはありません。火星や金星は太陽系の中にあるから固形体ですが、太陽系以外の星はほとんどガス体です。

地球は生き物です。地球から生まれるものは生きているのです。地球から生まれたものには命があるのです。これは地球が生きているからそうなるのです。

太陽は母であるという言い方もありますが、地球は生き物の母です。地球から生まれたものは皆生きているのです。だから、地球はただの惑星ではありません。

天文学から言えば地球は太陽系の惑星ですが、命という観点から言いますと、地球は単なる惑星ではないのです。太陽が命を現わしている。地球は太陽のおかげで命があるのです。

## 電気

地球には電場と磁場がありまして、強力な電気が働いているのです。地球の命は電気によるのです。電気が地球の命を生じさせているのです。

地球から電気を抜いてしまうと、地球が生きている現象がなくなってしまうのです。そうすると、電気というのは何なのか。これは命です。皆様の肉体もそのとおりです。皆様の肉体が動いているのは電気によるのです。

皆様の脳の働き、五官の感覚は皆電気の働きです。脳波が働いているから人間は生きているのです。脳波が止まると人間は死んでしまうのです。目が見えなくなり、耳が聞こえなくなり、考えられなくなるのです。電気が止まるからです。

ところが、電気はなぜあるのか。この説明ができるようになると、その人の命は本当の命になるのです。生きていながら命が分からないということは、電気が分からないからです。

学校では電気の使い方の説明はしますけれど、電気そのものについての説明はできないのです。これが人間が本当の命を知らない証拠になるのです。

太陽というのは巨大な電気の塊です。太陽光線は死なない命です。太陽が輝いていることは、死なない命がそのまま皆様に呼びかけているのです。

太陽の光という形で、皆様は天から永遠の生命を見せられているのです。見せられているというのは、呼びかけられているということです。呼びかけられているというのは、働きかけられている。問いかけられているということです。男が女に求愛するような形の働きかけをしているのです。

神と人間の霊魂の関係は、男と女との関係に譬えることができるのです。私たちが生かされているという形で、本当の命の本質から問いかけられているのです。

だから生きているということについて、心を開いてこれに応じるような姿勢を取るとしたら、皆様は死なない命を感じることができるはずです。難しくないのです。学問がなければ分からないということとは違うのです。

命を知るということは、ただ心を開くだけのことです。神と人との関係を極端に言いますと、男と女との関係になるのです。女が男と一つにならないと、女はいつまでもただの女です。何にもならないのです。女が女として生きていたのでは、子供を産むことができないのです。

神は太陽の光というやり方で、人間の霊魂に求婚しているような形になっているのです。これを受け止めるような素直な心があれば、皆様は今生きている命ではない、永遠の命の実体が理解できるのです。

これは難しいことではないのです。女が男に心を開けば男が分かるように、人間が神に心を開けば分かるのです。人間の霊魂が神に対して心を開けば、必ず神も命も分かるのです。

ところが、文明は学問というやり方で人間を盲目にしているのです。教育というと立派に聞こえますけれど、実は人間を盲目にしているのです。教育という名によって、人間の魂は目潰しにされているのです。

先に徳川家康が、「厭離穢土欣求浄土」と書いた軍旗を掲げて戦っていたと言いましたが、こういうことを戦国武将が掲げていたということは、人間の霊魂がそれだけ自由であったということを示しているのです。

当時には聖書はありませんでしたけれど、そういう思想は昔にはあったのです。今の日本人は厭離穢土ということを全く考えないのです。現世は良いものとして現世にしがみついているのです。現世を出て浄土へ行きたいと考える人はほとんどいないのです。

魂のことを全く考えないのです。これだけ文明が人間の魂を束縛して、現世から出たいという考えを持たせなくしてしまったのです。たくさんの宗教はありますが、皆現世肯定で、人間は現世で幸福になると説いているのです。本当の霊魂の説明ができる人がいないのです。

神が人間の魂に求婚しているような感覚を持てる人が、めったにいないのです。例えば、マグロの刺身の味は永遠の命の現われです。果物の味、野菜の味も永遠の命の現われです。海の青さ、空の青さ、山の美しさも皆永遠の命の現われです。これは皆神からのプロポーズの意志表示です。

皆様はそれに対して、積極的に応じるような素直な心になって頂きたいのです。皆様はそういう気持ちが持てるように、お互いに協力して頂きたいのです。

人間は目の黒いうちに本当の命を捉えておかないとひどい目に会うことになるのです。

実を結んだものは倉に入れられる。実を結ばない殻は火に入れられるのです。日本のお百姓さんも麦殻とか米殻は捨ててしまいますが、これと同じことになるのです。実を結ばない殻は全部消えない火で焼かれるのです。消えない火ですから永遠に焼かれるのです。これが恐いのです。

宗教の名によって皆様の魂は殺されているのです。自分が幸せになる、病気が治るという言い方で、皆騙されているのです。宗教のご利益主義は、人間の霊魂を目潰しにしてしまう働きを持っているのです。だから、宗教ほど悪いものはないと私は言っているのです。

宗教が一番悪い。その次に悪いのは教育です。教育が間違っているから、家庭内暴力、校内暴力が絶えないのです。

基本的人権という言葉がオーバーに考えられているのです。自由という言葉も、無制限の自由という言葉に拡大解釈されてしまっているのです。

現実に皆様は太陽という形で死なない命を経験しているのです。この世の中は、光という力と闇という力の両面で保たれているのです。神だけの力だけでなくて悪魔の力も働いているのです。

そこで皆様は光の中へ入ってしまえば、皆様の魂は光の子になるのです。光の子と言いますと宗教ではないかと思われますが、これは宗教の話ではないのです。

般若心経は般若波羅蜜多を目的としています。これは向こう岸へ渡る知恵のことです。これは人間の常識的な知恵ではなくて、上等の知恵です。常識の上に位する知恵です。

この世に生きているのはこちら側の岸です。こちら側の岸にいたら死んでしまうに決まっているのです。こちら岸にいる人は死ぬために生きているのです。

現在の人間は端的に言いますと、死ぬために生きているのです。人間の個人的な思いは永遠に通用するものではありません。

この世を去る場合に、死ぬ状態でこの世を去る人と、死なない状態でこの世を去る人とがあるのです。ご他界というのはこの世ではない世界へ行くことを意味するのです。そこには宗教はありません。学問もないのです。宗教や学問が一切通用しない世界へ行くことになるのです。

魂の目を開くことが絶対必要です。魂の目が開かれない状態で他界されますと、まず黄泉に連れて行かれるのです。そこで眠っているのですが、やがて目を覚ますことになる。これが恐いのです。この世を去ってただ眠っているだけなら別に恐れることはないのですが、目を覚ますと霊魂の裁きがしっかり始まるのです。

皆様は現世において理性と良心とを持っておいでになります。理性と良心を平明に、明確に用いていけば永遠の命が分かるのです。それが難しいと思い込んでいることが恐ろしいのです。

人間は必ず死ぬのだから、命のことを勉強する必要はないという思い込みがいけないのです。必ず死ぬというのは人間の常識な考えであって、死なない命があるのです。これをイエスが復活という形で証明したのですから、この勉強をしたらいいのです。

この勉強をしないで死んだ人は、神によって、なぜその勉強をしなかったのかと言ってどこまでも追求されるのです。

皆様は理性と良心を持っているのですから、これを正しく用いたら、死なない命は十分に分かるのです。人間の常識さえ捨ててしまえばいいのです。常識を捨てても、仕事も生活もできるのです。常識を捨てたら、却って楽な生活ができるのです。

皆様は自分の思いを捨てることは大変恐ろしいと思い込んでいるのですが、このように思い込んでいることの方が恐ろしいのです。般若心経は五蘊皆空という言い方で、このような思い込みを捨てなさいと言っているのです。人間の思い込みは空だから、それをやめなさいと言っているのです。究竟涅槃というのはそれを言っているのです。

しかし、究竟涅槃だけでは本当の命は分からないのです。そこでイエス・キリストの復活ということを、どうしても勉強しないといけないのです。イエス・キリストの復活の実体、復活の命を書いているのが新約聖書です。

般若心経には永遠の命については全く書いていません。涅槃のことだけが書いてあるのです。向こう岸へ渡れ、向こう岸へ渡れとだけ言っているのです。般若心経は向こう岸の実体の説明はできないのです。

向こう岸を学ぶためには、どうしても新約聖書を勉強しなければならないのです。そこでキリスト教ではない聖書を学ぶのです。キリスト教はだめです。キリスト教ではない新約聖書を学ぶのです。イエスが甦ったという歴史的事実を学ぶのです。

現世に生きていて、会社勤めをしたり商売をしたりするだけなら、理性や良心という上等なものはいりません。常識さえあれば現世で生きていくことは十分にできるのです。

理性や良心は生まれる前のもの、永遠の命を掴まえるための神的な機能です。生まれる前のもの、先天性の機能です。これを活用して永遠の命を掴まえて頂きたいと願っているのです。

そのためには、まず人間の思いが空であることを悟ることです。そうして、命の勉強をするのです。これをするためには、どうしても般若心経と聖書がいるのです。この二つ以外には命を掴まえる方法がないからです。

## プロポーズ

人間が生きているというのは脳波の働きによるのです。なぜ脳細胞が働くのか。これが命の根源です。般若心経と聖書の勉強をしていますと、最初は感激するのです。全く自分が知らない秘密を教えられますから驚くのですが、だんだん分からなくなるのです。

これは結婚した時のことを思い出して頂いたらいいと思います。まずプロポーズされたらわくわくどきどきするのです。プロポーズされたことに感激するのです。素朴で純心な日本女性ならそのように感じるでしょう。

最初に般若心経と聖書を勉強した時に、はっと感じた、感激したのです。これは神にプロポーズされたのです。

人間の脳細胞が働く原理をザ・スピリット（the Spirit）と言います。このスピリットは大文字です。日本人が考えるスピリット(霊)というのは小文字のスピリットです。大文字のスピリットは地球を自転、公転させているエネルギーです。太陽を輝かせているエネルギーです。

このエネルギーが命波となって、皆様の脳細胞を刺激しているのです。この脳細胞の働きによって、脳波が発生するのです。

命の源から命の波が流れているのです。この波が皆様の脳細胞に影響を与えているのです。これが人間の脳波の原因です。

この命の波に対して皆様がどのような受け応えをするのか。言葉を変えて言いますと、神の御霊の働きによって、皆様はプロポーズされているのです。この時に人の魂は感動するのですが、だんだん時が経過すると、世の中の雑事に捉われて忘れてしまうのです。

そこでプロポーズされた時の気持ちをもう一度思い返して、感動した時の感激をもう一度味わうのです。そうすると、初めの時よりももっと深い感激を味わうことができるのです。

人間はなぜ死ぬのかと言いますと、自分の気持ちを持っているからです。自分の気持ちを捨ててさえすれば死ななくなるのです。自分の気持ちを持っているから死んでしまうのです。

自分の気持ちで般若心経を読むと難しく感じるのです。般若心経が難しいと思えることは、死んでいく原因になるのです。これに気を付けて頂きたいのです。

難しいと言っている間はまだ命があるからですが、命を取られることになりますと、否応もないのです。この世に生きていることがなくなるからです。

皆様は自分が生きているということの実体、生理機能、心理機能、五官が働いているという事実を見ないで、自分の事情境遇とか、今までの自分の常識、経験を考えているのです。これが五蘊皆空、般若波羅蜜多が分からない一番大きい原因です。

自分の気持ちで生きているということが、実は死んでいることなのです。

皆様の目が見えることは、皆様の力ではありません。皆様の心臓が動いていることは、皆様の力ではないのです。心臓が動いているという力を発見すれば、死ななくなるのです。

心臓が動いているのは、宇宙の命という非常に尊いエネルギーが動かしているのです。これに気が付けばいいのです。これに気が付くためには、自分の思いを脱ぎ捨てなければならないのです。自分の経験とか、自分の立場とか、自分の記憶とかいうものを脱ぎ捨てるのです。

皆様の命はこの瞬間に生きているということだけです。昨日生きていたということは、皆様の命と何の関係もないのです。人間は昨日生きていた自分が生きていると思っているのです。これが人間の迷いです。これが五蘊です。

この考えを捨てることは難しいと思えるでしょう。しかし、難しいと思っていたら死ぬだけです。死ぬことを思えば、どんなことでもできるのです。しようと思ったらできるのです。

自分の思いを捨てるということは、自分さえ決心すればできることです。

般若心経は釈尊の悟りを書いています。釈尊は自分が生きているということが空だということを本当に見極めて、その気持ちを書いたのが般若心経です。釈尊ができたということは、皆様もできるに決まっているのです。釈尊も皆様も同じ人間ですから、皆様もできるに決まっているのです。

分からない、分からないという自分の気持ちに閉じこもることをやめて頂きたいのです。分かろうとすることです。これが謙遜ということです。分かろうとしよう、分かろうとしようというように、自分の気持ちを虚しくするのです。虚しくしようという気持ちがあれば、天然自然の霊の働きが皆様を助けてくれるのです。そうすると、色即是空が分かってくるのです。

難しいと言って自分の気持ちの中に閉じこもっている間は、天からの助けは与えられえないのです。

キリスト教だけでなく、宗教というのは、仏教でも天理教でも、その他のどんな宗教でも人間の教えを説いているのです。これを宗教の教義と言います。宗教は教義を教えているのです。

イエス・キリストを信じれば罪が許されると教えているのです。罪の許しという体験、経験を実際に話しているのではないのです。

イエス・キリストを信じるという言い方は間違っていませんが、イエス・キリストを信じれば救われるという宗教教義を述べているのです。

教義をいくら信じてもだめです。イエス・キリストを信じなければいけないのです。イエス・

キリストを信じれば救われるというのは、キリスト教の言い分です。この言い分は間違っているわけではありませんが、キリスト教ではイエス・キリストを信じるという事実を実行していないのです。

例えば、聖書の中には、「すべて重荷を負うて苦労している者は、わたしのもとにきなさい。あなたがたを休ませてあげよう」という言葉があります（マタイによる福音書11・28）。これはイエスの言葉です。

「私に来たら魂に休息を得ることができる」と、イエスが言っているのです。私の元に来なさいという言葉の意味がキリスト教では分からないのです。これは文字通りそのまま読んだらいいのです。

聖書の言葉というのは、文字通りそのまま読むのであって、イエスという人間そのものの中へ入ってしまうのです。イエスという人間存在の中へ入ってしまうのです。これが私の元に来なさいというイエスの言葉を実行することになるのです。

キリスト教の人々は、私に来なさいという言葉を、キリスト教会に来なさいと解釈しているのです。キリスト教の牧師のいうことを聞きなさいと解釈しているのですが、これは私に来なさいというイエスの言葉と何の関係もないのです。

キリスト教というのはイエス・キリストに関する教えを説いているのです。イエス・キリストの教えではありません。イエス・キリストに関する教えを説いているのです。イエスが神の子であるとか、イエスは十字架によって贖いを全うしたとかいうことを説いているのです。これはイエス・キリストに関する教えです。

イエス・キリストに関することというのは、例えば山田太郎という人がいて、その人の仕事は電気屋さんで、神戸に住んでいて、年令は今六十歳だと説明します。これは間違っていませんが、山田太郎に関することです。

山田太郎に関することと、山田太郎実物の説明とは違うのです。山田太郎自身のことではないのです。

イエスが私に来なさいと言ったのは、イエスという本人の中へ入ってしまいなさいと言っているのです。イエスと一つになってしまうことをいうのです。これをイエス・キリストを信じるというのです。

キリスト教ではイエス・キリストを信じると救われると言います。ところが、キリスト教はイエス・キリストを信じることをしないで、イエス・キリストに関することを教えるのです。しかしイエスは生ける神の子であったとか、十字架につけられて贖いを全うしたとか言います。しかしイエスが贖いを全うしたということを信じているのであって、イエス・キリストそのものを信じているのではないのです。

キリスト教の説明は宗教の話であって、イエス・キリストの実物についての説明ではないのです。「我に来たれ」とイエスが言うのは、イエス本人の中へ入って来なさいと言っているのです。イエス本人の腹の中へ入って来なさいということになるのです。

## 霊魂のボランティア

私は皆様の霊魂のボランティアを勤めているのです。霊魂のボランティアができる人は、日本にいないのです。本当に魂のボランティアができる人は私一人でしょう。本当に自分の魂を助けてほしいと思う人は、私の元に来たらいいのです。

目の見えない人は、盲導するボランティアがいるのです。魂のボランティアを必要とする人は、自分自身の悪い所を認識している人が頼むのです。自分自身が悪くないと思っている人は、ボランティアを必要としないのです。

今皆様が生きている命は、神から見れば、客観的に見れば本当の命です。これをどのように理解しておられるかということです。

人間は自分が生まれたいと思ったのではありませんから、自分の命はありません。その命をこの世に生まれてきた人間の常識であれこれ考えるから、命が分からないのです。

イエスは神をよく知っていたのです。人間は神を知らないのです。ところが、今皆様が生きていることが神なのです。この勉強をしなければいけないのです。

イエスは自分が神の子であることを実際に経験していたのです。生きていることが神だということは、精神が健全であるなら、誰でも判断ができるのです。ところが、神とはどういうものかということです。

生きていることが神だということが分かっても、神が自分の魂とどういう関係があるのか。これがはっきり分からないままで、この世を去ってしまいますと、大変なことになるのです。そこで勉強しなければならないのです。

私たちは宗教の勉強をしているのではありません。今生きていることが問題なのです。今、ここにルーツがあるのです。命のルーツが見えているのです。

今、ここに命のルーツが見えているというのは、ただの観念です。概念です。見えているという理屈をいくら並べてもだめです。皆様が命のルーツを今掴まえているかどうかです。命のルーツを、今本当に掴まえているかどうかが問題です。

日本人は生きていることが命であって、この命は神の命だろうという常識を持っている人は、たくさんいると思います。

自分の命は神だという理屈、常識的な理屈、常識と宗教を混ぜたような理屈を言う人はたくさんいるのです。そういう理屈を思いたいから思っているのです。自分が生きている命は神の命と同じだろうと、誰でも思いたいのです。

そう思いたいから思っているという気持ちに、私は同情します。しかし、自分の気持ちに自分が惚れ込んでいることは、ただの自惚れになるのです。

皆様の命は自分で造った命ではありません。生まれたいと思って生まれたのではありません。

従って、皆様の命は天から預けられたものであるに決まっているのです。天から預けられた命であるとしたら、この命は多分神の命だろうと思うのが当たり前です。ここまでしか分からない人はだめです。

私たちがこの世に生まれた以上、天から授けられた命を正しく理解しているかどうかです。イエスは「私は父の内にいる」と言っています。I am in the father と言っています。父の中にいるのが私だと言っているのです。これは自分は天から与えられた命に生きているというような漠然とした常識とは全然違うのです。

イエスは自分が生きていなかったのです。自分が生きているという格好はありますけれど、自分が生きている命は、そのまま神の中にいる命だと見ていたのです。「神の中にある命を私は今経験している」と、イエスは言っていたのです。

私も同じことを経験しているのです。イエスは神の中にある命を経験していた。そのように皆様も、今ここに生きている命がそのまま神の中にいることが、常識ではなくて自分の経験ではっきり告白できればいいのです。

しかし、自分が生きているこの命は、多分神の命と同じようなものだろうということを考えていても、命の本体が分かっているとは言えないのです。

自分の命が神の命と同じであるなら、今ここに生きている自分の命が、神と同じものであるということの具体的な説明ができなければいけないのです。

生きているということは非常に具体的な問題です。例えば、砂糖をなめたら甘いと感じる。これを神と言えるかどうか。この説明がはっきり言えなかったらいけないのです。

生きている間は、いくらでもやり直すことができるのです。しかし、七十歳や八十歳の方は肉体的生命の寿命がありますので、それほどのんびりという訳にはいかないのです。できるだけ早く自分の命の実質、実体を見極めて、早く神の中に入ってしまうことです。死なない命の中に入ってしまうことです。これをして頂きたいのです。

分からないからと言っていても、いつまでたっても分からないのです。

半分くらい分かっているが、後の半分は分からないということですが、半分分かったというのではだめです。やはり間違っているのです。命を知るか知らないかという問題は、全部分かってしまわなかったらだめです。十点満点だとすると、十点でないとだめです。九点ではだめです。九点では不完全ですから、不完全の命を持ったままで死んでしまうと、その魂は必ず裁かれることになるのです。

命の本質から言いますと、私の命も皆様の命も皆同じです。従って、同じ命を持っていながら、ある人は分かるがある人は分からないというのは、おかしいのです。分かろうとしないから分からないのです。

自分の思いで束縛されていることが死ぬことです。自分の思いで自分自身を束縛しているのです。これが危ないのです。これを宗教観念と言うのです。また、常識の理屈と言うのです。

命は常識の理屈で割り切れるものではないのです。今皆様の目が見えるということ、耳が聞こえるということが神の本物です。神の本物が皆様と一緒にいることなのです。

客観的にはそう言えるのです。皆様は神をどのように理解するか、これが問題です。自分の命が神から来ているという漠然とした考えでは、神の中に入っていないのです。ここが難しいところです。

現在の歴史をご覧になると、地球が存在すること、時間や空間が存在することが、そのまま神の全知全能によって存在していることが分かるのです。私たちの目が見えることも、空気を吸うことができることも、すべて神の全知全能が私たちの中に入り込んでいるのです。

これを私たちは経験しています。三十年、五十年、六十年と経験しています。経験していますが自分が生きていた、自分が生きていたと考えている。命は自分のものだと考えている。これがいけないのです。

自分の命はないのです。神に命を与えられているのです。自分の命は初めからありません。これを知ることが必要です。生まれてきたのも、自分が生まれたいと思ったのではない。生まれたいと思わないのに生まれたのです。これが恐ろしいことなのです。

自分が生まれたいと思わないのに生まれてきたということは、自分の命ではない命を経験させられているということです。自分の命ではない命とは、本当はどういうものなのか。これが正確に理解することができなければいけないのです。私の命は神の命であって、イエスが父の中にいると言っていた、このイエス・キリストの命と自分が今生きている命とは、全く同じものだということがはっきり言えるようになった者だけが、神の元へ帰ることができるのです。

何となく分かったという分かり方だけではいけないのです。謙遜の人なら分かるでしょう。それを見極めて自分が生きている命が神の命であるということを本当に証明する、告白する気持ちになれた人だけが天に帰ることができるのです。

天に帰ることができない者は気の毒ですけれど、いわゆる地獄の責め苦にあわなければならないことになるのです。日本の人口は二〇一五年現在で、一億二千五百万人ですが、この中で天に帰る人は非常に少ないのです。

本当の救いはめったに掴まえられるものではありません。皆様は神の命をそのまま与えられているのです。これを明確に、正確に神の命として捉えられるまで勉強するのです。そうすると、イエスの命が本当に分かるのです。

宗教は皆間違っています。キリスト教も仏教も皆商売をしているのです。宗教は間違っていますけれど、この世を去ってからそれが分かってもだめです。

死んでからも通用するような理屈が分からなかったらいけないのです。そこで命の勉強をしなければいけないのです。

皆様は過去の自分から出てしまうことが必要です。過去の自分から抜け出すのです。これを仏教的に言いますと、解脱することになるのです。ご主人を亡くされたということですが、ご主人と一緒に生活していたということから抜け出すのです。抜け出さないといけないのです。

未亡人の方に一番必要なことは、自分の夫であった霊魂を浮かばせること、救うことが奥さんの責任です。奥さんが本当の命を見つけるのです。死なない命が分かりますと、自分の夫の霊魂を救うことができるのです。

これはお経をいくら読んでも、法事を何回してもだめです。それをしても何の効果もありません。ただお坊さんが喜ぶだけです。真剣になって、あなたの霊魂と永遠の命の実物を一つにしてしまうことです。これが必要なのです。

今夫がいるとか妻がいるというのは人間の感覚です。人間の感覚は迷いです。般若心経に五蘊皆空とありますが、五蘊は人間の感覚のことです。人間の感覚は全部空です。これを捨てるのです。従って、奥さんがご主人と一緒に何十年も生活していたことが、嘘です。その記憶が嘘です。これを改めることです。

人間の肉体があると思うことが嘘です。般若心経に色即是空という言葉がありますが、人間の肉体があることが色です。色即是空というのは、肉体があることが空であると言っているのです。これをまずご理解頂きたいのです。

肉体があった夫と一緒に、この地上に何十年間か生きていたと思っていることが妄念です。この妄念を持ったままで死んでしまいますと、夫婦共に没落してしまうことになるのです。夫婦共にだめになるのです。

人間の考えが根本から間違っているというのが般若心経の思想です。命は皆様のものではありません。ご主人は、命は誰のものかということを正しく認識しないままの状態で、この世を去っていかれたのですから、その罪を奥さんが償ってあげなければならないのです。未亡人はそういう責任があるのです。

## 生と命

生命が今の日本人には分かっていないのです。生《せい》は死なない命です。命《めい》は死ぬに決まっている命です。肉体的に生きているのは命《めい》です。生《せい》は魂が本来持っている死なないいのちです。

花が咲いているのは死なないいのちです。天地のいのち、地球のいのちが花になって見えているのです。これが死なないいのちです。

人間が肉体的ないのちを持っている間に、死なないいのちの実体を見つけて、その中に入ってしまうのです。

天気が良い日に太陽の光線が空いっぱいに輝いているということが、死なないいのちの表現形式になっているのです。このいのちの中に入ったらいいのです。

人間が生きている間は、生と命を一緒にして持っているのです。命《めい》がある間に生《せい》を見つけるのです。そうしたら命がなくなっても生は残ります。永遠のいのちを現世で掴まえていたら、現世を去っても永遠のいのちと一緒にいるのです。

皆様の目が見えている間に本当のいのちを見つけるのです。これは難しくても絶対にして頂きたいのです。

皆様は天からいのちを与えられているのですが、それを自分のいのちだと思っていました。それを自分のものだと考えてきたのです。この考え違いをやめるのです。今日からすぐに考え違いをやめるのです。

二歳、三歳の子供が悪いことをしたら、親がこらっと叱ります。小学校へ行き出したら怒ってもなかなか聞かなくなるのです。人間が人間を教えることをしますと、人間の魂がめちゃくちゃになるのです。

頭は良くなりますが心が悪くなるのです。これが学校教育の根本的な間違いです。

皆様が肉体的に生きているという命がある間に、命は自分のものではないことをまず認識することです。自分が生きているのではないことを認識するのです。天から貸してもらっている命だと考えるのです。だからこの命を粗末に使ってはいけないのです。

自分の思うように命を使ってはいけないのです。どうしたらいいかという基本的なことを申し上げますと、まず命は自分のものではないということです。これを知ることです。それから人間が肉体を持っていると考えることが間違っているということです。

どのように間違っているかと言いますと、今という時間と、ここという空間が全世界です。これがあるだけです。その他はないのです。

時間があるのかと言いますと、今、今という時しかないのです。今、今という間に今はなし、今という間に今は過ぎ行く。これが時間です。昨日という時間はないのです。昨日の自分があったと思っていることが妄念です。迷いです。

ましてや去年の自分があったとか、五年前の自分があったと考えることが妄念です。この妄念を捨てるのです。

亡くなったご主人の魂を鎮めることです。亡くなったご主人は、今奥さんの中にこびりついているのです。ご主人は奥さんの中に同居しているのです。

そこで奥さんが解脱したらご主人も解脱するのです。奥さんが解脱しなければご主人は解脱できないのです。遺族の魂が亡くなった家族の魂を自由にすることができるのです。これをよく考えて頂きたいのです。

こういうことは宗教では分かりません。仏教のお坊さんも分からないのです。キリスト教の牧師さんも分からないのです。まず奥さんが本当のことを悟るのです。そうすると、あなたの中にいるご主人が成仏するのです。

人間が現世に肉体的に生きていたという記憶が間違っているのです。その記憶を切ってしまうのです。捨ててしまうのです。どうして捨ててしまうのか。今、ここに生きているという事実を見るのです。

今、ここに生きているということが、皆様の命のルーツです。今、皆様が私の話をお聞きになっているということが、命のルーツを今経験しているのです。

人間がこの世に生まれたのは、現実を経験するためです。現実というのは、人間の霊魂が神の前に生きているという場所です。神の前が現実です。現実を経験するために、人間の魂はこの世に出てきたのです。

現実を本当に経験できる人はめったにいません。これを経験した人は永遠に万物の長として生きるのです。これは大変なことになるのです。イエス・キリストと同じ命で、永遠に生きることができるのです。

不生不滅、不垢不浄、不増不減と般若心経にあります。皆様はまだ生まれてきたのではないのです。試みにこの世で命を経験しているのです。試みです。奥さんがご主人と暮らしていたことが、ただの試みです。仮の命です。

仮の命を捨ててしまえば本当の命が分かるのです。仮の命をいつまでも執念深く握り込んでいると、絶対に成仏できません。成仏というのは、この世に生きている命から別の命になってしまうことです。この世に生きている記憶をそのまま握り込んでいると、ご主人はいつまでたっても成仏できないのです。

皆様は生きているのではなくて、現実を経験しているだけです。欲を出して現実を握り込んでいると、自分の心の中で迷い込んでしまうのです。自分の心で束縛されることが死ぬことなのです。

皆様は生きているのではなくて、ただ命を経験しているだけなのです。命を経験していることは生きていることではないのです。

生きているというのは、命の実物を認識して生きていることです。今生きている人間は仮に生きている。現実を経験しているだけです。本当に生きていると言えるものではないのです。生きていると言えるのは、自分の命の実物である神をはっきり認識して生きることです。全知全能の神の命が私という格好で生きているのです。神が私という人間を通して生きているのです。

## 今ここに命のルーツがある

今、ここに生きている。命のルーツ、命の根源、命の根本があるのです。命の源が現実にあるのです。現実に命の源が出ているのです。皆様の目が見えることが命のルーツの説明になっていのです。耳が聞こえるということが命の説明になっているのです。

今皆様は現実を経験するという形で、命の経験をしているのです。イエスはこういう感覚で生きていたのです。イエスは「私は父の内にいる」といつも言っていました。父の内にいるということは、命の根源の中に生きているということです。これをイエスははっきりと実感していたのです。

皆様は自分が生きている、命は自分のものだと思っている。これが土台から間違っているのです。そういう命の使い方をしていると、自分の命である神の顔に泥を塗っていることになるのです。これが地獄になるのです。

皆様は目で見ていますが、これは自分が見ているのではないのです。神から預けられた命で神を見ているのです。物を通して神を見ているのです。

今日は天気が良いと言いますが、天気というのは神の現われです。花が咲いているのも神の現われです。神の優しい現われです。神の優しさが花になって現われているのです。

皆様は五官を通して神を経験しているのです。神を見たり、聞いたりしているのです。

宗教はキリスト教でも仏教でも、今という現実さえも説明ができないのです。花を見ていることの説明ができないのです。

現実に対して魂の目が開けば、この世を去ってからでも通用するのです。今ここで神を見ている、命を見ているという目が開かれさえすれば、その命は心臓が止まってからでも神の前に通用するのです。

今ここで神を見るか、死んでから霊なる所で神を見るかの違いです。今ここで見ている神が、死んでからでもあるのです。そうすると、死がなくなってしまうのです。死が消えてしまうのです。

皆様は自分が生きていると考えている。また、今までの色々な記憶を自分の記憶だと思っている。これが間違っているのです。

自分の記憶を持ってこの世を去ってしまうことになりますと、皆様の記憶が裁かれるのです。皆様の記憶が皆様の霊魂になってしまうのです。生きていたという事実がなくなってしまい、記憶だけが残るのです。

皆様がこの世を去ってしまうと、皆様の記憶はこの世を去った途端に、凍結してしまうのです。皆様の魂は記憶の缶詰になってしまうのです。それ以上記憶は発展しません。消えることもないし、発展することもないのです。

死んでしまったのですから、記憶が中断したのです。もう一度その記憶をやり直すことはできません。そうすると、どうなるのか。自分が生きていたという記憶が、そのまま皆様の魂の本体になってしまうのです。

皆様は現世で肉体的に生きていたのです。肉体がなくなってしまってから、まだ肉体で生きていたという記憶ばかりが、皆様の缶詰になってしまうのです。

生きているうちなら自分の記憶をやり替えることはできます。ああ自分は考え違いをしていたと思えば、自分の記憶を抹消できるのです。自分の記憶が消えてしまうのです。死んでしまうとそれが永久にできなくなるのです。皆様がこの世で持っていた記憶が、そのまま皆様の命になってしまうのです。

皆様の記憶が命も知らず、永遠というものが全然分かっていなかったのです。永遠が全然分かっていなかったのです。神とかキリストとか言っていながら、その実体が分かっていなかったのです。

エホバの勝者という宗教団体がありますが、肝心要のエホバの意味が全然分からないのです。宗教というのはエホバの勝者だけでなくて、天理教も本願寺が言っていることも皆嘘です。宗教は人間が造った観念です。宗教は人間が造った概念であって、人間の頭で造った神、人間が造ったキリストを拝んでいるのです。人間の観念で造った神を人間が拝んでいるのです。これが宗教です。

時間は今だけしかありません。今、今といつつ今あり、この今はとこしえの今です。今という時間をしっかり握ったら皆分かるのです。今という時間の実体をしっかり掴まえたら、命の実物がはっきり分かるのです。これが宗教にはないのです。

今という時間の実体を掴まえるのです。自分の記憶と違います。自分の判断とは違うのです。どこかの宗教の概念とは違うのです。今というのはここにある今です。これを掴まえるのです。これが命のルーツです。

皆様の命のルーツを目の前に見ていながら、今が分からないから死んでいくことになるのです。

今というこの時間が分からないだけで、永遠に死んでしまわなければならにことになるのです。今がここにあるのです。これは時間の真髄です。これが宗教、学問で分からないのです。

神の中へ入ってしまわないと、神の実体の説明はできないのです。

はっきり言いますと、皆様は今晩死ぬかもしれません。だから、本当のことを言っているのです。皆様はもう少し真面目に考えて頂きたいのです。

人間の命は一日先が分からないのです。一日先が分からない命でお互いに生きているのですから、今生きていることに、誠心誠意を注いで頂きたいのです。私も皆様も明日をも知れない命です。これが人間の命に対する正直な見方です。

命は厳粛なものです。今という時間しか当てになりません。明日を当てにしてはいけないのです。また明日という考え方が妄念です。妄想妄念です。

今の日本人はこの世で生活することだけしか知らないのです。自分の命しか考えていないのです。死んでからということを全然考えていないのです。

人格は神の本質です。人格がそのまま人間に植えられているのです。私たちはこの世に生まれた時に人格の実物を植えつけられて、成長したのです。植えられた人格が枝を伸ばしたり、花を咲かせたりしているのです。

人格は生まれる前に私たちの霊魂の本体として植えられたものです。これが人間として十年、二十年生きている間に二つに分かれるのです。一つは理性と良心という心理機能として働いているのです。

人間の理性と良心は人格から出てきたものです。そして、もう一つは五官の機能として働いているのです。五官の機能と人間の心理機能の理性と良心の二つに分かれているのです。

人間が生きているのではない。人格が生きているのです。皆様が目で見ているのも、耳で聞いたり、舌で味わったりしているのも、人格の働きです。考えたり、造ったりしている理性の働き、良心の働きも人格の現われです。

そのように人間が生きているというのは、五官の働きと理性と良心の働き以外にはありません。人間が生きているのは、神に植えられた人格が生きているのです。これを魂というのです。

人格が肉体的に生きているものを人間というのです。

## 13. 般若心経の偉大な功徳

皆様が現在生きている命は、必ず死ぬに決まっている命です。これは私が申し上げるまでもなく、皆様がよくご承知のはずです。

死ぬに決まっている命であることを承知していながら、この命から抜け出そうと考えていない。これはどういうことでしょうか。これを真面目考えて頂きたいのです。

皆様は理性と良心を持っています。考える力、生活を営むための十分の力を持っているのです。理性と良心によって生活を営んでいく力があるということは、死なない命を見つけるだけの力が十分にあることを証明していることになるのです。

これは簡単なことです。もし皆様が自分の命から抜け出すことができないのなら、皆様は自分の理性と良心とによって、自分の生活を営むことができないはずです。

人間が生きているということは、死なないことです。生きているということは命の本物です。これを神というのです。生きているということが神です。現在皆様は毎日、毎日神を経験しているのです。

今皆様が椅子に座っていらっしゃるということは、神を経験しているから、座っていらっしゃるという理性的な行動が取れるのです。

理性というもの、良心というものの本源は神です。皆様は現在生きているという形で神を経験しているのです。ところがそれが分かっていないのです。だから死んでしまうのです。なぜこんな簡単なことが分からないのでしょうか。

どうしてこんな簡単なことを分かろうとしないのでしょうか。日本人はどうかしています。今の日本人全体がふやけてしまっているのです。教育がなっていないからです。学校教育とか、政治がなっていないからです。人間の本質を心得ていない者、人間の命をしっかり見極めていない者が教育しているのです。こういう人々が政治を行っている。だから、日本人は皆ばかになってしまうのです。

皆様は般若心経をよくご存知でしょう。般若心経をよくご存知でありながら、般若心経の文句をお分かりでしょうか。般若心経が好きなのに、般若心経が全然分かっていないのです。これが日本人の愚かさです。

皆様は今肉体的に生きていますが、これは何をしているのでしょうか。それを皆様は六十年、七十年と経験してきました。宇宙にたった一つの命、唯一無二の命を、皆様は何十年間も経験していながらその命が分かっていない。だから、死んでしまうに決まっている命を自分の命だと思っているのです。

こういう愚かな状態から抜け出して頂きたいのです。般若心経はそのためにあるです。

私は宗教の宣伝をしているのではありません。今の日本人は命を知りません。死んでいく人間ばかりがいるのです。これは本当に生きているのではありません。生きているという格好があるだけなのです。自分の肉の思いに従って、肉体の考え方に従って自分の命を勝手にすり減らしている。肉体の欲望に従って、自分の命を自分の気持ちで汚してしまっているのです。そうすると、やがてどうなるかを真面目に考えて頂きたいのです。

皆様は現在生きているという形で、神の実物を経験しているのです。これは宗教の神ではありません。皆様の目が見えること、耳が聞こえることが神です。これを現実に皆様は経験していながら、神を捉えようという気持ちが全くないのです。

せめて般若心経を真面目に考えようという気持ちを持って頂きたいのです。般若心経は人間の思いは皆幻覚であるとはっきり言っているのです。

人間の思いはすべて幻覚です。これが五蘊皆空です。目で見ている現象は実体ではないと言っている。これが色即是空です。皆様の気持ちで良いとか悪いとか、これは得だ、これは損だと考えている。これが五蘊です。

これを色、受、想、行、識の五つに分解して説明しているのです。般若心経という経文を、仏教という宗教が愚かなものにしてしまったのです。

宗教は実に困ったものです。キリスト教を筆頭にして、仏教も天理教も、神道も宗教は皆人間を甘やかしてしまって、人間をばかにしてしまうのです。

だから、般若心経が宗教の教典だと思っている間は、皆様は般若心経が全然分からないのです。仏教という思想はばかな思想です。日本には釈尊の思想が全然ありません。

般若心経は釈尊の悟りを要約して書いているのです。ところが、般若心経の内容が本当に分かっているお坊さんが、日本には一人もいないのです。皆般若心経で商売をしているのです。

奈良のあるお寺は、般若心経を写経して千円をつけて送るとご利益があると宣伝しているのです。こういうばかげたことをしているのです。百万写経と言って百万人から千円ずつ送ってもらって、寺は十億円儲けたのです。現在までに六百万人が送っていますから、寺は六十億円も儲けたのです。宗教はこういう商売をしているのです。

日本人はそれがばかなことであることが分かっているのです。分かっていながら千円をつけて送っているのです。寺は大儲けしていますが、送った人にご利益はないのです。宗教はそういうばかなことをしているのです。

日本人はそういう宗教に引きずり回されているのです。般若心経の内容が分からないのに千円をつけて送っている。こういうばかなことを日本人はしているのです。

生きているとはどういうことか。生きていることが神です。皆様は現実に、神の実物を経験しているのです。これが生きているということです。これを失いたくないから死にたくないのです。

## 死にたくないのはなぜか

死にたくないというのは、神の実物を失いたくないという意味です。神が命の本物です。これは日本の神ではありません。日本の八百万の神は神の屑です。紙屑です。神社には神を祀っていますが、それは本当の神ではありません。そんなことは日本人は知っているのです。知っていながら日本人は本当の神が分からないから、八百万の神を神と祀っているのです。これが日本人の迷いです。

日本はそういうでたらめな国です。人間の命の本質から考えますと、日本はでたらめな国です。だから、天皇制が全然分かっていないのです。天皇制は日本人が考えているようなものとは違います。もっと上等なものです。

日本に天皇制というすばらしいものがありながら、その価値が全然分かっていないのです。天皇陛下ご自身がそれをご存知ないのです。

私がこういうことをお話ししているのは何かと言いますと、霊魂の魂のボランティアをしているのです。皆様の魂は現在死んでいるのです。自分の思いによって魂が死んでいるのです。どんな思いで死んでいるのかと言いますと、自分が生きていると考えているのです。自分が生きていると考えているから、本当に生きていることを否定しているのです。

自分が生きていると思っているから、本当に生きていることが消えてしまっているのです。皆様はこれをしているのです。そこで皆様がせっかく経験している命が、死んでしまうに決まっている命になっているのです。

皆様は毎日、毎日の生活によって、自分の魂を殺しているのです。人を憎んだり、恨んだり、妬んだりしているのです。そうして、自分の欲望を満足させるために生きている。そういう常識が皆様の思想を占領しているのです。その結果、皆様の肝心要の命が消えてしまっているのです。

自分が生きているという考えがあるために、自分の命を殺してしまっているのです。その責任は全部自分が負わなければならないのです。

自分の命を管理する責任は自分自身にあるのです。知らぬ存ぜぬでは通りません。学校教育の根本原理が間違っているのです。どのように間違っているかと言いますと、現在の日本の学校教育は社会に役立つ人間を造っているのです。

日本の総理大臣であった佐藤栄作氏がこのことを何回も言っていました。今の大多数の人間もそれに賛成しているでしょう。社会に役に立つ人間というのは、この世で働く人間のことです。

ところが、人間はこの世で働くことが目的で生まれたのではありません。命の本質を知るため、生きているということを掴まえるために生まれてきたのです。

この世に人間が生まれたことが業《ごう》です。この業を乗り越えて、生きていることの本体を掴まえるのです。そうすると、命の実体が分かるのです。

命の実物とは死なない命のことです。結婚をするのもそのためです。商売をするのもそのためです。人間が生きているのはすべて死なない命を掴まえるためです。

ところで、今の日本人は結婚するのは性欲のため、商売をするのは金銭欲のためにしているのです。何でもかんでも欲につながっているのです。そういう生き方をしているのです。こういう生き方をしている原因はどこにあるのかと言いますと、自分が生きていると思っているからです。

自分が生きているという生き方をしていますと、肝心要の生きているということが死んでしまうのです。自分が生きているのです。自分が頑張っているのです。そうすると生きているということが消えてしまうのです。生きている本当の命の実物が消えてしまうのです。

生きているということの上に、自分というものがどかっと乗っかってしまっているのです。般若心経は自分が生きていることが間違っていることを、最初から最後まで説いているのです。自分が間違っているということを、繰り返し繰り返し言っているのです。

一番最初に観自在菩薩と書いてありますが、これは自分ではない人間のことを言っているのです。自分ではない人間が生きているのです。

## ユダヤ人が聖書をユダヤ教にした

五蘊皆空というのは、この世に生きている人間の常識は皆間違っていると言っているのです。

聖書は神がユダヤ人に与えた記録です。神が預言者を通してユダヤ人に与えた記録が聖書です。これは人間の命の本質に関することをユダヤ人に説明する形で書かれているのです。

神というのは何かと言いますと、皆様の心臓が動いていることです。これが神です。地球が自転公転していること、皆様の目が見えることが神です。命そのもの、理性の本源が神です。

地球を造ったのは神ですけれど、それには目的があるのです。地球を造った目的について、それをユダヤ人に教えるためにできたのが聖書です。これは宗教ではありません。しかし、ユダヤ人は聖書をユダヤ教にしてしまったのです。

ユダヤ人は神の聖書をユダヤ教にしてしまったのです。宇宙が存在することは宗教ではありません。地球が自転公転していること、太陽が輝いていることは宗教ではありません。これを人間に教える形で書いたものが、神の言葉である聖書になるのです。これは宗教ではないのです。

これをユダヤ人がユダヤ教にしてしまったのです。モーセというユダヤ人の指導者が間違っていたために、こういうことになってしまったのです。

般若心経というのは人間の業を越えてしまって、人間ではない状態を悟った人を中心にして書いているのです。これが観自在菩薩です。これは釈尊の別名と思われるのです。

釈尊が悟った内容が、般若心経に二百七十六文字に縮めて書かれているのです。釈尊は宗教家ではありません。宗教はどんなものでもすべて営業です。人を集めてお金を集めるのです。人間に迎合して人間に幸福を与えると言って商売をしている。これが宗教です。

般若心経は人間の考えは一切間違っているとはっきり言っているのです。般若心経を正しく読むという気持ちになれば、衣を着て寺で商売をすることができなくなるのです。

般若心経の原点になっているのは釈尊の悟りです。彼は宗教家ではなかったのです。

聖書を書いたのは天地を造った神です。命そのものである神です。そのことを信じても信じなくても、皆様の勝手ですが、皆様の理性は神の人格をそのままもらっているのです。

皆様の人格は神の人格が投影しているのです。だから、人間は自分の人格を冷静に見れば、誰でも神が分かるようにできているのです。

般若心経は現在生きている人間の間違いを、はっきり否定しているのです。間違っている人間におべっかをして、お金儲けをしようと考えるのが仏教です。お金儲けをしようとしていなくても、自分たちの努力を伸ばそうと考えているのが宗教です。

宗教は人間が造った情報です。人間が考えた知恵です。般若心経は人間の知恵ではありません。人間の知恵を否定しているのです。そこで聖書も般若心経も宗教ではないのです。キリスト教や仏教は、聖書や般若心経を用いてお金儲けをしているのです。そのようにはっきり断定することができるのです。

般若心経の解釈ですが、十人の人が解釈しますと、十通りの解釈ができるのです。百人の人が解釈しますと百通りに解釈されるのです。現在日本に般若心経の解説書は何百冊もあるでしょう。それが皆間違っているのです。

なぜかと言いますと、それぞれ自分の立場で説明しているからです。般若心経は般若心経に説明させるべきです。般若心経本人に説明させるべきです。例えば、五蘊皆空はこの文字がそのまま真理であって、人間が説明すると間違ってしまうように決まっているのです。それを説明するという人間の気持ちが既に五蘊です。

人間がこの世に生きていることが五蘊です。私はこの世に生きているという格好はありますけれど、実は私はこの世に生きている命を全然問題にしていません。従って、般若心経の意見を、般若心経の意見としてそのまま受け取るべきものなのです。

日本では般若心経を文字通り受け取る人がいないのです。なぜかと言いますと、般若心経は人間が生きていることが無だと言っているのです。

無色無受想行識、無眼耳鼻舌身意、無色声香味触法、無眼界乃至無意識界と言っています。人間が目で見ている世界も、意識している世界も全部無であると言っているのです。

空というのは何もないことではないのです。何かあるのです。何かあるということは分かります。空っぽではないのです。何かあることを空というのです。しかし、何があるのか分からないので、その説明ができないのです。日本で般若心経の説明を書いている人々は、皆自分の理屈を述べているだけのことです。自分の立場から自分の情報を述べているのです。

本当の釈尊の空が、日本人には全然分かっていないのです。釈尊の空観は明けの明星を見た空観です。明けの明星を見た空観は宗教とは違うのです。宗教を否定するものなのです。

宗教を否定するのが明けの明星を見た空観です。般若心経は無苦集滅道と言っています。苦集滅道は四諦でありまして、四諦八正道というのは仏教の唯物論の中心思想です。これを般若心経ははっきり切り捨てているのです。

無無明亦無無明尽　乃至無老死亦無老死尽は十二因縁ですが、これを否定しているのです。般若心経は四諦八正道と十二因縁を根本から否定しているのです。四諦八正道と十二因縁を否定してしまいますと、仏教の唯識論は成立しないのです。

般若心経はそういうものです。だから、般若心経は宗教ではないのです。日本の仏教は般若心経が日本人に一番人気がありますから、これを利用してお金儲けをしているのです。

般若心経の文句を解説すると売れるのです。また般若心経を書くとご利益があるような気がしますから、誰もがそれを書きたいと思うのです。写経をすることを盛んに勧めるのですが、自分の考えで写経しているのです。宗教としての般若心経を書いているのです。自分の宗教観念を承知して写経しているのです。だからいくら写経しても本当の意味が分からないのです。

般若心経にはお釈迦さんの本当の空が書かれているのですけれど、これが日本人には分かっていないのです。一休禅師でも道元禅師でも釈尊の空が分かっていないのです。だから、解説書をいくら読んでもだめです。

皆様の命は死ぬに決まっています。これが空です。だから、この命から抜け出さなければだめなのです。これが般若波羅蜜多です。般若波羅蜜多というのは、今の自分の命から抜け出すことです。

自分の命、自分の一生から抜け出すのです。今までの自分の人生を抜け殻にしてしまうのです。そうすると、死ななくなるのです。

## 彼岸

般若心経は彼岸という言葉を使っていますが、彼岸というのは聖書にある神の国です。ところが、般若心経では神の国の説明ができないのです。本当の命の説明ができないのです。だから生きていることが神だという説明が、般若心経ではできないのです。

生きていることが神だということを知ろうと思ったら、今までの皆様の思想を空じてしまわなければいけないのです。自分の思想を握り込んでいる間は、生きていることが神にはならないのです。

自分が生きているからです。自分の気持ちで自分が生きているのです。こういう感覚をやめることが般若心経の功徳です。自分の思想から自分が出てしまうのです。これは般若心経の偉大な功徳です。こんな功徳は他にありません。

人間が生きていることが空だとはっきり言っているのです。

彼岸に渡ってしまうのです。これができる人が日本にいないのです。これは般若心経を勉強すると同時に、イエス・キリストを勉強しないといけないのです。

イエス・キリストはキリスト教のご開山とは違います。キリスト教では説明できない実物を勉強するのです。イエスが分かると初めて、自分は生きていないということがはっきり分かるのです。自分が生きているのではない。生きているのが生ける神の子である。イエスであるということが分かるのです。

人間の命はこの世で生活するために与えられたものではないのです。生きているということを通して、命の実物を見つけるためです。命の実物を見つけますと、人間の命が変わってくるのです。

自分の思いが魂を殺しているのです。人間の命は思いによって変わってくるのです。思い方、考え方、自分の気持ちによって、命のあり方が変わってしまうのです。皆様の思いを変えると命が変わってくるのです。こういうことを般若心経は五蘊皆空という言い方で述べているのです。

現世に生きているというのは仮に生きているのであって、この命の実体を見極めることができたら死ななくなるのです。

生きていることが神だと言いましたが、皆様が生きているそのことが神であるのに、自分が生きていると思っていますから、神の上に自分が乗っているのです。だから神が分からないのです。自分自身が神を殺しているのです。

生きていることが神です。自分ではないのです。生きているのは自分ではないということを勉強するために、般若心経が必要です。般若心経は自分の考えは空であるということを、しきりに言っています。

究竟涅槃は自分という観念が消えてしまうことを言っているのです。自分の思いが自分の命です。だから皆様の思いを変えることができれば、皆様の命が変わってしまうのです。このやり方の入口を般若心経は説明しているのです。

聖書は命の方を説明しているのです。般若心経は人間の思いが空だと言っています。聖書は人間の命が何かを書いているのです。それはイエスによってはっきり示されているのです。

普通の人間の命ではないものが現われた。普通の人間は自分が生きていると考えていますが、イエスは人間が生きていることが神だということを証明したのです。自分の生活の仕方によってそれを証明したのです。

イエスのことは聖書にしか書いていないのですが、日本人は聖書を勉強しないのです。聖書はキリシタンバテレンだと思っているからです。聖書はキリスト教の書物ではありません。キリスト教は聖書を売り物にして商売をしている宗教団体です。これは外国の宗教です。

皆様は自分の思いさえ変えれば、死なない命を見つけ出すことはそんなに難しいことではないのです。

自分の命が死んでしまうに決まっている命であることを知っていながら、その命から抜け出そうと考えない。これはどういう了見でしょうか。今のまま生きていても死ぬに決まっているのです。仮に皆様が百五十歳とか二百歳まで生きたとしても、何の目的もないのです。

人間の命はこの世に生きるためのものではありません。皆様は自分で生まれたいと思ったのではないでしょう。従って、命は自分のものではありません。ところが、自分が生きていると思っています。これは文明が悪いのです。

文明はユダヤ人によってユダヤ的に押し曲げられているのです。だから文明思想を信じることは、ユダヤ思想を信じることになるのです。

人間がこの世に生きていることが全く無意味です。自分の欲望のために生きているだけなのです。般若心経はこの考えをまず捨てなさいと言っているのです。これさえできればいいのです。今までの自分の生き方が間違っていることが分かれば、聖書を信じることはできるのです。

皆様は過去、現在、未来を見分けることができるのです。これは人間の命が生まれる前と、現在生きている命と、現世を去った後の命と三つの命があることを意味しているのです。

人間が過去、現在、未来の時間的な区分ができるということは、人間自身の命が過去、現在、未来に分かれていることの証拠になるのです。

死んでからどうなるかということを誰でも考えます。そのように死んでからの命はあるものです。ところが、現在の文明は生きている間のことしか考えないのです。

現世の教育を、魂の教育のように文明は宣伝しているのですが、これがユダヤ主義です。人類はユダヤ主義にすっかり騙されているのです。しかし、皆様の思いを変えさえすれば、命が変わるのです。

皆様は自分の命に対して責任を負わなければならないのです。政府は責任を負ってくれません。ユダヤ人も責任を負ってくれません。自分の命は自分で責任を持つしかないのです。

宇宙には生命がありますが、生《せい》と命《めい》とがあるのです。生と命はいのちが違うのです。生はいのちの本来の在り方をいうのです。例えば、太陽が輝いていますが、太陽は生を現わしているのです。太陽の輝きの本来の姿を温度において、また、エネルギー、熱において現わしているのです。光と熱とエネルギーという形でいのちが現われているのです。これが生です。

日本人はこれを簡単にお天とうさんと言っていますが、お天とうさんは生を現わしているのです。

生は永遠無窮の周波数の本源です。皆様の命は物理的に言えば、周波数から出ているのです。思いというのは周波数です。思いを変えると周波数が変わるのです。

命《めい》は人間がこの世に生きているいのちのことです。いのちの本質が生です。地球が自転公転しているエネルギー、太陽が輝いているエネルギーが生です。

私たちは命《めい》を今経験しているのです。命を経験することによって生を掴まえるのです。そうすると、死なななくなるのです。生と命は周波数が違います。私たちは今、命《めい》という周波数を経験しています。これが今の人間の思いです。

般若心経によって人間の思いを空じてしまうのです。そうして、聖書によって神の命を自分で経験するのです。そうしますと、皆様の気持ちが今まで生きてきた気持ちではない、別の気持ちになってしまうのです。周波数が変化するからです。

## 復活の命

思いは周波数ですから、人間の思想によって周波数を変えることができるのです。これをしますと命が変わってくるのです。この証拠にイエスは死を破ったのです。復活というのは、イエス自身の思想によって命を別の命にしてしまったのです。

イエスがどういう方法で命を変えたのかということを、聖書で勉強すれば分かるのです。これが分かれば、自分が今まで生きてきた命ではない命を掴まえることができるのです。

これは宗教の話ではありません。生きているという事実を申し上げているのです。イエスが復活したというのは歴史的事実でありまして、イエスが復活したことによって、原則的に人間は死ななくなったのです。既に人間は死なない命を持っているのです。皆様はそれを受け取っていないだけです。

皆様は自分の思いを変えないから、死なない命がありながらそれを受け取っていないのです。これは愚かなことです。だから、日本の天皇制が分からないのです。自分の命が分からないのです。

復活の命が皆様一人ひとりに既に与えられているのです。人間は死なないものだということが決定してから、既に二〇一五年にもなるのです。

人間は既に死なないものになっているのに、日本人はこのことを知ろうとしないのです。

日本人は仏教信者だと考え込んでいます。仏教の本体は何かと言いますと、空です。空を悟ることが釈尊の悟りです。一切空とはっきり言っているのです。明けの明星を見たことによって空を悟ったのですが、空ということでさえも、イエス・キリストが分からなければ、本当の空は分かりません。

命には意志があります。自由意志があるのです。意志が言葉を生んだのです。意志と言葉は同じものです。ヨハネは言っています。「初めに言《ことば》があった。言は神と共にあった。言は神であった」（ヨハネによる福音書1・1）。言葉は神と同じものです。

皆様が何かを考えると言葉が働くのです。理性は言葉です。理性と神の言葉とは同じものです。神の言葉が人間の理性として働いているのです。だから、皆様は自分の理性を冷静に、平明に、綿密に用いれば、永遠の命を知ることができるのです。

皆様の理性が神の言葉と同じ本質を持っているから、神の言葉を掴まえることができるのです。これが神にかたどりて人を造ったということになるのです。

神の理性と同じ理性を人間は持っているのです。太陽は神の力によって輝いているのですが、このエネルギーを自分の理性で理解することができるのです。神という事実を自分の理性で捉えることができるのです。

皆様の人格と神の人格は同じものです。だから死なない命を見つけることは十分にできるのです。

今の文明で一番悪いのは、基本的人権という思想です。基本的人権はユダヤ人が考えた非常に悪い思想であって、自由、平等という仮定に基づいて起ってきたのですが、人権というのは一番悪い思想です。

人間は生まれてきたと言いますが、これは全く自分の意志によるものではないのです。自分が生まれたいと思わなかったのに、皆様は生まれてきたのです。

マルクスは人間は偶然に生まれたと言っていますが、これは人間の命を非常に軽んじた思想です。人間は決して偶然に生まれたのではありません。偶然に生まれたのなら、人間は理性と良心というものがあるはずがないのです。

人間は命を自覚しなければならない責任があるのです。宇宙が存在すること、地球が存在することが、人間の命に関する一番身近な目安になるのです。

人間は地球が存在することのあらゆることについて、自覚することができるのです。時間的にも空間的にも知ることができるのです。知ることができるということは、地球のあらゆる事がらについて、人間に責任があるということです。

人間の能力がその人の存在を証明しているのです。皆様は時間が分かります。空間も分かります。人の顔色を見て、その人がどういうことを考えているかが分かるのです。だから、駆け引きをすることもできるし、嘘を言うこともできるのです。人と約束することもできるのです。悪いことも良いことも両方できるのです。

## 人間に無限の能力が与えられている

悪いことも良いことも両方できるということが、人間が地球存在において、無限の能力を与えられているという意味になるのです。皆様がそれを自覚すれば、皆様はほとんど神と同じくらいのすばらしい可能性を持つことができるのです。

神を知るということは、神と同じものになるということです。イエスはこれを証明したのです。神にかたどりて人を造ったということは、神の人格と同じような人格を人間に与えているということです。

皆様は自分の人格をよくよく考えて、自分の人格にふさわしい思いを持つことになるとしたら、皆様の思いによって皆様の命の周波数が変わってしまうのです。これを実行したらいいのです。

こういうことについて日本では教えてくれる人はいないのです。日本の宗教はだめです。仏教もキリスト教も、宗派神道も皆だめです。

宗教は人間が造った理屈です。人間が造った理屈を人間が信じて何になるのでしょうか。人間が信頼できるのは人格の本体です。命の本体です。命の本体こそ本当に信頼できるものなのです。これを神と言うのです。

皆様の現在の命は死んでしまうに決まっているものです。皆様はその命にしがみついている。これはどういうことでしょうか。私はこれを叱っているのです。この頃の日本人は叱られる値打ちがあるものです。

白人は本当の神、本当のキリストが信じられない民族です。日本人なら信じることができるのです。命なる神、命の実物が神であるということが日本人なら分かるのです。皆様なら分かるのです。だから本気になって頂きたいのです。

お金が百万円とか二百万円儲かる話とは違います。百万円や二百万円儲かったところで、死んでしまえばそれまでです。

人間はこの世で儲けるために生まれたのではないのです。命とは何か、命の本体を考えて、死なない命を掴まえるために生まれたのです。イエスのような生き方をするために生まれたのです。

イエスのような生き方をするためには、まず釈尊のように一切空であることが分からなければいけないのです。一切空であることが分からなければ、本当の命は分からないのです。

これを聖書では、悔い改めて福音を信じると言っているのです。悔い改めてというのは、考え方を全く変えてしまうということです。自分の考え方の周波数を変えてしまうのです。そうすると、皆様の脳波の働きが変わってくるのです。

皆様は今の命を握り込んでいると、必ず死ぬことになるのです。死んだ後が大変です。死んだら非常に厳しい裁きが待っているのです。ただこの世を去るだけとは違います。第二の死が待っているのです。

日本人は死んでからどうなるかを全然知らないのです。仏教では死んだ後のことを説明することができないのです。なぜできないかと言いますと、仏教には造り主がないからです。創造者がありません。創造者がないから霊魂の説明ができないし、死んでから人間の霊魂がどうなるかも説明ができないのです。

仏教的に考えますと、死んでしまえばそれまでということになるのです。仏教は宗教ですが、釈尊の悟りは宗教ではないのです。釈尊は現在の人間が生きているのは空だと言っているのです。これは本当です。皆様の命は死んでしまうものだということを、釈尊が言っているのです。だから、今の人間が生きていることは空だと言っているのです。これが釈尊の悟りです。

この悟りを日本の仏教家は誰も説いていないのです。日本の仏教は道元とか親鸞とか、弘法大師とか日蓮、空海という人間の悟りを説いているのです。

日蓮の悟りは日蓮の情報です。親鸞の悟りは親鸞の情報です。皆情報を伝えているのです。釈尊の思想に関係はありますけれど、本当の釈尊の悟りの空ではないのです。

釈尊は、現在の人間の命を自分の命だと思うことが間違っていると言っているのです。これを五蘊皆空と言っているのです。

世のため、人のために尽くしている人がいますが、これは大変結構です。社会活動とかボランティア活動は結構なことです。できたらそのお気持ちをもう少し大きくして頂きたいのです。

社会奉仕をして、町をきれいにするとか、人に親切にするということをいくらしても、この文明が現在存在しているということが、人間の本質を損なっているのです。

文明という意識が魂を殺しているのです。だから、文明が進めば進むほど、人間は霊魂のことを考えなくなるのです。この世の中の本質が間違っているということでありまして、本当に世のため、人のために尽くそうと考えるのでしたら、人間の精神内容を変革するような方向へ尽くして頂きたいのです。これが本当の意味での社会奉仕になると思います。

清掃運動をするとか、老人のために尽くすとかいうことは、社会のためになりますけれど、もっと大切なことがあるのです。今の社会が存続していること、すべての日本人が死んでいくに決まっている命を、自分の命だと思い込んでいること、こういう根本的な間違いを打開する必要があるのです。

まず皆様の間違いを改めて、それを人々に教えてあげることが、本当の社会運動になるのです。まず自分の命を改造するような方向へ進んでいけば、皆様自身もまた、皆様の回りの人々も助かるのです。

病院で大手術を受けられた時に、無を経験したのではないかということですが、感覚的には人事不省になって無を直感したのではないかと思われるのです。しかし、本当の無を経験したのではないのです。

人間の思いは命と同じものです。思いを変えれば命が変わるのです。般若心経では、無眼界乃至無意識界と言っています。目で見ている世界は、目で見ているような状態であるのではない。これが無眼界です。無意識界というのは、人間が生きていると思っていることがないのだと言っているのです。

般若心経の無というのは、すべて理性の力によってその本体を掴まえることを言っているのです。

**無為**

老子は無為と言っていますが、これは何もしないことではないのです。無が働くことが無為です。これが老子の哲学です。無が働けば有が生まれるのです。例えば、太陽の光線は無の働きです。太陽エネルギーは目に見えないけれど、それは無の働きです。無が働いているのです。無が働けば有が生まれるのです。無の実体を掴まえることは無限の生み出す力の本源を掴まえることになるのです。この無は病気で人事不省になった時に経験する無とは違うのです。この時は欲も得もなく、確かに無を感じたのですけれど、それを理性的に掴まえて、ご自身の思想に織り込んでいく必要があるのです。そうしないと無の経験が命の足しにはならないのです。

自分の命の足しになるような無の捉え方が空です。空というのは、目に見えるようなものがあるのではないが、そこに何か働いているものがある。何か大きい働きがあるに違いない。これを色即是空、空即是色と言っているのです。

空が働けば色になる。無が働けば有になるのと同じです。空即是色という思想は老子の無為の思想と同じです。こういう意味においては、釈尊と老子は相通じるものがあるのです。

人間は五十歳の人は五十年、この世に生きてきたと考えていますが、こういう記憶が間違っているのです。人間の年令は迷信です。

物理というのは実体ではないのです。原子の運動が物質のように見えるのです。物質があるのではありません。物理運動があるのです。これが無の原点でありまして、人間の思想は目で見ているものがあると考えて込んでいます。これが文明思想の一番悪い点です。白人文明の最も悪い点です。

色即是空は白人には全然分からないのです。私たち日本人は般若心経の思想によって、白人社会に根本的な革新、覚醒を促すべきだと考えています。

現在の文明が間違っているのです。ユダヤ人の思想が間違っているのです。ユダヤ人の思想を覆すことが、文明を覆すことになるのです。

やがて人間文明は行き詰ってしまいます。今の文明は全く腐っているからです。核兵器拡散の問題は文明が行き詰っている証拠です。

人間は命が分かっていないので、本当の善悪は何であるかが分かっていないのです。自分が得をすることが善だと思っている。善悪が分からない人間が文明を信じることをやめて頂きたいのです。

皆様の記憶の根本が間違っているから危ないのです。そこで、般若心経を読んで頂きたいのです。毎日五、六回読んで頂きたいのです。そうして新約聖書を勉強して頂きたいのです。キリスト教会へ行ってもだめです。キリスト教は本当の聖書が全く分からないからです。キリスト教の教義の説明だけをしているのです。キリスト教ではない聖書を読んで頂きたいのです。

できる限り自分の常識を捨ててしまって、新しい考え方の中へ入ろう入ろうとして頂きたいのです。世間のために奉仕することも結構ですが、それよりももっと必要なことは、皆様ご自身の命をもう一度認識して頂くことが大切です。

そうしてそれを人々に教えてあげることです。これが本当の社会奉仕活動です。

宗教ではない般若心経と聖書の勉強をして頂きたいのです。今まで持っていた皆様の生命意識、人生観が間違っているのです。自分の思想の土台をひっくり返すのです。これを勇気を持って実行して頂きたいのです。

私たちは死んでいくために生きているのではありません。死なない命を掴まえるという無鉄砲な考えを持って頂きたい。

死ぬのが嫌なら、死ぬのが嫌だとはっきり考えてください。そうして、一歩でも二歩でも、死なない命に踏み出す勇気を持つのです。

イエスは死を破ったのです。イエス・キリストの復活によって、人間は死なない者になっているのです。死ぬべき命を自分の命だと考えていることが間違っているのです。

日本人は生活することには非常に熱心ですが、命のことを真面目に考えようとする人がめったにいないのです。生きているということは命の喜びを感じているのですが、皆様は衣食住を通して、命の喜びをに経験しているのです。だから生きていることが有難いということは、よく感じているはずです。

有難いということが分かっていながら、有難いという事がらの意味が分からないままの状態で生きていることになりますと、命を無駄使いしていることになるのです。これが恐ろしいのです。

現在の日本人は生活することに有頂天になっているのです。自分の命について真面目に考えようとする人はほとんどいないのです。

生きていることの有難さはどういうことなのか。太陽の光によって穀物や野菜、果物が育つのです。また、冬の日に日向ぼっこをしている時に、その恵みを感じるのです。また、喉が渇いた時に水を飲むと癒されると感じるのです。

ところが、生きていることの有難さとはどういうことなのか。それは命の味を味わっていることになるのです。味の本質の味を味わっているのです。

私たちの衣食住の楽しさには、おのずから命の本質を味わうということが、朝から晩まで続ているのです。だから生きていることは有難いと誰でも考えているのです。これが死にたくないという気持ちの根本になるのです。

誰でも無意識に死にたくないと考えているのです。これは命の有難さを知っていることになるのです。ところが、命の有難さについてお礼をいうような気持ちにならないのです。また、お礼をいう気持ちができたとして、一体誰に、どのようにお礼を言ったらいいのかということです。これが全然分かっていないのです。

日本人は命を全く知らないのです。生きていながら命が全然分かっていないのです。これはけしからんことです。天命を全く虚しくしているのです。生きている有難さを、自分では虚しくしているつもりはないかもしれませんけれど、そういう生き方をしているのです。

生活のことは考えている。利害得失のことは考えるけれど、命のことを全く考えようとしない。これが日本人の通常の生き方になっているのです。これは非常に間違っているのです。

皆様は三十年、四十年、長い人は七十年、八十年と生活をしてきましたが、何をどのように経験したのでしょうか。生きている命についてどのようなことを理解したのでしょうか。このことをよく考えて頂きたいのです。

## 命の実を結ぶ

花が咲けば実が結ぶように、人間が生きているのは花が咲いているという状態です。そうすると、人生には実を結ぶということがなければならないはずです。

命の実を結ぶのです。これはなければならないことです。これを日本人は全く考えようとしていないのです。日本人は自分の命を自分で冒涜しているのです。

何十年間もこの世に生きていて、霊魂の実を結ばなかったことに対して、やがて裁きを受けなければならないことになるのです。このことを皆様の良心は知っているのです。

だからこれではいけないと度々感じることがあるでしょう。人間の良心はこのためにあるのです。人間の良心は命の実を結ぶためにあるのです。

これを考えようとしていない。良心に従って生活しないで、世間並の常識に従って、利害得失のそろばんをはじいて生活しているのです。これで当たり前だと考えているのです。世間並の生き方をしている人にはそれでいいでしょう。

しかし皆様の命は皆様のものとは違うのです。皆様の命は借り物なのです。天からの借り物なのです。自分で命を造った覚えがある人はいないでしょう。皆様の目が見えることも、耳が聞こえることも、舌で味わうことができるのも、すべて皆天からの借り物の命を用いているのです。そうしますと、皆様は天が命を貸している目的を承知しなければならないのです。

人間が生きているということは大変なことです。現在の一般の人が考えているようなものではありません。ただ食べて寝て、仕事をするというものとは違うのです。

一人ひとりが命の実を結ばなければならないのです。そういう責任を持たされているのです。釈尊は釈尊なりに実を結んだのです。イエスは本当に実を結んだのです。復活して死を破ったことによって、実を結ぶということを証明してみせたのです。

日曜日はイエスが復活した記念日です。これは人間が死を破ったという記念日なのです。

人間は死ぬために生まれてきたのではありません。死なない命を見つけるために生まれてきたのです。毎日、毎日生きている命を真面目に見ていけば、命の実を結ぶことは難しいことではないのです。

死なない命はあるのです。命の本質は死なない命そのものです。人間が生きているというのは、命の本質を見極めるためです。命はどういうものかということを経験するために生きているのです。生きていれば必ず経験できるのです。

生きていることを通して命を経験するのです。そうして命の本質を弁えるのです。これだけでいいのです。

生きていることを通して命の本性を弁える。命の本性とは何かと言いますと、死なない命です。命の本質というのは死なない命そのものです。

食べると味が分かります。味とは何かと言いますと、命の本質です。命の本質をそのまま皆様の舌に経験させているのです。命の本質とは神そのものです。神そのものを皆様の舌に経験させているのです。

魚の味、野菜の味、牛肉の味、お米の味があります。味というのは命の本質です。それをただ食べて、ああうまかったで終わっている。これは命に対する考えが非常に不真面目であることを証明しているのです。

神は命の本性、本質です。例えば太陽の暖まりは、魚の味や果物の味と同じように、命の本質の味わいを皆様の体に感じさせているのです。

だから命の本質、死なない命を掴まえることは何でもないのです。ただ少し考えることをしなければいけないのです。人間が地球に生まれたことについて考えなければならないのです。

人間という妙な生物がいるのです。神とか仏とかを考える妙な生きものがいるのです。こういう生きものがどうして地上に発生したのか。これを勉強する責任があるのです。これは何でもありません。聖書を勉強したらすぐに分かるのです。

キリスト教はだめです。キリスト教の聖書はだめです。キリスト教は教義を説いているだけであって、本当の聖書、本当の神を説いていないのです。キリスト教の神を説いているのです。これは西洋の宗教です。

キリスト教は西洋の宗教です。こんなものはいくら勉強してもだめです。キリスト教は嘘ではないのですが、真実ではないのです。本当の神の命を経験していない牧師が、勝手なことを話しているのです。だから宗教になってしまうのです。

**無量寿、無量光**

仏教も同じことです。仏と言いますけれど、本当の仏が分かっているお坊さんは日本にはいないのです。ナムアミダブツと言いますけれど、その正体は無量寿如来、無量光如来の実体を意味するのです。

無量光如来というのは人間の魂の知恵です。無量寿如来というのは人間の生命の本性のことを言うのです。この二つを合わせて一つの人格になって阿弥陀如来と言うのです。これが分かっているお坊さんがいないのです。

自分自身の中に、無量寿如来と無量光如来がはっきりおいでになるということが分かっていないのです。ただナムアミダブツ、ナムアミダブツと唱えていればいいと考えている。こんなことは阿弥陀経に書いていないのです。大無量寿経にも書いていないのです。

宗教は間違ってはいないですけれど、真実ではないのです。現在の日本人は真面目に宗教を勉強する人さえもいないのです。一遍上人とか空也上人という人は、無量寿如来、無量光如来のようなものを自分の中に見たのでしょう。自分自身の中にある無量寿如来を見れば、帰命無量寿如来が実行できるのです。

当時の日本には聖書がなかったのです。一遍上人は聖書を全然知らなかったので、自分自身の中に死なない命があるのに、それがはっきり掴まえられなかったのです。知りたかったでしょうけれど、知ることができなかったのです。

仏教はその当時として最高の教えであったと言えるでしょう。今日では世界が一つになっているのです。時間や空間に対する考え方が、一遍上人の時代とは全然違うのです。

人間の魂の状態は、歴史の流れと共に進歩しなければならないのは当然です。東洋人の魂と西洋人の魂とが別であるということはあり得ないのです。

古い時代の観念ではそういう考え方もあったでしょうけれど、今では白人と日本人とが結婚できるのです。子供も生まれるのです。やがて世界は一つの国になるかもしれないと思われるのです。

時代の流れと共に、私たちの命に対する考え方も当然変わらなければならないのです。仏教とかキリスト教という考えではなくて、命は一つである、魂は一つであると考えなければならないのです。

私は二回にわたって世界一周旅行をしてきました。色々な国の色々な人と話をしてきましたが、世界中の人々の命は一つ、魂は一つであることを、つくづく実感したのです。

全世界的な考えから、はっきり魂の問題、命の問題の実体を考えなければならないのです。これは今の日本人にはどうしても必要なことと言えるのです。

こういうことにつきまして皆様と話し合いをしたいと思うのです。放っておけば皆様は死んでしまうに決まっているのです。死んでしまえば、霊魂の裁きが皆様を待ち受けているに決まっているのです。

この世で何十年も生きていながら、自分の命のこと、魂のことを全く考えなかったからです。これでは神の前に通用しないのです。天の前で通用しないのです。皆様が知らぬ存ぜぬと言っても、皆様が何十年もこの世で生きていたということは、間違いがない事実です。魂のこと、命のことを勉強しなければならないのは当たり前のことです。

私たちはこの世で生きるために生まれてきたのではありません。命の経験をするために生まれてきたのです。この世で生活するために生まれたのではないのです。生活していても必ず死ぬに決まっているのです。

人間は空気を与えられ、太陽光線を与えられ、大自然の恵みを与えられて生きているのです。天物謝恩という言葉があります。皆様は天物によって生かされているのです。食物や空気、水、太陽光線によって生かされているのです。これに対して正当な認識をしなければならないに決まっているのです。これを現在の日本人は全く考えようとしていない。これは非常に不真面目な生き方になるのです。

空である命が、色という形で地球全体に広がっているのです。命を般若心経的に言いますと、空になるのです。命の本質は空です。物質的に存在していないものが空です。

素粒子の運動で命が存在しているという考えは、命の一部の説明になるのですが、命を認識することができるのは人間だけです。

人間は地上で命の経験をさせられている。これは万物を代表して人間自身が命の本質を弁えることによって、どういう覚悟と責任を持つべきなのかということが、人間の目的になるのです。

地球はどうしてできたのか、地球と人間とはどういう関係があるのかということを勉強して頂きたいのです。西洋哲学ではこのことがよく分かっていないのです。命とは何かが分かっていないのです。

ドイツ観念論でいう神はキリスト教の神です。本当の神を掴まえていないのです。人間は万物を代表して、命を掴まえなければならない責任があるということをお考え頂きたいのです。人間は命の本質を突き止めることができる能力を持っているのです。

例えば、六百トンもある重い飛行機が空中を飛んでいるのです。こういう重いものを人間は飛ばしているのです。人間の知恵が無限の可能性を与えられていることを証明しているのです。ジャンボ機を飛ばすという科学的な知識を、命の勉強という方向に振り向けることができるとしたら、死なない命を見つけることくらいは当然できるに違いないのです。

人間は万物に代わって、命の本質、永遠の生命の実体を捉えることは十分にできるのです。宗教は嘘ではないのですけれど、非常に不十分であって独断的です。仏教で言えば、日蓮上人とか、親鸞上人とか、道元禅師とかいう人々がご開山になって、それぞれの宗派ができているのです。これはその人たちの信仰が基になって宗派ができているのです。

これは嘘ではありませんけれど、完全なものではないのです。その宗派の人々はその宗派が世界一だというでしょう。これはその宗派の人の考えであって、世界全体に当てはめられるものではないのです。

イエスが復活したということについて、キリスト教は明確な、また正確な説明をしていないのです。

肉体を持っている人間の気持ちが間違っているというのが般若心経の考えです。肉体というのは絶対的なものではないのです。八十年か九十年の間、この地上で肉体を持たされているのです。

肉体は人間が造ったものではありません。肉体を皆様に与えた何者かがあるのです。仏というか、神というか、何かの意志によって人間は肉体を与えられているのです。

人間の肉体はどういうものかを般若波羅蜜多的に考えますと、暫定的な存在であって永遠の存在ではないのです。現在の地球が太陽系宇宙に存在することさえも暫定的な存在です。永遠の存在ではないのです。

地球はいつか消えてしまいます。地球上に一人も人間が住まなくなる時が来るに決まっているのです。アメリカ、ロシア、中国が原水爆を用いた戦争をしたら、地球上の人間はすべて死滅することになるのです。そうしたら人間が住めない地球になるのです。

原水爆戦争をしないとしても、地球は滅びるのです。いつか必ずそういう時が来るのです。従って、肉体的に存在する人間の通念というのは、ある一定の時間しか通用しないのです。永遠の真理ではありません。

今皆様が経験している命の本質は、永遠に通用する可能性があるのです。肉体は必ずこの世を去ることになりますけれど、命の本性を掴まえることができれば、命がなくならないという確証を捉えることができるのです。

イエスの復活ということは、肉体的な人間だけを信じている人から考えますと、復活について半分くらいの理解しかできないのです。イエス・キリストの復活という問題は、肉体的に存在するという面が半分です。もう一つの半分は肉体的に人間が存在しないという領域に入る問題です。ですから、色即是空という般若心経の概念がよく分かっていないと、イエスの復活を説明しても分からないのです。

皆様の世界観を広げて頂きたいのです。肉体的に生きているということにこだわらない考えをして頂きたいのです。

人間はこの世に生まれてきたのです。そして死んでいくのです。だから生きている間だけが人生ではないのです。皆様の命は現世を基準にはしていますけれど、現世に生まれる前があったのです。そうでなければ現世に生まれてくるはずがないのです。過去、現在、未来についての大きい捉え方をして頂く必要があるのです。

イエスは復活したのです。今も生きているのです。第三の天にいるのですが、今の皆様の心理状態ではお分かり頂けないのです。

今はキリスト紀元の時代です。今年は二〇一五年です。キリスト紀元というのは、全世界の暦年算定の基準にキリストがなっているのです。イエス・キリストが全世界の歴年算定の基礎になっているのです。このことをお考え頂きたいのです。

## 声前の一句

臨済禅碧巌録第二十八則にあったと思いますが、「声前の一句千聖不伝」という言葉があります。「現前の一糸長時無間」という言葉もあります。声前の一句は千人の聖《ひじり》でも伝えることができないというのです。

声前の一句というのは、声が出る前の一つの言葉です。声が出る前の一つの言葉は、千人の聖でも伝えることができないのです。

これは禅を勉強している方はよくご存知の言葉です。皆様は声前の一句を見つけたらいいのです。何でもないのです。皆様はすばらしいご馳走を目に前にしますと、おいしそうだと思われるでしょう。食べる前に見ただけで、ああおいしそうだと思われるでしょう。これが声前の一句です。これは食前の一味と言えるでしょう。

食べる前に味が分かるのです。食べる前においしそうだという味が感じられるのです。これが食前の一味です。これが命を見つける方法です。

例えば、今夜はよい月が出ると思われるので、団子でも作って月を待っているという気持ちです。これは声前の月みたいなものです。声前が人間は何となく分かるのです。月の光を通して命の輝きを感じるのです。

芭蕉はこういう俳句をたくさん詠んでいるのです。芭蕉の俳句には声前の一句がたくさんあるのです。声を聞く前に声が聞こえるのです。食べる前に味が分かるのです。月が出る前に月が見えるのです。この感覚です。これが死なない命の味です。これがお分かりになれば、永遠の生命はどういうものかが分かるのです。

皆様の五官の鋭敏な感覚というものは、人間の常識とは違います。学校で教えている学問とは違います。五官には生まれる前のすばらしい直感力が存在しているのです。これによって私たちは食べる前に味を知ることができるのです。見る前に姿を見ることができるのです。男から見ると女の人の姿はとてもきれいに見えるのです。雑誌やポスター、アイドルには女の人がとても多いのです。なぜ女の人に魅力があるのか。女の色気がいわゆる声前の一句です。

このように人間の直感力、感受性はすばらしいものでありまして、人間の命の本質を捉えることができるのです。宗教家が小難しく言うからいけないのです。皆様の人格を通して命の本質を見つけるチャンスはいくらでもあるのです。これをして頂きたいのです。

お茶を飲んでも、食事をしても命を捉えるチャンスがあるのです。こういう生き方をして頂きたいのです。

## 命の本源

端的に申しますと、皆様が生きていることが神です。神があるかないかと言われますが、実は心臓が動いていることが神です。これは宗教を信じるとか信じないということとは違うのです。

私たちは生まれたいと思って生まれたのではありません。そうしますと、私たちが生まれてきたということ自体が神です。地球が自転公転しているということが神です。空気や水が無尽蔵に供給されているということが神です。命の本源を神と言わなければしょうがないのです。

人間に命があるということは、命の本源があるということです。命の源がなければ命があるはずがないのです。命の源を掴まえることが人間のしあわせです。しあわせというのは幸せというのではなくて仕合わせることです。AとBとが仕合いをするのです。これがしあわせです。

皆様が地球上に生まれてきたということが、生まれるべく仕向けられたのです。これが今の命です。今生きているということは仕向けられた命です。

生まれてきたということは苦労が多いことです。楽しいこともあると思いますけれど、それを正しく認識しなければひどい目に会うのです。人間が生きているということは、業《ごう》です。この世に生きていることが業です。

人間は生まれるべく神に仕向けられたのです。これに対して人間が仕合わせているかどうかが問題です。仕合わせるということをしますと、本当の幸せが分かるのです。

皆様の中にある良心は、神に仕合わせるための心です。良心は人間の道徳くらいでは満足しません。良心は徹頭徹尾本当に良いことを願っているのです。これは何を願っているのか。良心は一体何を眺めているのか。どうしたら良心を満足させることができるのか。これは宗教では説明ができないのです。神を知らないからです。

今の宗教家は本当に良心を満足させる生き方をしていないのです。これは男性よりも女性の方がよく分かるのです。女性はハート的な面を多く持っているのです。男性は頭で考えるのです。男性は現世的にできているのです。例えば、政治理論とか経済理論を考えるのは男です。ハートの方はそうではない。ハートが求めているのは愛です。本当の愛を求めているのです。本当の愛が最高の善です。これ以上の善はありません。これが神です。

例えばお米の味、太陽光線の味、日向ぼっこの味、果物の味、マグロの味、鯛の味、牛肉のステーキの味が最高の善です。

ところが、日本人は本当の命を知らないので、マグロの刺身が本当の神の愛を示しているということが分からないのです。芭蕉はこれが少し分かったようです。分かったので、「名月や池を巡りて　夜もすがら」という句を詠んでいるのです。名月を見ていて夜通し回っていたのです。これは芭蕉の魂が神の愛を直感していたからです。芭蕉の良心が神の愛を直感していたのです。

芭蕉の俳句には良心の感銘が非常にはっきりしているのです。良心は最高の善を求めているのです。人間の善ではなくて神の善を求めているのです。

空気の味、水の味、太陽光線の味、食物の味が何かが分かれば、生きている味がだんだん分かってくるのです。生きていることの楽しさが分かるのです。生きている有難さが分かるのです。これは無限の有難さです。これが心に染み込んでくるのです。これが人生の目的です。

まず自分の命は自分のものではないと考えることです。天から与えられたものです。天とは何かと言いますと、神です。神と言っても、天と言っても、命と言っても皆同じことです。

人間は天から命を預けられているのです。神からの預かりものが皆様の命ですから、このことを認識することが最高の喜びです。そうすると、そこはかとなく喜びが湧いてくるのです。

私たちは今自分の命ではない命を生きている。神の命を今経験しているのです。このことが分かりますと、今まで味わったことがない喜びを経験することができるのです。こういうことを良心が求めているのです。

人間はこの世で生活するために生まれたのではありません。この世でまず魂を見つけるのです。そうして魂の本質が何を求めているのかを知るのです。魂の本性とは理性の本性、良心の本性ですが、理性は無限の真理を求めているのです。

例えば科学とか、哲学、数学は何を求めているのか。つまり理性は無限の真理を追求しているのです。良心は最高の善を求めているのです。

無限の真理と最高の善を求めることが魂の目的です。これを求めますと、命の本質が理解できますので、死なない命があることが分かるのです。

ところが、学問は無限の真理を教えてくれないのです。最高の善も教えてくれません。現在の学問にはそれぞれの主義主張がありますけれど、最高のものが何であるかがまだ分からないのです。

例えば、科学の目的は何であるのか、何のために科学が存在しているのかがはっきり分からないのです。哲学もそのとおりです。何のために哲学があるのか。概念としては霊魂の安定とか、政治の安定という概念はありますが、本当の意味での目的がないのです。人間とは何であるかということの定義ができないからです。

学問では人間の本質が捉えられていないのです。だから道徳も宗教もそれが良いのか悪いのかという決定的な答が、学問では引き出されてはいないのです。

学問は皆中途半端なものです。はっきりした目的論的なものがありません。これはユダヤ人の考えに従っているからそうなるのです。つまり現在の文明が学問に頼りすぎているのです。学問が完全無欠なものであればいいのですが、学問は欠点だらけです。教育も欠点だらけです。

科学者は科学のことは分かりますが、政治や経済のことは分かりません。だから科学者のコンプレックスがあるのです。哲学者には哲学者のコンプレックスがあるのです。自分の専門以外のことは私には分からないと堂々と言っているのです。これは学者のコンプレックスです。

こういうコンプレックスの持ち主が、大学教授で通っているのです。現在の学問にはそれぞれの専門学はありますけれど、全体の学を統一、総括するような思想原理が、今の学問にはないのです。従って、科学で勝手な研究をしているのです。政治学は政治学で勝手なことを言っているのです。経済学は経済学で勝手なことを言っているのです。だから、核兵器を発明し、それが世界に拡散しつつあるのです。誰もそれを止められないのです。

学問全体を統一する指導原理が、今の学問にはありません。世界全体が混乱するばかりです。

とにかく、本当に信用できる学問がないのです。今の文明構造が人間の霊魂について責任が持てるような高いものではないのです。だから、皆様はご自身で本当に聖書を勉強するしかないのです。

## 死を破ったのはイエスだけ

死を破ったイエスを勉強するのです。その前に般若心経の空を勉強して頂きたいのです。良くても悪くても、すべて人間の考えが空なのです。人間は死ぬに決まっているのですから、死ぬに決まっている人間が考えたことは結局空です。

六千年の間人間は文明を信じてきましたけれど、六千年の文明を通して人間は何を発見したのか。六千の間人間は何をしてきたのか。何もしてこなかったのです。ただ食って寝て、子供を産んで死んでいった。お金を儲けて死んでいった。それだけのことなのです。

大学で理屈は学んだのですけれど、永遠の真理とはこういうものだ、最高の善はこれだという勉強をしてこなかったのです。

イエスがただ一人死を破ったのです。死を破ったという事実があるのです。これだけは信用できるのです。死を破った結果、死なない命をはっきり歴史的に証明してくれたのです。この人だけは信用できるのです。イエス以外の人間は全部信用できないのです。学者も宗教家も信用できません。皆死んでしまったからです。

釈尊は死んだのですけれど、五蘊皆空とはっきり言っているのです。人間の考えは間違っているとはっきり言って死んだのですから、この人の考えは正しいのです。だから信用できるのは釈尊とイエスです。これ以外の人は信用できないのです。親鸞も道元も日蓮もだめです。

宗教の指導者はそれぞれの信仰を説明しているのです。私は私の信仰を述べているのではありません。イエスが復活したことを述べているだけです。釈尊が五蘊皆空と言ったと言っているのです。釈尊が言ったこと、イエスが言ったことを述べているだけのことです。

私が最高だと言っているのではありません。熱心に勉強されるなら、私以上になることができるのです。私みたいな人間が分かるのですから、皆様は私以上になれるに決まっているのです。

本当に勉強する価値があることは、命の問題だけです。イエスの復活を勉強する前に、まず今までの自分の考えが空であるということを悟って頂きたいのです。

六千年の間、人間は全部死んでしまったのです。死んでしまったということは、間違っていたということです。考え方が間違っていたから死んでしまったのです。

人間はだいたい死ぬものではないのです。人間の本当の命は死ぬべきものではない。死んでしまったということは、命の受け取り方が間違っていたということです。

イエスがどういう生き方をしていたのか。これが分かりますと、イエスがなぜ死を破ったのかということがはっきり分かります。

人間は生き方が間違っているから死んでいくのです。何のために生きているのかということが、はっきり分からないから死ぬのです。

人間とは何であるのか。理性や良心を持っている者がどうして存在するのか。これが説明できない人は間違っているのです。

文明が間違っているのです。ユダヤ人が指導している文明が世界的に間違っているのです。やがて人間文明は完全に行き詰るでしょう。だから、文明を信用しないで、自分で命を見つけて頂きたいのです。

## 14. 彼岸へ渡ることが人生の唯一の目的

仏教というのは大乗の理論、小乗の理論と、八万四千の法門を展開しているのですが、これが宗教です。宗教をいくら勉強しても、人間の命には関係がないのです。

私たちに必要なことは、本質の究明です。宇宙の大霊というのは命の本源そのものです。宇宙の大霊の助けによって、命の本源を知るのです。

釈尊の生き方は悟ることです。これが釈尊の生き方の中心命題です。しかし、悟るということは、仏性的によほど恵まれた人でなければできないことなのです。

本質的に言いまして、悟るとは一体何なのかということです。何を悟ることなのか。涅槃寂静と言いますが、涅槃というのは、冷えて消えてなくなってしまうことです。

般若心経に究竟涅槃という言葉がありますが、結局涅槃を究竟するということが悟りです。人間が悟りを開くということが、果たして妥当なのかどうか、こういうことを考えてみますと、難しい問題が出てくるのです。

人間は生まれたいと思って生まれてきたのではありません。命の本質に係わっていくためには、私たちの命の本源を究明しなければならないことになるのです。

人間は自分で生まれたいと思って生まれたのではない。これは明々白々な問題です。生まれたいと思って生まれたのではないとしますと、皆様は自分ではないことになるのです。自分の意志によって生まれたのなら、自分に決まっているのです。自分に違いないのです。自分の意志で生まれたのではないとしますと、自分はいないのです。自分ではないのです。

悟りと言いましても、何のために生まれてきたのか分からない人間が悟ったところで、果たして本当の悟りになるのかという疑問が生じるのです。

私は釈尊の悟りを批判するつもりは全くありませんが、現在では何が釈尊の本当の思想であるかが、分からなくなっているのです。八万四千の法門と言いますが、釈尊の弟子たちが勝手に作っていったのです。その結果、一万七千六百巻という膨大な経本になったのです。

阿含経とか、華厳経、大日如来経、大般若経、法華経の基本になる思想が空です。これが般若心経に説かれているのです。

般若心経は日本人に最も愛好されている経典になっているのです。これは空観を中心にしているのです。もちろん般若心経だけが仏典ではありません。

般若心経は四諦八正道、十二因縁を無であると喝破しているのです。小乗を喝破して、大乗涅槃を顕揚しているのが仏教であると思われるのです。

釈尊はインドの釈迦族の皇太子でした。宗教の素人です。だから素人的な考えで、一切の理屈を抜きにして、率直に人間が生きているという実体を捉えて話し合うことがいいのではないかと思ったのです。

私が話していることが宗教ではないと言いますのは、宗教教義を述べているのではないということです。キリスト教がいう贖罪論とか再臨論、終末論というのは宗教の教義でありまして、教義に基づいて教えを説くものが宗教です。

私たちが考えているのは、命そのものの当体を捉えて、何のために生きているのかということを、究明することを目的としているのです。

いくら仏を信じた、キリストを信じたと言っても、死んでしまったら何にもならないのです。イエスは、「私を信じる者はいつまでも死なない」(ヨハネによる福音書11・26)と厳命しているのです。

イエスがいつまでも死なないと厳命した根拠は何だったのか。イエスはなぜ復活したのか。復活したという事実は何であるのか。どういうことなのか。我々も復活に与れるものか、そうではないのかということです。

今の人間はぼやっと生きているから、皆死んでしまうのです。これがいわゆる釈尊の空ですが、現在の人間の理屈は悟ったと言おうが、信じたと言おうが、考え方の根本が空なのです。

## 大乗起信論

大乗起信論によりますと、妄念が妄念を受け継いで、無限の無明に沈み込んでいるとはっきり書いているのです。こういう人間が果たして悟ることができるかどうかです。また、悟ったとしても本物であるかどうか疑わしいのです。こういう疑問が起きてくるのです。

私たちが現在生きていることは何なのかということです。人間は何のために生きているのかということです。こういう問題をはっきり究明するために、まず般若心経の空観に徹することが必要です。人間が現世に生きているのは、全くばかみたいなものだということをまず悟ることです。

その次に今生きているというのは何か。この事実をはっきり掴まえようとするのです。そのために、空観の結晶である般若心経と、永遠の生命の結晶としての聖書を勉強しなければならないと考えるのです。

これは宗教ではありません。宗教の宣伝をするなら般若心経を宣伝するか、聖書を宣伝するかどちらか一つにするに決まっています。般若心経と聖書の両方を一つにして取り扱うと、宗教にはならないのです。日本社会における宗教という概念から外れてしまうのです。

私たちは命とは何か。何のために生きているのか。死とは何であるのか。生とは何かということを端的に究明したいと考えるのです。

仏法は本来悟ることを本則としているのです。ところが、人間が悟るということは可能なのか。例えば、人間の理知性が仏性であるとしても、仏性の本質が何であるのかということです。一体どうして人間に仏性があるのかということです。

仏性において悟ったということになりますと、人間が悟ったのではなくて、仏性が悟ったことになるのです。般若心経で言いますと、観自在菩薩が悟ったと言っているのです。観自在菩薩が深波羅蜜多を行じた時に、五蘊皆空と照見したと言っているのです。これは人間が悟ったのではなくて、観自在が悟ったのだということになるのです。そうすると、これは人間の悟りにはならないのです。

人間にある仏性というものは何であろうか。なぜ人間に仏性があるのであろうかということです。悟りということが良いのか悪いのか。また本当の悟りはどういうものでなければならないのかということについても、仏教の教理についてではなくて、私たちが生きているという実体に即して考えなければならないのです。

聖書について申し上げますと、聖書に悟りという言葉はありますが、あまり強調していないのです。イエスがおまえたちはまだ悟らないのかという言い方をしていますが、悟るというのは仏典で言っている悟りとは違うのです。

仏典でいう悟りは空観に徹することをいうのです。イエスが言っている悟りというのは、宗教の誤謬性、または架空性について未だ悟らぬかと言っているのです。宗教の間違いを未だ悟らぬかと言っているのです。

人間の命は教義ではありません。実際に私たちは生きているのです。皆様の心臓は現在動いているのでありまして、これは理屈ではないのです。ある場合には理屈も必要ですけれど、人間が生きているという事実は実体です。

聖書では信仰と言っています。信仰とは何であるのかと言いますと、人間が神を信じることとは違うのです。キリスト教ではそう考えているのです。ところが、聖書の信仰はイエス・キリストの信仰と言っているのです。または神の信仰と言っています。

イエスは「神において信じよ」と言っています。ヨハネによる福音書十四章一節に、believe in God とあります。これは神において信じよとなりますが、日本語の聖書では神を信じよと訳しているのです。こう訳すと人間が神を信じることになるのです。しかし、イエスが言いたいところは、妄念を持った人間、無明煩悩の人間がそのままの気持ちで神を信じても、まともな信仰にはならないと言っているのです。

無明の塊の人間がそのままの気持ちで神を信じたところで、まともな信仰にならないのです。神において信じよと言っているのです。例えば、皆様が月をご覧になる時には、月の光で月をご覧になっているのです。このやり方をするのです。

月の光で月を見るのです。神の知恵で神を見るのです。神の心で神を信じるのです。これは仏性において悟るのとよく似ているのです。

ところで、聖書の信仰は信じると言いますけれど、他力本願の信仰とは違うのです。三部経で言っている信仰とは違うのです。どこが違うかと言いますと、信仰というのは神において神を信じることなのです。これは絶対他力という仏教的な言い方とよく似ています。

しかし信じるという心境について言いますと、少し違うのです。聖書でいう信仰の心境はどういうものかと言いますと、神による啓示をいうのです。神による啓示というのはは聖書独特の思想です。仏教にはこの類例がありません。この点において仏典と聖書ははっきり分かれてくるのです。

仏教学者は啓示が分からないと言います。仏教学者に啓示が分かるはずがありません。これは開かれることです。啓開されることです。人間の常識、知識では命の本質はどうしても分からないのです。命を完全に客観視して考えないとその本質は分かりません。

自分が生きている状態を十分に客観視するのです。口で言いますと完全な説明にはなりませんけれど、神の御霊《みたま》によって見ないと分からないのです。

御霊というのは聖書独特の言い方ですが、宗教観念ではないのです。例えば現在地球が回っています。これは御霊の働きです。花が咲くこと、稲が実ること、豚が太ること、魚が成長していくことを御霊の働きと言っているのです。

宇宙の大霊が人間の魂の指導霊となって、現世に下っている。これを聖霊の降臨と言っているのですが、この助けによらなければ人間の命の本質は究明できないのです。御霊によって天的な知恵が啓開されることが信仰です。これが本当の信仰です。これはキリスト教でいう信仰とは違うのです。

キリスト教では普通の人間が神を信じることを信仰だと考えているのですが、聖書の信仰の本質は啓示です。仏典の本質は悟りです。釈尊の中心はどこまでも悟りであって啓示ではないのです。

大体、仏典では人間が何のために生きているのか分からないのです。人間は何のために生まれてきたのか。地球が何のために存在するのかということです。これが仏典では分からないのです。

私が本当にお話ししたいことは、宗教観念による人生の結論ではなくて、現在人間が生きているという実体について考えたいということです。

人間が現在生きているのは、日本の国民として生きていますけれど、日本という国は二〇一五年の現在、世界の一員として歴史的な実在の中にあるのです。また、私たちの命も世界の一員としての責任を持って生きているのです。世界の歴史の流れと共に生きているのです。世界の歴史の流れは事実です。私たちが生きているということは、世界歴史の中で生きていることです。

釈尊は色々なことを言いましたが、如来という思想は釈尊の中にはないのです。大乗仏教ができてからアショーカ王以後に如来という思想ができたのです

釈尊は空を説いたのです。涅槃に徹した思想が釈尊独特の思想です。また、釈尊の最も釈尊らしさは空観の徹底にあるのです。涅槃寂静の境にあるのです。寂滅為楽の境にあるのです。涅槃経第十三の偈に諸行無常、是生滅法、生滅滅已、寂滅為楽とあります。また、三法印ははっきり釈尊の思想の中心を貫くものであると考えているのです。

空という考えだけでは人間の俗念がおさまらないので、後から大日如来とか阿弥陀如来、三

部経、無量寿経を造ったのです。釈尊の空観だけでは満足できない人間の俗念を満足させるために、他力的な概念を後から加えたと言えるのです。

私たちが現在生きているこの命は、世界歴史の中で生きているのですから、世界歴史がどこへ流れていくのか、世界歴史がどのようにして今日まで展開してきたのかということの中心テーマがはっきり究明できないようでは、現在生きているということの意味がよく分からないのです。

そのためには、天地創造という思想、歴史の流れという思想を捉えていかなければならないのです。そうしなければ、命ということが分からないし、死も分からないのです。

死んでから如来さんの所へ行くというのは仏教の概念であって、私たちが生きているというのは概念ではありません。事実です。この事実を究明するためには、事実に基づいてしなければならないのです。

生まれてきたという言葉があります。この言葉をごく自然に使っています。また、死んでいくと言います。生まれてきたというのはどこかから生まれてきたのです。死んでいくというのはどこかへ行くのです。

人間の命が生まれる前にどこにあったのか。このことについてはっきり究明するのです。また、死ぬとはどうなるのか、死んだ後にどこへ行くのかをはっきり究明するのです。

現在の人間は何のために生きているかを知らずに生きているのです。命とは何かも知らないのです。ところが、現在皆様は目が見えるのです。耳が聞こえるのです。これは現在、皆様は命の本質に直面しているということです。

　現在皆様は命を経験しているのです。生きているのです。ところが、命とは何かが分かっていない。神とか仏とか言いますけれど、自分の命の本質がよく分からないようでは、宗教概念の空回りになるだけです。

　生きていながら命が分からないというのは、正しく生きていないということになるのであって、こんな状態でもし皆様が死んでしまいますと、大変なことになるのです。

　人間が現世に生きているのは責任があるのです。ノルマがあるのです。現在、人権ということがしきりに言われています。人権とは人間の基本的な権利です。基本的な権利が言いたければ、基本的な責任を自覚する必要があるのです。

　責任を感じない状態で人権と言われていますが、こういう文明は全く間違っているのです。文明の本質が人間の本質から外れてしまっているのです。

## 基本的人権

　基本的人権という言葉は日本の憲法にありますし、国連憲章にもあるのです。ドイツの基本法、ギリシャ憲法にもあります。一体どういうところから人権という概念が出てきたのか。これは自我意識から出てきているのです。デカルトの、「我思う、ゆえに我あり」というところからきているのです。

しかし、般若心経の思想で言いますと、現在人間が持っている常識と知識が、本質的に空であるとはっきり言っているのです。これは釈尊の概念ではありません。釈尊は実体を見て言っているのです。

現在の人間は生きていても、ただ死んでいくだけです。人間の尊厳性とか、基本的人権と言いますけれど、結局は死んでいくだけなのです。死んだらどうなるか分からない。命の本質が分からないのですから、死んだ後のことが分かるはずがないのです。

こういう問題について、宗論の展開ではなくて、はっきり現在生きているという命について勉強をしたいと思うのです。

私たちの心臓は宇宙の大生命によって動いているのです。これは自明の理です。ところが、人間の考え方は、宇宙の生命に従って考えているのではない。自分自身の利害得失について考えているのです。

宇宙の命で生きていながら、自分の都合で考えているという間違った状態にあるのです。生かされているという状態と、生きているという気持ちとが矛盾しているのです。ここに人間の死があるのです。

こういうことを究明していけば、死という問題が解明されるのです。無明煩悩の中に沈み込んでいるから、また、肉の思いにしがみついているから人間は死ぬのです。

肉の思いは死です。死は妄念です。妄念を頭に詰め込んでいるために、人間は死ぬことになるのです。妄念を吐き出してしまえば、死を追放することができるのです。

イエスが復活したのは死を破ったのです。死を乗り越えたのです。これは歴史的事実です。これは宗教観念ではないのです。

イエスははっきり復活したのです。日曜日はイエスの復活記念日です。皆様はイエスの復活記念日である日曜日を守っているのです。世界中の人が守っているのです。このような歴史的な必然性があるのです。

現在白人が世界の指導をしています。なぜこういう世界歴史になっているのかということです。仏法ではただ因縁所生と片付けていますけれど、果たして因縁という原理がどうしてあるのかということです。

どうして白人が現在の世界を指導しているのか。地球がどうして造られたのか。人間はどうして生きているのかという実体的なことについて、謙虚な気持ちで究明していかなければならないのです。今の歴史と自分が生きているという状態とを、よくよく見比べてみれば、世界歴史の流れがどういうものかが分かってくるのです。

世界歴史の中心をなす者がユダヤ人です。近代文明の展開はユダヤ人学者による功績が基礎になっているのです。こういう事実がどうして発生したのかということです。

これは仏典ではどうしても説明ができません。だからどうしても聖書に行かなければならないのです。

私たちが仏教で十分に考えなければならないことは、空という思想です。人間が現在生きている生き方が空です。このことをはっきり承知する必要があるのです。

そうすると、初めて心が貧しくなって神を見るということができるのです。現在の常識を持ったままで、いくら神を信じようとしてもだめです。だから死んでしまうのです。人間が肉の思いを持ったままでは、人間は死ぬに決まっているのです。死ぬしかないのです。

死ぬしかないというばかばかしい運命から逃れたいと思いませんか。私はこれを言いたいのです。死ぬしかないという状態から逃れたいと思いませんか。逃れたいと思われるのなら、いくらでも相談相手になりたいと思うのです。

私も教えて頂くことがあるでしょう。お互いに教え合って、助け合って、死を乗り越えていこうというのが私たちの主張です。

人間には誰でも死にたくないという気持ちがあります。死にたくないという気持ちがあることは、何とかしたら死ななくてもよい方法があるに違いないと思うから、死にたくないという気持ちが持たされているのです。

人間は死ぬに決まったものではありません。死ななくてもよいのです。「肉の思いは死である。霊の思いが命である」とパウロが言っているように、肉の思いを捨てて霊の思いに立てば、人間は死ななくなるのです。この事実を究明するのが私たちの目的です。

般若心経は人間が生きている実体について述べているのです。人間から見れば、人間が生きていることが実体に見えるのですが、人間が生きているのは、肉体感覚を鵜呑みにして生きているのです。

目で物が見えると考えている。ところが、目で物が見えるのではないのです。目に物が映っているのです。光線の反射によって、目に光線が当たっているのです。網膜に物象が映っている。これを見えると言っているのです。

人間の目は鏡と同じであって、物が映っているのです。鏡の中から映像が出てくるのではないのです。目の前に何かが現われなければ映らないのです。

人間の目はそのような働きしかできないのです。ところが、人間は自分が見ていると思っているのです。これは自分が生きていると考えていることと同じです。

人間は生きているのではなくて、命を経験させられている。これを論理的に、また、理論的に検討するというやり方が、哲学という思考方式になっているのです。

ところが、現在の哲学は、人間が生きていることをまともに思考しないで、理屈で考えようとしているのです。例えば、弁証法とはどういうものかとか、政治と経済の関係はどういうものかということ、政治と生活の関係はどういうものになっているかということについて、論理的に分解しようと考えているのです。これが哲学の堕落です。

## 大型コンピューター5千台分の能力

人間の小脳は、大型のコンピューーター五千台分の能力を持っているということですが、これはどういうことなのかということです。小脳は人間の生活に関する機能を司っているのです。人間の生活感覚の機能だけでも、大型コンピューター五千台分の機能があるのです。

人間の脳細胞は驚くべき働きをしているのです。小脳の働きだけでも大型コンピューター五千台分の性能がある。人間の生活感覚は複雑微妙なものです。

人間の脳細胞は百四十億あると言われています。百四十億の脳細胞とはどういうものなのか。これが人間の生活にどういう影響を与えているかということです。こういうことを真面目に考えることが本当の哲学です。

科学をさらに科学するのです。哲学をさらに哲学するのです。医学的には人間の人体構造はこのようになっていると説明できるのです。生理機能の構造的説明は医学ではできますけれど、機能の説明ができないのです。

どのように働くかということは、構造の部類に属するのです。なぜ人間にそのような機能性があるのか。人間の生理構造の原理は何であるのか。

例えば、呼吸機能における肺と心臓の連関関係は何を意味するのかということです。宇宙的な構造が人間の生理機能として、どのように働いているのかという根本的な原理を究明することが本当の哲学です。

今の学問はそれができないのです。現在の学問は専門学でありまして、専門学は断片的、部分的なものです。総合的、包括的なものではないのです。全体的に見ることができないのです。こういう学問で人間の頭が固まっているのです。

現在の学問、専門学が、皆様の心理構造をおかしくしてしまったのです。こういう文明的な欠陥が皆様の心理の中にあるのです。

皆様は学問的な構造によって洗脳されてしまっているのです。だから、物事の真諦が分からないようにさせられてしまっているのです。

文明、専門学は人間の精神を不完全なものにしてしまっているのです。こういうばかなものを人間は学問だと言って有難がっているのです。こういう構造が間違っているのです。だから、人間とは何かが分からなくなっているのです。

人間とは何者かが分からないままで、人間は生きているのです。なぜそういうことになったのかと言いますと、近代文明の学問的概念、専門学という概念によって、人間の心理構造が曲げられてしまったのです。

人間は生活していると思っていますが、実は脳細胞の機能が生きているのです。人間が生きているのではありません。脳細胞の機能が生きているのです。この状態を魂というのです

一メートル何十センチ、体重何十キロという肉体が生きているのではない。生きているということを科学的、哲学的に分析していきますと、脳細胞が生きているのであって、肉体人間が

生きているのではないのです。ところが人間は脳細胞の感覚を自分の感覚だと思っているのです。自分の感覚ではありません。脳細胞という生理機能の感覚です。これを知ることが本当の哲学です。

宇宙構造と人間構造との関係です。これを究明することが命を知ることです。ところが人間は脳細胞が働いている状態を自分という人間が生きていることにしているのです。

人間は自分が宇宙構造に関係なく自分が生きていると思っている。この考えがあるために、自分の生活があるとか、自分の命があるという妙な考えになってしまっているのです。これが学問による洗脳です。ばかなことをしているのです。

人間は六千年かかって進歩したと言いますが、退歩しているのです。人間は六千年の時間をかけても本当のことが分からない。ただ退歩しているだけです。

命に関する認識は、古代の人間よりもはるかに後退しているのです。訳が分からなくなっているのです。だから、古今集や万葉集に書かれているようなことを書く人は、今の時代にはいないのです。般若心経のようなことを書く人は、今の時代にはいないのです。昔の人はできたのです。般若心経を読んだ人が理解できると思われたから、そのような文章が書かれたのです。

現在の人間は般若心経を読んでも分からないのです。だからこういう文章が書ける人もいないのです。人間はすべて何かを書く人は、読んだ人が分かると思って書くのです。

ところが、今の人間は般若心経を読んでも分からないのです。五蘊皆空とは何のことか分からない。全体的な考察ができなくなっているからです。人間の魂が人間の本来のあり方に従って、脳細胞の活動ができなくなっているのです。だから、今の人間の脳細胞は全体の約十％しか働いていないと言われているのです。

西洋文明が入ってくる前の人間は、脳細胞の二十％〜三十％くらいは働いていたのではないかと推測されているのです。現在の人間の脳細胞は、文明とか学問によって、全体の十％しか働かなくなったのです。人間はこれほど愚かになったのです。

だから、現代文明や学問を信じることをやめて頂きたいのです。皆様が生きているという事実を直視することです。般若心経はそれを皆様に勧めているのです。

自分が生きているということを、謙遜な気持ちになって見るのです。生きているという事実を見るのです。学問を勉強するのではない。理屈を考えるのではない。事実を見るのです。

小脳の働きだけでも、大型コンピューター五千台分の機能、能力を持っている。それほど脳細胞の働きはすばらしいものがあるのです。これが何であるかと言いますと、これを神というのです。この勉強をして頂きたいのです。

般若心経に空という字がたくさんあります。この空を色々と考えても分からないでしょう。現在の皆様の頭で考えると、だんだん分からなくなるのです。現在の皆様の頭の状態ではだめです。頭が死んでしまっているからです。

人間の常識や知識のために、皆様の頭が死んでしまっているのです。人間の常識や知識は生活のことは考えますが、命のことを全く考えていないのです。家庭のこと、人間関係のこと、経済のこと、政治のこと、法律のこと、利害得失のことばかり考えているのです。この頭は死んでいる状態です。

生活のことを基礎にして考えることをやめて、命を基礎にして考えるのです。まずこういう気持ちを持つのです。自分の意識を転換するという気持ちを持って頂きたいのです。これが空です。

空という文字のことを考えるのではなくて、自分自身の気持ちを空じるのです。これが空です。自分自身を空じるという気持ちを持ちさえすれば、空はすぐに分かると思います。

例えば、花を見ていると美しいということが分かります。美しいということは分かるのですが、美しいとはどういうことかが分からないのです。この説明ができないでしょう。これが現代文明の愚かさです。

美しいということがはっきり分かりさえすれば、人間の霊魂は死ななくなるのです。

人間が生きているのは脳細胞が働いているのです。この状態を生きていると人間は勝手に思っているのです。勝手に思っているというその気持ちが間違っているのです。

現在の人間は生活一辺倒であって、生活の角度からだけしか考えられないような心理構造になっているのです。現代文明によって皆様の物の考え方は歪曲されてしまったのです。

大学へ行ったことによって、皆様は愚かになったのです。それなら学校へ行かなかったら良かったのかと言いますと、やはりだめです。学校は生活に関する知識は与えますが、生命に関する知識は全く与えないのです。

生活のことを考えれば考えるほど、生命のことは留守になるのです。このことを奈良女子大の数学の故岡潔教授がいつも言っていました。「現在の教育は知能の啓発に一生懸命であるが、人間の情緒性が壊れてしまっている。困ったことだ」と言っていたのです。しかし、どうしたら治すことができるかということを、岡教授は知らなかったのです。こんな人でも文化勲章をもらっているのです。人間に対する価値判断が狂ってしまっているのです。

般若心経と聖書を一つにして見る人間が今までいなかったのです。こういう見方をすれば人間の情緒を回復することができるのです。

空というのは皆様の頭で考えても分からないでしょう。これは五蘊皆空を実行したら分かるのです。五蘊というのは今までの人間の考え方をいうのです。生活の概念が五蘊です。色受想行識の五つが五蘊です。

五蘊が人間生活の基礎になっているのです。五蘊が基礎感覚です。これが間違っているのです。昔の人は五蘊皆空が分かったのです。親鸞、道元、弘法大師は今の人間よりは頭が良かったのです。どのように良かったかと言いますと、素直で素朴であったから良かったのです。素直で素朴な人間には空が分かるのです。

今の人間は新聞やテレビ、インターネットで現世の常識を頭にいっぱい詰め込んでいるのです。だから、生きていれば生きているほどばかになっているのです。これは困ったことです。だから皆死んでしまうのです。

皆様の生活概念の土台が間違っているのです。だから死んでしまうのです。ただ死んでしまうだけならよいのですが、死んだら永遠の裁きが待っている。これが恐いのです。

## 百四十億の脳細胞

皆様の脳細胞はすばらしいものです。生きているうちに百四十億の脳細胞がどういう働きをしているのか。この一つひとつの働きが地獄の原因になるのです。

人間は愚かなことをしているのです。ばかなことをしているのです。五十年、六十年この世に生きていて、何になったのでしょうか。社長や代議士、国会議員になったとしても大したことはないのです。結局は死んでしまうのです。

人間は現世に生きていることが目的ではないのです。命を掴まえることが目的です。

空というのは自分自身を空じることです。自分自身を空じてしまうと空がすぐに分かるのです。これが本当の学です。実行せずに理屈だけで分かるのは、学問とは言わないのです。実行したら現物がはっきり分かるのです。

命とか空とか正直とか信仰は、すべて実行したら分かるのです。実行しない者は正直の本当の意味は分かりません。正直になってみなければ正直の本当の意味は分からないのです。

美しいということが分かれば、皆様は永遠の命に対する目が開かれるのです。魂は死ぬのではないということが分かってくるのです。そうして、現在の学問と正反対の方向へ進んで行くことができるのです。

今のままでいけば一億二千五百万人の日本人は全部死んでしまいます。死んだだけではすまないのです。百四十億の脳細胞を持って死んでしまいますと、ただではすまないのです。

皆様の魂はそれくらいに値打ちがあるのです。値打ちがあるから無駄使いをしていると、後が恐ろしいのです。

ちょっと食べた、ちょっと見たことが小脳にどのような影響を与えるのか。これが皆記憶になって死後の世界へ繋がっていく。これを地獄というのです。いくら地獄が嫌だと言ってもあるからしょうがないのです。

皆様の魂はそれを知っているのです。知っているから死が恐いのです。世間の学問をしてもとてもだめだということが分かっているのです。

空ということを理屈で考えようとしないで、今まで持っていた自分の気持ちを空じるのです。空という言葉を名詞として用いないで、動詞として用いるのです。そうすると分かってくるのです。

文明をどのように考えたらいいのか。文明の下へ抜けてしまうとばかになるのです。文明の上へ抜けてしまうと、文明の良さと悪さがよく分かるのです。

文明には良さがあります。良さはありますが、悪さの方が多いのです。かつて日本のつくばみらい市で、科学万国博覧会が開催されました。これは一体何のプラスがあるのかということですが、今の政治家には分からないでしょう。今の学者にも分からないでしょう。

皆様は今の学問の上に抜けてしまうことです。堂に入って堂を出るのです。人間は生活にかまけていると、生活に囚われて生活ばかになるのです。学校へ行っている人は学校ばかになっている。学問をしている人は学問ばかになっているのです。何かに囚われると、囚われるものによって束縛されてしまうのです。

学者が考えているのは学閥思想であって、学問思想とは違うのです。学問思想と学閥思想とは違います。宗教家は宗教でしか考えることができない。これは学閥です。または教閥です。そういう閥族を造っているのです。自分が勉強しているものによって、自分がばかになるのです。

皆様の中には商売をされた方もいるでしょう。あるいは、どこかの会社にお勤めになった方もいるでしょう。商売をしている人は商売ばかになっています。お勤めをして月給をもらっている人は、月給ばかになっているのです。

この世に生きていると、生活することしか考えません。これを生活ばかというのです。現世の自分が生きている状態から離れて見るのです。そうすると、上へ突き抜けて見ることができるのです。そういう状態になって頂きたいのです。

女の人は家庭へ入りこんでしまうと、家庭の主婦だと思い込んでしまうのです。これを家庭ばかと言うのです。親は子供が何をしているのか分からないのです。これを親ばかというのです。

赤ちゃんは座る時に、見当をつけて座ることができないのです。後ろに椅子があるだろうと考えて座るのです。だから、ひっくり返ってしまうのです。大人は後のことを考えて座るので、後ろにひっくり返ることはないのです。これがコンピューター的な行動です。

砂糖を入れて、しょう油を入れて何分か煮ると、おいしい味になると思う。これがコンピューターのやり方です。洗濯をするとか、裁縫をするとか、掃除をするという時に、頭の中のコンピューターを使っているのです。ところが、コンピューターの原理が全然分かっていない。

商売人がお金儲けをする場合には、頭の中のコンピューターが猛烈に働いているのです。コンピューターのことを考えずに、自分の損得だけを考えて商売をしている。だから、お金儲けが魂儲けにならないのです。

私がいうことを勉強して頂くと、お金儲けをしながら魂の悟りが開けるのです。ただ椅子に座るというだけで神が分かるのです。

永遠の生命というのは何でもないことです。五蘊皆空を実行すればすぐに分かるのです。椅子に座っているということだけで神が分かるのです。命が分かるのです。皆様はそれくらいの能力を持っているのです。

私は特別頭が良いのではありません。皆様の方がよほど頭が良いのです。私はただ素直になって御霊に聞いて、教えてもらったから分かったのです。

皆様は生かされているということについて、慎重に、重要に考えてください。丁寧に生きてください。椅子に座るにしても丁寧に腰をかけるのです。そうすると、脳細胞がどのように働いているかが分かってくるのです。

脳細胞が生きているのであって、人間が生きているのではありません。脳細胞が生きている状態を魂というのです。

命という人間の御霊が「しい」しているのです。「しい」というのは脳細胞の動詞的表現をいうのです。たましい、美しい、おいしい、嬉しい、楽しい、すばらしいというのは、脳細胞の動詞的表現です。これは脳細胞が働いている状態を指しているのです。これが聖書に書かれているのです。

## 聖書六十六巻

聖書と脳細胞の関係を知ろうと思えば、皆様の脳細胞を見ればいいのです。実は百四十億の脳細胞はそのまま聖書六十六巻に現われているのです。これを命の言葉と言うのです。

とにかく、聖書の六十六巻は皆様の脳細胞の内容を説明しているのです。日本人は聖書の読み方を全然知らないのです。だから、脳細胞の調べ方が分からないのです。困った民族です。島国根性で自分の国が一番良いと考えているのです。

日本の天皇制はすばらしいものです。天皇制のすばらしさを、日本的な感覚でしか見ることができないのです。日本精神でなければ天皇制が分からないと考えている。ここが日本人の愚かさです。

全世界の人間と天皇制とがどういう関係にあるかということです。これが分からなかったらだめです。それは日本人が聖書を見ることを嫌っているからです。だから本当のことが分からないのです。

まず五蘊皆空を悟ることです。皆様の生活概念はすべて五蘊です。皆様が生きているのは五蘊が生きているのです。これを生きているというのです。

大人はコンピューター的に考えるのです。だから、頭の中で利害得失を考えるのです。人と話したり、文章を書いたり、車を運転したり、パソコンを使用するのです。皆頭の中のコンピューターが働いているのです。

だから人間が生きているのではない。脳細胞が生きているのです。赤ちゃんは脳細胞がまだ十分に活動していないのです。だから椅子に座る時に、見当をつけて座ることができないのです。見当をつけずに座っている。そこでひっくり返ることがあるのです。

皆様は赤ちゃんの程度のことしかできないのです。大人でありながら、自分の魂に対しては赤ちゃんです。

神をどうして掴まえることができるのか。どうしたら本当の善悪が分かるのか。命を知るためにはどうしたらいいのか。これは脳の中のコンピューターによるのです。

まず必要なことは、皆様の脳細胞がもっともっと働くようにすることです。あれも分からない、これも分からないと言いますが、要するに脳細胞が働いていない証拠です。

皆様の脳の働きが非常に幼稚です。幼稚というのは良い意味と悪い意味と両方あるのです。幼稚というのは素朴という意味があります。これは大変結構ですが、「一人自慢の誉めてなし」という幼稚さがあるのです。自分はものを知っていると考えているが、実は幼稚です。宗教を信じる人は、皆幼稚になっているのです。

学問を信じたり、宗教を信じたり、何かの道楽に凝ったりしている人は皆幼稚です。まず自分自身を空じるという気持ちを持つことです。自分の気持ちをいつでも捨てるのです。自分の考えをいつでも捨てることができるような柔軟な考えを持つのです。そうしたら、赤ちゃんのような皆様がどんどん発育していくのです。

今皆様の精神状態は、椅子があってもどのように腰をかけたらよいか分からない状態です。命をどのように受け取ればいいのか。神をどのように理解したらいいのか。自分は何のために生きているのか。これから先どうなるのか。これが一つも分かっていないのです。これは皆様の知能が常識的にだけ働いているという状態です。

この状態を悟って頂いて、頭の中のコンピューターを働かせるように勉強して頂きたいのです。

実は人間の脳細胞はコンピューター以上のものです。人間の脳細胞の働きからコンピューターが出てきたのですが、それは脳細胞の働きの一面を利用して造ったのです。コンピューターから脳細胞が生み出されることは絶対にないのです。

人間がホモ・サピエンスとして生きているということと、霊魂との関係がどうなるのかということです。このことを皆様に本当にご理解頂くためには、地球という惑星がどうしてできたのか。誰が地球を造ったのか。何の目的で地球ができたのかということを知らなければならないのです。

人間という生物は地球の付属物であって、地球がなければ人間はいるはずがないのです。そうすると、地球が造られた原理を知る必要があるのです。

現在人間は肉体的に生きています。肉体的に生きているという在り方を通過しなければ、魂で生きるということの本当の意味を掴まえることができないのです。そこでまず人間は動物的な境涯を送らされているのです。これが人間のカルマです。

宇宙構造がまず生物を造ったのです。神は生物の中から代表するようなすばらしい英歳が生まれることを期待しているのです。これをキリスト計画というのです。

キリスト計画は地球を完成させる計画であって、全知全能の神が地球を構築して地球を完成する。その道程に従って、人間が自らの霊魂を完成するのです。このことによって、人間が神のヘルパーとして宇宙を指導する能力を持つことができるようになるのです。

物理的に存在する地球は、ある一定の期間の存在です。生理的に存在する人間は、ごくわずかの間しか生存できないのです。

宇宙は永久無限です。永久無限の宇宙に、どうして時間空間の世界が現われたのかということです。これが大問題です。現在の学問ではこれが全然分からないのです。

今の学問で考えますと、地球存在の目的が全然説明ができないのです。肉体的に生きている人間が、何のために生きているのかという説明ができないのです。

現在の学問が存在しているのには理由があるのです。科学的に進歩しているという事がらと、人間完成の事がらとは、次元は違っていますが方向は一つです。

科学というものの本質は何であるのか。これを学ぶ気持ちになって頂ければいいのです。人間は肉体で生きていると思っていますが、実は肉体で生きているのではなくて、脳細胞の働きで生きているのです。内臓の働きも、人間の心理機能の働きも全部脳細胞の働きです。

## 霊

心理機能と生理機能は一つのものです。このことを聖書は霊と言っています。霊のことを「たま」とも言います。御霊というのは、神の御霊が人間の格好をしているという意味で、人間の命を御霊というのです。

神の霊が人間の霊として生きているのです。だから皆様は世間並の人間ではないのです。人間として生きているのは、ホモ・サピエンスとして生きている。ホモとして生きているのは人間のカルマであって、この状態を抜けてしまいますと、魂として生きている自分が分かるのです。これが御霊によって生かされている人です。

ホモと御霊とは違います。人間は自分が生きているという妄想があるのです。脳細胞の働きがあるのであって、自分という人間がいるのではないのです。

人間は脳細胞が働いていると思わないで、自分が生きていると思うことによって、脳の働きを壟断《ろうだん》してしまっている。横取りしているのです。そうすると、脳細胞が働いていることが無視されてしまうのです。自分が生きているという妄念が、脳細胞の働きを殺してしまうのです。これが人間の魂が死んでしまう原因になるのです。

死ぬということは肉体が死ぬことを意味するのではなくて、魂が死ぬことを死ぬというのです。

死ぬという言葉は神から離れるということです。人間が生きているというのは、神そのものの働きであって、神の現われです。生きているということは神が働いているのです。神の御霊が働いているのです。人間の命を玉の緒という言い方をするのは、人間の命は神の御霊の継続である、または延長であるという意味で、御霊というのです。

人間が生きていることの実体が、実は神です。生きているということがスムーズに分かりさえすれば、人間は死なない命が分かるのです。私たちは自己を完成するためにこの世に生まれてきたのでありまして、この世で生きていることが目的ではありません。この世で生きていたところで仕方がないのです。

皆様は六十年、七十年とこの世で生きていて、何が分かったのでしょうか。この世はうるさいものだということが分かっただけです。

お金を持っていても仕方がない。子供や孫ができても仕方がないのです。仕方がないということだけ分かったのです。

人間がこの世に生きているということは、仕方がないと言わなければならない事がらを生きているのです。ただ苦労をして生きているのです。

生活に目を向けてしまいますと、それに一生懸命になるのです。生活に目を向けないで命に目を向けますと、人間完成が分かるのです。

人間完成をするためには、自分が生きているという考えを乗り越えてしまわなければならないのです。運動競技で言いますと、棒高跳びのバーのようなものです。自分が生きているというバーがあるのです。これをクリアしなければ絶対に人間完成はできないのです。これが業《ごう》を乗り越えることになるのです。

業を果たさないと、人間が現世に生きていたことがすべて仇になるのです。自分の思い、自分の経験、自分の欲望で生きていますと、自分の業を果たさずに死んでいくことになるのです。

人間の業を果たすだけの十分な能力を持っていながら、その能力を使用しなかったのです。責任を持って自分の人生を経験しなかった。ただ自分の欲望のため、自分の思いのために、業を果たすことができなかったのです。だから、自分という人格に取り殺されてしまうことになるのです。

自分が生きているという感覚は全くの妄念です。皆様は自分が生まれたいと思ったことはないはずです。従って、自分が生まれたという事実はどこにもないのです。

なぜ自分という意識があるかと言いますと、私たちはこの世に生まれて命を経験しなければならないからです。生きているということを経験して、生きているということが、実は神であった。自分が生きているのではない、自分という形において神を経験していたのだということを、経験するためにいるのです。

自分というあり方で神を経験していた。このことが悟れますと、初めて自分は生ける神の子であったのだということが分かるのです。そうすると、万物を治めるという人格を自覚できるようになるのです。

命を自覚しますと、万物の真髄が分かるのです。森羅万象の真髄が分かるのです。森羅万象の真諦が分かりますと、これを治める方法が分かるのです。

皆様は永遠無窮の万物の長として、神のヘルパーとして永遠に霊なる地球を指導することになる。これが皆様の魂の目的です。

この目的を果たすために、現世で命の実体を見極めなければならないのです。その責任があるのです。これはしてもしなくてもいいということではない。人間としてこの世に生まれた以上、魂の責任があるのです。

日本人にはこれが分からないのです。日本人は神がない民族です。神が分からない。だから、命が分からないのです。どうしたらいいのか分からないのです。本当の神が存在しない民族です。

現在皆様が肉体的に生きているということが、業に基づく命であって、これを捨ててしまわなければ本当の命を見ることはできないのです。

般若心経はこれを言っているのです。般若波羅蜜多というのは彼岸へ渡る知恵のことを言っているのです。彼岸へ渡るというのは、死なない命を掴まえるということです。

## 人生の目的

彼岸へ渡ること、死なない命を掴まえることが人生最大の目的です。皆様の魂は永遠無窮の価値を持っているのです。無限に発達する可能性を持っているのです。百四十億の脳細胞というのは、無限に発達する可能性を意味しているのです。

皆様はそのようなすばらしい能力を持っているのですから、これをどのように活用するかを決定しなければならないのです。その責任があるのです。

人間の精神構造は非常に大きい力を持っているのです。例えば、皆様が何かを食べますと、おいしいということが分かります。おいしいとはどういうことなのか。何を経験しているのでしょうか。これが分からないのです。

ただ舌の味覚神経だけでおいしいと思ったのでは、肉体的な意味での存在を認識したことになりますが、魂の生存を経験したことにはならないのです。

肉体的においしいと思うことが、魂的にはどういうことを経験しているかということです。これが分かるだけの能力が、皆様には十分にあるはずです。しかし、皆様はこれをしようとしないのです。これは悪い癖です。

人間は現世に生きていて何になるのでしょうか。六十年、七十年この世に生きていて、何が分かったのでしょうか。この世に生きていてもいいのですが、ただ生きているだけでなくて、おいしいとはどういうことか、せめてこれだけでも考えて頂きたいのです。毎日皆様は味覚神経によって生活しているのです。

味覚意識、視覚意識、聴覚意識によって生活しています。毎日五官の働きで生きているでしょう。これが霊魂の経験です。これが分かれば神と皆様の魂が結ぶ付くことは十分にできるのです。やろうと思えばできるのです。私のような愚かな者でもできるのですから是非して頂きたいのです。もっともっとやる気になってください。

皆様はもう少し魂のことを考えて頂きたいのです。私はただ学問が悪い、宗教が悪いと言っているのではありません。学問や宗教は中途半端なものです。人間の魂の完成に役立つものではないと言っているのです。

大学は科学、哲学、政治学、宗教が完全なもののように言いふらしているのです。科学は完全であると考えようとしている。これが科学万博になっているのです。科学は生活形態の一つの方式にすぎないのです。これがどうして完全と言えるのでしょうか。

人間は生活するために生きているのではないのです。魂の完成のために生きているのです。世々限りなく貫いて、神のヘルパーとして万物を治めなければならない責任があるのです。雲が流れていること、鳥が飛んでいること、花が咲いていることを、皆様が指導しなければならないのです。

そのために皆様は現世で花を見たり、鳥を見たり、雲を見たりしているのです。だからもう少し真面目に考えて頂きたいのです。皆様は生活には非常に真面目ですけれど、魂、自分の命を真面目に考えようとしていない。これが皆様の欠点です。学問、宗教の欠点です。文明の欠点です。

人間の文化文明は何の価値があるのでしょうか。人間が六十年、七十年現世に生きていて、何の価値があるのでしょうか。現在の日本では男は八十歳くらいまで、女は九十歳くらいまで生きるのが普通です。

長生きするのは結構ですが、長生きして何の値打ちがあるのでしょうか。認知症老人ばかり造っているのです。痴呆病老人を造ることが何の益になるのでしょうか。現世に生きていることが何のためかということです。こういうことを考えようとしないで、ただ寿命が延びるということに、何の価値があるのかと言いたいのです。

もっと真面目に考えて頂きたいのです。命は限られているのです。限られている時間です。皆様には無限の能力を与えられているのですから、これをできるだけ活用するように考えて頂きたいのです。百四十億の脳細胞のせめて半分くらいは使うようになれば、皆様は神のためのすばらしい仕事ができるのです。

## 生ける魂

これが本当のリビング・ソール（living soul）、生ける魂です。こうなって頂きたいのです。

今の人間は百四十億の脳細胞のわずか十％くらいしか使っていないのです。皆様は実力の十％しか発揮していないのです。そこで脳細胞の開拓、開発を考えて頂きたいのです。

脳細胞の開発、開拓のためにどうしたらいいのか。分からないことを勉強するしかないのです。分からない、分からないと棚上げしても本当の命は分かりません。

自分は生活するために生きているのではないということを、まず認識して頂きたいのです。生命の実体を認識するためです。生命の実体を掴まえるために生きているのです。

これをよく考えれば、自分を空じるということは難しいことではありません。生活目的を変えればいいのです。生存目標を変えればいいのです。座標軸の転換です。人生の方向を転換したらいいのです。これを空じるというのです。

色即是空、空即是色、五蘊皆空、究竟涅槃という般若心経の忠告をよく聞いて頂きたいのです。般若心経は現在日本だけにあるのです。日本以外には般若心経の文化原理はありません。

日本人は般若心経を愛している。これは大変結構です。愛しているだけでなくて、般若心経が言わんとする所をよく弁えて頂きたいのです。そうしたら、皆様の人生行路をはっきり転換することができるのです。

世界歴史の流れとはどういうものなのか。ユダヤ人問題とはどういうことなのか。白人文明と東洋文明がどういう関係になるのか。こういうことを勉強して頂きたいのです。

私たちの精神によって、命の本質をやり直すことができるのです。人間の精神の持ち方によって、自分の命の本質をやり直すことはできるのです。精神の方向転換によって、命の方向転換をすることができるのです。

般若心経には欠点があります。般若心経は人間の悟りであって、神の言葉ではありません。人間の悟りであって神の言葉ではないのです。

観自在菩薩、行深般若波羅蜜多時、照見五蘊皆空とありますが、これは人間の悟りです。

無眼耳鼻舌身意、無色声香味触法と言っています。肉体の五感、六感の働きは無いと言っています。これが般若心経の欠点です。般若心経の背景には人間の悟りはありますが、神の知恵がないのです。神の信仰がないのです。

全知全能の神の知恵が般若心経にはありません。般若心経の背景は人間の悟りです。観自在菩薩、行深般若波羅蜜多です。

人間がいくら悟っても神が分からないのです。これが無眼耳鼻舌身意、無眼界乃至無意識界となっているのです。

人間が見ている世界は、見ているままの状態であるのではない。例えば、皆様が建物をご覧になると、その建物があるように見えるでしょう。ところが建物はないのです。あるように見えるけれどもないのです。

なぜそう言えるのかと言いますと、冷静に考えなければ分からないのですが、時間、空間がないのです。時間、空間がなければ建築物はないのです。

時間、空間はないのです。近代学、現代学は、時間が存在するという概念に基づいて造られているのです。これがユダヤ主義です。

唯物論、即物主義の概念は、物質が存在するという概念に基づいて造られている。そこで時間、空間があると考えているのです。

ところが、時間があるということを、科学によって証明できないのです。現代の学問は時間、空間があるところから出発していますが、時間、空間が存在するということを、学問で証明することができないのです。

人間は常識によって時間があると思っているだけです。人間の精神構造によって時間があるという知識を勝手に持っているのです。

人間の精神構造はないものをあるかのように考える意識機能を持っているのです。

ないものとはどういうものかと言いますと、非有です。英語では are not です。あらざるものを有るがごとくに神が呼んでいるのです（ローマ人への手紙4・17）。これは聖書哲学の非常に難しい点ですが、キリスト教ではこの説明ができないのです。宗教ではこの説明ができないのです。

イエスの信仰から考えますと、私の見方はまだまだ低いものですけれど、分かるのです。人間はありもしないものを有るように考えているのです。これを考えるような能力を、神が人間に与えているのです。それは人間の魂の本質が遺伝子だからです。神の遺伝子が人間に植えられているのです。

これは生まれる前の人間の先天性です。または本能性です。神の遺伝子が人間の魂の本質になっているのです。これをロゴスと言うのです。

ロゴスが肉体となってこの地上に生きている。これが人間です。そこで人間の五官は、ないものを有るように受け止める力を持っているのです。これを神の言《ことば》と言います。遺伝子の本質は言です。

神の言が人間の魂の本質になっているから、人間は神が考えているように考えることができるのです。

時間はありません。ないはずの時間を神があるように呼んでいるのです。神が呼んでいるのです。ありもしないものを有るように神が呼んでいる。そこで人間も時間はないのですけれど、あるように認識できる心理構造があるのです。

この説明が般若心経ではできないのです。般若心経には神がありませんからできないのです。時間はないとしか言いようがない。そこで無眼界乃至無意識界となってしまうのです。

ローマ人への手紙第四章十七節を詳しく勉強したら分かるのです。キリスト教ではこの箇所の説明ができないのです。カトリックでもプロテスタントでも、この説明ができる牧師や神父がいないのです。もしできればキリスト教が間違っているとはっきりいうでしょう。

キリスト教では本当の神が分からないのです。建物は実際にはないのです。ただあるような感覚がするのです。実は実存していないのです。

この世の中に五十年生きていた。六十年生きてきた。この世の中があったと思い込んでいると、その魂は間違いを信じたままでこの世を去ることになるのです。これが地獄に繋がっていくのです。

生きているうちに皆様は物の考え方を、徹底的に直しておかなければならないのです。私は皆様を脅かすために言っているのではありません。文明が間違っていることを証明するために言っているのです。

例えば、時間がないということを説明します。私がこうして話している間に、時間がどんどん過ぎています。時間は流れていますが、流れている時間をどうして掴まえるのでしょうか。

「今、今という間に今はなし」。今という間に今は過ぎゆくのです。これが時間の存在形態です。ところが、一方このようにも言えるのです。「今、今と言いつつ今はある」。今この今はとこしえの今。こういう言い方もできるのです。今という時間はあります。瞬間はありますが、その前も後ろもないのです。今、今、今という瞬間があるだけです。

今、今、今という瞬間はずっと続いているのですが、これは時間ではありません。瞬間があるだけです。瞬間が続いているのです。

これを西田哲学では不連続の連続と言っています。西田幾多郎氏も不連続の連続と言っていますが、なぜ人間は時間を意識できるかという説明はしていないのです。哲学では時間の説明ができないのです。

時間が存在するということを、科学では説明できないのです。時間はどうしてあるのか。科学的に時間を掴まえることは不可能です。

物理運動は時間がなかったら発生しません。運動があるはずがないのです。例えば、一秒間という時間があれば、原子核の回りを電子が一億四千五百万回回転できるのです。一秒という時間があれば電子は回転するのです。

ところが、一秒間という時間はないのです。時間は絶えず流れているからです。皆様は本当の実在をご存知ありません。なぜ実在が分からないのか。神が分からないからです。

神が呼んでいるのです。今、今、今と神が呼んでいるのです。このように時が流れていることを神というのです。

神が分かりますと、時が流れるということの原理が分かるのです。これに基づいて物理運動は成立しているのです。

## 時間空間の本体

時間、空間の本体は何か。これが神の御名(the name of God)です。神の御名が時間の本体です。無眼界乃至無意識界ということは、神が分からない立場からの見解です。一切空という立場だけしか発言していないのです。

神が存在するということを考えますと、人間の生き方から神の生き方へ転換できるのです。これが死から命へ移る方法です。

宗教は現世に生きている人間に、一応の導きを与えるために、神が許したものです。現世に生きている人間は、宗教的な文化意識がなければ、神にとりつくことはできないのです。

現在の人間の文化文明は、肉体を持っている人間を大目に見た見解です。間違っていることをわざと知らせているのです。両親が赤ちゃんを育てるのと同じようにしているのです。あんよは上手、転ぶは下手よと教えているのです。それと同じことを神が人間の霊魂にしているのです。

動物的な人間を神的な存在に引き上げるために、一応動物的な道程をたどらせているのです。

これが人間の文化文明です。

肉体人間は現在胎蔵界にいるのです。肉体人間は物質が存在している胎蔵の世界にいるのであって、有形の地球はお母さんの胎内になるのです。母胎の中です。

物質的に存在する状態は、神がありもしないものを有るように呼んでいるのです。二歳、三歳の子供に、理論物理学の説明をしても分かりません。だから、神はまず物質があるという状態を見せて、神が教育しているのです。やがて物質があることが嘘だということに気が付いて、霊の世界へ生まれ変わることを神が期待しているのです。

人間の教育過程は神の真似をしているのです。人間教育は根本的に間違っています。なぜ間違っているのかと言いますと、人間の教育は現世で生活することを教えているのです。命のこと、生命のことを全然教えていないのです。これが間違っているのですけれど、まず生活のことを勉強しなければ命のことは分からないのです。

だから､神が生活のことを勉強することを許しているのです。これが人間社会の胎蔵状態です。物質が存在すると考えている人間は、母の胎内にいるのです。神の胎内にいるのです。時間、空間の世界は神の胎内です。神の母胎です。

全地は命の母です。地球は命の母であって、この中で人間はうろうろしているのです。業を果たせということは、本当の世界へ行けと言っているのです。

人間がこの地球上で生きているということは何のためか、今生きている命は本当の命ではない、仮の命だということに気が付いて、本当の命を見つけるためです。

## 仏になる

本当の命を受け取るためには、肉の世界、仮の世界を出てしまわなければならないのです。これを色即是空と言っているのです。五蘊皆空です。これを実行しなければならないことに気が付くと、人間は仏になるのです。

この世に生きていることが空であることが分かりますと、人間は成仏するのです。成仏しない人はまだ神が分かっていないのです。

仏になるということは、すべての我執を捨てることです。我執、我欲を捨てることが仏になることです。

人間の思想はこんがらがっています。これが解けることが仏です。「仏とは誰が言いにけん玉の緒の　糸のもつれのほとけなりけり」という道歌があります。人生というのは生きていても何にもならない。生きているということは一つの経験にすぎない、本当の命ではないことが分かるのです。そうすると、皆様は仏になるのです。そうすると、初めて神を信じたいという気持ちが湧いてくるのです。

まず仏になるのです。仏にならなければ神を信じることはできないのです。キリスト教は仏にならない状態で聖書を読んでいるのです。だからいくら勉強しても、神が全然分からないのです。

人間が空であることが分かると仏になります。仏になると我念我欲がなくなってしまいます。そうすると、初めて神に面会できるのです。

仏にならなければ本当の神には面会できません。仏になると、皆様の目が見えること、耳が聞こえること、おいしいという味が分かることが神だということが分かるのです。

生きていることが神です。まともに神を信じることができる者を仏というのです。

今皆様が生きている状態が間違っています。だから、解脱することが必要です。常識で生きる、学問で生きるということが間違っているのです。

学問とか常識とかいうものは、死んでいく人間が造った理屈です。どんな立派な学理でも学説でも、死んでいく人間が造った理屈です。これにノーベル賞を与えているのです。

ノーベル賞をいくつもらっても死んでいくのです。ノーベル自身が死んだユダヤ人でした。ユダヤ人に褒めてもらっても仕方がないのです。

私たちが神に面会できるまで、神の実物が分かるまで、自分の気持ちを捨てなければいけないのです。

皆様の命は何時なくなるか分かりませんから、一日でも早く本当のことを知りたいという熱意を持って頂きたいのです。

今皆様が生きているのは、仮の命です。本当の命ではありません。これを解脱してしまうと、初めて生きているという事がらの実体が分かるのです。

実体が分からずに生きているというのは、仮の命で生きているということです。本当の命の実体が分かりますと、おいしいとはどういうことか、美しい、楽しい、嬉しいとはどういうことかの意味が分かるのです。「しいの」世界で生きているのです。

人間が生きているのは「しい」の世界を経験しているのです。これを魂というのです。「しい」というのは魂の動詞的表現です。皆様が生きている状態は、「しい」の世界ばかりを生きているのです。「しい」という世界の他にはありません。ところが、「しい」が分かっていない。だから死んでしまうのです。

本当の命が分かる人、本当の神を掴まえることができる人は、めったにいません。めったにいない人の中の一人であると考えたらいいのです。そう考える人はそうなれるのです。

自分の志を立てることが、その人の命になるのです。だから、やろうという志を持ったらいいのです。

人間を解脱して神を掴まえるということは、本当に難しいことです。しかしこれ以外の方法では、業を果たすことはできません。死を突破することはできません。

死を破るためには、それだけの犠牲を払わなければならないのです。犠牲を払えと言うのはお金を出しなさい、財産を出しなさいというのではありません。皆様の雑念を捨てなさいと言っているのです。

本当の命を知りたいと考えてください。どんな難関があっても万障繰り合わせて、命を掴まえたいと思って頂きたいのです。

## 15. やがて新しい歴史が実現する

現在の人間は幻覚の中に生きているのです。

幻覚という言葉についてですが、学問的に考える幻覚と、いわゆる常識的に考える幻覚とは意味が違っているのです。

私が使っている幻覚という意味は、般若心経でいう五蘊皆空ということでありまして、病理的な、専門学的な意味での幻覚とは、意味がだいぶ違っていると思います。

五蘊というのは、目で見たままのものがそのままで存在すると考えるのです。これが五蘊の第一になっているのです。これが色蘊です。色即是空の色です。色蘊が五蘊の基本的な間違いになっているのです。

人間は目で見た通りのものがあると考えるのですが、目で見た感覚だけでそう考えているのです。ところが、人間は目で通りの感覚で生きているのではないのです。

人間は死にたくないと考えます。死にたくないと誰でも考えますが、目で見たものがあるという考え方と正反対になるのです。

目で見たものがそのままであると鵜呑みにしてしまうと、死にたくないという考え方が成立しなくなるのです。死ぬのが当たり前ということになるのです。

生あるものは必ず死する。形があるものは必ず滅すると昔から言われてきました。そうすると、死ぬのが当たり前だということになるのです。

ところが、死にたくないと人間は思うのです。これは万人共通の願いです。そうすると、死ぬのが当たり前だという考えと、死にたくないという考えと、どちらかが間違っていることになるのです。

生きている人間の精神構造が分裂しているのです。これを分かりやすい言葉で幻覚と言っているのです。

人間は真面目に考えているつもりですが、二つの矛盾した考えを、そのまま鵜呑みにしているのです。これが般若心経がいう五蘊皆空です。

目で見た通りのものがあるという考えは、人間が生きている間は通用します。現在生きているのが人間の命だと考えると、目で見た通りのものがあるのが正しいことになるのです。

ところが、死んでしまわなければならないという事実を、また知っているのです。死んでしまわなければならないことを事実と考えますと、目で見た通りのものがあるという考えは間違っていることになるのです。

そのように、人間の考えはしどろもどろなのです。その時その時の都合によって、その時の言い分を立てようとするのが人間の浅はかさ、迷いです。

幻覚という言葉使いが、学問的に正しくても正しくなくても、人間は考え違いを基礎にして生きているということは、間違いない事実です。

般若心経はそれを言っているのでありまして、皆様は般若心経になぜ親和感を抱くのか。般若心経を敬遠したくなるような気持ちがありながら、一方般若心経に何となく心が引かれる感じがあるのです。これは日本人特有の感覚と言えるのです。

とにかく日本人は伝統的に、また民族的に空ということが何となく分かっているのです。空観に対する親和感、空観を肯定しようという気持ちがあるのです。

このことは現代の学理的な考えとは矛盾してしまうことになるのです。いつでも背反する気持ちになるのです。

人間文明は人間の本質を理解しないままで、ただ生活の便利だけを追求してきたのです。これは人間の本質から見ると全然間違っているのです。これが現代文明が病理文明になっているという理由です。人間の本質を弁えないで、やたらに生活様式の発展を考えてきた。科学の用いられ方が、人間生活の向上の面だけになっているからです。

今の文明は全然目的を持っていません。人間の生活を完全に保障するかと言いますと、保障しないのです。

一生懸命に命の勉強をしようと思うと、つい生活の問題に脅かされるような感情が湧いてくるということになるのです。これは現代文明に生きている皆様には、必然的な悩みでしょう。

一体、生命が大切か、生活が大切か、これが分かっていないのです。

## 目的がない現代文明

第一に考えて頂きたいことは、現代文明には目的がないということです。これは現代の専門学に目的がないことを意味しているのです。現世に生きている人間の知恵には限界があるのです。現世に生きているという限界があるのです。現世に生きているという立場だけで考えようとしますと、永遠が考えられないことになるのです。

現世に生きているということを基礎にして考えますと、現世だけしか通用しない理屈が、大変重大なことのように思えるのです。ところが、これは現世に生きている間だけの問題でありまして、人間の存在は死にたくないという気持ちが切実にあるように、人間の霊魂の本性は現世だけで終わるものではないということです。ここに生命と生活の根本的な喰い違いがあるのです。

どちらが重大なのか、重要なのかということです。例えば、現在の学問を尊敬するという立場に立ちますと、文明主義になるのです。文明主義というものは目的がない主義です。

何のために人間文明があるのか。現代文明は何かと言いますと、ユダヤ人の世界観が文明を造っているのです。これは事実です。これは文明ではありますが、歴史ではないのです。これが分からないのです。

文明を丸呑みしてしまいますと、トインビーのような歴史観になってしまうのです。トインビーは歴史の本質と文明の本質がよく分かっていなかったようです。

今の世の中には共産主義が立派に存在するのです。ところが、共産主義の思想構造の根本は、非常に浅薄なものであって、これは現在の人間が生きているという感覚の世界のほんの一部にしか通用しない思想です。ところが、共産主義が堂々とふんぞり返って威張っているのです。こういうものが文明です。

あやふやな根底しか持っていない思想で、ある民族、ある国家が、その時その時のご都合によって、ある政治形態をとっている。これが世界の文明を大きく左右しているのです。こういう事実をどう考えるかです。

文明に対する考え方を根本的に変えて頂きたいのです。人間が本当の命を見つけるためには、本当の神を見つけなければならないのです。

神というのは絶対であって、本当の絶対はこれしかないということです。例えば、地球が存在するというその事がらは、神を見つけなければ納得できないのです。神を信じなければ地球が存在することの目的を掴まえることができないのです。

地球が存在するから人間が生きているのです。地球が存在するという根本原理を掴まえようと思えば、神をまともに掴まえるという方法しかありません。

これをユダヤ人は全然していないのです。彼らの宗教観念によって、勝手に自分たちの神を造っているのです。こういう考え方が自分たちの都合のよい文明を造ることになったのです。

ユダヤ人が普通の民族であるのなら、例えば、中国人とか、韓国人とかいうただのありきたりの民族であるのなら、何を考えても勝手です。

ところが困ったことに、ユダヤ民族は全世界の指導原理を掴まえているのです。全世界の中心民族です。この民族が間違っているのです。そして現代文明を造っているのです。

専門学というアイデアを造ったのはユダヤ人です。このアイデアが絶対であるかのように、今の文化人は考えているのです。ところが、神が分かっていないのです。

地球が何のために存在するのか。命の本質は何であるのか。これが全然分かっていないのです。地球が何のために存在するのかという原理が、冷静に、平明に捉えられないままの状態で考えていますと、しどろもどろの論理に迷い込んでしまうのです。従って、般若心経を勉強しても、聖書を勉強しても、結論がつかないことになるのです。

これが文化思想の最大欠点です。人間の文化文明には目的がないのです。歴史には目的がありますが、文明には目的がないのです。これをよくお考え頂きたいのです。

歴史は皆様が生きている事実です。これには目的があります。文明は皆様が生活している状態です。それには目的がないのです。

皆様は目的がある方の自分を自分だと思っているのか、目的がない方の自分を自分だと思っているのか、これをまず考えて頂きたいのです。

そのためには、般若心経をまともに読むのが一番薬になるのです。私がいう幻覚というのは、学問的な意味でいう幻覚ではありません。常識的な意味でいう幻覚です。

五蘊皆空と般若心経が言っています。これを常識的に分かりやすく言いますと、幻覚とか幻想とかいう言い方をする方が手っ取り早いと思っているのです。

幻覚という言葉が強すぎるのなら、錯覚と言ってもいいと思うのです。誤解と言ってもいいのです。しかし、誤解とか錯覚ということよりも、現在の人間が肉の思いに取りつかれて、肉に酔っぱらっているのです。この状態は幻覚と言った方がいいでしょう。

問題は命をどう見ているかです。自分の命を自分の魂という角度で見ようとするか、この世に生きている人間の角度で見ようとするかです。これによって違ってくるのです。

私が述べているのは私の思想ではありません。般若心経と聖書の思想によって申し上げているのです。

般若心経にありますが、観自在菩薩が般若波羅蜜多を了承した。般若波羅蜜多を掴まえた。そういう人格を指しているのです。これは普通の人間の常識とは違うのです。

人間はこの世に生きている人間と、般若波羅蜜多を心得ている人間と、二通りの人間がいるのです。皆様はどちらの人間を自分にしたいのかということです。

## 三法印

仏教のことを言いますと、諸行無常、諸法無我、涅槃寂静の三つを三法印と言います。この三つが分かりますと、宗派によって少し考えが違いますが、僧侶になる資格があると言われています。

法印、法印と言いますけれど、清水次郎長一家に法印大五郎という人がいました。果たして法印のことが分かっていたかどうか分かりませんが、昔は坊主のことを法印と言ったのです。

法印という言葉がどこから来ているのかと言いますと、諸行無常、諸法無我、涅槃寂静の三つを知ることを法印というのです。早く言うと、これが仏教の本質です。一番最初の諸行無常は何でもない分かりやすいことです。

すべての物が存在することを行というのです。例えば、家があることが行です。なぜ行という字を使っているかと言いますと、時間が流れているからです。時間が流れているように、物もすべて流れていると考えるのです。

これは科学の理論から考えてもその通りです。時間がなければ空間がない。時間と空間の両方は、一つのものである。時間が流れているということが、そのまま空間が流れていることになるという考え方が、諸行という言葉になって現われているのです。

諸行無常とは時間が流れているから空間も流れているということです。非常に簡単なことを言っているのです。常という状態、あり方が決まっていることを意味します。無常というのは決まったあり方があるのではないということです。時間と空間はいつも動いているから、皆様の事情、境遇もいつも動いているということです。

朝食べたものと昼食べたものとは違いますから、皆様の体はいつでも無常です。一定の決まった健康状態がいつもあるのではないのです。だから、諸行無常は自分の肉体存在を見たらすぐに分かるのです。

こういう点が、仏教が平民主義的な入口になっているのです。平家物語の冒頭に、「祇園精舎の鐘の声　諸行無常の響きあり」とあります。これが日本人の生命常識の基礎になっているのです。

こういう感覚で聖書を読めば、観自在菩薩は普通の人間ではないことになるのです。皆様は普通の人間として般若心経を読もうとしているのです。そこで、観自在菩薩という人間と皆様とでは意見が違うことになるのです。だから、五蘊皆空が分からないのです。

そこで皆様が般若心経を本当に信じる立場を取るとしますと、五蘊皆空という言葉、観自在菩薩に接近することができるのです。

本当に般若心経を信じたいと考えるなら、少々分かりにくい所があっても、それを呑みこんでしまうくらいの度胸がいるのです。

日本人の場合、般若心経の原則が分からないと、本当の価値観や世界観を掴まえることができないのです。日本人は般若心経を信じてはいません。ただ愛しているだけです。従って、般若心経の意味が分かっている人が日本にはいないようです。

頭で分かっていても生活でそれを実行するのでなかったら、本当に分かっているとは言えないのです。般若心経が生活で実行できる程度までその人の魂が進歩しないと、神を信じることはできないのです。

神というのは皆様が生きているということです。皆様が生きていることが神です。これは皆様にとって一方的な、断定的な言い方になるでしょう。端的に申し上げますと、皆様の目が見えることが神です。

これは存在ということもできるのです。命ということもできます。命と言っても、存在と言っても、神と言っても、天と言っても、皆同じです。これを皆様は今経験しているのです。目が見えることはよく分かりますけれど、目が見えることが神だということが分かっていないのです。だから、神を経験していても神を信じてはいないのです。これが日本人の生活の基礎の矛盾になっているのです。

自分が生きていながら、生きていることが何であるか分からないのです。これが分かれば、死ななくてもよい命が分かってくるのです。

皆様が生きているという事実を見て頂きたいのです。皆様は生きていますが命が分かっていないのですから、この欠点をまず認めて頂きたい。自分自身の考えの間違いを率直に認めることは、般若心経が最も歓迎するところです。

自分自身の考えの間違いを認めることが、般若心経の目的です。皆様は現在生きているけれども、その命は死ぬに決まっている命です。死ぬに決まっている命を、自分の命だと考えていることが間違っているのです。これを般若心経は五蘊皆空という言い方で、皆様に忠告しているのです。これは私の思想ではありません。般若心経が皆様に忠告しているのです。

今の人間の命は死ぬに決まっている命です。だから、死にたくないと思うのです。ちょっと病気になっても、病院だ、薬だということになるのです。

そのような危険な命に皆様は生きているのです。これをどう考えるのでしょうか。本当の命を見つけたいと思いませんか。こういうことを皆様の生活の実感として考えて頂きたいのです。

## カルマの命

皆様が今生きている命は、カルマとしてこの世に出てきた命であって、本当の命ではないのです。カルマとしての命というのは、本当の命ではないのです。業《ごう》の命です。

だから、今生きていることが間違っているのです。今の命をそのままで生きることが間違っているのです。

人間としてこの世に出た以上、これはやむを得ない運命です。今皆様が生きている命が、間違っている命です。放っていたら死ぬに決まっているのです。死ぬに決まっていることが分かっていながら、その命を皆様は捨てようとしないのです。

捨てるということは首を吊るということでもないし、毒薬を飲むことでもない。命に対する見方を変えることだけなのです。それだけのことです。

例えば、男性の女性に対する見方でも、初恋の清純な見方で見ていた女性と、大人になって見る女性とは全然違います。実は初恋の時に見ていた女性が本当です。今の皆様の女性に対する見方が、全く間違っているのです。五蘊の見方をしているのです。

思春期のような清純な見方になって、女性を見ることができるようになったら、皆様も自分の命に対する見方が変わってくるのです。生活に対する見方も変わってくるでしょう。

人間は死ぬために生きているのではないのです。絶対にそうではないのです。だから、死にたくないという気持ちが、人間には必ずあるのです。ですから、今生きている命が本当の命であると思うことが、考え違いであることを悟って頂きたいのです。

般若心経はそれを皆様に勧めているのです。女性に対する見方を変えて頂きたいのです。大人の考えは泥まみれになってしまっているのです。アダルタース (adulterous) になっているのです。アダルタースは邪悪専門ということです。

アダルト (adult) がアダルタースになっている。これが現代文明の指導原理になっているのです。現代文明はアダルタースです。こういう点をよくお考え頂きたいのです。

私が言っているようなことを言った人間は、日本にはいなかったのです。般若心経という東洋哲学と、聖書という西洋文明の基礎概念とを一つにして論じることができる人間は、私たちしかいないのです。

自分の考えが間違っているということがはっきり分かることが、五蘊皆空です。五蘊皆空が分からなければ、神を信じることは絶対にできません。キリスト教の信仰が皆間違っているのです。五蘊皆空が分かっていないからです。

般若波羅蜜多という言葉が、そのまま神を信じるということになるのです。ただ般若心経の中には神の具体的な説明がありません。般若心経は般若波羅蜜多とはいうものの、神に対する考え、命に対する考えは非常に雑駁であって、独断的です。客観性がないのです。歴史性がないのです。

従って、般若心経には悟りはあるけれど、救いはないのです。しかし、般若心経を本当に悟らなければ、神を信じることはできないのです。般若心経を信じないで神を信じると言っても、それは宗教観念にすぎないことになるのです。

日本人は死が全く分かっていないのです。死ぬとはどういうことか。皆様が考えている死は世間の人間が考える死であって、人間の常識で考えていることは皆間違っているのです。

今の人間は命を知らずに生きています。五蘊皆空というのは何か。現在の人間の間違いを端的に言えば、五蘊皆空になります。五蘊皆空を悟るということは、間違いを認識するということです。自分が間違っているということを認めましたということです。

しかし、命が分かったということではないのです。五蘊皆空を認識すると同時に、命を知る必要があるのです。

今の文明、学問は現世に生きるための方便であって、命のためのつっかい棒にはならないのです。

人間が現世に生きているということは一つの目的ではありますが、すべての目的ではないのです。人生には過去世、現世、来世という三つの世界があるのでありまして、現世だけが人生ではないのです。そういう三つの世界全体を弁えなければいけないのです。

五蘊皆空ということは、全体の人生を見通すためにはまず自分の考えが間違っていたこと、考えが小さすぎること、スケールが小さいことを認識するために必要なことです。

五蘊皆空が分かったからと言って、永遠の命の実物が分かる訳ではありません。五蘊皆空をはっきり認識した後に、神を信じることが必要になるのです。

五蘊皆空が分かりますと、まずその人は仏になるのです。これは本当に五蘊皆空を実行した場合です。今の仏教のお坊さんで、五蘊皆空を認識している人がいませんからだめですが、五蘊皆空を本当に認識しますと、あほらしくて坊主をしていられなくなるのです。寺の経営は嘘ばかりですからできなくなるのです。寺のお坊さんやキリスト教の牧師をしている人は、五蘊皆空が本当に分からないからしていられるのです。

宗教の専門家の中には五蘊皆空が本当に分かっている人は一人もいないと言えるのです。かつて、南禅寺の勝平宗徹管長が首を吊って死にました。南禅寺の管長は大学を三つ卒業していたのです。哲学を勉強したのです。数十人の弟子を預かっていたのです。その管長が首を吊って死んだのです。自分の人生が分からなくなったからです。自分の人生が分かっていたら、首を吊ることはなかったのです。命が分からない。人生が分からない。何のために南禅寺の管長をしていたのかさっぱり分からなかった。だから行き詰って首を吊ったのです。

しかし、その人は偉かったと思います。首を吊って死んだからです。仏教の間違いを、身を持って示したからです。管長となるとなかなか首を吊れません。それだけ業が深いからです。管長という業が深いのです。

南禅寺に本当の悟りがないことを天下に報告したのです。宗教が間違っているということを天下に告白したのですから、偉いと思います。だから大管長であったと言えるかもしれないのです。

## 死とは何か

死ぬということはどういうことかと言いますと、神から離れることです。死んだらどうなるのか。現在の日本人はほとんどと言っていいほど神から離れているのです。五蘊皆空さえも分からないのです。色即是空でさえも実行していないのです。

色即是空が分からないようなことでは、神が分かるはずがないのです。神が分からないということは死んでいるということです。神の実物から離れることを死ぬというのです。

聖書の勉強を長年真剣にしている人でも、本当の神を毎日掴まえていない人は死んでいるのです。

本当の命を掴まえるということは、なかなか難しいことです。しかし難しくても難解でも、これをしなければ命が分からないのだからしょうがないのです。嫌なら勝手に地獄へ行くしかないのです。

人間のわがままは神の前には通りません。人間の理屈や常識は神の前に通用しません。神の前に通用するのは、神をどのように掴まえているのか。神をどのように生活しているのか。これだけが神の前に通用するのです。

イエスがこれを実行したのです。やろうと思えば誰でもできるのです。現在の日本人は文明という感覚に酔っぱらっているのです。特に学問に酔っぱらってしまうと、人間の思索方式が自由に働かなくなるのです。人間の考えが素直に働かなくなるのです。常識、学問によって束縛されてしまうからです。

これが現代の日本人の非常に大きい欠点です。明治時代以前の日本人は、それほど悪くなかったのです。諸行無常くらいは心得ていたのです。ところが、第二次世界大戦後の日本の教育が、魂をだめにしてしまったのです。

人間が人間を教育するということになるからです。人間が人間を教育するということはしなければならないことですが、これをする人間はよほど注意する必要があるのです。

現在の学校教育の目的は、社会に役の立つ人間を造ることです。社会に役に立つ人間を造ろうとしたら、その人の魂がだんだん痩せ衰えてしまって死んでしまうのです。そうなるに決まっているのです。これが現代の日本の指導者には全然分かっていないのです。

皆様は魂の自由を文明によって既に奪われてしまっているのです。学問によって、常識によって、皆様自身の思い上がりによって、皆様の自尊心によって魂が盲目にされているのです。

今の日本人は誰も彼も魂の盲目の人ばかりです。だから、五蘊皆空と言っても、なかなか受け止められないのです。

しかし、日本人は般若心経があってもないようなものになっているのです。般若心経を貴重な文化財産として持っています。これは全く偉大なことなのです。般若心経をまともに勉強しようとする民族は、日本人以外にありません。日本人なら勉強しようという人はいるのです。

白人社会にはこういう思想は存在していないのです。だから、般若心経は非常に貴重な天下の良薬になるのです。魂の良薬になるのです。

皆様は世界民族のために、般若心経を勉強して頂きたいのです。

般若心経が分からない状態では、新約聖書はとても分かりません。

イエス・キリストは復活したのです。イエス・キリストが復活したことは、たった一つの本当の命、人間完成の本当のあり方が示されたということです。歴史的に、具体的に証明されたのです。これを受け止めようと思いますと、色即是空に徹しないとだめです。五蘊皆空が分からないとだめです。

頭で理解したくらいではだめです。腹の底まで五蘊皆空が分からないと、イエス・キリストの復活の命をそのまま自分の命にすることはできないのです。

しかし、これ一つしか命がないのですから、これを受け取るしかしょうがないのです。イエス・キリストが復活した命しか永遠の命の実物はありません。イエスが死を破って復活したということは事実です。この事実を皆様が受け止めることが必要です。

これは難しいとか難しくないという問題ではありません。命はこれしかありませんから、これを受け取るしかしょうがないのです。

日本の社会は文明の害毒によって汚染されているのです。だから、人間の霊魂が素朴に平明に働かなくなっているのです。そこで私のいうことが、分からない分からないとなるのです。

分からないはずです。その人の霊魂が束縛されているからです。私は魂が束縛されていないから、言いたいことが言えるのです。

仏教とかキリスト教とかいうものがあるのではない。これは人間の造り事です。あるのは皆様の目が見えるということだけです。地球が自転公転しているということだけです。これが神です。この神を掴まえるためには、イエス・キリストの復活という事実を認識するしかないのです。

イエス・キリストの復活の命以外には、まともな命がないからです。

イエス・キリストの復活の命を受け取るのは、皆様にとって難しいことでしょう。しかしこれしか命がないからしょうがないのです。

こういうことは幼子なら受け取るでしょう。理屈が分からなくても受け取るのです。大人は頭が理屈で詰まっているから受け取れないのです。これが死んでいる証拠です。

神から離れたことが死んだことです。人間は生きているという形があるだけであって、実は精神的には死んでいるのです。

この世で本当の命を掴まえるということは、よほど素朴で素直な性質になろうという決心をしないとできません。今の文明は人間の情緒という素朴な世界から引き離しているのです。学問を勉強すればするほど、情緒性が衰えていくのです。

もう亡くなられましたが、奈良女子大の故岡潔教授がいつも言っていました。今の学校教育は人間の情緒を破壊している。これはけしからんことだと言っていました。それではどうしたらいいのか。これが分からなかったのです。

学校教育が悪いことが分かっている人はいますけれど、どうしたらいいか分からないのです。この方法を私は申し上げているのです。

この世を去ることが死ではありません。神から離れることが死ぬことです。このことをよくご承知頂きたい。霊魂の裁きはあるに決まっています。現在皆様は生きていることによって矛盾を感じているに決まっています。矛盾を感じているというのはどういうことか。神を全然問題にしていない人間でさえも、現在の自分の生活はどうも間違っていると思っているでしょう。

皆様の魂は皆様の生き方の間違いをよく知っているのです。そこでこの世を去ると、神の前に出なければならないことになるのです。

文明、宗教、学問はこの世にいる間しか通用しません。永遠に通用するような世界観を持って頂きたいのです。これが本当の世界観です。皆様の命はそのためにあるのですから、現在の日本の風潮に騙されないようにして頂きたい。また、学問や常識に束縛されないようにして頂きたいのです。

キリスト教の牧師は、聖書の話をざっくばらんにしましょうというと、これを一番嫌うのです。聖書について意見交換しますというと、一番嫌うのです。牧師は聖書に対する自分の認識が間違っていることを知っているのです。そこで聖書についてお互いに腹を割って話し合いましょうというと、悪魔が百匹ほど来たような顔をするのです。私はそういうことを平気で言いますから、キリスト教の牧師から毛虫のように言われているのです。

曹洞宗は思想の系列としてはいいのです。修証義の思想はなかなかいいのですけれど、困ったことに道元禅師の時代は、日本民族の閉鎖社会での思想でした。

その時の日本の社会は閉鎖された社会でした。だから、道元は閉ざされた社会における認識しか持つことができなかったのです。一戸半戸を説得せんと言って、永平の山奥に入ったのですけれど、今の時代に道元が生きていたら、本当のことが分かったでしょう。

道元には本当の一見明星が分からなかったのです。釈尊が明けの明星を見たというのは、人間文明の暁を洞見したのです。洞察したのです。

聖書に、「我しののめを呼びさまさん」というすばらしい言葉があるのです（詩篇57・8）。釈尊はこれを直感したのです。しののめを呼びさます。これが明けの明星を見るという思想の裏に張り付いているのです。

これがイエス・キリストの誕生ということと重大な脈絡があるのです。これが世界中の宗教学者、哲学者に全然分かっていないのです。

現在の世界の学問は理屈だけは勉強しますけれど、実際の勉強をしないのです。だから釈尊の本心を知っている哲学者、神学者は世界に一人もいないのです。空という理屈をいう学者はいますけれど、本当のことを知らないのです。

**宇宙の暁を呼びさます**

釈尊は明けの明星を見たと言いますけれど、今のお坊さんは釈尊が何を見たのか分からないのです。「我しののめを呼びさます」とあります。しののめを呼びさますのです。宇宙の暁を呼びさますという雄大な思想です。これが釈尊の空です。

これが日本の宗教家は分からないのです。

命と魂との関係についてですが、これは非常によく似ている点もありますが、異なっている点もあるのです。魂という言葉の意味を申しますと、命を肉体的な形で経験することを魂というのです。そのような機能をいうのです。

生きていることは英語で言いますと、リビングになります。リビングを肉体的な形で生活的に経験する機能が魂です。だから、これは人間だけを意味しないのです。鳥も獣も含まれるのです。木や草は命の次元が違いますから魂とは言わないのです。

魂という語法を聖書の角度から申しますと、そういうことになるのです。魂という言い方は仏教には一切ありません。神が生きている状態を肉体的に現わしたのが魂です。仏教には神がありませんから、魂という言い方は存在しないのです。

肉体的な状態で太陽光線が認識できること、理解することができることを生きていると言うのです。太陽光線は魂に対してどういう働きかけをしているのか。例えば、太陽が輝いているということが、人間の魂の希望になる。命の本質を教えてくれる土台になるのです。こういう事実が太陽の中に含まれています。これを認識することが命です。

太陽が輝いていることが命ではない。これは生きているということです。今日は太陽が照っているということが分かります。これが生きているということです。太陽光線が自分に対してどういう作用をしているのか。これを認識することが命です。

太陽が輝いていることが、言葉になっているのです。神の言葉になっているのです。花が咲いているということと、人間が生きているということは、すべて神がものを言っているのです。

神の言葉が万物になって現われている。これを読み取ることができれば、命を掴まえたことになるのです。

般若心経には大きな矛盾点があるのです。般若波羅蜜多というものの、彼岸とはどんなものかを全然説明していないのです。彼岸へ行け、頑張って行けと言っていますけれど、彼岸とは何かを説明できないのです。

なぜできないかと言いますと、一見明星というのはやがて来るべき新しい国を見ているのです。しかし、釈尊は現実にそこに行ったのではないのです。そこで仏国浄土という妙な思想ができてくるのです。

釈尊は明けの明星を見たのですが、明星の実体については全然説明していません。できなかったのです。

学問は現代文明の非常に大きい長所ですが、また人間の魂を殺すという最大の短所でもあるのです。学問が人間の霊魂を束縛しているのです。悟りを妨害しているのです。人間の認識の世界のほかにもう一つの世界があるのです。イエスが死から甦ったということは、人間に新しい歴史が実現するに決まっていることを示しているのです。

イエスが甦ったことは事実です。甦ったことが事実ですから、これが、人間歴史が新しくなるという形で実現しなければならないのです。

ダビデという人が言っています。もし神の真実がこの世においてありありと現われるのでなかったら、神を信じないと言っているのです。神が言っている恵みとか愛が、この世において証明されるのでなかったら、私は神を信じないと言っているのです。

イエス・キリストというのはダビデ王の末裔であって、ダビデの思想を継いでいるのです。イエスが復活したということは、人間完成の実体がはっきり示されたということです。

それは現在の人間が持っている肉体の他に、もう一つの肉体があることを示しているのです。今の肉体を捨てて新しい永遠の肉体を受け取ることを聖書は述べているのです。これが人間完成です。これがイエス・キリストの復活です。これは人間のあらゆる学問の精髄を傾けて勉強すべきテーマです。

釈尊はこれを見たのです。これが本当の般若波羅蜜多です。やがて地球上に現われる新しい歴史、新しい人間の命のあり方を、明けの明星によって看破したのです。

釈尊の一見明星がなかったら、新約聖書が成り立たないとさえも言えることになるのです。これはマタイによる福音書の二章、三章を詳しくお読み頂ければ分かることです。

般若波羅密多はあるに決まっているのです。これがイエス・キリストの復活の命です。やがてこの文明は自滅してしまいます。しかし、人間が生きているという事実はなくなりません。これはイエス・キリストの復活によって、人間の命の実体が証明されているのです。この命の中へ入ってしまったらいいのです。

一体人間は何をしてきたのだろうか。生まれてきて、大人になって死んでいく。食べて寝て、子供を産んで死んでいく。一体何をしているのか。食べて寝て、子供を産んで死んでいくのが人間なのか。

これは宗教では説明できません。もちろん学問でも説明ができません。医学の病理についての研究は進歩したでしょう。しかし、命に対する認識は全然進歩していません。むしろ退歩しているくらいです。

## ルネッサンス

ルネッサンスは現世に生きている人間を過大に評価する感覚を基本原理にして、学術、文化の革新を考えたのです。現世の生活をできるだけ豊かにしようと考えたのです。その結果、人間がいよいよばかになったのです。

ルネッサンスは文明の本質を破壊してしまったのです。この考えに対しては、日本の学者は猛反対するでしょう。実はルネッサンスはユダヤ人の奥の手であって、この思想が世界に流された結果、人間の本来のあり方が崩壊してしまったのです。ほとんど崩壊に近い状態になってしまったのです。

ルネッサンスの影響を受けた文明が進歩すればするほど、人間がだんだん悪質になったのです。程度が悪くなったのです。

現代文明が人間の本質から考えてどれほど悪いものであるかということは明らかなのです。これを指摘している政治家、学者、評論家は一人もいませんが、どういうことでしょうか。

ルネッサンスが人間を殺したのです。人間の霊魂を台無しにしてしまったのです。生死の問題を分からなくしてしまったのです。

仏教では生死《しょうじ》と言います。生死の問題を分からないようにしてしまったのです。生死の問題を分からないままの状態で、いくら文明を造っても、いくら商売で成功しても何にもならないのです。

生死が分からないということは、命が分からないということです。命が分からないということは、まともに生きていないということです。人間全体にこういう思想を注入したのが、ルネッサンスです。

人間を堂々と侮蔑しているのです。これに今の学者は全く気が付いていないのです。学者はノーベル賞をもらって喜んでいる人々ですから、こんな人々に命が分かるはずがないのです。

専門学はルネッサンスによってできたのです。専門学が間違っているのです。人間がこの世に生きていることに何の意味があるのでしょうか。この世に生きていることを無意味なままで鵜呑みにしているのです。

人間はこの世に生きているままの状態で、幸福になるべきだと考えている。これがルネッサンスの考え方です。これが間違っているのです。

人間は現世で幸せになれるのでしょうか。なれるというのは嘘です。この世に生きているままの状態で、幸福になるという偽りの思想を注入したのがユダヤ人です。

今の人間は命が分からないままで生きている。これは神から見たら死んでいることになるのです。

聖書には、「肉の思いは死である」（ローマ人への手紙8・6）という言葉があります。自分が生きていると考えていることが死ぬ第一の原因です。死ぬのは誰でしょうか。誰が死ぬのでしょうか。これが分かっていないのです。

死ぬのは自分に決まっています。だから、自分さえ征伐したら死なななくなるのです。死ぬのは自分であるに決まっています。他人が死ぬのは痛くも痒くもないのです。

文政時代の蜀山人の狂歌に、「死ぬことは　人のことだと思うたに　俺が死ぬとは　これはたまらん」というのがあります。他人が死ぬ場合には何人死んでも構わないのですが、自分が死ぬことになると、これは困ったということになるのです。

自分という人格が死ぬのです。実は自分という人格はすでに死んでいる人格です。自分というのは何か。実はありもしない人格であって、これをあると勝手に思っているのです。

自分というのは偶像です。モーセの第一戒は自分という偶像を否定しているのですが、これがユダヤ人は全然分かっていないのです。

ユダヤ人は自分が生きていると思い込んでいるのです。これがユダヤ教と神とが激突している根本原因です。神は自ら、我はイスラエルの神であると言っている。イスラエル民族の神とユダヤ人とが、思想的に正面衝突しているのです。原因は何かというと自分です。自分があるかないかという問題です。

これが哲学の根本問題です。人間文明の一番大きい問題です。皆様の生活の中で一番大きい問題は、自分という問題です。これさえ分かれば、生死という問題は簡単に片付くのです。

これは宗教の問題ではありません。宗教では自分という問題の解決はできないのです。魂の勉強もできないのです。ただ宗教の教義の勉強をしているのです。教義の勉強をするのであって、命の勉強、魂の勉強は一切致しません。

私たちは魂の勉強をしなければいけないのです。だから、私は魂のボランティアをしているのです。

自分とは何か。実は自分は存在していないのです。皆様は自分が生まれたいと考えたことはないでしょう。だから自分はいないのです。これは何回も申し上げていることですが、何回聞いてもお分かりにならないことです。

何回聞いても分からない問題があるのです。ヒットラーは一つの事がらを本当に人に理解させるためには、そのことを千回話さなければならないと言っていたのです。彼はユダヤ人を六百万人殺害したというとんでもない極悪非道の人間ですが、この言葉だけは正しいのです。

一つの事がらを他人に徹底させるためには、同じことを一千回言わなければならない。そうしたら、ようやく自分の気持ちが他人に分かってもらえるのです。

自分がいるというのは嘘です。この嘘は皆様の性根に浸み込んでいるのです。皆様の脊髄神経の中に巣くってしまっているのです。延髄から脳髄へ、皆様の中に自分という人格が巣を造っているのです。これを退治しなければいけないのです。

自分は生まれたいと思ったことはない。また、自分で生きているのではない。自分が生きていると考えて、何か良いことがあったでしょうか。自分が生きていると考えて、何か儲かったのでしょうか。自分は皆さんにいつも迷惑をかけているでしょう。その自分をなぜかわいがるのでしょうか。なぜ自分を弁解するのでしょうか。

自己弁護とか自分を弁解するというのが、偶像崇拝になるのです。これが分かりますと、生の問題、死の問題が解決するのです。

自分が生きていると考えている人は必ず死ぬのです。自分が死ぬのです。死ぬのは自分に決まっているのです。自分を殺すので、自分を毎日、毎日否定していると、自分ではない自分がはっきり見えてくるのです。

皆様は目で何かを見ます。それは自分の力で見ているのでしょうか。冷静に考えてください。自分の力で見ていると思えるのでしょうか。皆様の心臓が動いていますけれど、自分の力で動かしているのでしょうか。

人間は説明できないことを信じているのです。善悪ということをやたらに言いますけれど、善とは一体何でしょうか。これが分からないのです。

自分はありもしないものであるのに、自分がいると考えるのです。これを五蘊というのです。般若心経に照見五蘊皆空とありますけれど、自分の気持ちから抜け出してしまうことをいうのです。

照見五蘊皆空を実行しますと、死ぬということが妄念だということが分かります。もっとはっきり言いますと、現在人間は既に死んでしまっているのです。

自分がいる、自分が生きていると思っていることが、既に死んでしまっていることを意味しているのです。肉体の死、脳波の停止によって、そのことが決定的に実現するだけのことです。

今皆様が生きていると思っていることが、既に死んでいることです。般若心経はこれを言っているのです。般若心経の般若波羅蜜多というのは、向こう岸へ渡ってしまうことです。向こう岸へ渡ってしまうことは、こちら岸に生きていないということです。

般若波羅蜜多ということを真面目に考えるなら、今現在死んでいるということがお分かり頂けるでしょう。

そこで皆様にお願いしたいことは、命とは何か、命はどこにあるかをお考え頂きたいのです。その勉強をして頂きたいのです。皆様は現在死んでしまっているのですから、死ぬ心配をする必要がないのです。死ぬ心配をするよりも、毎日、毎日の生活において、命とは何か、本当の命はどこにあるかを考えて頂きたいのです。

既に皆様は死んでしまっているのですから、これ以上死ぬことはありません。ただ脳波が止まってしまいますと、皆様が死んでしまうことが決定的な事実になります。

今皆様は死んでいる状態です。死んでいる状態ですけれど、まだ死んでしまった状態ではないのです。だから、今なら命がどこにあるかという勉強をすることができるのです。命が見つかる可能性があるのです。皆様の目の黒いうちならその可能性があるのです。

とにかく心臓が動いているうちに、皆様は命を見つけなければならない責任があるのです。このことを真面目に考えて頂いたら、死という問題は完全に解決するのです。

こういうことを公言したのは日本では私たちが初めてではないでしょうか。多分そうではないかと思います。孔子は世界の三大聖人の中の一人になっています。彼は、「我いまだ生を知らず、いわんや死をや」と言っています。生とか死は、私は知らないと言っているのです。

孔子は正直な人です。仁を説いたのですが、生活の仕方だけを説いたのです。孔孟は生活の仕方だけを教えているのです。

孔孟の教えとルネッサンスのユダヤ主義とは同じことです。皆様は既に死んでしまっているのです。自分が生きていると思っているからです。自分が生きているというばかなことを考えることは、死んでいる証拠です。

自分とは何かということの説明ができないのに、自分が生きていると無条件に信じている。無条件に信じているということは、その人の精神状態が盲目になっているということです。精神状態が盲目になっているということは、魂的には死んでいるということになるのです。

皆様は現在、既に死んでいるのです。だからこれから死ぬことの心配をする必要がないのです。まず心配から解放されることです。そうして生きることの心配をするのです。

命はどこにあるのか。どうしたら命の本物を掴まえることができるのか。これは今のところ私たちにしか教えられていないのです。やがて皆様も教えられるでしょう。

今の学問が間違っているのです。文明が間違っているのです。世界中の人間は、ユダヤ人に鼻づらを取られて引きずり回されているのです。

私たちは逆に、ユダヤ人の鼻づらを取って引き回してやればいいのです。私たちはそれを考えているのです。ユダヤ人の鼻づらがどこにあるかを、今捜しているのです。

## ユダヤ人が間違えた

ユダヤ人が間違っているのです。これが全世界の文明が間違っている原因です。文明が人を殺しているのです。魂を殺しているのです。

皆様は現在死んでいるのですから、命がどこにあるかを考えたらいいのです。こういう素朴な考えが持てる人は、既に死の解決に向かって一歩踏み出している人です。

皆様が本当に死を解決したいと思われるなら、本当の命がどこにあるかを考えたらいいのです。そうすると、一筋の光明が差し込んでくることになるのです。

この世を去ることは死ぬことではありません。ただ境遇が変わるだけです。死ぬということは他界するだけです。他界というのは現在の世界から去ってしまって、別の世界へ移るのです。存在の形が変わるだけです。

今私たちの心臓が動いている間に、この世を去ったらどうなるのか、未来とはどういうものかを掴まえたらいいのです。

今皆様の心臓が動いていますが、心臓が動いていることは何であるのか。これが医学では分からないのです。医学は心臓が動いている状態の診断はできますけれど、心臓がなぜ動いているかという説明は一切できません。ここに専門学の底の浅さがあるのです。

命を勉強しますと上の方に抜けるのです。人間は長い間自分に苦しめられているのです。私がこうしてお話ししても分かりにくいと思われるでしょう。

分かりにくいと誰が思うのでしょうか。自分が思うのです。皆様にとって自分という者は全くの目潰しになっているのです。自分という真黒なメガネをかけて、見えない見えないと言っているのと同じことです。真黒なメガネを外してしまえば、すぐに見えるのです。命が分かるのです。

このやり方をイエスがどのように実行したのか。イエスは自分に生きていなかったのです。自分をどのように征伐したのか。端的に言いますと、イエス以外に実行できた人は一人もいないのです。

孔子、孟子も失敗しています。達磨もだめです。聖徳太子、法然、親鸞も道元も、弘法大師も皆失敗したので、皆死んでしまったのです。

日本では自分を徹底的に退治できるのは、今まで一人もいなかったのです。とこしえの命を掴まえることは狭き門です。非常に狭いですけれど、イエスという門を通る以外にはないのです。

イエスは、「私は門である」と言っています（ヨハネによる福音書10・9）。イエスという門を突破する以外に方法はないのです。

イエスは死を破ったのです。歴史的事実において死を破ったのです。イエスだけが狭い門を通り越してしまったのです。これは事実です。

イエスが死を破ったという事実を真面目に勉強する気持ちになれば、既にその人は死を破る第一歩を踏み出したことになるのです。キリスト教は私がいうような明々白々な状態で、堂々とイエスを推薦することはできないのです。イエスの復活が何のことか分からないからです。

命を掴まえなければいけないのです。現在自分が死んでいるのだということを自覚するのです。そうすると、皆様はたちまち楽になるのです。自分が死んでいるということが分かりますと、つまらないことに腹を立てなくなるのです。つまらないことに損得を考えなくなるのです。つまらないことで喧嘩をしなくなるのです。焼きもちをやいたり、嘘を言ったりしなくなるのです。自分が生きていないから、そんなことをする必要がないのです。

そこで極めて冷静に、極めて綿密に考えるのです。自分の心臓が動いているのはどういうことか、自分の目が見えるとはどういうことかということに、取り組んでみようという気持ちになったらいいのです。

「命旦夕に迫る」という人に対する特効薬はありません。なぜかと言いますと、いくら言っても命が分からないことになるのです。自分が生きていた方向を転換すべきだということを、常日頃からできるだけ考えることです。

自分が生きていたということが妄念だということを考えるのです。自分が生まれてきたのではない、生まれたいと思ったのではないのですから、自分が生まれてきたはずがないのです。ところが、自分が生まれてきたのだということを、世間の業によってそのように思い込まされてしまったのです。両親とか、兄弟とか、友人によって自分が生きているという妄念を注入されてしまったのです。

自分が生きているという考えを、自分で発見した人は一人もいません。これは世間の思想です。世間の思想というのが人を殺すのです。そこで世間の思想に取り合わないで、自分自身の命のあり方を極めて正道に、綿密にじっと見るのです。そういう習慣をできるだけ持つように考えるのです。

常日頃からできるだけそう考えて頂きたいのです。すべて霊魂の問題は気力の問題です。気力がないとできないのです。気力がなくなっている人は、現世で命を捉える資格を失ってしまった人になるのです。これはやむを得ないのです。

できるだけ元気なうちに、命を掴まえることを考えて頂きたいのです。死ぬための心配をする必要はありません。命を掴まえる心配をして頂きたいのです。

人間は既に死んでいるのですから、命がどこにあるかを勉強しなければいけないのです。

自分はだめだと思ってはいけません。だめな人間は一人もいないのです。いよいよ息を引き取る時になりましたら、あなたの今までの生き方は間違っていた。目を閉じる時に、自分の人生は間違っていたと、はっきり考えて死になさいと言ってあげたらいいのです。これだけでもだいぶ違うことになるのです。死んでからの状態が違ってくるのです。

死んでいく人には本当のことを言ったらいいのです。宗教のように嘘を言ったらいけないのです。

## 輪廻転生は嘘

人間は死んでからの行き先が全く分からないのです。人間はもう一度生まれてきたらいいという、非常にはかない希望を持っているのです。人間の希望的観測によって発生したのが、輪廻転生という考えです。

転生というのは二通りのことが言えるのです。一つはほとんど死んだ人のような人が生き返ったということと、何百年も前に死んだ人がもう一度生き返って、現世にいるという考えがあるのです。

何百年も前に死んだ人が、また生まれて生きているという考えは嘘です。これは宗教観念です。新興宗教がこういう意味で輪廻転生を言っていますが、これは嘘です。死後の世界が人間に分からないという弱点を突いて、金儲けの商売として輪廻転生と言っているのです。こんなものを信じてもしょうがないのです。

仮に五百年前に死んだ人が、もう一度生まれてきたという事実があるとしても、今皆様が生きていることには何の関係もありません。皆様は現在生きているという事実に基づいて考えて頂きたいのです。これが一番必要なことです。

魂の輪廻と輪廻転生とは違うのです。皆様の魂には過去世がありました。過去世がなければ現世はないのです。皆様の本能性というものは、生まれる前からのものです。これが現在私たちの本能性になって存在しているのです。

人間がこの世に生まれてから本能ができたのではなくて、先天的な本能性があったのが、今人間としてこの世に生きているのです。これは死んだ人間がこの世にもう一度生まれたということとは違うのです。

生まれてきたというのは、どこかから来たのです。死んでいくというのはどこかに行くのです。このような意味での変転はありますので、これをよく勉強しますと、死んでから後の状態が自ら分かってくるのです。

魂は一体何であるのか。生まれる前の先天性、本能性が現在魂として肉体的に生きています。皆様の本能は生まれる前に既にあったのです。

例えば蜘蛛の子は、生まれてしばらくしますと巣を張ります。自分の体の何百倍という面積の巣を張るのですけれど、どうして幾何学的に精巧な巣を造ることができるのでしょうか。これが天性です。

蜘蛛は親とか兄弟に習ったのではない。蜘蛛の子は自分の体の何百倍という工学的なすばらしい巣を構築できる能力が与えられているのです。このような天才的な働きは蜘蛛自身のものではないのです。

皆様が善悪を考えたり、利害得失を考えたりします。その能力性は皆様方自身のものではありません。蜘蛛が巣を張るようなものです。

人間としての本能性が、尊い心理機能として皆様に与えられているのです。この心理構造は命の本源からきているのです。皆様は命の本源からすばらしい心理機能を植え付けられて、この世に生まれてきたのです。

命の本源、根源を神というのです。命というのはおのずからあったものです。例えば、太陽がおのずからあるように、天がおのずからあるように、おのずから存在したもので、これが命の実体です。

おのずから存在した命の実体が、今皆様に人間という形でこの世に現われているのです。皆様の命の原因は神です。神は命の根源です。

皆様は命の根源から生理機能と心理機能を与えられて、この世に生まれてきたのです。これは皆様のものではなくて、貸し与えられたすばらしく尊いものなのです。従って、これは滅することはできないのです。

命の根源から現われた生命機能は、滅すること、絶滅することができないものなのです。肉体は滅びていきますが、命の根源からきたものは絶滅しないのです。これが魂としてこの世に現われているのです。この点をよくご承知頂きたいのです。

絶滅するものなら、死んでしまえばそれまでとなるのです。しかし、人間の魂は死んでしまえばそれまでという訳にはいかないのです。善悪を判断するこの意識機能は、非常にすばらしい深奥無類のものです。神の機能そのものです。

これが魂として皆様に与えられているものですから、死んでしまえばそれまでとして簡単に片付けられないのです。だから、皆様の意識機能は、死んでからでも伝承するに決まっているのです。

自分は死んでしまえばそれまでだと考えても、そうはならないのです。人間の生命機能の本質は、神から出てきているのですから、滅したり、消えたりしないのです。だから、神を信じるか信じないかを考えるということが、既に人間の心理機能が神から来ているという証拠になるのです。

皆様の意識機能は神の機能をそのまま伝承しているのです。これは心臓が止まってもなくならないのです。だから恐いのです。死んでしまえばそれまでなら、般若心経の勉強をする必要はないのです。

ところが、死んでも意識機能は残るのです。肉体は灰になりますが、意識機能は灰にはならないのです。これは心霊科学によっていくらでも証明できるのです。死んだ人の霊を霊媒によって呼び出すと、色々と話をするのです。

死んでしまいますとご他界します。そうして、現世に生きていた記憶がその人の意識になって残っていくのです。今の皆様は、十年前に海外旅行をしたとしますと、文章に書けるくらいに記憶が明瞭です。

死んでしまいますと顕在意識がなくなりますから、死んでしまった者は理屈をいうとか、文章を書くということはできません。ただ生きていたという記憶の本質は残存するのです。意識の残影が残っていくのです。

やがて復活します。意識の残影が元の状態のようになって復活するのです。これを転生と間違えるのです。これはキリスト教ではない聖書を精密に勉強するとよく分かるのです。

キリスト教ではこういうことは全く分かりません。キリスト教では説明ができませんが、聖書には出ているのです。一度はこの世を去りますけれど、もう一度裁かれるために復活するのです。

現世において、神から見て合理的な生き方をしていた者は、その報いを受けるために復活する。神から見て不合理な生き方をしていた者は、神の呪いを受けるために復活するのです。それぞれの報いを受けるために、霊魂は必ず復活するのです。

皆様は現世が、この世がどれだけ矛盾しているか、どれだけ不公平なものか、どれだけ不合理なものかということを、毎日、毎日経験しているのです。

この世は理屈に合わないことばかりです。そうすると、いつか、どこかで、その不合理、不公平の帳尻が合わされなければならないのです。現世では全然帳尻が合わないのです。

皆様の人生全体の貸借対照表は、バランスシートされなければならないのです。これを霊魂の審判というのです。人間の魂が死なないからそういうことになるのです。

三百年前、五百年前に生きていた者が、また生まれてきたという話は、全くの作り話です。信じてはいけない話です。現在皆様が生きているという事実に基づいて考えて頂きたいのです。ある天理教の先生が、七回生まれ変わると言いました。そこで今あなたは何回目ですかと聞いたら、分からないという返事でした。分からないことを言ってはいけないと忠告しておいたのです。天理教というのはそういうものなのです。

## 亡霊と生霊

亡霊は亡くなった人の霊ですが、これは生きている人に非常により頼んでいるのです。ご主人はこの世を去ってしまったということですが、残っている奥さんに無意識により頼んでいるのです。自分の縁続きの霊に頼むに決まっているのです。

現世に生きている人間、生霊は、亡霊に対して責任があるのです。人生が霊です。生きていることが霊です。新興宗教がいう霊とは違います。新興宗教の霊はシャーマンズムの霊でありまして、これは霊媒によって下りてくる霊です。これは心霊科学の霊であって、嘘の霊です。

霊でも嘘の宗教的な霊と、人間の本当の霊と二通りあるのです。皆様は霊についてはほとんど無知です。ユダヤ人問題についてもほとんど分からないでしょう。

ユダヤ人問題は全世界の人間の因縁です。人間歴史六千年がどのような動きをしてきたのかということを説明するためには、どうしてもユダヤ人問題を考えなければならないのです。

日本人は命については全く無知蒙昧です。この日本人に永遠の生命を教えるということは至難の業ですけれど、誰も教える人がいない。そこで私たちがしなければならないと考えているのです。

もう人間文明は終焉を迎えようとしています。この危険な時に、せめて日本だけでも、本当の価値観、世界観が持てる人を造りたいと思っているのです。

本当の魂の真理の勉強は難しいものです。しかしやる気があればできるのです。素直であれば、私がいうことはお分かり頂けるでしょう。

奥さんは素直になれば、亡くなったご主人の霊魂を救うことができるのです。今までの奥さんの気持ちを棚に上げて、般若心経に書いてある般若波羅蜜多という気持ちを持つという考えがあればできるのです。

未亡人というのは、未だ亡くならない人という意味です。半分死んでいるようなものです。半分死んでいるというように割り切って考えるのです。

現世のことよりも亡くなったご主人のことをよく考えるのです。そのためには自分の魂の目を開くことが必要です。

現在のあなたは魂の盲です。この状態では霊のことをいくら説明してもらっても分かりません。まず聞き従うという従順な気持ちを持ってください。女の人ならこれはできるでしょう。男はなかなか難しいのです。

男はつまらない理屈を頭に詰め込んで、いかにも物知りのような顔をしているのです。ところが、頭の中はからっぽです。魂については何も知らないのです。自分の仕事のことについてはよく知っているでしょう。

「道によって賢し」という言葉があります。皆様は自分の専門についてはなかなか賢いでしょう。専門的な仕事ができるほど、皆様にはすばらしい能力があるのです。道によって賢しと言われるくらいの賢さがあるのですから、その賢さの半分でもよろしいから、魂の方へ振り向けてください。そうしたら分かるのです。

人間が一人生きています。一人生きている人間が集まって国ができているのです。国が集まって世界ができているのです。だから霊魂の因縁、人間の命を本当に知ろうと思ったら、個人、国家、全世界の三つを貫いて見通すことができるような感覚がなければ分からないのです。

六千年の人間の歴史はどういうものであったのか。これが分からなければ、今の皆様の霊魂の意味は分かりません。だから素直に聞いて頂きたいのです。

今の男の自尊心が悪いのです。頭がない人間に限って自尊心が強いのです。だから、素直になって魂の本当の勉強をする気になってください。そうしたらすばらしい命の秘密が分かるのです。

日本人には非常に悪いところがありますが、日本人が知らないところに良いところがあるのです。戦前の教育勅語に、「古今に通じて謬らず　中外に施して悖らず」とありましたが、この説明ができる人はいないのです。

日本人は日本の国体を本当に知らないのです。やがて日本の国体が明らかにされる時がくるでしょう。そうしたら、歴史が変わるのです。

皆様に一番考えて頂きたいことは、今生きているということ、心臓が動いているとはどういうことかを知って頂きたいのです。

実は皆様の心臓が動いていることが神です。命の本源のあり方が、皆様の心臓に現われているということです。皆様が目で見たり耳で聞いたりしています。これは脳波が働いているということです。なぜ脳波が働いているかと言いますと、脳波の源があるから人間の脳波が働いているのです。

脳波が働いている。心臓が動いていることが何であるかということを、もう少し謙遜な態度で勉強して頂きたいのです。

自分が生きているという感覚が間違っているのです。命は自分のものではありません。皆様の心臓は皆様が動かしているのではないのです。従って、心臓を動かしているものが何であるかが分かれば、命は分かるのです。

心臓が動いている間に、皆様の意識の根源がはっきり目を開くことになりますと、宇宙の生命の根源と一つになることができるのです。生命の根源と皆様の脳波が一つになれば、永遠の脳波に入って行くことができるのです。

イエスが死を破ったという事実があるのです。イエスが死を破ったということの他に、死を破ったという事実はないのです。孟子も孔子も、マホメットも死んでしまったのです。死んでしまった人のことを勉強してもしょうがないのです。

死を破った人のことを勉強したら、皆様も死なない方法が分かるのです。やがて脳波が止ります。脳波が動いているうちに、宇宙の本源である命の実体と結びつくことができれば、皆様の精神構造が変わってくるのです。

精神構造の働きは恐ろしいものです。精神構造は生理構造を上回る大きい力を持っているのです。例えば、皆様が腹を立てると心臓がどきどきするでしょう。精神構造は生理構造にすぐに影響するのです。

精神構造が現在の皆様の命を乗り越えて、永遠の命の実物を掴まえることができるようになりますと、皆様の生理機能も変化する可能性があるのです。

皆様が今持っている肉体は本当のものではありません。死なない体があるのです。イエスが復活した時に、死なない体を持っていたのです。イエスの勉強をしますと、死なない体がだんだん分かってきます。

今までの皆様の勉強では、とても魂のことは分かりません。もっと大人になって勉強するのかと言いますと、そうではないのです。子供になって勉強するのです。幼子になって勉強するのです。幼稚園時代のような素朴な、素直な気持ちになって勉強するのです。

イエスがどのように生きていたのかを勉強したら、必ず分かることなのです。これを申し上げているのです。

イエスを信じる必要がなぜあるのか。皆様が現在生きているのは、理性と良心によっているのです。理性は物事を理解する力です。善悪利害を理解する力です。学問を理解する力です。理解するのは理性によるのです。良いか悪いか判断するのは良心です。行うか行わないかを決定するのが自由意志です。

自由意志とか良心という機能、理性という精神的な機能があって、皆様はすべきこととすべきではないことが直感的に分かるのです。

こういうことが分かるような状態で生きているのは、この世に生きるためではないのです。本当の命を弁えて永遠に生きるためです。本当に命を弁えて永遠に生きようと思いますと、自分を乗り越えなければならないのです。

**業《ごう》**

自分が生きているという気持ちが人間の業です。この業を乗り越えないことには、業を果たさないことには、本当の魂の命を掴まえることはできません。

これが大切であって、皆様は理性や良心というすばらしい機能で生きています。しかも自分の生理機能というもの、たとえば、心臓とか肺、胃がどのように働いているかということを、専門家ではなくてもだいたい知っているのです。

人間は自分の命について、肉体的にも精神的にも適当な判断ができるようなすばらしい精神機能を持っているのです。

実は人間は動物ではないのです。ところが、人間は肉体人間という動物だと思っているのです。これは大変な考え違いです。ルネッサンス以降の学問では、人間は生物学の中に入るのです。これがユダヤ主義の考え方です。個々の人間が肉体的に生きているということが、人間が動物の一種類であるという思想に繋がっていくのです。

個々の肉体で個々の人間が生きていると考える。一人ひとりの人間が、一人ひとりの命を持っていると考えるのです。この考えは、動物が生きているのと同じ見方を、人間に当てはめて考えているのです。

ところが、冷静に判断すると、百人いても十万人いても命は一つしかないのです。砂糖をなめたら世界中の人間が甘いと感じます。塩をなめたら世界中の人間が辛いと感じます。

私は世界一周旅行を二回して、色々な国の色々な人と会ってみてこのことを痛感致しました。

世界中の人間の五官は一つなのです。味覚も、聴覚も、視覚も人間の五官の働きは全世界に一つしかないのです。このように皆様は学問的にも実体的にも、自分の存在を見極めるだけの力を持っているのです。命についてある程度見極める力を持っているのです。

この状態を魂というのです。魂の本当の本質をイエスというのです。ここが少し難しいかもしれません。魂としての人間存在の状態を、全世界を一つにまとめて客観的に言いますと、イエスという名前になるのです。これが新約聖書の根本原理です。

キリスト教ではこれが全然分からないのです。死を破ったイエスという人の本体は、実は皆様方自身です。皆様の魂の本体がイエスそのものです。このことを皆様に詳しく、正確にお話ししたいのです。

皆様はこのことが分かれば死ななくなるのです。死を破ったイエスの命が、そのまま自分の命であることが分かるのです。このことを本当に知りたいと思う方に、私は詳しくお話ししたいと考えているのです。

今の日本でこんなことをいう人はいません。世界でもいないでしょう。私がお話しすることを正確に理解して頂ければ、皆様はイエスという死なない命を受け取ることができるのです。

私のいうことをお聞きにならなければ、死んでから地獄へ行くことになるのです。そうなるに決まっているのです。そうなるしかないのです。

イエスによって永遠の命を掴まえるか、そうでなかったら永遠の暗闇の中に迷って入って行くか、どちらかです。イエスが皆様の命の実体です。だから勉強しなさいと口が酸っぱくなるほどいうのです。私の命の実体が私ではない。私の命のあり方はイエスです。

イエスの勉強をすると私自身が分かるのです。私は今、自分の本体が自分でなくて、イエスであることがはっきり分かるのです。だから、死なない命を自分で実感できるのです。

皆様には命はありません。だから人間は死んでいるのです。自分のことをあれこれ考えてもだめです。本当の命のあり方はどこにあるのかを考えたらいいのです。

イエスが死を破ったことが、実は皆様自身のことです。イエスが死を破ったことが、実は皆様自身のことですから、これは大変なことです。全く大変なことです。

これがユダヤ人に分かると、世界がひっくり返ってしまうでしょう。その時がだんだん近づいてきているのです。その時になったら皆様が命を掴まえるチャンスがなくなりますから、今のうちに永遠の生命を掴まえて頂きたいのです。

## 16. キングダム（1）

少し聖書の専門的な事になりますが、ヨハネの黙示録五章十三章に、「天と地、地の下と海の中にあるすべての造られたもの、そしてそれらの中にあるすべてのもののいう声を聞いた」とありますが、これがちりの原形です。ちりの原形が神の御霊によって覆われていたので、天使長の悪魔が触ることができなかったのです。ちりが、二日目、三日目にどのように用いられているかです。

「神が水と水との真ん中に、大空をはった」とあります(創世記1・6)。水のおもてが大空となって展開しているのです。

大空とは何かというと、「もろもろの天は神の栄光を現わし、大空は御手の業を示す」とあります（詩篇19・1)。大空は御手の業です。地球を囲んでいる大空の働きは、確かに御手の業と言わなければならないものです。

大空がはられているので、万物が皆生きているのです。万物が創造されて保たれている原理は大空です。これが御手の業です。大空という御手の業のおかげで、森羅万象が生きている。これがちりの現象です。人間存在の原形は大空です。私たちの働きは、知らず知らずに大空の働きをしているのです。

日本には天皇制という不思議な政治形態がありますが、これがキリストの一つの典型です。

天皇が政治権力を持つと国が悪くなる。政治権力を持たなければいいのです。表面に現われるべき政治権力ではない。隠れた政治権力です。第三の天のキリストの雛形みたいなものです。表面に現われてはいけないのです。隠れてはいるがなくなってはいないのです。

日本の国が神的なあり方であるので繁栄しているのです。

国の象徴とは何か。象徴はあってもなくてもいいのですが、その文句が憲法にあるのがおかしいのです。象徴は文学的な表現であって、政治的な表現とは違います。法律上の表現でもないのです。文学的な表現が憲法に割り込んできたというのは、おかしな話です。

新約時代のあり方が、そのまま政治経済に現われたのが日本です。新約時代の象徴が第三天のキリストです。表面には現われていませんけれど、第三天にキリストがいることが、新約時代の特徴です。

やまというヘブライ語をなぜ日本に担ぎ込んだのか。ユダヤ人の分家でなければ説明できないのです。

人間は万物の中で、森羅万象の中で生きているという不思議な経験をしているのです。人間の肉体はありません。ないのにあるような感覚を持たされている。しかも、万物が存在する真ん中で、五官が働くというコンディションを与えられて、万物を感覚している。

一体、人間は何をしているのかです。静かに考えれば分かるのです。毎日朝から晩まで注意深く見るのです。例えば、魚を食べた。果物を食べた。食べたり飲んだりしている時に、何を感じているのか。青空を見て何を感じるのか。

「バラが咲いた、バラが咲いた、真っ赤なバラが」という歌がありますが、歌っている人が何を感じるかです。これは生きている感覚をそのまま歌っているのです。これは何を経験しているのかです。

人間が生きていて毎日経験しているのは何か。柔らかいふかふかのふとんの中で寝転がっている気持ちは、何を経験しているのでしょうか。何かを経験しているのです。

人間は生きていることに言い知れぬ喜び、楽しみを感じています。なぜ喜び、楽しいのでしょうか。こういうことをじっと見るのです。自分が生きている状態を覗いてみるのです。

何かを喜んでいるのです。歩いていれば歩いていることを、食べていれば食べていることを、飲んでいれば飲んでいることを、運転していれば運転していることを喜んでいるのです。

イエスが山上の垂訓でそれをテーマにしているのです。マタイによる福音書の五章から七章にかけて、生きている喜びについて語っているのです。山上の垂訓を実行すると、生きている喜びが格段に深くなるのです。

神に生かされているという事実を素直に生きるのです。生きる権利があると思わずに、生かされているという有難みをごく素朴に感じると、楽しみが深くなるのです。

「エホバを思うわが思いは、楽しみ深らん」とダビデは言っています。神を思うと楽しみがずっと深くなるのです。これをイエスはキングダム（kingdom）と言っています。キングダムとは、私たちがこの世に生きている時に感じていることです。

家長なら家長の権威、先輩なら先輩の位を認めると、キングダムが成立するのです。年上の人を年上のように扱う。上司を上司のように扱うと、キングダムが自分に分かるし、他人にも分からせることができるのです。仁義礼知信をきちっと生きると、そのまま神の国を喜ぶ喜びが、じかに感じられるという大変なプラスがあるのです。

自我意識を捨てると、神が神になる。他人の位を重んじるということは自分の位を捨てることです。自分の位を捨てて他人の位を重んじると、そこが神の国になるのです。

私たちが柔和謙遜で生活する気持ちさえあれば、重荷はなくなるし、不平不満はなくなるのです。神を信じやすくなるし、神を喜ぶことが現実にできるのです。

自我意識さえ捨てて、柔和謙遜に生活するということだけで、キングダムをしっかり味わえるようになっている。これは不思議な世界です。

福音というのは、実に具体的な現実性があるのです。人間はキングダムをそのまま味わっているのです。だから人間は死にたくないと思うのです。死にたくないというのは、キングダムから離れたくないという気持ちです。

生きているということは有難いことです。人権主義を振り回している人でも、生きていることは有難いと思う。ましてや人権主義を捨ててしまって、位を位とし、権威を権威として重んじている人には、謙遜な喜びがあるのです。謙遜な喜びの方がずっと深いのです。威張りかえって自尊心を振り回すよりも、柔和謙遜の喜びの方がずっと深いのです。結局、利口に、器用に、人間的なワイズとアンダスタンドで生きると、ばかをみることになるのです。なるべく封建的なあり方の方が、喜びが大きいのです。欧米社会の人々の意識はこれとは正反対です。

日本文化には封建的な文化性が底光りしていますが、これは欧米人には分かりません。生花の本質は分からないのです。日本人には分かるのです。茶道、華道の中にはキングダムの味わいがありますが、これを見つける人はよほど慧眼があるのです。これを掴まえたいのです。

「心の貧しい人たちは、さいわいである。天国は彼らのものである」とイエスは言っています（マタイによる福音書5・3）。心が貧しい（poor in spirit）ことが、キングダムだ。その人はキングダムを持っていると言っています。

山上の垂訓の主要テーマがキングダムです。これを意識的にはっきり求めることが、神の国と神の義を求めることなのです。

鳥が飛んだり、花が咲いていることがキングダムです。人と話したり、食事をしたり、スポーツをしたり、音楽を聞いたり、旅行をしたり、日常生活のあらゆることが、すべてキングダムの経験になっているのです。最も素朴なあり方でキングダムがあるのです。

キングダムは、今は隠されています。柔和謙遜でよほど苦労しないと分かりませんが、千年王国になるとキングダムが表面に現われます。その時になると、霊の恵みが分からなくなるのです。キングダムが表面に出るから、却ってその有難みが消えるのです。

「敵を愛せ」とイエスは言っていますが（マタイによる福音書5・44）、敵を愛したいと思うだけでキングダムになれるのです。神が矛盾を与えているのは、本人の心構えに対して、すぐに即応的に恵みが与えられるためです。これが生ける神です。

神は生きているのです。位を崇めようと決心すると、それだけで実行しなくても神の喜びが入ってくるのです。

自我意識を捨てようと思っただけで喜びが感じられるのです。このやり方を、山上の垂訓でイエスが説いているのです。

生きているだけで何となく楽しいのです。これから離れることが辛いのです。なぜか。生きていることがキングダムにいることだからです。肉体を離れて暗い所へ行くということは、死ぬことになるからです。生きている楽しさが消えるからです。

今まで人間は悪魔を実感していました。悪魔を実感することをやめて、神を実感しようと考えれば、すぐにキングダムに入れるのです。本当に神を信じると、生ける神の子がすぐに分かるのです。

私たちが生きているのは、水と血と御霊によるのです（ヨハネの第一の手紙5・8）。水は大自然の法則であり、血は動物の命、御霊は大自然を動かしているエネルギーです。肉体があるのではない。ただ水と血と御霊があるだけです。これが一〇〇％信じられなくても、一〇％信じられたら、健康的に大いに違ってくるのです。

神の有難さを自分の生活の中で体験するのです。神の有難さを体験していないから、信仰の楽しさとか有難さが分からないのです。有難い神を喜んだらいいのです。

神の実体と人間の霊魂の実体は、そのまま父と子の関係であって、父と子との関係は典型的な封建主義なのです。

人間は自分で平和を実現しようと考えたり、自分で栄光を現わそうと考えるから、だんだん不幸になるのです。

人間文明は自分で自分の生活を楽にしようと考えたり、自分の権利を拡張しようと考えています。だから、だんだん不幸になるのです。その結果、不信そのものの時代が現われたのです。不信感がそのまま国際連合に現われている。不安と憎しみが対決しているのです。

人間文明はこれ以上向上することはありません。向上しないからあとは滅亡するだけです。全く良くなる見込みはありませんから、自滅するしか道はないのです。

生ける神の言葉によって再臨を組み立てるとどうなるのでしょうか。金銀玉楼のようなもの、思想の大殿堂になるでしょう。

世界のキリスト教は、キリストの再臨が全く分かっていません。概念だけはありますが、キングダムを全然知らないのです。

今の時代がキングダムの時代であるとすると、これが歴史的に実現するとどうなるかです。

ユダヤ人を指導するとすれば、イエスは再び来るということを言わなければならないのです。イエスは再び来るのです。新約聖書はイエスが来ると三百十八回も言っています。一番多く言っています。

ヨハネは言っています。

「これらのことをあかしとする方が仰せになる、『しかり、私はすぐに来る』。アーメン、主イエスよ、来たりませ」(ヨハネの黙示録22・20。文語訳では「我すみやかに来たらん」となっています。これが、イエスが来るという最後の言葉です。その前に三百十七回も言われているのです。「主イエスよ来たりませ」と、ヨハネが教会を代表して祈っているのです。

本当にイエスが再び来るということを歴史的に理解すると、これが光になるのです。

## 17. キングダム（2）

神を知るということは、人間のありのままを知ることです。これを考えたらいいのです。人間のありのままのことは宗教では分からないのです。

イエスは、「心の貧しい人たちは、さいわいである、天国は彼らのものである」と言っています（マタイによる福音書5・3）。天国は英訳でkingom of heavenとなっています。キングダムがキリスト教では分からないのです。これが分かるか分からないかは、大変な違いになるのです。

キリスト教では人間が救われること、人間が理解すること、現世に生きている人間が幸いになることを目的にしているのです。

本当の福音は現世にいる人間を問題にしているのではなくて、キングダムに入る人を問題にしているのです。現世にいる人間を幸せにしようとしているのではないのです。

神の目的は何か。神の王国に入る人間を募集しているのです。

キングダムは仏教的にいうと彼岸になります。般若波羅蜜多と言いますが、ハラムが彼岸です。イタはいるということです。

キリスト教では天国を盛んに言いますが、天国は死んでから行く所ではありません。生きているうちに行く所です。

聖書がいうキングダムというのは、神を中心とする領域のあり方をいうのです。霊なる真理を中心として展開している真実の世界のことです。

現世は死ぬべき人間、または死んでしまった人間が集まり、造り上げている幻の世界です。死ぬまでの肉の思いだけで成り立っているのが現世です。実体は全然ないのです。

天国は実体だけです。見せかけも駆け引きもありません。実体そのものです。現世は幻だけです。

皆様の信仰が徹底しないのは、皆様自身が生きている実体を見ていないからです。皆様自身が生きている状態を見ていて、それに基づいて考えているからいけないのです。

年齢が過ぎている人ほど状態が悪いのです。年配の人は若い時のことを、もう一度考えてみてください。思い切って若返るとキングダムが分かるのです。

皆様はこの世に生まれた時にオギャーと泣いたでしょう。なぜ泣いたのでしょうか。生まれた途端に産声を上げたのですが、これはイエスが水から上がった時と同じ状態になるのです（マタイによる福音書3・16、17）。母の胎内から生まれて、空気によってバプテスマされたのです。全身が空気で洗礼されたのです。

とことん若返りますと、この時の気持ちを思い出すのです。そうするとキングダムが分かってくるのです。

空気で洗礼を受けるとはどういうことか。空気はじっとしていません。赤ん坊が生まれた部屋でも空気は動いているのです。絶対に止まっていません。動いている空気というのは、一種の風です。それに出会うのです。風に出会うというのは、御霊によって生まれることです。

「水からと霊から新しく生まれて神の国に入れ」とイエスが言っています。赤ん坊はこの世に新しく生まれたのです。この世に生まれた時に、御霊によってバプテスマされるのです。風で洗礼を授けられてびっくりするのです。驚いてオギャーと泣くのです。

この驚きが本当のハギオスです。全身全霊で驚くのです。この気持ちが聖なる気持ちです。

静かに、生まれた時に、空気に触れた時の気持ちを思い出してください。皆様は生まれた時に、水と霊によってバプテスマされているのです。これが生まれた印です。これをよくよく思い出すと、水と霊から新しく生まれたということが分かるのです。そこで神の国に入れるのです。

赤ん坊の時に無意識にそういう経験をしているのですが、今振り返って、その経験をもう一度し直すのです。できるのです。

どうしたらいいのかと言いますと、五官の真髄をじっと見ればいいのです。五官が本当に働いている姿をじっと見るのです。そうすると分かるのです。

五官の感覚の中心をなしているもの、例えば花を見てきれいだと思う気持ちの中心、または基本がキングダムです。生まれた直後の感覚で見ているのです。

きれいだと思う気持ちが情緒です。情緒の根本が無意識の意識です。これを聖書は訴える者と言っています。

聖書に次のようにあります。

「たとえば、あなたを訴える人と一緒に役人のところへ行くときには、途中でその人と和解するように努めるのがよい。そうしないと、その人はあなたを裁判官のところへひっぱって行き、裁判官はあなたを地獄に引き渡し、獄吏はあなたを獄に投げ込むであろう」（ルカによる福音書12・58）。

同じ内容をマタイによる福音書の五章二十五節では、次のように書いています。

「あなたを訴える者と一緒に道を行く時には、その途中で早く仲直りをしなさい。そうしないと、その訴える者はあなたを裁判官の下役に渡し、そしてあなたは獄に入れられるであろう」。ルカによる福音書の方は、訴える者と一緒に役人の所へ行くとなっていますが、マタイによる福音書の方は、訴える者と一緒に道を行く時にとなっています。

道というのは人生の行路です。人生行路はどこへ行くのかというと、役人の所へ行くのです。人間は役人の所へ行くために人生を送っているのです。これを人間は無意識に知っているのです。

無意識に知っているということは、生まれた時に空気で洗礼を受けたからです。これがあるから役人の所へ行くのです。もし洗礼を受けたという事実がなかったら、役人の所へ行くと言われても、何のことか分からないのです。

人間には本当の生まれながらの自分と、それから物心が付いてからの自分と、両方いるのです。純粋の命である自分と、ひねくれて僻んでいる自分とがいるのです。

肉の思いで僻みに僻んで、ひねくれている自分と、生まれながら空気でバプテスマを受けて、オギャーと叫んだ自分と二人いるのです。これが同居しているのです。どちらの自分が正しいのでしょうか。これを考えてみるのです。

もし皆様が本当に人に恋をしたことがあるとします。本当の恋はどこからきているかと言いますと、バプテスマされた自分からきているのです。

ひねくれた自分は、本当の恋はできません。本当の恋愛はそろばん勘定ではできません。本当の恋は、常識や利害得失から出てくるものではありません。命の薫りが感じるのです。

思春期は命の薫りを感じるために、神が与えてくれた絶好のチャンスです。思春とは命を思うことです。春は命の芽生えをいうのです。命の芽生えを感じるのが思春期です。

命の芽生えとは何かというと、生まれた時に感じた驚きが顕在意識になることです。生まれた時に産声を上げて驚いた時の気持ちが、顕在意識になることが春の思いです。

春というのは命の芽生えですから、生まれた時が命の芽生えそのものです。ところが、命が芽生えた時に驚きはしたが、生まれたばかりでしたから、その驚きを受け止めるだけの精神力がなかったのです。それで改めて、もう一度生まれ直すように神が導いているのです。

ところが、それをこの世の真ん中でしなければならないのです。この世の感覚で引き回されている最中ですから、本当の命の芽生えが分からないのです。役人の所へ行くまでにそれをしなければならないのです。

皆様が生まれた時の驚き、空気で洗礼を受けた時の驚きは、一生忘れることができない驚きです。皆様はその時初めて神に出会ったのです。空気が動いているというのは御霊が動いているのです。神の御霊の動きに、物理的にぶつかったのでびっくりしたのです。

これは物理的に神に会ったのです。愛の本物に出会ったのです。物理的に神に驚いたものが、今度は心理的に神に驚くのです。これが初恋です。

恋はいつでもできるのです。生活には関係がありません。恋をじっと考えると、自分ではない自分が芽生えてくるのです。これは物理的に神に出会った時の感覚が基礎になっているのです。

芸術的な開眼、芸術的に芽が開かれるのは、皆物理的な開眼を基礎にしているのです。情緒というのは物理的な開眼そのものではない。産声を上げた時の気持ちがそのまま働いているのではない。それを基礎にした働きが、目の働き、耳の働きになっているのです。

目の感覚の底にあるものが、この世に生まれて初めて神に会った時の気持ちです。これが人間の精神の原点です。

ところが、精神の原点がこの世によって曲げられてしまうのです。曲げられた肉の思いがいっぱい詰まってしまうのです。

人間は肉の思いが間違っていることを、皆様の本心がよく知っているのです。だから、本当の恋に出会うと、肉体の命よりも恋の方が大切だと思うのです。なぜそう思うのかと言いますと、恋というのは生まれた時の原点です。今生きているのは、生まれた後に物心が付いてからの常識によるのです。恋の感覚は常識以前のものです。だから肉よりも恋の方が大切だと思えるのです。

これが近松文学の真髄です。近松文学はそういう哲学性を持っているのです。だから、いつまでも人を引き付ける魅力があるのです。

生まれた時の純粋無垢な感覚が、訴えるものとして皆様と一緒に歩いているのです。だから、これと仲良くしなさいとイエスが言っているのです。

イエスはこれと仲良くしていたのです。生まれたままのイエスと、三十歳になったイエスとは、ほとんど変わらなかったのです。これが生みたまえる一人子でした。

皆様がこの世に生まれた時には、神の生みたまえる一人子でした。それが、物心が付きこの世で生活して、すっかりひがんでしまったのです。おばあさん、おじいさんがもう一度生まれた時に帰ったらいいのです。そうすると、本当の愛とは何かを認識することができるのです。花が咲いています。そこに、純粋無垢の花の世界があります。これがキングダムです。

人間は神の王国を見ているのです。だから、この世界に入らなければいけないのです。神の王国がはっきり目で見えるのです。神の国、天国が毎日見えるのですから、入らなければいけないのです。

神は人に神の国に入らせるために、花を咲かせているのです。その世界に入ると、キリストの花嫁が分かってくるのです。

心の貧しい人たちは幸いである。天国は彼らのものである。これを英訳で見ますと、霊において貧しいことは幸いである。天の王国が一緒にあるとなるのです。

皆様が霊において貧しくなりさえすれば、キングダムが一緒にあるというのです。霊において貧しくなったことがキングダムです。霊においてということは、生かされている状態においてということです。貧しくなるとは自分の意見を持たないということです。これは生まれた後の赤ん坊の状態を指しているのです。

霊において貧しくなっていれば、神が示してくれる幸いはすぐに感じられるのです。

イエスは、「右の頬を打たれたら、左も向けよ」と言っています（マタイによる福音書5・39）。これはなかなかできないことです。何か言われたら言い返す。これをやめるのです。そうしたら、キングダムが分かるのです。

山上の垂訓（マタイによる福音書五章から七章）は、神の国に入る秘訣が書いてありますから、これを実行したらいいのです。

人をばか者と言ったらいけないと書いています。ばか者と言いたい気持ちを抑えるのです。とにかく、自分の気持ちを抑えるのです。

霊において貧しいとはどういうことか。花ということと、咲いているということとは別のことです。花というのは現象的な当体です。

人間は花を見て、ただ花が咲いていると見てしまうのです。霊において貧しいことがキングダムと言っている。そうすると、花が咲いているということと、霊において貧しいということとどういう関係になるかです。

世間並の常識で見れば花が咲いているのです。これは肉の思いを持っている人間の見方です。これを信仰によって見ると、咲いているという事がらが花になって現われているのです。咲いているという動詞的な事がらが、花という名詞的なあり方で現われているのです。

皆様が生きているのではない。生きているという事がらが、人間として現われているのです。これが魂です。

自分が生きているという考え方は、全く間違っているのです。

咲いているという事がらが、花として現われている。花自身は全く意識がありません。ただ咲いている事がらがあるだけです。その他に何もない。何もないということが貧しいということです。咲いているという事がらには他意はないのです。

ただ咲くという事がらが花として現われているだけです。これをbeingと言います。「あなたの目が澄んでいれば、全身も明るいだろう」とあります(同6・22)。これがbeingです。

人間の見方がsingleであることが貧しいということです。咲いていることだけがある。他に何もないことをthe poorと言うのです。

皆様は自分が生きているのではない。生きているという事がらだけがあるのです。これは自分に関係はありません。これを貧しいというのです。

霊において貧しい。霊というのは魂が働いている状態をいうのです。生きている事がらだけがあるのです。それについて自分は何も条件を付けないのです。こうしてほしい、ああしてほしい、こうなったらいいのにと言わないのです。

主人が自分のことを聞いてくれないと思ったら、自分の思いが自分の負担になっているのです。これを重荷というのです。

自分の思いを捨ててしまうのです。そうすると、自分が条件を付けていた時よりも、結果はずっと良くなるのです。自分が条件を付けていると、叶えられることの方がずっと少ないでしょう。これは実際に行ったら分かります。

人間は自分で自分の運命を限定しているのです。聖書の救いはこんなものだろうと、自分で想像するのです。死んでから天国へ行けるだろうと思う。これが大間違いです。

ただ生きている事がらだけがある。これが人の格好のように見えるだけのことです。これが分かれば、生きているだけで結構だという気持ちになれるのです。そうしたらキングダムが分かるのです。

生きているだけで条件を一切つけないのです。主人が私を愛してくれないとか、自分の気持ちを人が理解してくれないとか、せめてもう一枚洋服を買ってほしいとかいう条件を付けないのです。

生きている事がらがリビングとして現われている。リビングとは一体何でしょうか。これが五官の働きそのものです。

肉体があるのではない。五官の働きが肉体という格好になって現われているだけです。生理機能がなければ五官が働かない。生理機能が肉体という形をとっていますが、肉体があるのではない。五官が肉体という形になっているだけのことです。

仮に肉体があるとしても、五官がなければ何もならないのです。見ること、聞くこと、人間の生命感覚、生命意識、生命機能が五官になり、肉体を通して発動しているのです。

理性は永遠に、無限に発展するものです。神のように発展するのです。だから、肉の思いを捨ててしまわなければいけないのです。

皆様の未来は驚くべき栄光によって輝き出すでしょう。今まで考えていた自分とは比べものにならないくらいに神々しいものです。

女性の本性は人間の魂の本質です。女性が自然の用に従って自分の体を用いると、驚くべきものになるのです。

男はハートがないからレベルが低いのです。この世的には色々考えます。この世的には頭がよく働きます。女の値打ちはハートの純粋さにあるのです。これがあばら骨です。男はあばら骨がありません。これについては旧約聖書創世記の二章に詳しく書いてありますのでご覧ください。

心から貧しいというのは、男にはなかなかできません。女にはできるのです。純粋な恋愛は女でないとできないのです。男は計算ずくで恋愛をするのですが、女は計算を越えて恋愛するのです。これがハートの働きです。これが大切です。

命には性《さが》があります。これが大切です。ただ生きているのではなくて、性を見つけなければいけないのです。命の性を見つけるのです。好きか嫌いか、何を好むか好まないかは性で決まるのです。

生きているのは客観的なものです。性は主観的です。自分の運命を決定するのが性です。性を勉強しなければいけないのです。

生ける神の印を受けなければいけない。これを受けると人が変わってしまいます。未来に対する見方が変わってしまうのです。欲望が希望に変わってしまうのです。

生ける神の印を額で受けると、信仰と希望と愛の三つが分かるのです。その時初めて永遠の愛が分かるのです。

## 18. 彼岸へ渡る方法

般若心経は般若波羅蜜多と言っていますが、彼岸がどういうものか全然説明していないのです。彼岸へ行ったというのはどこへ行ったのか。向こう岸へ行ったというでしょう。向こう岸はどこにあるのか。釈尊自身にも説明できないのです。

なぜかと言いますと、釈尊が見た一見明星はやがて来るべき新しい国を見ているのです。しかし、釈尊は現実にそれを掴まえた訳でもないし、そこに入って生きた訳でもないのです。そこで釈尊の思想であるかどうか分からない、仏国浄土という思想ができてくるのです。釈尊は明星を見たが、明星の実体について全然説明していません。できなかったのです。

宇宙は厳然として明星を見せるのです。それきり何の説明もしないのです。神とはそういうものなのです。

イエスが死から甦ったことは、人間に新しい歴史が存在するに決まっていること、新しい歴史がこの地球に実現するに決まっていることを示しているのです。

旧約聖書でダビデは、「神の真実がこの世でありありと現われるのでなかったら、神を信じない」と言っているのです。神の恵み、愛、永遠の命が、この世で事実証明されるのでなかったら、神なんか信じないと言っているのです。

イエス・キリストはダビデの末裔であって、ダビデの思想を受け継いでいるのです。そこでイエスが復活したことは、実は人間完成の実体が示されたのです。今の肉体ではない、もう一つの体があることを証明しているのです。

今の肉体を脱ぎ捨てて、もう一つのボディーを受け取ることが、本当の人間完成だと聖書は断言しているのです。これがイエス・キリストの復活というテーマであって、人間のあらゆる学問の精髄を傾けて研究すべきテーマなのです。

どうして彼は復活したのか。復活した彼の肉体はどういうものであったのか。やがてこの地球上にどういう関係を持つようになるのか。この地球はどうなるのか。人間社会はどうなるのかということです。

これを知ることが最高の学なのです。これ以上の学はありません。これが本当の般若波羅蜜多になるのです。釈尊はこれをねらっていたのです。やがてこの地球上に現われるべき、新しい歴史、新しい人間の命のあり方を、明星によって看破したのです。

もし釈尊の一見明星という悟りがなかったら、実は新約聖書の根底が成り立たないとさえ言えるかもしれないのです。こういう見方は今まで世界になかったのですが、釈尊の悟りを延長すると、そうなるのです。

釈尊の般若波羅蜜多は決して空論ではない。しかし釈尊の時は未来に現われる歴史が分からなかったのです。だから、どう説明したらいいか分からなかった。弥勒の世界というように言われていますけれど、これが皆宗教になってしまっているのです。

イエスの復活が、現実に生きている人間にどのような具体的な係わりがあるのか。イエスの復活という問題が、もしこの地球上において実際生活で経験できないようなことなら、聖書など信じる必要がないのです。

従って、般若波羅蜜多はあるに決まっているのです。彼の土へ渡ることは絶対にあるのです。やがて文明は自滅していきます。自壊的に崩壊します。今の文明は人間が造った文明ですから、永遠に存在するはずがないのです。

しかし人間が生きているという事実はなくならないのです。これはイエス・キリストの復活によって既に証明されているのです。もう結果が見えているのです。これが新約聖書の本体です。イエス・キリストの復活の他に命はありません。だからその中へ入ってしまえばいいのです。それだけのことです。これが彼岸へ渡る方法です。

この命の中へ入ろうとする人はなかなかいないのです。日本人の場合大変難しいのです。日本人は、民族の伝統として聖書と関係ないのです。いわゆる異邦人なのです。異邦人は旧約時代には獣扱いをされていたのです。

今人間が生きている命は、既に復活の命になってしまっているのです。彼岸は来てしまっているのです。これをキリスト紀元と言います。キリスト紀元というのは、神の国が実現してしまっている時を意味するのです。迷っている人間には分からないだけのことです。

イエス・キリストの復活が、学の対象になるべきなのですが、ユダヤ人がそれを妨害しているのです。専門学を並べて文句を言っているのです。イエス・キリストの復活は、歴史の完成、地球の物理的な完成であって、これこそ唯一の学の対象になるべきものなのです。

般若心経は神の国の実体を述べていないのです。ただ入口があることばかりを言っているだけであって、般若波羅蜜多の実体の説明、彼岸の実質の説明は、一切していません。だから般若心経だけではだめなのです。掲帝掲帝、般羅掲帝ということは、おかしいのです。是大神呪、是大明呪、是無等等呪も般若心経だけで考えますと、おかしいのです。般若心経が最高のものだと言っていますが、もう一つの最高のものがあるのです。イエス・キリストの復活という事実です。これは般若波羅蜜多よりももっと大きいのです。

今までの宗教感念や文明の感覚、学問に対する感覚という小さい考えをやめるのです。それよりもっと大きいものを掴まえて頂きたいのです。

## 19. 現世に生きていながら彼岸に入る方法

異邦人（ユダヤ人以外の民族）が、とこしえの命を与えられるということは、よほどのことでないとできないのです。異邦人がキリストを信じられるというのは、よくよくのことです。キリストはだいたい異邦人には関係がないことです。

異邦人はこの世で苦しんで、悩んで、悲しんで、死んで、地獄へ行くという運命しかない。これでいいと思っているのです。日本人はそんなものです。愚かな民族です。

ヨハネは次のように述べています。

「世に勝つ者はだれか。イエスを神の子と信じる者ではないか。このイエス・キリストは、水と血とを通ってこられた方である。水だけではなく、水と血とによってこられたのである。その証をするものは、御霊である。御霊は真理だからである。証をするものが、三つある。御霊と水と血である。そしてこの三つのものは一致する」（ヨハネの第一の手紙5・5〜8）。

人間は自然法で生きています。これが水の体ということです。自然法の流れに従ってでなければ生きていけないということが、水によってきたということです。

血によってこられたとは何か。血は動物の命を意味します。血は命を意味するものであると、レビ記に書いています。血は生き物の命であって、生き物の命は五官によって象徴されているのです。血の働きは五官の働きをそのまま演繹したものです。五官の作用がそのまま血を意味するのです。

水と血によってこられたのは、肉体的に生きていたのではないということです。自然法の流れと、動物的な生命を持っていたということです。

自然法の流れと動物的な感覚を持って、神の子がやって来た。これは御霊によって教えられなければ分からないのです。御霊とは何か、聖書に馴染みのない人は皆目理解できない言葉ですが、これは大自然の森羅万象を生かしているエネルギーそのものです。これと一つになる。それを受け入れると、人間の実体が水と血と御霊であることがはっきり分かるのです。

御霊を崇めなければ、水によってきたということが分かりません。血によってきたということも分かりません。

水と血と聖霊が人間存在の実体です。これが御霊によって明らかにされるのです。そうすると、水と血と御霊の証が、自分にはっきり刻印されます。イエスが神の子であることが本当に信じられるのです。

イスラエルは四十年の間、荒野で導かれました。それについて次のように述べています。

「あなたの神、主がこの四十年の間、荒野であなたを導かれたそのすべての道を覚えなければならない。それはあなたを苦しめて、あなたを試み、あなたの心のうちを知り、あなたがその命令を守るかどうかを知るためであった。それで主はあなたを苦しめ、あなたを飢えさせ、あなたも知らず、あなたの先祖たちも知らなかったマナを持って、あなたを養われた。人はパンだけで生きず、人は主の口からでるすべてのことばによって生きることをあなたに知らしめるためであった」（申命記8・2、3）。

異邦人が現世で生かされているのは、イスラエルが荒野で訓練を受けたのと同じことをさせられているのです。イスラエルが四十年間、荒野で苦しめられたように、皆様も異邦人の中で生かされている。御霊を受けた者が現世で生かされているのは、イスラエルの荒野の訓練と同じことをさせられているのです。

現在の日本人の生活は、豊かすぎます。お金がありすぎるし、新聞、雑誌、テレビやラジオ、インターネットによって、世界中の情報が洪水のように入ってくるのです。ですから、人間の心がふやけてしまっているのです。

荒野の試みがなぜあるかと言いますと、異邦人の中で生活していて、びくともしない信仰を持つためです。皆様はファイトがないからいけないのです。

信仰は喧嘩です。信じることは喧嘩をすることです。穏やかに喧嘩をするのです。誰とけんかをするのか。肉の思いと喧嘩をするのです。

自分の肉の思いと闘い続けるのです。やり続けるのです。イスラエルは荒野で四十年間訓練をしましたが、私たちは一生それを続けなければならないのです。とことんやれば勝つに決まっています。どうしたら勝てるか、どのように勝つかです。パウロは次のように書いています。

「一体、人間の思いは、その内にある人間の霊以外に、誰が知っていようか。それと同じように神の思いも、神の御霊以外には知るものはない。ところが、私たちが受けたのは、この世の霊ではなく、神からの霊である。それによって神から賜った恵みを悟るためである」(コリント人への手紙2・11、12)。

人間の思いという訳は間違っています。人間の事がらと訳すべきです。人間が生きている様々の事がらは、人間自身の霊の他には誰も知ることができないのです。

人間の中で一番大きいことは、食生活と性生活です。これが分かっている人は、人間の霊の他にはないのです。人間の衣食住は何をしているかを知っているのは、人間の中にある人間の霊の他にないのです。ところが人間は霊を知らないのです。

ヤコブは、「人の内に住まわせた霊を、神の御霊がねたむほどに愛している」と言っています(ヤコブの手紙4・5)。神の御霊の場合は大文字のスピリット(Spirit)を使っています。人に住まわせた霊は小文字のスピリット(spirit)を使っています。

大文字の方は神の御霊ですが、小文字の方は人の霊です。人の霊とは何かです。人間はこの世のことは心配しています。お金があるとかないとか、食べる物をどうする、何を着ようかと心配しますが、自分の命の実体について、全く知ろうとしないのです。これはどういうことでしょうか。人間の様々の事がら、人間が生きていることを本当に知っているものは、人間のうちにある霊の他にない。人間の霊とは何かです。

マン(man)というのは、具体的に存在する男性を中心にした言い方です。ザ・マン(the

man）とは具体的、実体的に存在することを言います。人間が人間であることをザ・マンと言います。これは人格です。霊的にも、肉体的にも、はっきり存在している人間をいうのです。観念的な人間ではないのです。ザ・マンの霊の他は何もないと言っているのです。そこで人間の霊が分からなければ、私たちがこの地上で生きていることが分かりません。様々のことを知っているのは人間の霊であるのに、日本人は人間の霊を知らないのです。だから日本人は信仰の実体が分からないのです。

般若心経なら字句の説明だけでいいのですが、聖書は字句の説明だけではだめです。ここが難しいのです。

人間の霊とは人間が生きている様々の事がらです。人間の生活は食生活と性生活の二つが中心になって様々の事がらがあるのです。聞いても聞いても理解しない。聖書がいつまでも分からないというのは、人間の霊が分からないからです。

「肉の思いは死であるが、霊の思いは命である」とありますが（ローマ人への手紙8・6）、霊の思いとは何のことか分からないのです。肉の思いは分かるでしょう。人間の常識、知識はすべて肉の思いですが、霊の思いが分からないのです。

人間が人間の感覚、直観で感じることは何か。例えば、駿河屋の羊羹と井村屋の羊羹とは、味が違います。どう違うかと言われても、口で説明するのが難しいのです。曰く言い難しですが、これが直感です。

直観性とか感受性、感覚性は、生まれる前に植えられた言葉に基づくのです。これが植えられた御言葉です。ヤコブは「御言葉には魂を救う力がある。だから、素直に受け取りなさい」と言っています（ヤコブの手紙1・21）。植えられているものなら、受け取らなくても自分のものになっているはずです。ところが、植えられていながら、その実体が分からないのです。神の言葉は魂を救う力があるとヤコブは言っていますけれど、植えられている言葉を自分自身が持っていないから、それを素直に受け取ることができない。なぜこういうことになっているかです。

植えられている言葉をどのように持っているかと言いますと、実は人間の五官として持っているのです。だから井村屋と駿河屋の羊羹の味の違いが分かるのです。

人間の五官は、微妙な味の違いを見事に味わい分けるのです。直感的においしい、おいしくないものが分かるのです。「それと同じように神の思いも、神の御霊以外には知るものはない。ところが、私たちが受けたのは、この世の霊ではなく、神からの霊である。それによって、神から賜った恵みを悟るためである」（コリント人への第一の手紙2・11）。人間の様々の事がらは人間の霊で分かります。羊羹のうまさ、マグロのおいしさが分かります。マグロでも、刺身と、霜降りのところと、トロとではおいしさが全然違います。この味はおいしい、この味は好きだ、このところまでは分かりますが、おいしいとは何か、好きとは何かが分からない。これから先は神の御霊でなければ分からないのです。この味は好きだということと、魂との関係がどうなるかです。これは神の救いに属することになるのです。

人間のことなら好きだ嫌いだと言えるのですが、それから先の魂がどうして救われるのか、救われるとはどうすることかとなると、人間の霊だけではどうしても分からないのです。人間の霊で知ることには限界があるのです。私は好きだというところまでは分かりますが、それ以上のことは分からないのです。魂が生まれる前の神の栄光に帰るためにどうしたらいいのか。

おいしい、嬉しい、楽しい、美しい、麗しいと感じていることが、魂の救いに大変な関係があるのです。人間は自分自身の衣食住に関することが霊的に理解できるのです。このことをイエスは、目はボディーのランプと言っています。ザ・ランプ・オブ・ザ・ボディー・イズ・ジ・アイ(the lamp of the body is the eye)と言っています(マタイによる福音書6・22)。目がボディーのランプだということが分かるのは、人間の霊です。

目は人間が造ったものではありません。私たちが生まれる前に植えられたものなのです。生まれる前に植えられたものが、現世で肉体的に現われている。

見て美しいと思えるものは生まれる前の感覚です。現在働いている目の機能は、この世に生きている人間の機能ではありません。生まれる前の機能で見ているのです。これは目だけではありません。舌も、耳も、鼻もそうです。

皆様にマグロの刺身の味が分かるというのは、生まれる前の味を味わっているのです。これは大変なことです。

地球ができる前にはマグロはいませんでした。ところが、今マグロが泳いでいます。これはどういう訳でしょうか。

マグロというのは何でしょうか。万物が造られる前に、マグロでなければ味わえない味があったのです。マグロである味がマグロとして現われている。マグロができてからマグロの味が造られたのではない。マグロができる前からその味があったのです。マグロはどこから来たのか。地球ができる前にあった本当の命、とこしえの命、死なない命、大天使ルシファーが反逆する前にあった命が、マグロの味になっている。

それを舌で味わうとおいしいと感じるのです。皆様の舌で味わうと、おいしいと感じるのです。皆様の舌はとこしえの命を味わっているのです。舌はそれをはっきりと実感しているのです。ところが、それをとこしえの命として受け取らずに、ただマグロの刺身として感じている。これが肉の思いです。人間の常識、知識です。

皆様の五十年、六十年の人生の記憶は、マグロは旨かったというだけです。それをとこしえの命として受け取っていなかったのです。

神は人間に、毎日とこしえの命を食べさせているのに、それをとこしえの命として受け取らないで、ただ旨かったと考えている。これが人間の記憶です。肉の思いに基づく肉の記憶です。

その記憶は現世を去った途端に固定し、霊（本当の状態）に切り替えることができなくなるのです。記憶が凍結して、その間違いを修正できなくなるのです。そして永遠に肉の思いを持って行くのです。

人間は生きている間なら、自分の思いが間違っていたこと、マグロの味はとこしえの命の味だということを知って、自分の思いの間違いを修正できるのです。マグロだけでなく、牛肉も豚肉も、野菜も果物も、すべてとこしえの命の味なのです。これが分かると、人間の考えがいかに間違っていたかが分かるはずです。

そうして今までの人生は、自分が生きていたのではなくて、水と血が生きていたのだということが、はっきり分かるのです。肉体があるのではない、水だったということが分かるのです。

自分が生きているのではない。神の子が生きていた。経験していた色、味、形はすべて地球ができる前の、とこしえの命の色、味、形だったということが分かるのです。これを経験していたのは、固有名詞の自分とは何の関係もないものだったのです。市役所に届けている固有名詞の人間と、マグロを味わっている者とは全然違う人格です。何の関係もないのです。

食も性も、とこしえの命を経験していたのです。愛する人どうしが手と手を触れ合うと、ビリビリと感じるのは何か。命を感じている。とこしえの命を感じているのです。

人間が肉の思いで経験している人生と、神の御霊によって経験する人生とは、天地の違いがあるのです。イエスは、食べること、飲むことが、とこしえの命であることが十分に分かっていたのです。

イエスは、私はおまえたちが知らない糧があると言っています。弟子たちにはさっぱり分からない、霊の糧があったのです。私が与えるのはとこしえの水であると言っています。イエスの命の水は、一度飲んだらいつまでも渇くことがないのです。とこしえの水だからです。これを飲めと言っているのです。

皆様が生きていることが、そのままとこしえの命を味わっているのです。人間の事がらは人間の霊で分かります。しかし神の事がらを知るためには、神の霊によらなければならない。おいしいとか、すばらしいことは人間の霊で分かりますが、おいしいということがとこしえの命であるとは思わないのです。マグロの味が永遠の生命の味であるとは、誰も思わない。これは神の霊によらなければ分からないのです。

人間の舌は実に微妙な働きをしています。ちょっとおいしいものと、おいしくないものとをすぐに味わい分けるのです。これが人間の霊の働きです。

イエスは、「あなたの目の働きが正しければ、全身が明るいであろう」と言っています（マタイによる福音書6・22）。あなたの目の働きがはっきりしていれば、永遠の命がはっきり分かると言っているのです。舌の働きがはっきりしていれば、永遠の命が分かるのです。神がとこしえの命を舌に乗せていることが分かると、マグロの刺身を一切れ食べただけで、涙がぼろぼろと出るでしょう。そういうマグロの食べ方ができるのです。

人間が生きていることが、そのまま永遠の生命に結びついているのです。神に生かされているということは、そのままとこしえの命に生きていることです。イエスはこれを知っていた。

だから、イエスは天から下って、この地上にいたけれど、なお天で暮らしていたのです。「我父にあり」というのはこれを意味しているのです。

現世で家がある、貯金がある、商売がある、世間の信用があるということは、どうでもいいことです。お茶を飲めばお茶の味がする。コーヒーを飲めばコーヒーの味がする、饅頭を食べれば饅頭の味がする。それがとこしえの命であることが分かれば、必ず救われるのです。

霊に従って歩めばいいのです。食べたり、見たり、聞いたりしていることが、生まれる前のことだと分かってすることが、霊に従いて歩むことです。霊に従ってみればいいのです。

神は恵みにより、皆様にとこしえの命を提供しているのです。それを受け取ればいいのです。人間の事がらは人間の霊によらなければ分からない。しかし、人間の霊が分かっただけでは救われない。そこで神の霊、聖霊を受けるのです。聖霊、御霊は万物を生かしているエネルギーです。聖書を通し、また大自然を通してそれと一つになる。そうすると神からの霊を与えられるのです。神からの霊によって見ると、今現世で味わっているマグロの味が、そのままとこしえの命であることが分かるのです。

「望む者は、値なしに命の水を飲みなさい」とイエスは言っています（ヨハネの黙示録22・17）。

昔、モーセが砂漠で水がない時に、岩を杖でたたきました。岩から水が噴き出したのです。今、皆様が生きている世界は、水（命）が全くない砂漠の世界です。神の御霊の杖を振ると、そこから命の水が出るのです。それを飲んだらいいのです。

五官の働きは、そのまま永遠の命をかぎつける力を持っている。それが人間の霊です。この霊を神の霊が妬むように愛しているのです。

御霊を与えられたものは神の民です。この人は無条件でとこしえの命を受け取る資格を持っているのです。神はこの末の時代に、日本においてこういう福音を展開しつつあるのです。私たちはイスラエルの回復のために立てられたのです。ただリビング・ソールであるだけでなく、命を与える霊になることができるのです。

目が正しければ全身が明るいのです。皆様の目は、鶏を見る時と卵を見る時とでは違うでしょう。石を見る時と果物を見る時とは違っているのです。

手が何かを握っている時、とこしえの命を握っているのです。これが分かれば、皆様は毎日、神の国で生きることができるのです。毎日、食べたり飲んだりしていることが、現世のことではない。生まれる前のことを経験しているのだ。即ち、神の国（彼岸）で飲んだり食べたりしているのだということが分かった時、新に生まれたのです。神の国（彼岸）に入ったのです。これを毎日毎日経験し、確認するのです。そうすると、神の国（彼岸）に入っていることが、はっきり分かるのです。水と霊とによって新しく生まれたのです。

自分の思いで生きる、肉の思いで生きることをやめて、今までの経験を捨てて、今日から新しい経験に入って神の国に生きるのです。五官で感じていることが、すべて生まれる前のことを経験している。生まれる前のとこしえの命を、今現世で経験している。現世にいながら神の国を経験しているのです。こういう生き方をぜひして頂きたいのです。

## 20. 神の国（彼岸）に入るとは

人間はただの息にすぎないというのが神の国です。人間存在は端的に言えば、息にすぎないという見方を神の国というのです。これを納得することを神の国に入るというのです。

例えば、花が咲いています。地球ができる前の前準備がエネルギーとして地球に潜在しているのです。このエネルギーが噴き出して花となっているのです。皆様は地球ができる前のコンディションを、花が咲くという状態で見ているのです。これが神の国です。

一番分かりやすいのは富士山の景色です。地球ができる前のすばらしさ、地球の本質的な美しさが景色になって現われている。景色は地球ができる前の霊の問題です。これが神の国です。花の美しさ、富士山のすばらしさ、女性の美しさが神の国です。女性のボディーを神の国として見ることができると、女性の値打ちが分かってくるのです。そうすると、女性の本質を認識することができるのです。

水と霊とによって新しく生まれて神の国に入るのです。そうすると、普通の人間の生き方と違った生き方ができるのです。イエスはそういう世界に生きていたのです。イエス・キリストを信じるというのは、そのような生活を実行することです。それが実行できない人は、イエス・キリストを信じていないのです。

イエス・キリストを信じるということは空念仏ではありません。自分の部屋に入り、戸を閉じて、隠れた所にいるあなたの父に祈れば、自分を生かしている神にお目にかかれるのです（マタイによる福音書6・6）。そうすれば、イエス・キリストの心理状態がよく分かるのです。

イエスの心理状態は秘密ではありません。彼は人間の命の実体をそのまま生きていたのです。この世の中には神の国がたくさんあるのです。魚や野菜、果物の味、香り、大自然の色、形はすべて神の国です。それを毎日見ていながら、神の国として見ていないだけです。神は皆様と一緒にいるのですから、皆様方が本当に神を信じたいと思われるなら、皆様と一緒にいる神に目を止めるのです。

例えば、一個のコップが存在することが神の国です。内村鑑三氏はこれが分からなかったのです。キリスト教は神をばかにしています。本当にイエス・キリストを信じるというのは、神の国に入ることです。水と霊とによって、神の国に入ることを実行するのです。そうすれば死ななくなるのです。

## 21. 彼岸（神の国）に入る（1）

聖書の話は聞いたら分かるというものではありません。

ニコデモが神の国を見ていたのです（ヨハネによる福音書3・1〜15）。ニコデモは、イエスが神が遣わした人であること、神が遣わした人でなければできないことを知っていたのです。ニコデモはイエスが神の子であることを知っていたのです。神の子であるということは、神が共にいます現世の人間であること指しているのです。ニコデモが知っていたということは、神の国を見ている。神の国を知っている印になるのです。

イエスがキリストであることを、宗教的ではなくキリスト教の哲学でもなくて、自分自身の直感的によって信じることができる人は、神の国を見ているのです。

神がインマヌエルの実体を現わしている。それを見ている訳ですから神の国を見ているのです。従って、イエスが神の子であることを宗教観念ではなく、直観的に見ることができたら、その人は神の国を見ているのです。新に生まれているのです。

ところが、新に生まれるということを、本人が意識していないこともあるのです。ニコデモ自身は新に生まれたと思っていないし、神の国を見ていると思っていない。キリスト教一般では、ニコデモが神の国を見ていたという解釈はどこにもしていません。分からないからです。

ニコデモをイエスが見て、おまえは神の国を見ているのだと言っているのですが、それが分からないのです。もしニコデモが神の国を見ていなかったのなら、イエスがそんなことを言うはずがないのです。

「人は新に生まれなければ神の国を見ることができない」と言うはずがないのです。現にニコデモがその経験をしていながらその実体が分からない。その愚かな状態に人間はいるのです。それを悟らせるために、新に生まれなければ神の国を見ることができないと言っているのです。そう言われてもまだ分からないのです。自分が話していると思っているからです。新に生まれたと思っていないのです。

新に生まれるとはどういうことなのか。新に生まれたとはどういうことなのかを、客観的な意味で見ていくと分かるのです。自分自身で新に生まれたと考えてもだめです。また、自分はまだ新に生まれていないと考えてもだめです。

これは親鸞が言った自然法爾と同じことです。行者の良からんとも悪しからんとも思うべきにあらずです。つまり信者自身が自分の信仰を良いと考えてもいけないし、悪いと思ってもいけない。そんなことに関係がないのです。その人の霊的状態が、客観的にどうであるかということを主体にして考えるべきです。言われているニコデモは、言われてもまだ分からないのです。

新に生まれるということは、母の胎内に入ってもう一度生まれることなのかと、ニコデモが言っているのです。それに対して、現実にニコデモがそうなっているということをイエスは言っていません。なぜ言っていないかというと、あなたはそうなっているというと、本人が誤解するからです。自分自身が新に生まれたと誤解するのです。肉の思いを持ったままの自分が新に生まれたと考えるのです。

イエスが言いたいのは、ニコデモのその時の霊的状態を指しているのです。イエスを見て、「あなたは神の子である。神が遣わした者である」と言っているのです。そのように言っている。そのように言わしめられているニコデモの心境が、新に生まれているのです。これがニコデモ本人に分からないのです。

皆様も同じことをしているのです。聖書の勉強をしていてある程度のことが分かるということは、新に生まれているからです。ところが、本人にはそれが分からないのです。

このことをまず弁えなければなりませんが、このことで信仰が完成しているかと言いますと、そうではないのです。新に生まれるという言葉を使っても使わなくても、現に神の国を見ているのです。しかし、そのことが本人には分からないのです。

この時、ニコデモ自身は、イエスが神からの師であると思ったのですが、これはメシアであるという意味ではありません。しかしあの時代に、直接神から遣わされた人だ、神からの預言者だということを考えただけでも、神の国を見ているのです。神から遣わされた師が目の前にいる。これを考えただけでも新に生まれたということができるのです。

神から直接遣わされた預言者が、目の前にいると分かるということは、神の国を見ているのです。そこで、ニコデモはそういう証をしているのです。しかし、ニコデモは自分が新に生まれたと思っていない。神の国を見ていると思っていない。皆様もこれと同じ誤りをしているのです。

ニコデモの信仰はなっていないけれど、イエスから見ればなっているのです。ニコデモが現実に神から見て新に生まれて、霊的状態にあったにも係わらず、彼はそれを知らなかった。

ニコデモは、イエスが復活した後に、イエスの弟子になったようですけれど、この時はイエスを目の前に見ていながら、それが分からなかったのです。神の栄光を見ることができなかったのです。

神がイエスを遣わしたという意味が神の国です。神がイエスを遣わしたという意味での神の国を見ていたが、神の栄光を見ていないのです。彼自身の心は神の栄光を見ていないから、神の栄光が彼の心には映っていないのです。映っていないから彼自身には喜び、輝き、賛美を感じていないのです。これが間違っているのです。

皆様は現実に大変なことを言っていながら、神の栄光を見ていません。栄光を感じていないのです。

イスラエルの場合には、イエスだけでなくエゼキエルも証をし、イザヤも活躍している。それを見ていた人々は神の国を見ていたのです。ところが、栄光を神に帰していない。だから、神の栄光がそういう形で現われていても、それを見ることができないのです。

皆様は自分たちの霊的状態が新に生まれているかどうかを知ることです。それを知れば、現実に見ていることが神の国であることを知ることができるでしょう。

皆様は神の国を見ているのです。見ているけれども、あなた方の心が神の栄光に同調していないために、せっかく神の国を目で見るという栄光を与えられていながら、皆様はまだ神の国に入っていないのです。神の国を見ていながら入っていないというのはおかしいのです。

イエスは新に生まれて神の国を見るということを、ニコデモに言っています。あなたはそうしているのだと言わんばかりの言い方をしているのです。しかし、ニコデモはこれが分からないのです。現在のキリスト教でも分からないのです。

現在この地球上で、キリスト教ではない御霊の光になって聖書の勉強ができるということがあるとすればどうなるのか、御霊の光であるかどうかをどこで見分けるのかというと、神の御名とイエスの御名が働いているかどうかで決まるのです。

エホバの御名が働いている集会、イエスの御名が分かっている人が一人でもいたら、そこが神の国なのです。そういう集会を見ていたら、神の国を見ているのです。客観的にそうなっているのです。

神の栄光をどうしたら受けられるかです。イエスは、「肉から生まれる者は肉であり、霊から生まれる者は霊である」と言っています（ヨハネによる福音書3・6）。ニコデモはこの場合に、霊によって生まれるという経験をしていないのです。

ニコデモは御霊に導かれているから、夜、ひそかにイエスを訪ねたのです。御霊に導かれていなければ、日が暮れてからイエスを訪ねるということはできなかったのです。御霊に導かれているからそれができたのです。

イエスはそれを見たのです。ああこの人は御霊に導かれている。神からの人だと証している。イエスから見れば、新に生まれていることがすぐに分かったのです。御霊が顕在意識になっていないから、イエスに言われてもまだ分からなかったのです。

新に生まれていながら落ちていく人がたくさんいるのです。新に生まれるということを、自分自身で経験しなければいけないのです。

ニコデモは御霊に導かれるような状態でイエスを訪ねてきたけれども、自分自身で新に生まれていなかった。自分自身の顕在意識では、新に生まれていると思っていません。そこでイエスは、「水と霊とによって新に生まれて神の国に入れ」と、はっきり言い直したのです。

水と霊とによって新に生まれることをしますと、今度はその人の顕在意識になるのです。そうすると、自分自身の意志によって、神の国に入ることができるようになるのです。これがなかなかできないのです。

ニコデモは神の国を見ていた。新に生まれていたけれども、彼自身の精神構造が神の国に入っていませんから、彼自身の顕在意識において、神の国を認識することができないのです。

皆様の話し合いは神の国を見ている値打ちがありますけれど、まだ水と霊とによって新に生まれていないのです。従って、神の国に入るということを、はっきり自分で経験していないのです。

皆様は神の国に入ることが十分にできます。十分にできる霊調ですから、話し合うことができるのです。神の国に入っている人でなければ言えないことを、お互いに言っているのです。皆様はもちろん神の国を見ています。おまけに神の国に入っている人でなければ言えないことを言っている人もいるのです。神の国に入っている人でなければ言えないことを言っていながら、自分自身の意識を殺すことができていないのです。ただ頭だけで話し合いをしているのです。

水と霊とによって新に生まれて、本当に神の国に入ってしまった人は、風の声を聞いているのです（同3・8）。霊によって生まれる者はこのようになるのです。風はどこから来てどこへ行くかは分からない。御霊によって新しく生まれた者も、このようだとイエスが言っているのです。

皆様も霊によりて生まれてはいるけれど、はっきり神の国に入っていないために、自分自身で自分の意識を変えることができないのです。

話し合いによってお互いを励まし合ってはいます。その時の精神状態は、神の国に入ったような状態になっているのですけれど、自分自身が本当に神の国に入って、神の国を自分の目で見ているというほどの明確な意識がないために、自分自身の精神構造を自分で変えることができないのです。自分で自分の意識を転換できるようになると、初めて聖書の中に入れるのです。

皆様は聖書の外で聖書を眺めている。だから、ニコデモの記述が開かれないのです。

聖書の中に入ると、聖書の言葉がどんどん開かれるのです。これができるかできないかは、大変な違いです。自立する信仰、自分で一人立ちができる信仰は、神の国へ入ってしまって、聖書の中へ入っているのです。

聖書は命の文です。この中へ入って、自分が命の文の一部になってしまうのです。これでなかったら救いにはならないのです。これを神の国に入るというのです。

神の国に入るということは、聖書の中に入ることです。ヨハネの黙示録に次のようにあります。

「また見ていると、大きな白い御座があり、そこにいます方があった。天も地も御顔の前から逃げ去って、あとかたもなくなった。また、死んでいた者が、大いなる者も小さき者も、共に御座の前に立っているのが見えた。かずかずの書物が開かれたが、もう一つの書物が開かれた。これはいのちの書物であった。死人はそのしわざに応じ、この書物に書かれていることにしたがって、裁かれた。

海はその中にいる死人を出し、そして、おのおのそのしわざに応じてさばきを受けた。それから死も黄泉も火の池に投げ込まれた。この火の池が第二の死である。

このいのちの書に名が記されていない者は皆、火の池に投げ込まれた」(20・11〜15)。

大いなる白い御座の前に、大いなる者も小さい者もたくさんの人が並んでいる。また、たくさんの本があったとあります。一人ひとりの人は皆本になっているのです。これが人間です。書物であり、文であるのが人間です。

もう一冊、別の命の文があるのです。命の文以外の文は全部火の池へ放り込まれるのです。命の文だけが火の池に関係がないのです。命の文の中に入っていなかったらいけないのです。これを神の国に入るというのです。

命の文と、ただの文とがあるのです。命の文というのは、大いなる白い御座から出されている文です。大いなる白い御座が神の国そのものです。

命の文は神の国をそのまま言葉に現わしたものです。イエスが神から遣わされたことが分かっただけではだめです。それだけでは新に生まれたのではありません。直感的には新に生まれているけれども、顕在意識的に新に生まれていないからだめです。

顕在意識が悪魔の意識です。顕在意識が変わってしまわなければいけないのです。皆様にこれができるかできないかです。

顕在意識が変えられる人になるのです。一冊の書物である自分自身が、命の文の中に入ってしまうことができるかどうかです。自分の意見を否定して、命の文の中に入ってしまうのです。これができなければ救いにはならないのです。

水と霊とによって新に生まれて神の国に入る。聖書の中に入ってしまうのです。御霊に導かれているだけでなくて、聖書が分かる人間になるのです。人を導く人間になるのです。御霊と一緒に人を導く人間になるのです。これができると自分の意識を自分で調整できるのです。そうしたら、人に教えられなくても聖書が自分で分かるのです。

何か思い煩いが心に浮かんでくる。これを捨てることはなかなかできないのです。例えば、何かの事件が起きたとします。普通なら思い煩わなければならない事件でも、それを捨ててしまうのです。そうすると、思い煩いがなくなってしまうのです。

思い煩うなと聖書にありますけれど、思い煩わないようにすることは簡単にできません。しかしこれはできなければならないのです。

人間の顕在意識は悪魔の意識であって、これが間違っていることが分かれば切り替えたらいいのです。顕在意識をどのように切り替えたらいいのか。方向転換をする意志の強さがいるのです。

その時、神の御霊が働かなければ、神の御霊が崇められなければ、自分で自分の意識を簡単に切り替える訳にはいかないのです。

神の御霊が働くと自分の意識を変えることができるのです。悪魔は御座に勝つことができません。御座を崇めるのです。御霊が崇められるような霊的状態になりさえすれば、自分自身の中に顕在意識という格好で乗り込んでいる悪魔を、ねじ伏せることは何でもないのです。これができなかったらだめです。

自分の肉の思いを自分で変えるのです。自分の思い煩いを自分で変えるのです。自分自身で方向転換をするのです。これができなければ神の役に立ちません。

人間は自分の顕在意識に負けているのです。イエスは水と霊とによって新に生まれよと言っています。ニコデモも新に生まれよと言われて、母の胎内に入ってもう一回生まれるのですかと、イエスに聞いています。これがニコデモの意識です。いわゆる常識です。

人間の常識、知識を神の信仰によってはっきり変えてしまうのです。これができる人間にならないといけないのです。自分の意識を自分で変えられる人になるのです。

皆様はそれほど悪いことをしていませんが、自分の肉の意識、自分の感情、自分の迷いを自分でひっくり返すことができないでしょう。これができなければいけないのです。これができれば自己修正ができるのです。自分の信仰を自分で修正できる人になるのです。

古き人を脱ぎ捨てて、心の深みまで新にされて、新しい人を着るのです。脱いだり着たりを自分でするのです。自分の意志によって脱ぐのです。自分の意志によって着るのです。これができると初めて御霊を崇めることができるのです。

肉の思いに勝つことができるのです。罪に勝つことができるのです。これができるようになった霊魂を、女になった霊魂というのです。

女の人は従うべき相手の人格に言われるままに従います。従うのが女です。もし私たちがキリストの妻であるとすれば、キリストの教会であるとしたら、キリストの御心に従うのです。神の御心に従うことができなければだめです。

神の御霊に自由に従うことができるのが、本当の霊（あり方）です。誠の骨の骨です。これができるかどうかです。

神の国は現実にあるのです。入れるものです。入って自分の信仰を勝手に修正できるのです。自分の悪い所はやめられるし、良い所はどんどん伸ばせられるのです。水と霊とによって新に生まれているかどうかが問題です。新に生まれていればできますし、生まれていなければできないのです。

## 22. 彼岸（神の国）に入る（2）

般若心経に、故得阿耨多羅三藐三菩提、故知般若波羅蜜多、是大神呪、是大明呪、是無等等呪とありますが、そのとおりです。般若心経が言うことは、偉大な真言であり、この上なき真言である。比較するものがない位に立派な真言であるとあります。人間の立場から考証すれば、般若心経以上のものは存在しないのです。

日本で今まで般若心経が唱えられてきましたが、実感されたことはなかったのです。般若心経は日本には千二、三百年前に伝えられてはいましたが、それを唱えていた人々が、その内容を全然知らなかったのです。

親鸞にも分かっていなかったのです。もし親鸞に分かっていれば、唱道門から易行道へ行くはずがないのです。法然もそうです。易行道は成立しないのです。

人間は何のために生きているのか。リビングを実感するために生きているのです。

神が皆様に与えようとしているそのレベルが分からないのです。皆様は毎日何かを食べています。命を食べているのです。ところがご飯ばかり食べていて、肝心な命を食べていないのです。

神が万物を造り、人間に理性を与えてそれを見ているのはなぜか。これを神の側に立ってみたら分かるのです。神の側に回って見る人になってもらいたいのです。

概念だけ、頭だけで分かることがいけないのです。これをしていると宗教になってしまうのです。

食べるとはどういうことか。見る、聞くということと、食べるということは違います。聖書はわざと隠しているのです。ただ一ヶ所、ヨハネによる福音書の第六章で食べるということを言っていますが、他の箇所では全然言っていません。わざと隠しているのです。

御霊を崇めるということは、御霊を食べることです。食べてみなければ自分の命にはならないのです。見たり聞いたりしているだけでは、結局飢え死にしてしまうのです。食べなければいけないのです。

人間をやめて人の子である意識を自分で実感したら、イエスの肉を食べたことになるのです。実感しなければならないのであって、概念的にそうであることが分かっても、実行しようとしない。概念的に分かって一服しているのです。これではいけないのです。

「よくよく言っておく、人の子の肉を食べ、またその血を飲まなければ、あなたがたの内に肉はない。私の肉を食べ、私の血を飲む者には永遠の命があり、私はその人を終わりの日に甦らせるであろう。

私の肉はまことの食物、私の命はまことの飲み物である。私の肉を食べ、私の血を飲む者は私におり、私もその人におる」(ヨハネによる福音書6・53〜56)。

私たちが生かされている客観的な実体が、イエスと全く同じであることが分かったら、イエスを食べたことになるのです。

イザヤはイエスについて次のように述べています。

「彼にはわれわれの見るべき姿がなく、威厳もなく、
われわれの慕うべき美しさもない。
彼は侮られて人に捨てられ、
悲しみの人で、病を知っていた。
また顔をおおって忌みきらわれる者のように、
彼は侮られた。われわれも彼を尊ばなかった。
まことに彼はわれわれの病を尊ばなかった。
われわれの悲しみになった。
しかるに、われわれは思った、
彼は打たれ、神にたたかれ、苦しめられたのだと、
しかし彼はわれわれのとがのために傷つけられた。
彼はしいたげられ、苦しめられたけれども、
口を開かなかった。
ほふり場にひかれて行く小羊のように、

また毛を切る者の前に黙っている羊のように、
口を開かなかった」（イザヤ書53・～5、7、8）。

イエスは現世にいる時に、想像できないほどの矛盾を押し付けられてそれを呑んでいったのです。それと同様に、私たちも与えられた矛盾を黙って呑むべきである。これがイエスを呑むということです。

イエスの肉を食べなかったらいけない。イエス自身がパンですからイエスの肉を食べるのです。パンは眺めているものではない。食べるものです。

ところが、パウロ以降二千年の間、イエスを食べたという記録がないのです。一体キリスト教の人々は何をしていたのかと言いたいのです。

私たちは思想だけの前人未踏ではいけない。パンを食べなければいけないのです。食べる前人未踏でなければいけないのです。

神が私たちに何をさせようとしているのかを、まず理解することです。

神は私たちに何をさせようとしているのか。イエスは何をするつもりで来たのか。神はイエスをこの世に送ったのと同じレベルの事がらを、私たちに注文しているのです。私たちはイエスそのものでなかったらだめです。

イエスを信じて、ああイエスが分かったというのではだめです。パウロが言っているように、イエス・キリストの信仰でなければ義とされないのです。イエス・キリストと同じ立場に立つのでなかったら、義とされないのです。

神は私たちに何を命じようとしているのか。何を期待しているのか。生ける神の印を持つことを、期待しているのです。

生きているという奇妙なものを経験しています。これは私たちが考えているようなものとは違います。生きているというのは、極めて奇妙なものです。

花が咲いているということが分かります。私たちの感覚はそれを意識することができるのです。感覚することができるということは、実感することができるということです。これは驚くべきことです。私たちは不思議なものを感覚しているのです。

花が咲いているとは何かと言いますと、マタイによる福音書十三章五節にあるように、世の初めに隠れていたことを現わしているのです。

世の初めに隠れていたものがあります。それが花という格好で現われているのです。私たちの眼力はそれを見ることができるのです。これができるのは人間だけです。人間だけが世の初めから隠れていたものを認識することができるのです。

見ることができるという能力は何を意味するかというと、世の初めから隠れていた世界を見ることができるということです。花が咲いているのが見えるというのは、花が咲いている世界が、私たちの霊に移っているのです。

花が咲いている世界はどういう世界かと言いますと、見えないものが見えている世界です。本来見えないはずのものが見えている世界です。これが花が咲いているということです。

見えないものが見えている世界を、私たちは直感的に感覚することができるのです。例えば女性です。女性は元来あるべきはずがないものです。それがあるのです。

本来、神は女性を造る予定はなかったのです。ところが、アダムが愚かだったから、男からあばら骨を取って女性を造ったのです。アダムの愚かさのために、助け手として女性を造ったのです。女性はどこまでも助け手です。

女性を見ることができるというのは、助け手を見ることができるということです。この力を持っているのです。私たちは現実に見えないものを見ているのです。この不思議な世界、不思議な感覚を私たちは味わっているのです。

女性が感覚できる。花が感覚できる。これはどんな世界かと言いますと、地球ができる前の世界、世の初めの世界です。それを私たちは現在感覚しているのです。感覚しているからその世界へ入ったらいいのです。

見えないのなら仕方がない。見えるから入ったらいいのです。犬には見えません。猫には花が咲いている世界は一切見えないのです。動物には花が咲いている世界は一切見えないのです。

犬には見えないから入らなければならない責任はありません。人間には見えるから入る責任があるのです。見える者には絶対に入る責任があるのです。

花が咲いている世界にどうして入るのか。どうしたら入って行けるのか。人間は花が咲いている世界を認識する能力がありますから、その能力を利用したら入って行けるのです。イエスはそこに入っていた。入っていたから水がぶどう酒になったのです。水がある世界を知っていた。水が淵である世界を知っていた。その上を歩いていたのです。私たちはイエスと同じ所にいなければいけないのです。イエスを信じる以上、イエスと同じ命を持たなければいけないのです。

肉体的に人間がいるというのは、事実に反するのです。人間は科学的に言えば、新陳代謝の機能があるだけです。生理機能が人体として現われているだけです。

ところが、人間は人体があるから生理機能があると考えている。逆です。生理機能が人体構造として現われているのです。

肉体的な能力性、生理機能と人間存在の能力性を現わすために、人体があるのです。肉体がなければ人間の能力性を現わす方法がないのです。

肉体があるから人間の能力性があるのではない。肉体があるというのは第二義、第三義のことであって、第一義は性能とか機能があるのです。

生理機能と心理機能が人間の性能性として現われている。それを現わすために肉体を用いなければならないのです。

肉体が人間であるという思いが肉の思いです。肉の思いで見ることが間違っているのです。

人間は性能的、機能的に自分の存在を見ていかなければならないのです。肉体的に見るということは、肉の思いになってしまうのです。

肉の思いは死です（ローマ人への手紙8・6）。肉の思いを持っている人は死ぬに決まっているのです。肉体があるという思いが既に死んでいるのです。

人間は死ぬに決まっている命を自分の命だと思っている。だから、人間は死ぬしかないのです。死ぬべき自分を自分だと思っている。死ぬべき命を自分だと思っている。自分に対する見方、命に対する見方が両方共間違っているのです。初めから自分は死ぬのだと決め付けている。これが悪いのです。なぜ死ぬべき自分を自分だと思うのかと言いたいのです。

聖書の受け取り方は多種多様です。多種多様になった方がいいと言えるでしょう。世界には色々な感覚の人間がいますから、一定の論理に集約しなければならないことはないのです。ただ、エホバの御名とイエスの御名について、きちっと一致しなければいけないのです。

エホバの御名とイエスの御名をどのように生活感覚でこなすかということになると、色々な考え方があり得るのです。エホバの御名にきちっと一致していれば、視点の広がりがあってもいいのです。多種多様の視点があってもいいのです。ただエホバの御名とイエスの御名とに、根本的に一致していなければいけないのです。

日出る所から出る天使は、イスラエル十四万四千の額に生ける神の印を押すのです。これはエゼキエル書に出ていますし、ヨハネの黙示録にも出ているのです。皆様は聖書の預言に書かれているということを考えて頂きたいのです。

皆様は固有名詞の自分をどうしても捨てようとしません。その態度がいけないのです。固有名詞の自分がいたのでは、完全な預言者にはなれません。自分の生活、自分の家庭があるという感覚が悪いのです。これをやめるのです。

日出る所の天使としての役目をさせて頂く。これは私たちがしなければする人がいないのです。これを認識して頂きたいのです。今神に導かれているという現在の私たちの生き方を認識するのです。これを認識するためにどうするかというと、神が私たちを召している。それにふさわしい考え方をしなさいとパウロが言っている。これを実行するのです。

個々の人間としての私たちはないのです。人間は理性的、良心的、人格的に生きているのであって、これがイエスです。人格的に生きていながら、固有名詞の自分が生きていると思っている。これがいけないのです。

人間が人格的に生きていることがイエスです。認識力があること、他人の言葉を理解することができること、他人に自分の話を理解させるように話ができることがイエスです。こういう能力性を持っていることがイエスです。固有名詞を持っていると思ったら大間違いです。

計画することができる。予見することができる。組織することができる。人に教えることができるし、人から教えてもらうことができる。こういうことをイエスというのです。これが分かっている人は救われるのです。分からない人は火の池に放り込まれるのです。

客観的にイエスとしての生き方をしていながら、主観的には自分が生きていると思っている。こういう人は皆地獄へ放り込まれるのです。全世界の人間は皆イエスです。皆復活の命を与えられているのです。

食事をしたら味が分かる。見たら色が分かる。形が分かる。動物か植物か、鉱物かの区別が分かる。計算ができる。文章が書ける。本が読める。電話をかけたり、車の運転ができる。パソコンが使用できる。インターネットができる。こういう驚くべき性能性、能力性をイエスというのです。

皆様は人の子です。肉体的に、社会的に、人格的に、霊的にも、肉体的にも生きることができる人をイエスというのです。神がいなければこういうことは全くできないのです。

原罪というのは癩病みたいなものであって、神経が侵されているのですから、肉体が崩れていくことを痛くも痒くも思わないのです。だから死が恐いとも思わないのです。

幸徳秋水が「基督抹殺論」を書いていますが、それにはエホバの御名が非常によく出ているのです。悪魔に近い人間ほど神に近いのです。ただ霊的にははっきり違います。ユダヤ人の感覚から言えば、イエスは無神論者だったと言えるのです。

新約聖書は神の国について語っています。神の国を来たらせることが、イエスが来た目的で、イエスが復活したことによって、神の国が天で実現したのです。地ではまだ実現していませんけれど、天で実現したのです。天で実現したのは地で実現するに決まっているのです。

光が昼になり、闇が夜になった。悪魔がそれに賛成した時に、悪魔が負けたのです。昼と夜が決まった時に、地上に来るべき世界が現われることが決定したのです。そのしるしに、キリストが復活したのです。これはただの復活ではありません。神の国が現われるという新しい創造のために復活したのです。

## 23. 彼岸（神の国）に入る（3）

現世に生きている人間、自我意識で生きている人間は救われないのです。神に生かされていることを認識している状態、神に生かされていることは救われるのです。救われているのです。自分が生きていると思っている人は救われないのです。神に生かされていることが自分で分かっている人、また神に生かされていることを知っていて、その命を自分で生きている人はいないのです。

自分自身の命を自分が生きているのではない。神に生かされている命を生きているのです。これが分かっている人は救われているのです。

既に救われているか、救われていないかどちらかになるのです。救われる人というのは、既に救われている人なのです。これから救われるのではないのです。死ぬべき命から離れてしまって、自分の命を持っていないのです。

この世に生まれた自分の命を持っている人は救われません。現在生きているというのは、神に生かされているのであって、自分が生きているのではないということが分かっていなければいけないのです。

自分というものはいないのです。それをいると考えている人間は救われないのです。だから滅ぼされるのです。

自分という人間はイエスが十字架につけられる前の人間です。イエスが十字架につけられたことをそのまま生きている人間は、イエスが十字架につけられた状態で生きているのです。これは自分の命とは違うのです。十字架につけられたままのイエス・キリストを生きているのです。

御霊を受けても崇め続けなければ、御霊を落としてしまうのです。

御霊と共に生きる。インマヌエルという状態を生きるということは難しいと思われます。しかし、これは難しいと思っても、実は難しくないのです。

私たちは御霊によって生かされているのですから、私たちが生きているのではありません。生きているという実質をよく考えると、私たちは信じても信じなくても、御霊によって生きているのです。だから、生きているということの実体をよく認識したらいいのです。

生きていることの実体を認識することを、普通の人間はなかなかしないのです。自分が生きているということだけを考えていると、そういうことを考えていません。自分が生きてしまうからです。御霊を全く無視しているのです。

私たちは御霊によって生かされているという事実を経験しているのです。自分が生きているのでもないし、自分が死ぬのでもないのです。神の御霊の世界があるだけです。こういうことを神の国にいるということです。こういうことを生活で真面目に実行したらいいのです。

何をしてもいいのです。私たちはいろんなことができるのです。なぜなら生きていることが神の御霊によるからです。神の御霊によらなければ生きておれないのですから、どんなことでも神の御霊によってしているのです。

極端なことを言いますと、喧嘩をするのも神の御霊によるのです。神の御霊によらなければ、喧嘩もできないのです。神の御霊によらなければ目も見えないし、手も動かない。御霊によらなければ心臓が動かないのですから、喧嘩もできないのです。

どんな時でも神の御霊によって生きているということを考えるようにしていたら、自然に喧嘩をしなくなるのです。

生きているという事実を認識さえしたらいいのです。人間の生態という事実を認識したら、神に基づくものであることが分かるのです。

清くも清くないもない。生態は御霊によって発生しているのです。これが人間が生きているということです。御霊は崇めなければ、御霊は働いていることが分かりません。御霊を崇めると、御霊が働いている世界に入れるのです。御霊が働いている世界が神の国です。

神の国に入るのは何でもありません。御霊が働いていることを信じて、そこへ入ったらいいのです。

地球上に人間が生きているということが、神の国にいることなのです。人間は人間が生きていると勝手に思っているだけです。人間が生きている状態を霊的に見れば、神の国になるのです。

神の国に入っているという実感をできるだけ持ち続けていれば、それが信仰になるのです。信じます、信じますと言わなくても、神の国でなければ呼吸ができないし、目が見えないのです。

だから、目が見えたり、呼吸ができたりするということが、神の国に入っている証拠になるのです。こういう間違いがない証拠がありますから、自分は神の国に入っていると信じたらいいのです。信じないから神の国に入れないのです。信じるか信じないかだけのことです。神の国へ入れとイエスが言っているのですから、神の国へ入ったらいいのです。入ろうと思ったらすぐに入れるのです。

神はありてあるものです。人間があらしめられてあるものです。人間はあらしめられているからあるのです。人間は自分で生まれてきたものでもないし、生まれたいと思って生まれたものでもないのです。

人間はどうして生まれてきたのか。あらしめられているからあるだけのことです。仏教では阿弥陀如来があらしめられている当体であるという説明はできないのです。ありてあるという説明ができないからです。聖書はその説明ができるのです。阿弥陀仏がありてあるということであるという説明ができないのです。聖書では哲学的に、科学的に、宗教的に説明ができるのです。阿弥陀如来は宗教だけしか説明できないのです。だから、本当のありてあるとは言えないのです。阿弥陀ということが永遠性を意味するのです。これだけが哲学的に正しいのです。これ以外は何もありません。

仏教では存在ということの説明ができないのです。時間的な説明だけしかできないのです。阿弥陀というのは時間的な説明だけです。これは存在の説明にはなっていないのです。

時間的な説明があっても空間的な説明がありませんから、阿弥陀如来は空間的に存在していないのです。阿弥陀如来という思想は、聖書の真似をしているだけですからそうなるのです。阿弥陀ということは無限ということです。永遠という意味です。仏教は永遠ということだけを言っているのであって、存在ということを全然言っていないのです。だからありてあるということにはならないのです。

ありてあるということの証明は、時間と空間との両方がなければならないのです。ありてあるということが聖書にははっきり書いていますが、キリスト教では説明ができないのです。蝉が鳴いていること、鳥が飛んでいること、木の葉が青いということが、皆ありてあることです。これが皆説明できなければいけないのです。

これが神です。これを気楽に説明することができなかったらいけないのです。ありてあるということが何によってでも説明できるのです。誰でも信じなければならないのです。

人間はありてあるものによって、あらしめられているのです。これが父と子と聖書の関係です。現実に私たちが生きて働いている。商売をしていることが聖書の働きです。目が見えること、心臓が動いていることが聖書の働きです。

人間存在の本質は神に繋がっているのです。この点をよく考えて頂きたいのです。人が生きていることが神に繋がっているのです。自分が生きているのではない。神に繋がっているのです。命は自分の命ではない。自分が生きているのではない。神が生きているという事実が、自分を通して証されているのです。

神の命が自分を通して証されている。証している当人は自分ではないのです。神です。神がその人を通して証しているのです。

加藤さんを通して神が証している。加藤さんは神の証をせずに、自分が生きていると思うとしますと、加藤さんは神の命を踏み付けていることになるのです。これを皆様もしているかどうかをよく考えて頂きたいのです。

自分が生きていると思っている人は、神が生きているという事実を無視しているのです。

イエスは荒野の試みに導かれて、四十日、四十夜、断食をして空腹になられた。その時にイエスは自分が空腹になったと思わなかったのです。「人はパンだけで生きるのではない、神の口から出る一つ一つの言葉《ことば》で生きている」と言ったのです（マタイによる福音書4・1〜4）。

これが人間だと考えたのです。自分が空腹になったということは、神が空腹になったと考えたのです。

神が人格を持っている。神が人格を持って人間として現われている。だから、神が空腹になったと考えていたのです。これを生ける神の子というのです。

イエスは生ける神の子でした。自分が生きていることはどうでもよかった。神が自分という形で生きておられる。そういう事実をイエスは見ているのです。神と共に生きている。神と一緒に生きている。インマヌエルというのはこの事実です。イエスの生活の実体はこういうことでした。

# 24. 彼岸（神の国）に入る（4）

私たちは今、世界にたった一つしかない絶対の生命を見せられているのです。それをただぽかんと見ていたらバチが当たるでしょう。

聖書を勉強するというのは、全く命がけのことです。永遠の生命を得るためには、命がけでしなければならないのです。

今この世に生きている人間は、皆死んでいます。肉の人格で生きているのは死んでいることになるのです。だから、肉の人格を認める必要はないのです。イエスが主であることを少しでも認めることができれば、その人格を認めることができるのです。

人間は自分の意志で生きてきたのではない。そうしますと、今ここに生きているのは自分ではない。今字を書いているとしたら、自分が書いているのではないのです。字を書かせているのは誰か。自分ではない者が書いているのです。

今生きている自分が何か分からない。結局人間は死んでいるのです。幻として生きているだけのことです。自分が生きている状態は全く幻です。

人間が生きているのは、すべてイマジネーション（imagenation）です。イマジネーションというのは幻覚、空想という意味が強いのです。心象です。心象が幻覚を生み、空想を生んでいるのです。これが生きている人間です。これを罪と言います。人間は罪に売り渡されているのです。人間はこれを自分だと勝手に思っているのです。

世が造られる前に立って発言するのです。この発言に逆らったら滅ぼされることになるでしょう。

ユダヤ人が神に逆らっているために、うつろな人間ばかりいるのです。うつろな人間のイマジネーションの原理をなしているのが、ユダヤ人です。ユダヤ人の心象が世界全体を巻き込んでいるのです。これは本当にばかなことです。これを何とかして打破しなければならないのです。ユダヤ人にどうしても目覚めてもらいたい。目覚めてもらわなければ神の約束が進行しないのです。彼らが約束の民であることを信じている以上、彼らに悔い改めを迫らなければならないのです。

彼らが約束の民であると信じていなければ、悔い改めを迫る必要はありません。彼らは約束の民であるという間違った自信を握り込んでいるから、その間違いをまず認めさせて、本当の約束の意味を教えてあげるのです。

イエスが主である。イエス以外の人間を神は認めていないということを、ユダヤ人に承認させなければいけないのです。イエスはこの世が造られる前に神と一緒にいた。これを前提にして見ていた。神はこの人間しか認めていないのです。

皆様も世の初めの前に神と一緒にいた自分を認識しているのでなければ、いくらイエスを信じると言ってもだめです。

現世に生きている人間は全部うつろです。全く塵灰です。人格を認める訳にはいかないのです。自分が生きていると思っているだけで地獄へ行くに決まっているのです。

ユダヤ人が何としても宗教観念を踏み潰して宗教の外へ出ることです。彼らが宗教の外に出てしまわなければ、地球に真実の世界が現われないのです。彼らが宗教の世界にいる以上、本当の世界は実現しないのです。

文明が宗教です。自分がいると思っていることが宗教です。これはただの思いです。その思いを踏み越えて、ユダヤ人のために祈るのです。自分の感覚を踏み越えて祈るのです。ただ神の御心を信じて祈るのです。

イエスだけがいるのです。イエス以外の人間は一人もいませんから、強引にこれを受け入れたらいいのです。

パウロは言っています。「私たちは、律法は霊的なものであると知っている。しかし、私は肉につける者であって、罪の下《もと》に売られているのである」(ローマ人への手紙7・14)。

ユダヤ人は肉の律法で縛り上げられ、鍛えられてきたのです。足を縛って、走れ走れというのがユダヤ人の律法です。キリスト教信者でも、集会の度に悔い改めをしているのです。

初代教会の人々は、目の前にキリストの再臨があるような信仰を持っていたのですが、それからもう二千年も経っているのです。再臨もキリストも分からずに、むちゃくちゃに祈っているのがキリスト教の信者です。

やはり自分が肉的に存在しているという事実があるのですから、これをいつも否定して頂きたいのです。

神の前で生きているという気持ちをいつも持たなければ、御霊が用いてくれません。御霊に用いられようとすれば、御霊の調子に合わせていかなければならないのです。

私たちが現実に生きているということ、生活するということ、例えば、人間のしきたりとか、道義というものを鉄則のように考えています。これを守るという気持ちがあれば、山上の垂訓を実行するのは何でもありません。

日本の道義を実行すべきだと考えている人は、山上の垂訓は当たり前になるのです。実行できるのです。不自由するのが当たり前です。悪口を言われるのが当たり前です。自分が損をするのが当たり前、病気をするのが当たり前、商売がうまくいかないのが当たり前と考えると、腹を立てることも、落ち込むこともない。暗くなることもないのです。落ち込む原因がないからです。落ち込むような状態が当たり前です。そういう感覚を持とうとすれば持てるのです。

今の日本人の生活は良すぎます。今は偽キリストの時代ですから、いわゆる封建時代のような生活はありません。人間は皆ふぬけになっているのです。だから、自分自身で自分を厳しくしなければしょうがないのです。それができなければ、せめて奥さんに敬意を表さなければいけないのです。

大体、女の上に男が立っている社会が間違っているのです。女は既に神から刑罰を受けているのです。肉を売り込んだ。肉体があることを男に売り込んだのです。これが女の大失態の原因です。

神はそれを咎めているのです。特性という点から考えると女は男よりも高いのです。特性が高い女が、特性が低い男にこき使われているのです。女は社会現象として神に刑罰を受けているのです。

ところが、男は神の尻馬に乗って、神が女を刑罰していることをよいことにして、男が威張っているのです。自分は女より偉いと思っている。男は少しも刑罰を受けていないのです。

男は「あなたはちりだから、ちりに帰るべし」を実行しなければいけないのです（創世記3・19）。これを実行しない男は、女の上に立つ資格はないのです。ちりだからちりに帰るのを実行する時に、初めて男が神の前に出られるのです。これができない人はただのゴリラです。

皆様は教養がないのです。例えば、テレビを見たり、新聞を読むことの不思議さが分かりません。文章を書くとか、人と話をすることが不思議です。

肉体的に生きている者が人と話をするとか、電話をかけるとか、人が書いたものを読むということができるはずがないのです。

森羅万象があることがおかしいのです。森羅万象の世界に人間が住んでいることがおかしいのです。何のためにおいしいものを食べたり、きれいなものを見たりしているのか。小説を読んだり、テレビや映画を見たりしている。人間の生活は非常に不思議なことをしているのです。

これは一体何をしているのでしょうか。人間が今生きているということ、リビングということは何をしているのだろうか。これを私は長い間考えていましたがようやく分かりました。御霊によって教えられたのです。

それは生まれる前にしていた経験を、現世でもう一度経験しているのです。世界が造られる前に、神と一緒に生きていたのです。その事実がなかたら、私たちの脳細胞の中に万物がインプットされているはずがないのです。

人間が生きていることは摩訶不思議なことをしているのです。自分が今こうして生きているということが、誠に不思議なことです。こういうことに驚きがなかったら、福音は絶対に分かりません。

生きていることが不思議です。不思議ということをハギオスというのです。飲んだり、食べたりしていることがオールマナー（all manner）がホーリー（holy）になるということです。私たちはこういう格好で聖なることをいつでも経験しているのです。不思議ということが聖なることです。これを今経験しているのです。

天地が造られる前に経験していたことを、この世でもう一度経験しているのです。世界が造られる前には、インスピレーションとして経験していたのですが、今これを肉なる現実として経験しているのです。そこで初めて人間が卒業できるのです。

霊なる世界で温存されていた人が、肉なる者としてこの世に出されたのです。肉なる者として罪の下に売られたことはとても有難いことなのです。肉なる者として罪の下に売られなかったら、肉が霊にならないからです。だから、この世に生まれてきたかいがあるのです。

どんなに苦労しても、どんなに厳しい生き方をしても、生まれる前に味わっていた霊の世界を、現実的にもう一度経験できるということは大変なことです。

はっきり言いますと、今私たちは生まれる前の世界に生きているのです。ですから、今この世を去っても死んだのではないのです。

仏教でいう因果応報という考えは間違っていませんけれど、世界歴史にあるような形で説明ができないので、ただの概念になってしまうのです。私たちは世界歴史の成り立ちを、人間生活の実体と合うように説明できることによって、現実に生きている世界がそのまま霊の世界になってしまうのです。これができなければ因果応報、前世の因縁をいくら言ってもだめです。

十句観音経は次のように述べています。

観世音、南無仏
与仏有因、与仏有縁
仏法相縁、常楽我浄
朝念観世音、暮念観世音
念念従心起、念念不離心

この意味を簡単に言いますと、次のようになります。

観世音菩薩に帰依致します。仏に帰依致します。

私たちは仏において原因があります。仏において因縁があるのです。仏と同じ因、縁をもった世界に生きているのです。それは、仏、法、僧の三宝と一つにつながっている世界です。

この世界は常、楽、我、浄の理想社会です。朝に観世音菩薩を念じ、夕べに観世音菩薩を念じます。

その一念、一念はすべて悟りの世界から起ったものであり、悟りの世界を離れたものは何一つないのです。

仏さんが偉い。観世音菩薩が偉いと言っているのです。

与仏有因といくら言っても、これが歴史的に説明できなければ、与仏有縁にはならないのです。有因と有縁はそういう関係になるのです。

観世音というのは、現世で肉体を持っていた時のイエスを指しているのです。イエスは世音を見ていたのです。

生活の一つひとつが、すべてとこしえの命につながっているのです。これを実感できることを信仰というのです。実感できないことを御霊を消しているというのです。思想的に分かっていても、実感できなければ実行できないのです。

パウロは「御霊を消すな」と言っています。御霊を消すとは命を消すことになるからです。日本に初めて天の光が差し込んできたのです。これは間違いないことです。これは論理ではない。実感の世界です。実感できるというのは、そのまま世界が始まる前の感覚です。

私たちが生かされているということが霊です。生きている命は死ぬ命です。生かされている命は死なない命です。生きていると考えるか、生かされていると考えるかは、天地の違いになってくるのです。東山魁夷はそういう気持ちで描いていたようです。彼が描いた絵にそれが出ているからです。

彼が夜桜を見に行った時に、一本の桜が満開でした。桜の上に月が出ていたのです。京都中の桜の美しさがこの一本の桜に集約されたように感じられたのです。全く自分は何処にいるのか。何百人の人が夜桜を見ているのに、その人々が消えてしまって、見ている自分と夜桜だけになっている。月と東山と夜桜と自分だけの荘厳な世界だけになった。これを描いているのです。

この夜桜もいいし、唐招提寺の襖絵もいいのです。東山魁夷が描いているのは肉の世、この世のこととは違います。この世を写していますが、この世のものとは違う世界を描いているのです。

花が咲いているということが、目で見ている桜の花とは違うものを示しています。何か不思議なものが咲いている。それを見ているのは自分ではない。それを見させられていると魁夷は言っているのです。

お茶を飲んだり、ご飯を食べたり、話をしているが、自分ではないのです。世界が造られる前に、神と一緒にいた人がしているのです。こういう実感ができると、死なない命に生きていることが分かるのです。

ここに入ることを神の国に入るというのです。神の国に入ったら死なないのです。神の国の外にいたら何を言ってもだめです。

この世がないのです。霊の世界がこの世という状態で現われているだけです。森羅万象の世界はありません。仮に森羅万象の世界があったとしても、宇宙的には何の値打ちもありません。今の銀河系宇宙において、地球があっても何にもならないのです。地球に住んでいる値打ちが分かる人が一人もいないからです。値打ちが分かる人はほんのわずかです。

東山魁夷に言ってあげたい。今、目の前に見ているのは、あなたが生まれる前にいた世界だということです。あなたが夜桜を見ているのではない。生まれる前にいた感覚の人が見ているのです。あなたの中にあるものが、今目の前の形になって展開しているのだということを。

私たちはスケールを大きくして、根本的な問題にがっちり取り組んでいくような考えを持っていないといけないのです。表面的なことだけを見て、分かった、分かったと思ってもだめです。

神は人間の歴史だけでなくて、天地の創造というテーマを私たちに任せようとしているのです。これを料理しなさいと言っているのです。天地創造を料理すると、地球の完成になるのです。地球の完成は約束の完成です。

約束を信じるということ自体が、地球の完成を企てることになるのです。地球の完成に協力することになるのです。私たちが生きていることが、そのまま地球の完成に繋がっているのです。

今の地球があることは本物ではありません。嘘です。未完成の地球です。これは神が地球を完成させるため、神の国を地球に現わすために、一応地球を造って見せているのです。この地球を完成する計画をキリストというのです。地球が完成すると神の国が現われるのです。

私たちの肉体が栄光体になることがキリストです。こういうスケールで考えるのです。従って、現世に生きている人間は全部アンチクライストです。少々悪いというのではない。全部偽キリストです。基本的人権を信じている人間は、間違いなく偽キリストです。自分が一番偉いと思っているからです。

東山魁夷のように時々はっと気が付く人がいますが、宗教家は全部だめです。日蓮、道元、空海、最澄もだめです。一休はまだましです。女たらしでしたが、却って人間の裏も表も分かっていたからです。裏も表も全部分かっていなければだめです。善にも強いし、悪にも強い人間でなければいけないのです。

神は地球を造ってこれを何とか料理しなさいと言って、目の前に出しているのです。私たちは世々限りなく宇宙の王となるべき人材ですから、これくらいのことは考えなければいけないのです。

現世の仕事はあまりにも小さすぎます。これは片手間にすればいいのです。とにかく、私たちは地球を預けられているのですから、その気持ちで勉強して頂きたいのです。乞食が軍艦を押し付けられたという話がありますが、私たちは軍艦以上のものを任されたのです。天地宇宙の行く末を任されたのですから、自分を捨てなければいけないのです。

私たちには地球と人間の教養と文化を料理できるだけの力を与えられているのです。地球の存在と人間文明全体を、神は私たちに預けているのです。

イエスはそれを実感していました。固有名詞の自分、自我意識の自分はいません。イエスが私として生きているのですから、このイエスに従っていけばいいのです。

イエスがキリストである以上、世界中の人間を相手にしても平気です。仮に私を殺そうとしても平気です。私は勝つに決まっています。

私たちが今置かれている位置を考えてみてください。キリストというのは、地球全体を預けられて、それを切り盛りする番頭役です。私たちがキリストを信じていて、この末の時代に福音の締めくくりをすることになるのです。神がそのように期待しているのです。

イエスは次のように言っています。

「私の食物というのは、私をつかわされた方の御心を行い、そのみわざをなし遂げることである。

あなたがたは刈り入れ時が来るまでには、まだ四か月あると言っているではないか。しかし私はあなたがたに言う。目を上げて畑を見なさい。はや色づいて刈り入れを待っている。刈る者は報酬を受けて、永遠の命に至る実を集めている。まく者も刈る者も、共々に喜ぶためである。そこで、『一人がまき、一人が刈る』ということわざが、本当のことになる。私はあなたがたをつかわして、あなたがたがその労苦しなかったものを刈りとらせた。ほかの人々が労苦し、あなたがたは彼らの労苦の実にあずかっているのである」（ヨハネによる福音書4・34〜38）。

まず三十四節の私の食物というのは、私をつかわした方の御心を行い、みわざを成しとげることであるとあります。私をつかわした方の御心を行うとはどうすることかです。

教会時代の一番最後に現われた私たちが、どういう役目をすることになるかというと、地球を締めくくるのです。日本に起こされた預言者のグループは教会時代を締めくくり、異邦人の時代を締めくくるグループです。世界の歴史の動向を任されているグループです。

かつてユダヤ人でもこんな大きな仕事を任されたグループはなかったのです。これはユダヤ人の十二支族の額に、生ける神の印を押すグループです。神のリビングを印するのです。

神のリビングとは何か。世が造られる前に、神の傍で神の栄光を受けていた時のリビングが、今のリビングになっているのです。これが五官です。

五官の本質は、世が始められる前に神の栄光を見ていた。創造の栄光を見ていたのです。創造の栄光を見ていたから、創造の全体が分かっているのです。

私たちはそれを支配して、創造を完成するのです。こういう言い方をすると、これは誇大妄想狂の気違いと言われるでしょう。しかし生まれる前の世界が分かっている人はいないのです。世界中どこを探しても、生まれる前の国、神の国を見つけて入ったという人は私たちだけですから、神は私たちに目を付けざるを得ないのです。

神は私たちに対して、絶大な信頼と協力を惜しまないでしょう。私たちがどんなことを言っても、神が全部バックアップしてくれるのです。仮に私たちがほらを吹いても、神がほらでないように責任を取ってくれるのです。

そういう場に立ってしまえば仕事ができるのです。そういう場に立たなければ仕事はできないでしょう。預言者という場に立ってしまうと、預言ができるのです。そういう度胸を持って頂きたいのです。

今まで、東洋人でイスラエルに向ってこんなことを言った人はいないでしょう。聖書を御霊に従って読んでいくと、こういうことをイスラエルに言わなければならないのです。

イエスが立っている場に立っているという意識がなかったら、聖書を自由に読みこなすことはできません。聖書を自由に読みこなしても、神は少しも文句を言わないのです。

我にとって生きるとはキリストという感覚になったらいいのです。自分が生きていることは、キリストが生きていることと同じ意味を持っているのです。私をつかわした御心とはこういうことになるのです。

私たちが見ている万物は今ここにあるのではない。世界が造られる前にあったものが、今形としてここにあるのです。今あるのは実体ではありません。この世が造られる前にあったものが、今ここに形として現われているだけなのです。今あるのは形だけです。

イエスはそれが分かっていたので、目の前にある水が水ではないことを知っていた。これをぶどう酒にした方がいいと思ったので、ぶどう酒にしたのです。

目の前にあるものは形はあるが実体ではないのです。これをイエスは知っていた。御心を行うというのはそれを言っているのです。スケールが大きいのです。

創世記の一章の一日から順番に、神が言いたまいけるにそうなったとあります。これが御心です。これをどのように造り変えるかということが御心です。水を水でなくすることが御心です。イエスはこれをしたのです。

皆様がこの世に生きている人間だと思っている間はだめです。神の国に本籍、本居を置いてしまって、時々この世に現われるような気持ちで世の中に出るのです。

私たちが個人的に生きている姿は、天にいる姿です。世間の人にものをいう時は、世間に現われているのです。それくらいの度胸を持ってしまうのです。自分はこの世の人ではないという心境に入ってしまうのです。自分の個人的な生活は全く天に入ってしまうのです。

こう考えるのが普通であって、いわゆる以前在天をそのまま実行するのです。父の御心を行おうと思えば、地球の完成を請け負って、約束を成就させること、約束を実現することです。イスラエルの回復を私たちは祈っています。イスラエルの回復を祈る以上は、父の御心を成就することを祈っているのですから、イエスと同じ見識を持つことができるのです。

イスラエルの回復を祈ることができる人間は、世界の歴史を預けられている人間です。本気になって祈ればそうなるのです。

私たちはユダヤ人に祈るために生きているのです。ユダヤ人のために祈るというのは、歴史の成り行きを任せられているということです。これがユダヤ人を指導する生き方です。ユダヤ人を指導する以上は、歴史を思うように造り変えていかなければならないし、万物も造り変えられるのです。

人間の世の中を造り変えるためには、ユダヤ人を造り変えなければいけないのです。ユダヤ人を造り変えると、人間の歴史が変わるのです。

このための要を私たちが握っているのです。まず私たちが神の期待に添うようにならなければいけないのです。私たちが神の期待に添うようになれば、世界全体が何とかなるのです。これがイエスの思想でした。イエスはそう考えたのです。

私たちは誇大妄想になってはいけないのです。本当に聖書に従って考えると、空想でも何でもなくなるのです。

聖書の説明が十分にできない状態で話をすると、誇大妄想に思われるのです。聖書の説明が十分にできる状態で話をすれば、誇大妄想にはならないのです。こういう見識を持って、私はキリストの代理者だと言えば、誰も不思議に思わないのです。そういう人間になって頂きたいのです。これが異邦人の時代に現われる気違いみたいな集団です。

神を信じるというのは、天地の造り主を信じているのですから、現在の目の前の天地くらいは自由になるはずです。

この末の時代に、福音に耳を傾け理解したいと思う人は、普通の人ではありません。自分は日本人で、異邦人だと思っているかもしれませんが、実際にはユダヤ人の末裔に違いありません。霊的にははっきりユダヤ人です。

イエスは父の御心を行ったのです。彼が奇跡を行ったのは、地球が自分の手に委ねられていることを示しているのです。万物と人間とがイエスの手に委ねられていた。従って歴史そのものを自由に動かせるような、基礎的な種をまくことが、イエスの仕事だったのです。

イエスはまく人だったのです。現在地球が存在していることが神の国であって、これが畑です。この畑にイエスがまいたのですが、今は刈り取る者がいるのです。これを私たちに任せようとしているのです。

有形的な形で存在しているのは肉です。肉というのは実は霊です。この世が造られる前にあったことが、今この世として現われている。これが神の業です。これを全部人に任せているのです。これをこの世が造られる前の元の状態に返してしまう。そうすると、この世が始まる前にあった神の御心、神の計画、神の約束の全体が、水にて洗礼されることになるのです。

悪魔の前で洗礼されるのです。神の御心は純粋の霊ですから肉になったことがないのです。これが一度肉になって現われたのです。一度肉になって現われたということは、洗礼されたということです。肉になった者が元の霊に返ると完璧なものになるのです。これをすることを御心を成就するというのです。

イエス自身が御業を行うと同時に、その御業を成就して元の所へ帰ってしまった。私たちも一度肉の世界に入れられたのですが、これから出るのです。罪の下に売られた者が、罪を出てしまうのです。そうすると自由になる。罪に勝つのです。世に勝つのです。

そうすると、自由にこの世を支配できるのです。私たちに力があるかないかの問題ではない。神がナザレのイエスを起こしたように、今日本で私たちを起こしたのです。

神がバックアップしている。神が助けている。ですから、黙って神に従ったらいいのです。自分がその器であると考えたらいいのです。ただ固有名詞の自分をやめたらいいのです。

自分の思いを自分で脱ぎ捨てるのです。そうすると、別の世界へ入っていけるのです。父の御心を行うことが誠の食物になるのです。

# 25. 彼岸（神の国）に入る（5）

異邦人は本当に神を求めるということをしていないのです。「求めよ、そうすれば与えられるであろう」とイエスが言っていますが、イエスが求めよと言った意味が分かっていないのです。イエスはなぜ求めよと言ったのか。異邦人は神の国と神の義を求めようとしないのです。神の方からただ与えているような状態になっているのです。有難すぎて人間がばかになっているのです。

神の国と神の義を求めよとイエスが言っていますが、何のことか分かっていないのです。神の国と神の義が中心の柱になっているのです。この二つを求めなければならないのです。

本当は異邦人には神の国と神の義はいらないのです。家庭と仕事とお金があれば十分なのです。ばかなものです。実際レベルが低いのです。

キリスト教は生ける神に頼る、生ける神を信じることを忘れて、聖化、聖化というのですから、自分を聖化しなければならないと思うのです。こんなことができるのなら、イエスの十字架はいらないのです。神ご自身がいるということも必要ないのです。

人間の力で人間を聖化できるのなら、何もいらないのです。かつて、ジョン・ウェスレーの後継者たちが築いたメソジスト教会がありました。この教会では十字架をはっきり説かなかったのです。だから、十字架によって肉が全くなくなっているということを知らなかったのです。

現在世界中に多くのキリスト教派がありますが、十字架をはっきり説いていないのです。十字架によって肉がなくなっているということをはっきり説かないのです。

自分自身が良くなろうという気持ちが肉なのです。これが肉の思いです。罪というのは人を憎むとか、人を騙すとか、嘘を言うことだと思っているのです。肉と霊が分かっていないのです。腹を立てるのが肉の思いだというくらいのことは分かりますが、霊になると全然分からないのです。

霊に従いて歩むとはどういうことか、霊で歩むとか、霊で食事をするとはどういうことかです。例えば、ぶどう酒を飲むとしますと、このことが霊なのです。人間が肉体を持っていることが霊です。肉体的に生きていることが霊です。

現世的、世俗的に見れば肉ですが、前世のことが今現われているという場に立てば、すべてが霊です。

皆様は自分で生まれたと思ったことはないでしょう。生まれたいと思わないのに生まれてきたのです。これは皆様の人生が自分のものではない。これが霊です。この世に私たちが生まれてきたことが霊です。

自分で生まれたいと思ったのなら肉ですけれど、自分で生まれたいと思わないのに生まれてきたのです。これが霊です。

肉はすべて自我が中心になっているのです。鼻から息を出し入れしようと自分が思っているのではない。目で見ている時も、自分が見ようとしているのではない。自然に見えるのです。

人間が生きていることはすべて霊です。自我意識は肉です。肉は益なしです。

人間が現世にいるから信仰になるのです。また、神がそれを助けるという神の処置があるのです。本人がいなければ救いが成立しないのです。生きていることの感謝も感激もない、単なる虚無思想になるのです。

御名というのはあるということです。何かがある。空気がある。家がある。道路がある。あるということが神です。このことを御名というのです。神を実体的に言うと、ネーム（name）になるのです。

神のネームは何かというと、あることです。空気があること、川があること、山があること、自分の口があること、目があること、すべて何かがあることが神です。どんな小さなことでも、どんな大きなことでもあることが神です。何かがあることが神です。

私たちはあることの真ん中にいるのです。目があること、鼻があること、耳があることの証を生活でしているのです。あることを証することを生活というのです。

あるということがなかったら、私たちの生活は一秒間も成立しないのです。生理機能があること、人間がいることが神ですから、神の真ん中で生活しているのです。あるということを証しなければ生きておれないのです。

肉の思いがあるということは悪魔があるということです。悪魔があるということも神です。

悪魔は神ではないが、悪魔があるということが神です。何でもあるということが皆神です。神が悪魔をあらしめているのです。悪魔の存在を許しているのです。神がなかったら悪魔もないのです。

あるということがすべてのすべてです。これをよく弁えなければいけないのです。

人間の霊魂というのは、霊のことをよく知っているのです。ところが、人間の知恵、知識は肉ですから、霊のことを知らないのです。

人間の霊魂は、太陽が輝いていることを霊として受け止めているから、ご来光を見るとはっと思うのです。はっと思うというのは驚いているということです。人間の霊魂は霊ですから、外側の霊を直感して驚いているのです。

ところが、肝心の人間の方は肉ですから、今日はいい天気だなあというくらいにしか感じないのです。

はっと誰でも感じるのです。これは魂の方です。人間の方ははっと感じることの意味が分からないのです。人間は肉ですから、鈍感ですから、はっと感じているのが何を感じているのか分からないのです。

皆様の霊は敏感ですけれど、人間である自分自身が霊のように敏感にならなければ、聖書が分からないのです。

神が相手にしているのは人間の霊であって、肉ではないのです。ところが、霊がぽかんとしているのです。霊が神を褒めることはめったにないのです。肉はこれはおいしいとか、美しいとかいうけれど、おいしいとはどういうことかを知らないのです。知ろうとしないのです。おいしいということはどういうことなのかを、真面目に考えますと、おいしいということが霊なのだということが分かるはずです。

霊とはどういうことかと言いますと、これが命であり魂なのです。そうすると、おいしいと感じているのは、魂が感じているのです。肉とは違うのです。

味を受け止めているのは、魂であって肉体ではないのです。舌で味わっていると思っているが、実は食べているのは霊魂です。魂で食べているのです。だから、味が分かるのです。味は霊です。

本当に神を崇めるというのは、食べているのは魂が食べていると思うことです。霊魂で生活していることを自分で味覚できる人を、神の御霊を崇めることができる人というのです。

人間の生活は皆霊です。霊の生活をしていながら、皆肉に解釈してしまうのです。だから皆罪になってしまうのです。

人間のセックスがそうなのです。セックスは全く魂の行為です。魂の行為を肉の行為にしてしまっているのです。一般の人間はセックスが肉だと思い込んでいますけれど、実は霊なのです。

霊魂でなかったらセックスの行為をしないのです。魂だから性行為があるのです。性行為はどこまでも魂の行為です。それを肉だと思い込んでいるのです。

肉の状態で死んだら困ることになるのです。どこへ行ったらいいのかさっぱり分からないのです。今、生きているうちに神の国がどこにあるのかをしっかり見つけて、その中へ入ってしまわなければいけないのです。

神の国と神の義を求めよと書いてありますが、本当に神の国を求めている人はめったにいないのです。神の国と神の義を求めている人は、生きている時から既に神の国と神の義が分かっているのです。

求めるというのはシーク（seek）することです。探すのです。神の国はどこにでもありますから、探すのです。探さなければ分からないのです。

探せばあるに決まっているのです。あるに決まっていることをイエスは言っているのです。ところが、肉の気持ちでぽかんとしていると、目の前にあっても分からないのです。

その状態で死んだら困るのです。生きているうちは、神の国が分かっている人でも、分からない人でも同じように生きています。分かっている人も分からない人も、同じような生活をしているのです。同じように見えるのです。

生きている間はそれでもいいのですが、この世を去ったらたちまち困るのです。死んだ途端に神の国が消えるのです。神の国は命の国ですから、命がある間は神の国はあるのです。命がなくなったら神の国は消えるのです。それから困るのです。どうしたらいいか分からないから、ただうろうろするだけです。

死んだら命はありませんから、神の国が欲しいと思うのです。そうなるに決まっているのです。命が欲しいから命を尋ねるのですが、命はどこにもないのです。

生きているうちに命を掴まえている人は、死ぬということがないのです。霊の国があるのです。そこに入るのです。

イエスが神の国と神の義を求めよと言っているのは、神の国へ入れと言っているのです。神の国へ入っておかないと、死んだら本当に困ることになるのです。

神の国に入っていたら、心臓が止まっても安心です。

あるということが神の国ですから、神の国はどこにでもあるのです。

神の国を求めよとはシークせよということです。シークせよとは、神の国が目の前にあるから、それが分かるように頭を使えということです。これを探せば分かるに決まっているのです。

人間は自分の肉の力で生きているのではないのです。空気があること、水があることが神の御霊の力です。太陽があること、風が吹いていることはすべて御霊の力です。御霊の力がなかったら、自然環境はあり得ないのです。

神がおいでになるから、御霊の力があるから、太陽が輝いているし、空気も水も、自然環境もあるのです。私たちは神の御霊の力を目の前にまざまざと見ているのです。神の御霊の力がなかったら、生きているということがあり得ないのです。

生きているということを経験していることは、神の御霊を経験しているに決まっているのです。ところが、人間は神の御霊を知らないのです。全く人間はばかなものです。

人間は生きていながら神の御霊を知らない。こんなばかなことはないのです。生きているという有難いことを、現実に経験していながら、有難いということの意味が全然分かっていないのです。

生きているのが有難いとはどういうことか。神の御霊と一緒にいるから有難いのです。この有難いことを現実に経験していながら御霊を知らないのです。何というばかかと言いたいのです。

有難いということの本当のことは何なのかを弁えようとしないのです。人間は生きていることが有難いことは分かっています。有難いのなら、有難いということの本当の意味を弁えて、有難うとお礼をいうべきです。ところが、知らん顔をして、生きているのは当たり前だと言っているのです。

生きているという有難さがなくなると困るのです。現世を去ると、神の御霊と一緒に生きているという事実がなくなるのです。そうすると、真っ暗になるのです。どこへ行っていいか分からないのです。こういうことになるのです。

生きているということがあるから有難いのです。生きている間に命がはっきり分かったら、心臓が止まっても生きているということがあるのです。これをとこしえの命というのです。これを真剣に勉強したいとなぜ思わないのかと言いたいのです。

生きている時には神の国が分からなくても、神の御霊と一緒にいるから平気で生きているのです。これが当たり前に思えるのです。だから、一緒にいることの有難さを掴まえないと思わないのです。

ミカンを食べたらミカンの味がするということの有難さが分からないのです。この有難さを本当に掴まえて、これを死んでからでも覚えていなければいけないのです。

ミカンを食べている時だけに分かって、すぐ忘れてしまうというのではいけないのです。マグロの刺身を食べておいしかったという味わいを、死んでからでも持てるような食べ方をするのです。

生きているうちに、インマヌエルで神と一緒に食べていればこれができるのです。この世を去ってからでも神と一緒に食べた記憶は残っているのです。

神と一緒に食べているという覚認するのです。自覚して認めるのです。この覚認が必要です。確認ではなくて覚認するのです。

舌で食べると、これが脳細胞に伝わるのです。脳細胞が経験しているということが、とこしえの命に組み入れられていくのです。

味わっているのは脳細胞で味わっているのです。魂の基本は脳細胞にあるのです。舌で味わったものが脳細胞にきて、これが霊魂になるのです。食べた味わいを霊魂が覚認しているのです。霊魂が覚えているのです。

生きているうちに生きている神を掴まえるのです。ああこれが神だということが分かっただけでなくて、できたら生きている神を掴まえて、その神と一緒に生きるのです。この神と手をつないで生きていると、心臓が止まって目が見えなくなっても、霊魂は少しも変わらないのです。肉体の命がなくなっても、霊の世界へ入って行けるのです。死がなくなってしまうからです。生きているうちに神の御霊と手をつなぐことはできるのです。死んでしまってから神の御霊と手をつなごうとしてもできないのです。生きているうちにならできるのです。

神の御霊は命ですから、心臓が止まっても神の御霊はなくならないのです。心臓が動いているのは神の御霊によるのですから、心臓が止まっても御霊は止まりません。御霊の方へ引っ越したらいいだけのことです。

命は神の御霊ですから、命が人間に宿っているから、人間存在は神の宮になるのです。命と手を組んでおけば、死んでからでも命が続いていくのです。これをとこしえの命というのです。こういう事がイエスにおいて実現しているのです。イエスが実現したことは私たちにも実現するに決まっているのです。

理屈で考えなくてもいいのです。ただ黙って信じたらいいのです。素直に信じたらいいのです。女の人はやりやすいのです。男は自我がありますから、自我を切り替えて、イエスが主であることを確認しなければならないのです。

女の人はイエスが主であると言わなくてもいいから楽でいいのです。女の人は楽です。イエスが主であると信じた男の中へ入ったらいいのです。

男は人格を持っていますから、格を変えなければいけない。女は格がないから気楽なものです。

人間が生きていることが不思議です。生きているというのは全く不思議なことを経験しているのです。こんな不思議なことはありません。生きていることは自分のものではないに決まっています。神からのものに決まっているのです。

地球が生きているという事実、太陽と地球が生きているという事実をイエス・キリストが証明したのです。私たちがイエスを信じると、太陽と地球が生きている命を掴まえることができるのです。

聖書には初めから太陽と地球とのことが書いてあるのです。初めに神が天地を造ったと書いているのです。聖書は太陽と地球のことを書いていますが、これが命です。

こういうことを考えるのです。現世のことはどうでもよいのですから、大きいことを掴んでしまうのです。命を掴まえると死ななくなるのです。

太陽が地球を生かし、地球が太陽によって生かされている。これを神の御霊というのです。神の御霊が私たちを生かしているのです。

神と地球は恋愛関係です。恋愛関係で見ると一番よく分かるのです。

イエスの父（神）に対する気持ちは恋です。イエスが父を慕っていた感覚が恋愛です。これが信仰です。信仰とは恋愛のことです。信仰は信心とは違います。恋愛感覚でなかったら信仰になっていないのです。

女の人は恋愛が上手です。また、女の人は恋愛が一番好きです。女の人は一番好きなことをしたらいいのです。

イエスが神に対してアバ父と言っていました。これが恋愛です。この感覚が必要です。

命のあり方が原則であって、人間の恋愛は肉で解釈しているのです。だから間違っているのですが、霊で見ればいいのです。

恋愛というのは霊魂の問題です。魂の問題であって、肉の問題とは違うのです。

神が人間に与えたものは恋愛です。人間が考えている男女関係は肉欲です。肉欲と恋愛とは違います。恋愛というのは霊魂の問題です。肉欲は肉体の問題です。問題が違うのです。

肉欲の問題と霊魂の問題をごちゃごちゃにしているのです。

アダムが女をエバと名付けたから、女が動物の母となったのです。エバと名付けたから、女は男に抱かれるものとなってしまったのです。アダムの名付け方が悪かったのです。

もしアダムがエバと名付けなかったら、女は今のような状態になっていなかったのです。

女は抱かれるものではないのです。今では抱かれるものに決まっていますが、アダムが間違えたのです。アダムは陥罪によってそう考えたのですから、善悪の木の実を知る木の実を食べる以前に帰ったらいいのです。善悪を知る木の実を食べる前の状態に帰れば、女を抱くものとは見ないのです。そうして、恋愛という言葉が持っている内容が変わってくるのです。

恋愛という言葉は使っても、その内容が霊的なものになるのです。肉的なものではなくなってしまうのです。男女が全く一つになるのです。

大体、女は男のあばら骨であって女はないのです。あばら骨があるだけです。こういう状態になってしまうのが望ましいのです。

男と女は合体して一つでなければならないのです。二人いるというのはおかしいのです。人間は結婚したら欲望生活になるのです。だから結婚生活というのは悪いものです。人間どうしの結婚を神は認めていないのです。人間は勝手に結婚したと言っているだけであって、神が容認しているのではありません。容認できないからです。

# 26. イエスとニコデモの対話

神の国と神の義がイメージにならなければいけないのです。私たちは理性によって勉強していると思っていますが、これが肉の思いです。

人間が肉体的にこの世に生きているから、理性が肉の思いになっていて、肉の思いで聖書を勉強しているのです。これが一番困るのです。

皆様は聖書の勉強をしているつもりです。そして神の国と神の義を求めているつもりですが、求めていないのです。

神の国と神の義はイメージの問題です。神の国と神の義というイメージを持たないで、現世のイメージで聖書の勉強をしているのです。これでは信仰にはならないのです。

現世に生きているというのは本当に困った問題です。死んでしまうとだめですし、現世に生きているとだめです。現世に生きているということが御霊ですから、御霊で生きていなかったらいけないのですが、自分が生きているのです。土台が間違って生きているのです。肉の思いが土台になってしまっているのです。

神の国と神の義を求めよと言っているのです。これができないのです。現実に生きているということがいけないのです。神の国に生きていなければいけないのです。

人間は心を更えて新にすることができないのです。この世に生きている状態で聖書の勉強をしていても、それが全くだめだという訳ではありません。勉強しないよりはした方がいいに決まっていますけれど、本当の信仰になっていないのがいけないのです。

聖書の外側をぐるぐる回っているだけです。信仰になっていないのです。

神の国と神の義というイメージが湧いてきていないのです。現世に生きているイメージをしっかり持っているので、人間のイメージを持ったままで聖書の勉強をしているのです。

自分が現世に生きているという、そのイメージが間違っているのです。これが間違っているから、異邦人が聖書の勉強をするということが不可能に近いことになるのです。難しいとか難しくないという問題ではありません。

神の国と神の義を求めて、今ここに生きているのが神の国であるという勉強をしなければならない。これが難しいのです。現世に生きているという理性をいくら用いて神の国を勉強してもだめです。

神の国と神の義を求めよとイエスが言っているのは、現在生きているのが神の国だから、求めよと言っているのです。現世に生きているのではないのです。神の国に生きているのです。これが皆様には分からないのです。

皆様は神戸に住んでいる。大阪に住んでいると思っているでしょう。これが間違っているのです。

聖書を勉強するというのは、世界が違うのです。普通に生きている精神状態で聖書を勉強しても、本当の聖書の勉強にはならないのです。

心を更えて新にせよとイエスが言っていますが、これは自分が悪かったと思うこととは違うのです。悔い改めるというのは生きているつもりでいたが、実は死んでいたということです。これに気が付くことを悔い改めるというのです。

自分の生き方が悪かったというのとは違うのです。生きているつもりで死んでいたのです。今ここにいることが神の国です。これが分かるかとイエスが言っているのです。聖書の標準はこれくらいに高いのです。

私たちの目が見えること、耳が聞こえることが神の御霊の働きです。私たちの魂は神の御霊の働きを直感して、命を経験しているのです。神の御霊の働きによって命を経験していながら、これが分からないのです。

命を経験していながら命が分からない。だから、生きている状態で死んでいるのです。

皆様が今ここにいるのが神の国です。これを普通の言葉で言っても分からないのです。ところが、イエスは一般大衆に向かって神の国と神の義を求めよと言っています。神の国はイメージの問題です。イメージというのは理屈とは違います。直感です。

イメージは分かったとか分からないということとは違います。これがキリスト教では全然分からないのです。皆様はイメージが分からないけれど、イメージについてくることはできるのです。だから、もう少し真剣に勉強したら、肉の思いを入れ替えて、今ここにいることが神の国だということが分かるようになるのです。そうなるのです。

皆様は肉体的に生きていると思っていますが、実は肉体的に生きているのではないのです。霊で生きることができるのです。

皆様は本当に神の国のイメージに生きることができるのです。だから、宗教観念を捨てて、もっと真剣になって頂きたいのです。もっと本気になって頂きたい。せっかく命を与えられているのですから、現実に生きていることが、神の国だということが分かるような人間になってください。神の国と神の義が納得できるような人になってください。

ザ・リビングとは人間が生きている現実を言っているのです。ザ・リビングということがそのまま神の国です。神が人間を生かしているのですから、私たちが生かされているという現実が、そのまま神の国にならなかったらおかしいのです。

私たちが生かされているということが、神をそのまま生きているのです。生きるということは神です。命ということが神です。私たちは現実に命を経験しています。命を経験しているのでしたら、そこに神の国があるに決まっているのです。だから、イエスは神の国と神の義を求めよと言っているのです。

こういうことが分からない皆様の信仰は、キリスト教の信仰になっています。宗教と本当の信仰とは、ここが違うのです。

本当に神の国があるのですから、イエスは神の国と神の義を求めよと言っているのです。今いる所が神の国にならなかったらいけないのです。今ここにいる状態で神の国に入れるのでなかったらいけないのです。

天に行ってから神の国に入るのではない。水と霊とによって神の国に入れとイエスが言っているのですから、生きているうちに神の国へ入らなければいけないのです。

この説明がはっきりできなければ、ユダヤ人に福音を伝えることはできないのです。

皆様はいい所まで行っているのですけれど、聖書を勉強している気持ちの土台がだめです。現世の人間として勉強しているのです。人間の理性で勉強しているのです。これがいけないのです。

イエスはユダヤ人の中でユダヤ人に発言していたのです。常識的に見ると、イエスとユダヤ人とは同じ常識で発言しているように見えるのです。ところが違うのです。イエスが生きている世界が分からなかったのです。

イエスはニコデモに、「誰でも新しく生まれなかったら、神の国に入ることはできない」と言っています。これに対してニコデモは、「人は年をとってから生まれることがどうしてできますか。もう一度、母の胎に入って生まれることができますか」と聞いたのです（ヨハネによる福音書3・3、4）。

ニコデモは、母の胎から生まれるのでなかったらどうして生まれるのかと、もっと丁寧に詳しくイエスに聞いたらいいのです。そうしたら、大変な秘密をイエスから聞くことができたのです。

ニコデモは自分の常識で聞いていたのです。だから、イエスのせっかくの言葉が皆上滑りしてしまったのです。

分からないことは分かるまで御霊に聞いたらいいのです。そうしたら御霊が教えてくれるのです。

## 27. ユダヤ人が神の国を求めたら、人類は死ななくなる

ユダヤ人が神の国と神の義を求めたらどうなるのでしょうか。世界中の人間が死ななくなるのです。これは大変なことです。ユダヤ人が神の国を求めたら、人間は死ななくなるのです。

現在の文明は死を内包しています。旧約聖書創世記の三章にありますが、エデンの園で、神が食べてはいけないと言った善悪の木の実を、アダムが食べて死んでしまった。現在の人間も同じことをしているのです。善悪の木の実を食べなくなったら、人間は死ななくなるのです。これに気が付いている人が、世界中に一人もいないことが不思議です。

世界中の人間を殺しているのがユダヤ人です。神がユダヤ人に約束を与えたということは、とこしえの命を与えたということですが、これをユダヤ人は全く理解していない。そのために、人類が死ななければならない状態におかれているのです。

もしユダヤ人が悔い改めれば、大多数の異邦人はそれについて行くでしょう。しかしユダヤ人を軽蔑しているキリスト教徒は、ひどい仕打ちを神から受けることになるのです。

人祖アダムが善悪の木の実を取って食べたということはどういうことか。食べて死んだとはどういうことか。

聖書は次のように書いています。

「人とその妻とは、二人とも裸であったが、恥ずかしいとは思わなかった。さて主なる神が造られた野の生き物のうちで、へびが最も狡猾であった。へびは女に言った。『園にあるどの木からも食べるなと、本当に神が言われたのですか』。女はへびに言った。『私たちは園の木の実を食べることは許されていますが、ただ園の中央にある木の実については、これを取って食べるな、これに触るな、死んではいけないからと神は言われました』。へびは女に言った。『あなたがたの目が開け、神のように善悪を知る者となることを、神は知っておられるのです』。女がその木を見ると、それは食べるに良く、目には美しく、賢くなるには好ましいと思われたから、その実を取って食べ、また共にいた夫にも与えたので彼も食べた。すると、二人の目が開け、自分たちが裸であることが分かったので、いちじくの葉をつづり合わせて腰に巻いた」（創世記2・25〜3・7）。

これと同じことを現在の人間がまだしているのです。すべての人は自分の立場から善悪を判断している。これが善悪の木の実を食べていることになるのです。

陥罪以後の人間は罪の塊になっていますから、罪に勝つことはできませんけれど、聖書の原点に立って、エデンの園の原点に目を止めていれば、罪に負けないで生きることはできるのです。園の真ん中の善悪の木の実を食べないで生きることはできるのです。アブラハムはそれをしていたのです。

エデンというのは抽象的な現実です。または現実的抽象です。聖書の神の言が抽象的な現実です。また、現実的な抽象です。私たちが肉体的に生きていると考えることは、抽象的な現実です。霊において生きるという原則論から考えますと、肉体で生きていることが抽象になるのです。抽象とか現実という言葉になりますと、どちらからでも言えるのです。聖書と現実は裏表の関係になっているのです。

人間は嘘と誠が表裏の状態で生きているのです。イエスはそういう見方をしていたのです。そういう見識の幅を持って見ていないといけないのです。霊がそのまま肉であること、肉がそのまま霊であると言えなければ、旧約聖書と新約聖書を自由自在に信じることはできません。イエスはこれができたのです。

人間の肉体はあると考えてもいいですし、ないと考えてもいいのです。色即是空が本来のあり方です。色即是空がなぜ本来のあり方かと言いますと、「地は形なく、むなしく、闇が淵のおもてにある」という条件が、天地創造の原理になったからです。

闇が淵のおもてに座り込んだ、そこで神の霊が水のおもてを覆ったのです。もし闇が淵のおもてに座らなかったら、神の霊が水のおもてを覆わなかったでしょう。天地創造はなかったのです。

私たちに肉体があるのは、地球というボディーがあるからです。地球にボディーがなかったら、私たちにもボディーはなかったのです。

地球というボディーがあることは、闇が淵のおもてにあったからです。闇が淵のおもてにあったから、神の霊が地球というボディーを考えざるを得なかったのです。これが創世記の原点になっています。

闇が消えてしまいますと、地球というボディーがあることが無意味になるのです。現在の地球が消滅した後にできる新しい世界では、物体的な地球は存在しません。霊の世界ですから、物理的なものはないのです。

地球は空中に絵を描いたようなものです。空中に空の原理に従って造ったのが地球です。現在の地球があることは、神があることを意味するよりも悪魔があることを強く意味しているのです。私たちが肉体的に生きていることは、悪魔がいることを前提としているのです。だから、私たちが肉体的に生きているということほど、ばかげたことはないのです。

地球は実存していません。仮存しているのです。仮に存在しているのです。ユダヤ人があると信じているから、実存しているだけです。ユダヤ人が新約聖書を信じることになりますと、地球を信じなくなります。ユダヤ人が地球を信じなくなると、地球はどうなるのでしょうか。

地球があるのは全くの幻です。従って、私たちの肉体があるということも幻です。これを生活において実感できるかどうかです。

エデンの園の真ん中にある木の実を食べたら、神が叱るかどうかです。園の真ん中の実はどんな実でしょうか。皆様がそれを食べているかどうかです。

創世記が解明されると命の本質が解明されるのです。これが聖書を勉強している者の最も重要で楽しい点になるのです。

園の中央にある木は一本ですが、その枝が大きく二つに分かれているのです。一つは命の枝であり、もう一つは善悪の枝です。命を認めれば善悪の方は消えてしまう。善悪を認めれば命は消えてしまうのです。聖霊を受けて御霊に従って生きていても、肉の思いはあるのです。この肉の思いをどのように始末するかです。

聖書はこれについて具体的に教えていません。聖書はキリストという神の処置を説いているだけです。パウロは「あると言えばある、ないと言えばない」という書き方をしています。「生きているのは、もはや私ではない。キリストが私のうちに生きておられるのである」と言っているのです（ガラテヤ人への手紙2・20）。

私たちが現世に生きているとはどういうことなのか。これは一人ひとりに責任があるのです。一人ひとりが自分の霊について責任を持たなければならないのです。心臓がいつ止まるか分からないから、いつも結論を出さなければならないのです。

園の真ん中の木の実を食べると女が言い出した。園の中央にある木の実は具体的に私たちの場合、何を指しているかです。園全体が中央であると言えなくもないのです。

エデンの園とは一体何であろうか。私たちの命のあり方の真ん中は何か。中央の木の解釈の仕方によって、園全体の考え方が変わってくるのです。

その全体というのは命全体になります。園とは命そのものです。皆様の命はエデンの園なのです。私たちはエデンの園を命として経験しているのです。エデンは抽象的な人生です。園は命です。

人間が生きているということは全くの肉です。ところが、全くの肉ということが、全くの霊ということです。肉はありません。その代わりに霊があるのです。肉体はありません。生きているという事がらがあるのです。肉体は肉ですが、生きているという事がらは霊です。

これは全くの自己矛盾であって、人間が生きていることは、完全な霊と完全な肉とが一つになっているのです。生きている方を自分だと思うか、肉体的な人間を自分だと思うか。どちらを自分だと思うかです。

魂を自分だと思う場合は、人間的な面子とか、人間的な健康とかは問題にならないのです。ところが、人間的な利害得失を考える場合は、霊の方は一切問題にならないのです。どちらか一つにしてしまわなければならないのです。

霊の人間として実存し続けること、そうしたいと思えばできるのです。聖書を信じて生きるか、この世の人間として生きているのか。イエスと同じように生きたいと思ったら生きられるのです。

この場合、日本人としての自分、固有名詞の自分は実存していないのです。これを思い続ければいいのですが、なかなか思い続けられるものではありません。それを思い続けるには、どのように自分を訓練すればいいかという問題です。

人の魂は生ける神の子として生かされています。甘いものを食べて甘い味がすることは、生ける神の子として生かされている証拠です。生ける神の子としての実体を経験していながら、固有名詞の人間として生きていることになれば、地獄へ行くしかないのです。

甘いものを食べて甘い味がすることが天国です。神の国です。これを実感していながらこの世に生きていると思う。これが間違っているのです。

この世に生きている自分がいると思うこと自体が間違っているのです。肉体的に生きていると思っていることが、神に逆らっているのです。肉体的に生きているということだけで、神に反抗しているのです。神に反抗していれば地獄へ行くに決まっているのです。当然のことです。

皆様は現在生きています。生きていることは神の前にいることです。生きていることが霊ですから、肉体的な自分は影です。肉体はありますが、生きていることを称えるための影としてあるのです。自分の命はあるはずがないのです。神から離れて自分の命があるはずがない。そういうものがあると思っているのが大問題です。

現在の人間は創世記の二章から四章を正確に読むことができません。一人の人が男と女になってしまったからです。これは正確な人間とは言えないのです。

創世記二章、三章で語られているのは、いわゆるハーアダムです。これは純人というべきものです。ハーアダムは男と女が完全に一体となったものです。これが原点的な人間であって、現在こういう人間はいないのです。

現在の人間は男と女に分けられた後に、神が食べてはいけないと言った善悪の実を食べて死んでしまった。そして、数百億に分解された後に地球へ追放されたのです。

何回も失敗を繰り返し、漸く地球に辿り着いたのです。だから、人間は聖書が分かるはずがないのです。今の人間が聖書を本当に理解しようと思ったら、イエスを信じるしかないのです。イエスが自分の本体であって、自分が影だということがはっきり分かる時に、イエスにおいて男と女が一つの人格であることが実現できるのです。

イエスを信じる時にだけ、男と女が一体である自分を知ることができるのです。人の主体はイエスです。イエスを信じることなしに聖書を信じることはできないのです。

イエス・キリストとは何か。これは人類の統合を意味するのです。数百億に分裂する前、罪を犯す前の純人がイエス・キリストです。数百億の人間がいるように思えますが、人間は一人しかいないのです。

日本国憲法には、天皇は日本国民の統合の象徴であると書いています。国民が統合するというのは、人格が統合することを意味するのです。キリストと天皇は不思議な関係があるのです。天皇は日本国民の統合を意味しますが、キリストは万物と人類の統合を意味するのです。ですから、天皇は影、キリストは実体の関係になるのです。影があることは実体があることを示しています。

やがてこのことが世界的に明らかにされるでしょう。その時、全世界の人々は驚愕するでしょう。そしてキリストが再臨し、世界の歴史は根本的に新しくなる。その時初めて地球上に絶対平和、完全な平和が実現するのです。

聖書の初めにあるのはアダムですが、アダムとイエスは同じものです。本当の人間を知ろうと思ったら、現実の男である自分、女である自分を頼りにしていたのではだめです。男とか女から解脱して、イエスの場に立って聖書を見るのです。これ以外に聖書を信じることはできないのです。

自分でない自分、霊的な自分、イエスである自分を見つけたらいいのです。固有名詞の自分が聖書を読んでいたのでは、真意が全然分からないのです。

自分と聖書の関係を黙想して、聖書にある自分を見つけたらいいのです。これは生きている自分ではありません。生かされている自分です。生きている自分は肉ですが、生かされている自分は霊です。生かされている自分が聖書を読めば、その内容が正確に分かるのです。

御霊を崇めれば、イエスが生きていた時と同じ場に立つことができるのです。御霊とは何かと言いますと、宇宙に展開するエネルギーを意味するのです。このエネルギーが万物と人間を生かしているのです。

御霊の世界が神の国です。皆様が生かされていることが神の国です。生かされているのは現世ではなくて神の国です。現世に生きていると思っていると、聖書を信じることはできません。

イエスは、「まず神の国と神の義を求めなさい」と言っています（マタイによる福音書6・33）。この条件を呑まずに聖書を勉強してもだめです。皆様が生きている森羅万象の実体が神の国であり、その中にある味、香り、栄養素が神の義です。人は知らずに神の国と神の義に生きているのです。神の国と神の義がはっきり分かってきますと、現世が影であることが分かるのです。

皆様が毎日食事をしているのは、実は神の国を食べているのです。これが分からなければ信仰しているとは言えません。観念の信仰ではだめです。自分の人生観そのものが信仰でなければならないのです。そうすると、自我を主張する必要がなくなるのです。

皆様は現世に肉体的に生きていると思うから、いつも矛盾が生じるのです。肉体的に生きているという事実はありません。肉は存在していないのです。実存していないから肉というのです。肉は仮存しているだけです。仮存しているから肉というのです。

聖書でいう肉は現象を意味します。現象感覚を肉の思いと言います。現象は瞬間、瞬間の状態です。瞬間、瞬間変化しているのです。現象を実体だと思うことは科学的にも間違っているのです。

科学は、現象は実体ではないと証明しています。広島、長崎で原子爆弾が爆発したことが、物質が存在していないことを証明しているのです。物質は存在しない。それはエネルギーであるという理論物理学によって原子爆弾、水素爆弾、中性子爆弾が開発されたのです。現象は実体ではないということを証明するために、科学があると言ってもいいのです。現象が実体であるとすれば、科学の理論を否定していることになるのです。

現象を実体とするのは科学以前の古い考え方です。現象は存在していません。人間の思いであると思うからあるのです。人間の肉体感覚は幻覚です。幻覚を信じないで実体を信じるのです。これが聖書を信じることです。

人間が考えている女や男は存在していません。人間の肉の思いは勝手な妄念で物を見ているのです。肉体的に存在するとか、現象的に存在するものはありません。現象は感覚であって実存ではないのです。だから、悪口を言われた、誤解された、誉められたということはないのです。それはただの幻覚です。幻だけを見て人間の精神状態は動揺しているのです。幻を捨ててしまえば、人間の精神が動揺する理由はどこにもないのです。

イエスは生ける神の感覚をそのまま持っていたのです。エホバがそのままイエスの命だったのです。だから、思い煩いがなかったのです。自分がいないのですから、エホバ以外は何もないのです。エホバは万物が実存していることです。

万物が存在していることが神の原点です。地球があることが神の国です。これが輝く状態で感じられるのです。

人が生きている実態がそのまま永遠の命です。理性、良心、五官の働きは、永遠の生命そのものです。この身がこのままとこしえの命です。これを実感することが無上の喜びです。生きていることがそのまま永遠の命です。

命は一つしかありません。生きているという事実は一つしかありません。従って、永遠に決まっているのです。これは単純な事です。世間の人間は常識で生きているから死ぬのです。

今生きている命がこのまま続くのではありません。今生きている命を十字架につけるのです。これをしないからいけないのです。今生きている命を十字架につけると、別の命が上から与えられる。これを経験しなければいけないのです。

別の命が与えられるまでは、思想的に分かっているにすぎないのです。神学的に分かっているのです。思想的に分かっているだけではだめです。本当に十字架を自分で崇めてみるのです。崇めてみるというのは、十字架の中に入ってみるのです。そうすると、今まで自分が生きていた命ではない、別の命があることが分かるのです。これを経験するのです。

十字架はただ聖書に書いてあると思うだけではだめです。十字架によって神が保証している命、死なない命があるのです。これが実感できるようになりますと、自分の命が変わってくるのです。自分の命に対する見方が変わってくるのです。これを恐れてはいけないのです。

これを経験しようとしますと恐ろしい気がしますが、これは古い自分の恫喝です。これを恐れる必要は全くないのです。

今までの命の見方は死ぬべき命の見方にすぎません。これをやめるのです。人の悪口を言ったり、人を疑ったり、ごまかしたりする命は死ぬ命です。死なない命に生きている人はそういうことをしません。あるものをあるがままに、イエス、ノーと言ったらいいのです。

自分が生きている状態を客観的に見れば、死なない状態になっているのです。イエス・キリストが十字架につけられて復活した。それによって人類は死ななくなった。死なない命が与えられたのです。この事実を素直に受け入れたらいいのです。そうすれば、死なない命があることが、無上の喜びであることが分かるのです。

## 28. 地球に彼岸（神の国）が実現している

異邦人は神を恐れ畏むことができない民族です。キリスト教は神をばかにしています。神の言葉を信じるために、どういうマナーが必要なのかを知らないのです。マナーの次元が低いからいけないのです。この世に生きている人間が、神を信じられると思っているからです。

キリスト教に行っている人々は、この世に生きている人間を第一に考えています。そんなものは信仰とは違います。キリストが現世にいる時に、大いなる叫びと涙とを持って、魂を救うものに祈ったとパウロが言っていますが、そういう気持ちにならなければいけないのです。自分のためと考える必要はない。そう考えるから間違ってしまうのです。

イエスは次のように言っています。

「だから何を食べようか、何を飲もうか、あるいは何を着ようかと言って思い煩うな。これらのものは皆、異邦人が切に求めているものである。あなた方の天の父は、これらのものがことごとくあなたに必要であることをご存知である。まず神の国と神の義を求めなさい。そうすれば、これらのものはすべて添えて与えられるであろう。だから明日のことを思い煩うな。明日のことは明日自身が思い煩うであろう。一日の苦労はその日だけで十分である」（マタイによる福音書6・31〜34)。

　現代人の生活が楽になっているために、生きていることの意味が痛切に感じられなくなっているのです。イエスは生活難があるような生活をしながら、それを問題にしないようにしなさいと言っているのです。

　皆様は本気になって自分から真理を求めたことがないでしょう。人に教えられているのです。そういう条件でいますから、自分で神にむしゃぶりつくようなファイトがないのです。

　生活の安定度が高いと、何回聖書を読んでもピンとこないのです。自分自身の生活のために闘わなければならないという厳しい条件を、ほとんど経験していないからです。

　特に現代の日本社会の経済状態が良いので、霊的に腐っているのです。失業保険制度、社会保証制度、社会福祉制度、厚生年金制度等があるために、本当の実感が日本人にはないのです。こういう社会的な悪条件と皆様の霊的条件の差があるのです。

　皆様は日用の糧を今日もお与えくださいと、本気になって祈ったことがないでしょう。こういう人に、神の国と神の義を求めさせるということは、無理なことかもしれませんが、しなければならないのです。

　人間は現在の状態ではっきり救われているのですが、これが分からない。神がそのように見ているのに、自分が生きていると思っているから分からないのです。自分の気持ちを信じているから分からないのです。

皆様は有難すぎるほどの条件を与えられているのですが、それが分からない。これは生活が保証されているという意味ではありません。霊的な意味で皆様は完全に救われているのです。これが分かれば、現在の生活について思い煩う必要はないのです。

現世が全く幻だということが分からないのです。むしろ三十一節にあるような思い煩いがあると、現世が幻だということが比較的分かりやすいのです。これがないから皆様の考えはいつも空回りしているのです。

聖書に神の国と書いてありますが、それが空回りしているのです。理論的に分かっても、マナー（生活態度、生活実感）として分からないのです。頭で理解できても信仰ではありません。信仰とはマナーの問題です。これが分からないのです。

いつまでも人間的な次元で考えていることが悪いのです。神の子の次元になっていないからいけないのです。人間のマナーで聖書を勉強していますが、そんなものは信仰ではないのです。

聖書は、神が聖なるように、人もリビングのマナーにおいて聖であれと言っています。これができないのです。三十三節でイエスは神の国と神の義を求めよと言っています。この口語訳が間違っています。英訳を直訳しますと、汝ら、第一に彼の王国を探し求めよとなるのです。口語訳には汝らという言葉が入っていない。汝らとは一般的な、平凡なユダヤ人に向かって言っています。これらの人々には当然神の国と神の義が分かるからです。

キリスト教は困ったものです。キリスト教がなかったら聖書は伝承されませんでした。ところが、キリスト教があったために、人間の言い伝え、人間の信仰ばかりが伝承されたのです。神の信仰が全く伝えられなかったのです。

聖書の字句は神の信仰の表現であって、人間の信仰の表現ではありません。これをよく承知しなければいけないのです。聖書の言葉の重みが分かっていないのです。

神は次のように言っています。

「私は、あなたのわざを知っている。見よ、私はあなたの前に、誰も閉じることのできない門を開いておいた。なぜなら、あなたには少ししか力がなかったにもかかわらず、私の言葉を守り、私の名を否まなかったからである」（ヨハネの黙示録3・8）。

私の言葉を守るというのは、自分自身の心に保つことをいうのです。これがなかなかできないのです。皆様は自分の心で神の言葉をキープしているのでしょうか。それが生活のマナーになっているのでしょうか。神の言葉をキープしていれば、生活のマナーが神の子のマナーになるのです。この世に生きていないマナーになるのです。

ところが、神の言葉をキープしていないから、聖書の言葉が心に貼りついていない。神の言葉をキープしていたら、聖書の言葉がいつまでも生きていることの中心に貼り付いているはずです。これがマナーです。神の言葉がキープされている状態です。

後ろのものを忘れ、前のものに向かって身を伸ばすような姿勢がないからいけないのです。昔の人は今のような生活条件ではなかった。だから闘ったのです。生活と闘う、自分の肉と闘わなければならなかったのです。まなじりの決しようが違っていた。顔つきが違ったのです。

やがて日本は高齢化を向かえ、二人で一人を養わなければならない時が来るでしょう。世界も福祉社会へ進むでしょう。これが偽キリスト王国の実現になるのです。

米、ロシア、ヨーロッパの国々が話し合って、核軍縮を実現するか、非核条約を締結する方向に進むでしょう。そうなると、世界の国々は国境をなくすことを考えなければならないのです。国境がある間はどうしても軍縮を考えなければならないからです。

とにかく軍縮についても、経済についても、政治の基本的なテーマについても一国平和主義が通用しなくなっているのです。これが現在の日本の安定を造り出す原因になっているのです。

人間がだんだんとお互いに保証し合うようになって、神を必要としない社会が実現するのです。人間の力で神の国を実現しようとするのが、キリスト教の意識です。世界に平和を、平和を世界に、これがキリスト教の考えている神の国です。

キリスト教はどこまでも人間と世界をたぶらかそうとしているのです。キリスト教のアイデアは、人間と世界を徹底的に腐らせるアイデアです。それほどキリスト教は悪いのです。

現在の文明の中でキリスト教ほど悪いものはありません。軍縮とか、民主主義とか、近代政治運動の基礎に流れている精神は、全部キリスト教から出ているのです。

マルクス主義は政治経済運動だけでしたが、キリスト教は啓蒙主義を通して人間改造を考えている。これをユダヤ人が上手に操っているのです。そういう状況をユダヤ人が造ってきたのです。

やがてユダヤ人とキリスト教は一つになるでしょう。労働組合の大同団結と、宗教の団結です。政治も団結するでしょう。その結果、国がなくなるのです。これが偽キリスト王国です。そういう方向へだんだん腐っていくでしょう。それを皆様は身において経験しているのです。堕落するはずです。生活に対する根本的な脅威を考えなくなったからです。もっと自由に、もっと自由にが実現するからです。

経済的にも、セックス的にも、もっと自由にと考えるのです。これが偽キリスト王国のテーマであって、これに対して全世界の人間は拍手喝采するのです。

偽キリスト王国が現われると、世界中が喚声を上げて賛成するでしょう。バンザイ、バンザイと叫ぶでしょう。人間がますます解放されるからです。その時、何を食べ、何を飲み、何を着ようと思い煩うなという聖書の言葉が全く空文になるのです。

何を食べ、何を飲み、何を着ようと思う煩う人には、真剣に聖書の勉強ができるのですが、今の人間にはそういう条件がないのです。何を食べ、何を飲み、何を着ようと思い煩わなくてもいいからです。

異邦人はなぜ何を食べ、何を飲み、何を着ようと思い煩うのか。なぜ思い煩わなねばならないのか。

イエスは皮肉な言い方をしたのではない。人間を生かすのは神の責任です。思い煩うことが神の仕事です。人間の仕事ではないとイエスが言っているのです。なくてならないものを思い煩うのは神の責任です。それを人間は自分の責任のように思っている。これが間違っているのです。神の国と神の義を求める者は、生活の責任を持たなくてもいいのです。神の国と神の義を求めない者は、むしろ思い煩った方がいいと、神は思っているのではないか。このようにさえ思えるのです。

このイエスの言葉は、十字架にかかる前の言葉です。ここに注目して頂きたいのです。山上の垂訓は、十字架にかかるまでのイエスの言葉であって、実は神の国と神の義を求めよという言い方は現在では通用しないのです。

現在では通用しないという見方をすることが、聖書的に正しいのですが、十字架以前にイエスが言っていた言葉でさえも、今の異邦人にはついて行けないのです。

山上の垂訓は十字架以前の問題ですから、マナーとしては間違っていませんが、言葉の表現としては古いことになるのです。イエスは旧約時代の人間を掴まえて発言しているのです。新約時代の人間を掴まえたらこんなことは言わないでしょう。

人間が現在いる状態のままで救われているというのは、新約時代の言い方になるのです。現在は神の国が来てしまっているからです。神の国を求めよと言われなくても、神の国は来ているのです。今はそういう時代なのです。

この結構さが今の人間には全然分かっていません。失業保険制度、社会保証制度を霊的に見れば、それが神の国になっているのです。現在の地球のすべてのあり方が、そのまま神の国になっているのです。だから商売で成功しようとか、得をしようとか考える必要がないのです。喜び楽しみにあふれているはずです。何がなくても生きていることがあるだけで、常に喜び、絶えず祈り、すべてのことに感謝できるのです。

現在生きている人は神の子ばかりです。

人類は一体キリスト紀元をどう考えているのでしょうか。これは神の国が来ているという明確な神の歴史的介入です。神が歴史に介入しているのです。これがキリスト紀元です。

神自身が御子の十字架と復活を通して、神自身が歴史の中に入り込んできたのです。これがキリスト紀元であって、明々白々に神の国が来てしまっているのです。だから、私たちは何を食べ、何を飲み、何を着ようと、思う煩う必要がないのです。全くないのです。

ですから、マタイによる福音書の六章三十一節から三十四節までのイエスの言葉は、十字架以後は必要ないのです。神の国と神の義を求めよ言わなくても、もう来てしまっているのです。これがキリスト紀元です。

神の国に生きることが当たり前です。これを特別のことと思う必要がないのです。思い煩わないのが当たり前、死なないのが当たり前なのです。聖霊が降臨したことは、神の義が現われている証拠です。

なぜ死ななければならないと思うのでしょうか。病気になったからと言って、死ななければならないと思う必要はないのです。病気になることと、死ぬこととは別問題です。神の国が来ているのですから、病気になっても悲観することはないのです。

キリスト紀元はそういう時代であって、生ける神が歴史の中に介入しているのです。だから、病気や戦争は本来あるべき道理がないのです。それを病気があるのは当たり前、犯罪があるのが当たり前、戦争があっても仕方がないと考えている。私は世界中の人間に向かって、こういう考え方が全く間違っていることを、気違いのように、狂った人間のように言っているのです。

世界中の人間はキリスト紀元を知らなさすぎるのです。キリスト王国が現われているのに、なぜ原子爆弾、水素爆弾、中性子爆弾を造るのでしょうか。なぜ生活のことを考えなければならないのでしょうか。なぜ病気のこと、犯罪のことを考えなければならないのでしょうか。

千年王国には病気はありません。伝染病、疫病、ガン、エイズがなくなってしまうからです。米や麦は年に何回も獲れるのです。従って、食糧問題はすっかり消えてしまうのです。

こういう時代に国際連合がなぜ必要でしょうか。もう神の国は現われているのです。神の国が現われて二千年以上にもなるのに、まだ人間が死ななければならないと考えている。これはどういうことでしょうか。

何より悪いのはキリスト教です。彼らは新約聖書を全然読んでいません。神の国と神の義をふうふう言って追い求めているのです。このイエスの言葉がもう古いのです。イエスは言っています。「私より後から来る者は、私より大いなる業をするであろう」と。

私が言っていることは、気違いが発言しているのではありません。当たり前のことを言っているのです。山上の垂訓の神の国と神の義を求めよという発言は時代遅れですが、マタイによる福音書の五章、六章は、来るべき千年王国時代の人間生活のあり方を書いているのです。右の頬を打つなら左を向けよとか、下着を取ろうとする者には上着をも与えなさいとか、訴える者と一緒に道を行くときは、その途中で早く仲直りをしなさいと言っていますが、王国時代にこれが実行されるのです。

死ななければならない事実はもうなくなっているのです。第三の天においてキリストが神の右に座している。この人を信じていて、なぜ死ななければならないのでしょうか。神の右に座している人の名前は、死を消してしまっているのです。

肉体人間が死ななければならないのは、旧約時代の原理です。人が死んで裁きを受けることは、旧約時代の原理です。これをなくすためにキリストが一度死んだのです。裁きを受けたのです。それ以後人間が死ぬことが消えたのです。新約時代を真正直に見れば、こういうことがはっきり分かるのです。新約時代を真っ直ぐに見ることを、神の言葉を守るというのです。

フィラデルフィアの教会はこれをしなさいと神が言っているのです（ヨハネの黙示録3・7

〜12)。神の言葉をキープするのです。もう死がない時代が来てしまっている。これは歴史的事実です。こういう立場で考えるのです。そうすると、夫婦関係とか対人関係が全部変わってしまうのです。

山上の垂訓は肉体を持った人間を相手にしています。これは千年王国のあり方です。神の国が分かっている人は、新天新地の信仰で生きられるはずです。山上の垂訓は千年王国の生活のレベルのことを説いていますが、これでもレベルが低いのです。現在の物理的な地球が消滅して、完全無欠な霊の地球が誕生しますが、これが新天新地です。新天新地に生きている気持ちを持つのです。肉体がない状態で生きるのです。

イスラエルの王国とは千年王国のことをいうのです。千年王国の指導者を指導するのは、新天新地の原理によるのです。

キリスト教は肉体人間がいるというところから出発しました。これが根本的な間違いです。パウロは肉体人間についての注意を色々書いています。キリストの福音を世界に伝えるために、キリストの福音を異邦人に伝えるために、人間がいるという意識で書いたのですが、私たちは違うのです。イスラエルへ福音を伝えなければならないのです。

今の異邦人の時代に、キリスト王国を飛び越えて、新天新地の信仰を望んでいかなければ、千年王国の指導者を指導できないのです。

「すべての肉に私の御霊を注ぐ」と神は言っているのです(使徒行伝2・17)。例えば、目の前に花があるとします。この花に御霊が注がれるとどうなるのか。御霊とは大自然を動かしている神のエネルギーですが、新しい神のエネルギーが注がれるとどうなるかです。

聖書の預言どおり、森羅万象一切に神の霊が注がれているはずです。そうすると、花という物質存在は消えて、美しさだけになるのです。美しいという霊的事実だけになっているのです。

御霊が注がれる前は形がなければならないと考えていますが、今はそうではない。形は美しさという点からだけで言いますと、美しさが花に現われているのです。花という形はないのです。そうしたら、私たちが今見ている花は何かということです。

私たちが生きている世界は言葉に命があるのです。ことに新約時代の現象世界は、第三の天の栄光の現われです。目に見える物質があるというのは、第一の天の思想であって、旧約時代（イエスの誕生以前）には通用したのです。第二の天は天文学で考える天で、これも旧約時代にあったものです。第一の天は人間の感覚の世界です。見たり聞いたりしたそのとおりのものがあるという考えです。唯物論の世界です。第一の天の原理を第二の天に押し上げたのが、唯物論です。これが唯物弁証法という理屈です。第一の天を第二の天のように言いふらした。これがマルクスの思想です。これは第三の天と全然関係がないのです。

神の国が実現しているという角度から見るとどうなるか。すべての肉に私の霊を注ぐとあります。その結果、第一の天として存在するものが、すべて第三の天に係わりを持つようになったのです。神はすべてのものに霊を注いだのです。聖霊の降臨によって、人間の心にまで神の御霊が注がれた。それまで、人間の心は悪魔の虜になって死んでしまったのですが、死んでしまったものまで神の御霊が注がれた。

人間の心は死んでしまっていたが、動物、植物は死んでいないから罪の下にいるのではない。人間が罪を犯したから、動物、植物はただのものになってしまったが、罪の下に売られたのは人間だけなのです。人間が罪の下に売られた結果、万物が無になってしまった。

それをパウロは次のように述べているのです。

「今のこの苦しみは、やがて私たちに現わされようとする栄光に比べると、言うに足りない。被造物は実に切なる思いで神の子たちの出現を待ち望んでいる。なぜなら、被造物が虚無に服したのは自分の意志によるのではなく、服従させた方によるのであり、かつ被造物自身にも滅びのなわめから開放されて、神の子たちの栄光の自由に入る望みが残されているからである。実に被造物全体が、今に至るまで共にうめき、共に産みの苦しみを続けていることを、私たちは知っている」(ローマ人への手紙8・18〜22)。

人間が罪を犯した結果、被造物が虚無に服したが、イエス・キリストの十字架によって、すべてのものに神の御霊が注がれた。その結果、死んだ人間の心が皆生き返ったのです。

神の側ではすべてが新しくなっているのに、それが歴史的な事実になっていない。イスラエルがそれを受け入れないので、新しい世界が現実に展開していないのです。もしイスラエルがこの事実を受け入れれば、地球に全く新しい世界が現われて、千年間の驚くべき平和、絶対平和が訪れるのです。私はこの日が来ることを切に願っているのです。

## 29. 生きていることは神の国と神の義を経験していること

聖書の勉強というのは、普通の生活感覚、生活態度そのままでしなければいけないのです。そうしなければ、聖書研究になっていないのです。普通の家庭生活が、そのまま聖書の勉強になっているという勉強の仕方でなかったら、神の勉強になっていないのです。

イエスがサマリアの女に水をもらった時に、ついでに伝道していますが、そういう伝道活動でいいのです。宗教活動のような格好をできるだけ取らないことです。

人々との対話という形式をできるだけ取ることです。生活が聖書化するのであって、聖書そのものを生活にしてしまうのです。

ユダヤ人は人間の生活をやめて、宗教観念にしてしまったのです。ユダヤ教という宗教をつくってしまったのです。仕事をしていることも、伝道していることも同じなのです。こういう気持ちでしなければいけないのです。

人間が普通に生活していることが、神でなければいけないのです。社会生活、家庭生活をしていることが、神でなければいけないのです。これが聖書の信仰です。特別改まった生活をしなければならないということは、絶対にないのです。特別改まったのは偽善です。

現代人は現実と真実との見分けがつかないのです。現実の都合が悪いと、真実の方に持っていこうとするのです。これが間違っているのです。

現実が本当に現実としての値打ちを持とうと思えば、現実を真実として見るのでなかったら、現実の価値はないのです。

信仰は現実を真実として見るから、神が分かるのです。だから、宗教ではないと言えるのです。現実を真実として見ない。現実を現実として見ているから、宗教という観念が起きるのです。これは間違っているのです。現実を真実として見れば、宗教は発生しないのです。こういう根本的な間違いがあるのです。

現実問題を現実問題として考えてしまうと、真実として取り扱わないことになるのです。私たちは現実の神が真実の神だと言い切っているのです。これが宗教ではないという思想です。現実の神が真実の神です。

現代の社会教育は現実と真実を二つに分けてしまっているのです。こうなると神はなくなってしまうのです。人間の良心がなくなるのです。人間の良心が死んでしまうのです。

イエスは言っています。

「だから何を食べようか、何を飲もうか、あるいは何を着ようかと言って思い煩うな。これらのものは皆、異邦人が切に求めているものである。あなたがたの天の父は、これらのものがことごとくあなたがたに必要であることをご存じである。

まず神の国と神の義を求めなさい。そうすれば、これらのものはすべて添えて与えられるであろう。だから、明日のことを思い煩うな。明日のことは、明日自身が思い煩うであろう。一日の苦労は、その日一日だけで十分である」（マタイによる福音書6・31〜34）。

ここでイエスが普通の人間が生きている状態を指して、特別に聖書の勉強をしなさいとか、善事善行を実行しなさいとか、掟を行えとかいう条件を出していないのです。

「何を食べようか何を飲もうかと思い煩うな」。これに対して神の国と神の義を求めよと言っているのです。私たちが食べること、飲むことと、神の国とどういう関係があるかです。イエスは山上の垂訓で掟を説いた箇所は一箇所もないのです。イエスは心が貧しいものは幸いだと言って、神の国と神の義を求めよと言っているのです。

何を飲もうと、何を食べようと思い煩うなということと、神の国とがどういう関係になるかです。実は人間が飲んだり食べたりしていることが神の国なのです。イエスはこれを逆に言っているのです。

神の国と神の義を求めていない者に、神は神の国と神の義を与えているのです。飲んだり食べたりを求めていない者にも、食べ物と飲み物を与えていることが神の国です。飲み物を与えていることが神の義です。

なぜこうなるのかが、ユダヤ人はどうしても分からないのです。飲み物と食べ物と、神の国と神の義という恐ろしい問題とを同じようにイエスは説いているのです。なぜ同じになるかです。これは非常に重大な意味があるのです。

神が人間を養っていることが神の国と神の義です。だから、ご飯を食べていながら神の国と神の義を知らない者は、神を辱しめているのです。自分がご飯を食べていること、水を飲んでいることが神の国と神の義を現わしているのです。

このことに気付かずに勝手に食べているのは、神を辱しめているのです。

エホバの御名は皆様にご飯を食べさせる御名です。食べさせる御名です。なぜそうなるのかです。エホバの神は不思議なものです。人間がこの世に生きていることが不思議千万のものです。何のために生きているのか。

現世に生きている人間をなぜ神が養っているのか。これを説いたら感謝感激するでしょう。日本の神はこれができないのです。日本の神観には、神が人間を食べさせているという神観はないのです。

皆様が生きているということの中に、神の言《ことば》の光があることが分かっていないのです。聖書を勉強していながら分からない。人間は神を軽んじているばかりです。御霊を軽んじているばかです。これは困ったばかです。

なぜイエスは神の国と神の義を求めよと言っているのか。ご飯を食べることと、神の国とがどういう関係にあるのか。

肉体の食べ物があることが神の国です。肉体があることと、肉体の食べ物があることが神の国です。物質が存在しているのは何か。神の言が存在していることを神の国とイエスが言っているのです。

私たちには命が与えられている。これをイエスは神の義と呼んでいるのです。物質がある状態を神の国と呼んでいるのです。神の国と神の義を求めよと言っているのは、地球があることを指しているのです。

地球があることが神の国です。人間が生きていることを神の義と呼んでいるのです。この二つのことを突きつめなさいと言っているのです。

地球が存在することと、人間が肉体的に存在することとは同質の事がらです。これを神の国と言っているのです。地球が生きていることと、人間が生きていることは同質のことです。

物があることと、命があることとは次元的に違うのです。物があることが神の国、命があることは神の義です。これが聖書が開かれる原点になっているのです。聖書を読破する根本原理がそうなっているのです。

肉体的に人間が存在するということは、神の国におらしめられているのです。精神的に考えられるということは、神の義を与えられていることです。

求めよというのは今までのキリスト教は全く間違っていたのです。英語でシーク（seek）という言葉を使っています。これは探すという意味です。非常に鋭い積極的な探し方を意味するのです。

シークというのは分かりやすく言いますと、手で草を分けて熱心に探すような態度を意味するのです。とことんまで原理を追求するような熱心さを意味するのです。

探偵のことをシーカーと言います。探すのはなければならないことを知っているから探すのです。犯人がいることが決まっているから探すのです。犯人がいるかどうか分からないということではないのです。犯人を見つけなければならないし、探せば犯人が見つかるに違いないと思うから探すのです。

人間が探さなければならないように神が仕向けているのです。何を食べ、何を飲むということは、人間が求めなければならないことです。聖書の真理、とこしえの命を求めなければならないことです。

人間が生きているという不思議なこと、奇妙なことを私たちは経験しているのです。人間が生きているという全く奇妙なことを経験しているのです。

生きているということほど不思議なことはないのです。人間が生存していることは何とも不思議なことです。私は朝から晩まで、生きているという不思議なことを詠嘆して生きているのです。

人間の五官の働きを見ていると、そのまま神の御霊の業であることがはっきりするのです。五官の働きはそのまま神の御霊です。

神の国と神の義を求めるということをしたら、生きていることが不思議になってしまうのです。不思議なことを経験しているということは、このこと自体が神の命、とこしえの命を経験しているという意味なのです。

自分が生きているとしたら、生きていることが不思議とは思わないのです。自分が生きているのではないなら、生きていることは本当に不思議なことになるのです。命の不思議さを実感しているからです。

生きているということは大宇宙で最も貴重な事実です。最も贅沢な、最もすばらしい事実です。口で言えないくらいの貴重品です。これを二十四時間与えられているのです。

リビングという貴重な経験を許されているのです。これは一国の帝王になったことよりもっと貴重なことです。命の現物を無条件で経験させられている。なんとすばらしいことかと言いたいのです。

生きているということは宇宙で最も貴重な経験です。神の実体を経験しているからです。生きているという神の実体を、人間が経験しているのです。これは間違いない神です。

生きているということが神の現物です。信じる必要がない神です。これがイエスが経験していた神です。

人間が生きていることがそのまま神の国と神の義です。生きていることの内容を理解すれば、これがそのまま命になるのです。

命を持っているのでしたら、明日のことを思い煩う必要がない。命を持っていないと思うから、明日のことが心配になるのです。今ここに命があると分かっていたら、明日のことを思い煩う必要がないのです。今ここに命を持っているから、今だけで結構です。

明日という日はいらないのです。明日になっても今日という日があるだけです。

人間は救われる必要がないのです。神の国と神の義がここにあるからです。人間はいないからです。

人間とは何か。神が見ているのは人の子であって、一人しかいないのです。二〇一五年現在で七十二億いるというのは全くの嘘です。十人も二十人もいないのです。二人、三人いると考えることも嘘です。

一人だけいるのです。生ける神の子が一人いることはいるけれど、生ける神の子だから、実は人間はいないのです。

神の国と神の義を求めよとイエスの方から語りかけているのです。神の国と神の義を求めるとどうなるのかというと、人間がいないことが分かるのです。何があるのかと言えば、生きているという事実があるのです。これは人間とは違うのです。

生きているという事がらがあるけれど、自分がいるのではない。生きているという事がらと、固有名詞は関係がないのです。

固有名詞の自分は死ぬに決まっているのです。生きていることは神の事がらです。

今生きていることは、そのまま神の国と神の義を経験しているのです。彼岸の実物を経験しているのです。

# あとがき

命を正しく見ることはそれほど難しいことではありません。皆様方自身の命についての見方が間違っていることを確認すれば、自ずから死なない命、本当の命、宇宙生命を捉えることができるのです。

現在皆様は、毎日太陽のエネルギーを色々な形で経験しています。天気が良い時には、太陽エネルギーが自分の体によく感じられるくらいに分かります。

太陽光線の実体は何であるのか。これが死なない命を現わしているのです。地球という物理的存在は、太陽光線という死なない命をそのまま受け取っている。太陽という永遠の男性のようなエネルギーを地球に放出しているのです。永遠の男性である太陽が、永遠の女性である地球を抱き込んでいるのです。

ご存知のように地球はどんどん物を産み出す力を持っています。生み出す力は女性的なものです。永遠の女性というべき地球が、永遠の男性というべき太陽に抱かれている。これが太陽系宇宙の実体です。これさえ分かれば死ななくなるのです。

ところが、現代文明は人間が生活することしか考えていない。これはユダヤ人のとんでもない間違いからきているのです。ユダヤ人の文明思想が現代文明の根幹を形成しているからです。いきなりこういうことを言っても、何のことかお分かりにならないかもしれませんが、ユダヤ人の間違いについては、少しずつお話ししていきたいと思います。

ユダヤ人問題はとても大きな問題ですから、短い時間でお話しするのは無理ですので、私が書いた本をお読み頂ければご理解頂けると思います。ユダヤ人問題については今まで十八冊の本を書きましたので、お時間がありましたら是非お読み頂きたいと思います。

現在皆様は常識的に生きています。常識的に生きているということは、必ず死ななければならない命にしがみついていることになるのです。

常識は死んでいった人間が残した考えです。千年前、五百年前の人間が残していった常識が、現在地球上に生きている人間の常識になっている。常識は死んでいった人間、死んでいくに決まっている人間の物の考え方なのです。

皆様も常識に従って自分の命を見ていますと、皆様の命は必ず死にます。死ぬに決まっているのです。

死という文字、死という言葉を大変嫌っても、常識に生きているということが、死ななければならない命を自分の命だと思い込んでいることになるのです。これが般若心経でいう五蘊です。

人間は死ななければならない命を自分の命だと思い込んでいる。なぜそんなばかなことをしているのでしょうか。死んでいった人の残した考えを、皆様が踏襲しなければならないという義務がどこにあるのでしょうか。これを率直に考えて頂きたいのです。

これは理屈ではありません。死ぬに決まっていることが分かっていながら、その命を自分の命だと思い込んでいることが間違っているのです。これをよく考えて頂きたいのです。現在皆様は太陽光線というすばらしい命のシンボルを見ています。太陽エネルギーは死なない命の象徴になっています。死なない命の象徴を、現在皆様は宇宙的エネルギーとして、毎日経験しています。

ところが、死んでしまうに決まっている命を、自分の命だと思い込まされている。文明というとんでもない考え違い、ユダヤ人思想のとんでもない考え違いによって、皆様は死ななければならな命を押し付けられているのです。人間は何とばかなことをしているのかと言いたいのです。

般若心経の般若波羅蜜多は、その愚かな考えを真っ向から叩き割っている思想です。般若波羅蜜多というのは彼岸へ渡る上智でありまして、これを用いて死なない命にくら替えしてしまうことを提唱しているのです。

ところが、般若心経は彼岸へ渡れと言いますが、彼岸そのものの説明をしていません。現在の人間の考え方を、色々な角度から説明しているのでありまして、彼岸そのものの実体を説明しているのではありません。だから、般若心経だけでは本当の彼岸を掴まえることはできないのです。

そこでキリスト教ではない聖書、本当の神である聖書が必要になってくるのです。

キリスト教も仏教も、宗教はすべて人間が造った観念です。人間の頭で考え出した神や仏を拝んでいるのです。人間が人間の観念を拝んでいることになるのです。

宗教はすべて人間の観念です。自分の頭で描いた神様、仏様を拝んで満足しているのです。

これは命の実体を認識していることにはなりません。いくら宗教の神様、仏様を拝んでも人間は必ず死んでいきます。死んでから極楽へ行く、死んでから天国へ行くというのは、とんでもない詭弁を弄しているのです。イエスは、「生きていて、私を信じる者はいつまでも死なない」と言っています（ヨハネによる福音書11・26）。また、生きているうちに「水と霊とから新しく生まれて神の国に入れ」と言っています（同3・3、5）。神はイエスの十字架によって、人類の死を全部消してしまった。だから、聖書を正しく理解すれば人間は死なないのです。死ぬはずがないのです。これがキリスト紀元（西暦）に生きている人間の正しいあり方です。

ところが、キリスト教は死んだら天国へ行けると言っている。死をはっきり肯定、容認しているのです。これは聖書の見解に真っ向から嘘、偽りをでっち上げて、人類を死に引きずり込む恐るべき悪魔の集団です。私がキリスト教が間違っていると、口を極めて罵っているのはこの理由からです。

死んでからというのは実にインチキです。これは詭弁そのものです。死んでしまえば天国へ行けるかどうか分からない。だから、死んでしまえばそれまでという理屈で逃げてしまえるのです。

現世には寺も教会もあります。宗教の理屈は現世では通用します。しかし、皆様がこの世を去ってしまいますと、寺も教会も所ないへ行くのです。寺も教会もない所で宗教観念が通用すると思われるのでしょうか。

寺があればこその仏教です。教会があればこそのキリスト教です。それがない所へ行くに決まっているのです。そういう所で、この世の命が終わってから何かの足しになると思って、後生安楽の宗教を信じているのですが、死んでからでは宗教は何の役にも立ちません。ここにとんでもない宗教のインチキ性があるのです。

現代文明が悪いのです。その根幹をなしているユダヤ思想が悪いのです。

ユダヤ人が世界の政治、経済を牛耳っているからけしからんという本がたくさん出ていますが、経済的なことくらいはしれています。金持ちが金を持っているのは当たり前です。

ユダヤ人が悪いのは、彼らの思想を世界に押し付けて、命ではないものを命だと思わせていることです。文明ではないものを文明だと思わせて、世界七十三億の人間をたぶらかしていることです。

経済力が悪いのではありません。政治力が悪いのではない。もっと悪いのは宗教力です。現代文明はユダヤ教を基礎にして成り立っている。これが人間生活に関する世界観を造っているのです。これを信じている人間は必ず死にます。

文明が皆様の常識を造っています。死んだ人間、現在生きていても必ず死ぬ人間、こういう人間が考えている常識、学問が、命の役に立つはずがないのです。

これは単純なことです。ちょっと皆様が頭を切り替える勇気があれば、死なない命を捉えることは十分にできるのです。イエスがそれを実行しました。私たちにもそれができるに決まっているのです。

彼岸へ渡るというのは死なない世界へ行くことです。死なない世界へ行くことが、人生の一番大きな問題です。そのためには自我意識を捨てることを真剣に考えなければいけないのです。

宗教も文明も、皆様の命についてては一切責任を持ってくれません。ですから、自分自身が責任を持たなければならないのです。

文明は私たちが生活するための方法であって、生活のために用いるのはいいのです。電車やバスに乗る、電話をかける、パソコンを使う、車を運転するというのは当たり前のことです。しかし、文明にかぶれてしまって、自分の精神まで文明に売り渡すようなことは絶対にしてはならないのです。それは、肝心の皆様の命をどぶに捨てるようなものです。

文明は靴やスリッパのように足に履くものです。頭にかぶってしまうとひどい目に会うのです。

般若心経は人間は空だと言っています。これは人生の公義です。公義という言葉は日本の国語辞典には載っていませんが、天地宇宙の真理です。

般若心経は五蘊皆空と言っています。人間の常識に従っていれば死ぬに決まっています。だから常識をやめればいいのです。公義に従って、悪いことは悪いとはっきり言い切るだけの勇気があれば、皆様の精神を転換することは決して難しくないのです。

仏教とかキリスト教に捉われないで頂きたい。東洋人とか西洋人という区別もありません。全世界を一眼したような、命の真髄を勉強しようという気持ちが皆様の中に芽生えさえすれば、皆様が死ぬべき命から脱出することは十分にできるのです。そうして、彼岸に入ることは十分にできるのです。

本書の姉妹編、「人類史上初めて明かされた神の国に入る方法」シリーズ（ＪＤＣ刊）を刊行中です。よろしかったらご高覧下さい。

梶原和義（かじわら　かずよし）

●名古屋市に生まれる。
●長年、般若心経と聖書の研究に没頭する。
●十三年間、都市銀行に勤務後、退職して事業を始める。
●現代文明の根源を探るため、ユダヤ人問題を研究する。
●「永遠の命」についての講話活動を各地で行っている。
●東京と関西で、随時勉強会を開催している。
●聖書研究会主幹の故村岡太三郎先生に師事し、般若心経と聖書の根本思想について、多くの事を学ぶ。また、村岡太三郎先生と共に「般若心経と聖書」というテーマで、全国での講演活動に参加した。
・毎年、七月から九月の間に、六甲山と軽井沢で開催された聖書研究会主催の夏期セミナーに講師として参加し、世界の文明・文化・政治・経済・宗教について指導した。
・毎年、大阪で聖書研究会により開催されている定例研究会に講師として参加。文明の間違い、宗教の間違いについて、十年以上にわたり指導した。
・聖書研究会神戸地区の地区指導員として、十五年にわたって監督、指導した。
・大阪の出版社（株）ＪＤＣの主催による講話会で、「永遠の生命を得るために」「般若心経と聖書」等について連続講義をした。
・川崎市の川崎マリエンにて、毎週日曜日に勉強会を開催している。
・毎週土曜日の午後、全国の読者に向けてスカイプにて講話活動を行っている。
●一九九五年、一九九七年、世界一周をして、政治・経済・文化・人々の生活について広く見聞した。
・一九九五年七月二十六日エリトリアのイザイアス・アフェワルキー（Isaias Afeworki）大統領に面会し、エリトリアと日本の関係、エリトリア、アフリカの将来について話し合った。
・一九九七年二月十八日から二十八日の間に、イスラエルシャローム党創設者ウリ・アブネリ（Uri Avnery）氏と頻繁に会い、イスラエルの現状・ＰＬＯとの関係、イスラエルと日本との関係、ユダヤ教とメシア、イスラエルと世界の将来、人類の将来と世界平和等についてつっこんだ話合いをした。
・一九九五年六月二十七日より十月十七日迄、世界一周のためにウクライナ船「カレリア号」に乗船。船内で開催された洋上大学に講師として参加し、「東洋文明と西洋文明の融合」「永遠の生命とは何か」「永遠の生命を得るために」等について講演した。
・一九九七年十二月十九日から一九九八年三月二十一日迄、世界一周のためにインドネシア船「アワニ・ドリーム号」に乗船。船内の乗客に「般若心経と聖書」というテーマで、三十三回の連続講義をした。この内容は拙著「ふたつの地球をめざして」に掲載している。

●日本ペンクラブ会員。
●日本文藝家協会会員。

著書
「永遠の生命」「永遠のいのち」「超幸福論」「超平和論」「超自由論」「超健康論」「超恋愛論」「超希望論」「超未来論」
「ユダヤ人の動向は人類の運命を左右する」
「ユダヤ人が悔い改めれば世界に驚くべき平和が訪れる」
「ユダヤ人が立ち直れば世界に完全平和が実現する」
「ユダヤ人問題は文明の中心テーマ」
「ユダヤ人を中心にして世界は動いている」
「ユダヤ人問題は歴史の中の最大の秘密」
「ユダヤ人問題は地球の運命を左右する」
「イスラエルの回復は人類の悲願」
「ユダヤ人の盛衰興亡は人類の運命を左右する」
「ユダヤ人が回復すれば世界に完全平和が実現する」
「ユダヤ人問題は人間歴史最大のテーマ」

「ユダヤ人の回復は地球完成の必須条件」
「イスラエルが回復すれば世界は見事に立ち直る」
「ユダヤ人が悔い改めれば世界は一変する」
「とこしえの命を得るために ①」
「とこしえの命を得るために ②」
「とこしえの命を得るために ③」
「とこしえの命を得るために ④」
「とこしえの命を得るために ⑤」
「やがて地球は完成する」
「千年間の絶対平和」
「究極の人間の品格」
「究極の人間の品格 ②」
「究極の人間の品格 ③」
「般若心経と聖書の不思議な関係 ①」
「般若心経と聖書の不思議な関係 ②」
「般若心経と聖書の不思議な関係 ③」
「ユダヤ人と人類に与えられた永遠の生命 ①」

「ユダヤ人と人類に与えられた永遠の生命　[2]」
「ユダヤ人と人類に与えられた永遠の生命　[3]」
「ユダヤ人と人類に与えられた永遠の生命　[4]」
「ユダヤ人と人類に与えられた永遠の生命　[5]」
「ユダヤ人と人類に与えられた永遠の生命　[6]」
「ユダヤ人と人類に与えられた永遠の生命　[7]」
「ユダヤ人と人類に与えられた永遠の生命　[8]」
「ユダヤ人と人類に与えられた永遠の生命　[9]」
「死んでたまるか」
「死ぬのは真っ平ごめん」
「人類は死に完全勝利した」
「死は真っ赤な嘘」
「死ぬのは絶対お断り　上」
「死ぬのは絶対お断り　下」
「世界でたった一つの宝もの　上巻」
「世界でたった一つの宝もの　中巻」
「世界でたった一つの宝もの　下巻」

「人類史上初めて明かされた神の国に入る方法　Ⅰ」
「人類史上初めて明かされた神の国に入る方法　Ⅱ」
「人類史上初めて明かされた神の国に入る方法　Ⅲ」
「人類史上初めて明かされた彼岸に入る方法　1」
「人類史上初めて明かされた彼岸に入る方法　2」（ＪＤＣ）
「永遠の生命を得るために」第一巻〜第四巻（近代文藝社）
「ふたつの地球をめざして」「ノアの方舟世界を巡る」（第三書館）
「ユダヤ人が立ち直れば世界が見事に立ち直る」
「ユダヤ人が方向転換すれば世界全体が方向転換する」
「人類の救いも滅びもユダヤ人からくる」
「ユダヤ人に与えられた永遠の生命」（文芸社）

インターネットのみで販売している「マイブックル」での著書
「世界に完全平和を実現するために」（第一巻）（第二巻）
「ユダヤ人問題について考察する」第一巻〜第五巻
「ユダヤ人が悔い改めれば地球に驚くべき平和が実現する」第一巻〜第五巻
「ユダヤ人が悔い改めれば地球に完全平和が訪れる」第一巻〜第五巻

「ユダヤ人問題とは何か」第一巻〜第五巻
「真の世界平和実現のための私の提言」第一巻〜第五巻
「人類と地球の未来を展望する」第一巻〜第七巻
「人類へのメッセージ」第一巻〜第八巻
「般若心経と聖書の不思議な関係」
「永遠の生命について考察する」第一巻〜第十一巻
「誰でも分かる永遠の生命」第一巻〜第五巻
「ユダヤ人が悔い改めれば千年間の世界平和が必ず実現する」

現住所　〒673-0541　兵庫県三木市志染町広野6-169-4
TEL　090（3940）5426　FAX　0794（87）1960
E-mail：akenomyojo@k.vodafone.ne.jp
http://www.h3.dion.ne.jp/~aladdin/
http://twitter.com/kajiwara1941
blog：http://www.geocities.jp/kajiwara11641/
YOUTUBE：http://www.youtube.com/user/kajiwara1941

人類史上初めて明かされた
彼岸に入る方法 3

発行日
2015年11月20日

著　者
梶原和義

発行者
久保岡宣子

発行所
JDC出版
〒552-0001　大阪市港区波除 6-5-18
TEL.06-6581-2811(代)　FAX.06-6581-2670
E-mail：book@sekitansouko.com
H.P.：http://www.sekitansouko.com
郵便振替　00940-8-28280
印刷製本
前田印刷株式会社